古典文献学基础（第二版）

董洪利 主编

GUDIAN WENXIANXUE JICHU

北京大学出版社
PEKING UNIVERSITY PRESS

图书在版编目(CIP)数据

古典文献学基础/董洪利主编. —2版. —北京：北京大学出版社，2020.10

（博雅大学堂. 中国语言文学）

ISBN 978-7-301-31745-7

Ⅰ.①古… Ⅱ.①董… Ⅲ.①古文献学—高等学校—教材 Ⅳ.①G256.1

中国版本图书馆 CIP 数据核字(2020)第 191694 号

书　　　名	古典文献学基础（第二版）
	GUDIAN WENXIAN XUE JICHU (DI-ER BAN)
著作责任者	董洪利　主编
责 任 编 辑	徐丹丽
标 准 书 号	ISBN 978-7-301-31745-7
出 版 发 行	北京大学出版社
地　　　址	北京市海淀区成府路 205 号　100871
网　　　址	http://www.pup.cn　新浪微博:@北京大学出版社
电 子 邮 箱	编辑部 wsz@pup.cn　　总编室 zpup@pup.cn
电　　　话	邮购部 010-62752015　发行部 010-62750672
	编辑部 010-62752022
印 刷 者	大厂回族自治县彩虹印刷有限公司
经 销 者	新华书店
	965 毫米 × 1300 毫米　16 开本　26.75 印张　386 千字
	2008 年 7 月第 1 版
	2020 年 10 月第 2 版　2025 年 8 月第 6 次印刷
定　　　价	69.00 元

未经许可，不得以任何方式复制或抄袭本书之部分或全部内容。
版权所有，侵权必究
举报电话: 010-62752024　电子邮箱: fd@pup.cn
图书如有印装质量问题，请与出版部联系，电话: 010-62756370

目 录

第一章 总 论
　　——辨章学术　考镜源流 /1
　第一节　文献与文献学 /1
　　一　文献释义 /1
　　二　文献学的内涵与外延 /3
　第二节　古典文献学的知识架构 /8
　　一　核心层面 /8
　　二　一般层面 /26
　　三　专题层面 /37
　第三节　古典文献学的价值体现 /50

第二章 古籍版本学 /54
　第一节　古籍版本学的定义 /54
　　一　"古籍" /54
　　二　"版本" /54
　　三　"古籍版本学" /56
　第二节　何谓"善本" /57
　第三节　版本学有关名词术语 /60
　　一　单页古书的版式结构 /60
　　二　古书的外形结构 /62
　　三　其他名称 /63
　　四　古书版本的类别 /64
　第四节　书册制度 /66
　　一　图书简史 /66
　　二　纸的发明 /70
　　三　纸书装帧形式的演变 /71

目 录

第五节 雕版印刷与活字印刷 /81
一 雕版印刷术的发明 /81
二 活字印刷术的发明与发展 /86

第六节 历代刻书状况及特点 /91
一 宋代刻书 /91
二 辽、金、元刻书 /95
三 明代刻书 /99
四 清代刻书 /103

第七节 古籍版本学基本技能 /108
一 版本鉴定 /108
二 版本考订 /127
三 版本鉴定与版本考订的辩证关系 /137

第三章 古籍目录学 /139

第一节 目录与目录学 /139
一 "目录"名称的由来 /139
二 目录学的形成及意义 /140

第二节 古籍目录的功用 /141
一 指点读书治学的门径 /141
二 考察学术源流的演变 /142
三 了解书籍的内容，查找所需图书 /143
四 考察书籍的源流，辨别书籍的真伪 /145

第三节 古籍目录分类及演变 /146
一 《七略》与六分法 /146
二 四部分类法的产生 /148
三 "四分""五分""七分"法并行 /151
四 四分法正统地位的确立 /155

第四节 古籍目录编制简况 /156
一 《汉书·艺文志》/156
二 《隋书·经籍志》/158

目 录

　　三　《旧唐书·经籍志》与《新唐书·艺文志》/159
　　四　宋代的几部重要目录 /161
　　五　明代的几部目录 /166
　　六　《四库全书》与《四库全书总目》/171
　第五节　古籍目录的主要类型 /174
　　一　从编制目的、功用上区分 /174
　　二　从内容、性质上区分 /196

第四章　校勘学 /199

　第一节　校勘与校勘学 /199
　　一　什么是校勘？为什么古籍需要校勘？/199
　　二　校勘与校勘学 /203
　　三　与校勘相关的几个概念 /205
　第二节　校勘的历史发展与校勘学的形成建立 /207
　第三节　校勘的方法和依据 /221
　　一　古籍的基本构成 /221
　　二　校勘的方法 /223
　　三　校勘的依据 /231
　第四节　致误原因和校勘通例 /242
　　一　讹误现象 /242
　　二　误字通例 /243
　　三　脱文通例 /250
　　四　衍文通例 /253
　　五　倒文通例 /256
　　六　错简通例 /258
　第五节　校勘的具体步骤与校记的撰写 /260
　　一　校勘的准备工作 /260
　　二　校勘考证 /262
　　三　校记的撰写 /262

目录

第五章　训诂学 /270

　第一节　概　说 /270

　　一　训诂释义 /270

　　二　训诂的起因与发展 /274

　第二节　训诂的内容与方法
　　　　——解释语言文字 /296

　　一　解释词义 /296

　　二　解释语法 /333

　第三节　常用的训诂术语 /342

　　一　某，某也；某者，某也；某也者，某也 /342

　　二　谓 /343

　　三　言 /344

　　四　犹 /344

　　五　曰 /346

　　六　当为、当作 /347

　　七　读为、读曰 /348

　　八　读如、读若 /348

　　九　之言（之为言） /349

　　十　谓之 /350

　第四节　分析句读 /351

　　一　什么是句读 /351

　　二　分析句读的重要性 /355

　　三　如何分析句读 /357

第六章　辑佚与辨伪 /365

　第一节　辑　佚 /365

　　一　什么是散佚文献以及散佚文献的类型 /365

　　二　什么是辑佚以及辑佚工作的意义 /367

　　三　古书散佚的原因 /369

　　四　辑佚的方法 /373

目录

　　五　辑佚工作应当注意的问题 /388

第二节　辨　伪 /392

　　一　什么是伪书、辨伪以及辨伪工作的重要性 /393

　　二　古人作伪的原因 /396

　　三　辨伪的方法 /401

　　四　辨伪工作应当注意的问题 /410

　　五　正确认识伪书的价值 /414

后　记 /418

修订后记 /419

第一章 总 论
——辨章学术 考镜源流

第一节 文献与文献学

一 文献释义

"文献"一词始见于《论语·八佾》篇:"子曰:夏礼,吾能言之,杞不足征也;殷礼,吾能言之,宋不足征也。文献不足故也,足则吾能征之矣。"①《礼记·礼运》篇有类似的文字:"言偃复问曰:夫子之极言礼也,可得而闻与。孔子曰:我欲观夏道,是故之杞而不足征也,吾得《夏时》焉;我欲观殷道,是故之宋而不足征也,吾得《坤乾》焉。《坤乾》之义,《夏时》之等,吾以是观之。"②可见孔子所谓"文献",实际是基于"礼"而言。我们知道,儒家的"礼"是囊括国家典章制度、历史文化乃至个人伦理道德规范、行为准则的庞大概念。仅从大的方面讲,就有吉、嘉、宾、军、凶五类,如果细分,则号称"礼经三百,威仪三千"③。如此广泛的内容,代代相承延续,显然既需要有成文的记录,还要有熟悉相关掌故和具体操作规程的贤才。故郑玄注《论语·八佾》篇:"献,犹贤也。我不以礼成之者,以此二国之君,文章、贤才不足故也。"④就是以文章、贤才诠释"文献"。清刘宝楠《论语正义》说得更明白:"文谓典策,献谓秉礼

---

① 阮元.十三经注疏:论语注疏[M].北京:中华书局,2009:5357.
② 阮元.十三经注疏:礼记正义[M].北京:中华书局,2009:3064.
③ 贾公彦.序[M]//阮元.十三经注疏:周礼注疏.北京:中华书局,2009:1369.
④ 阮元.十三经注疏:论语注疏[M].北京:中华书局,2009:5357.

之贤士大夫,子贡所谓'贤者识大,不贤者识小',皆谓献也。"①由此可见,文献的早期含义,包括历史典籍、档案等文字资料和博学多识、熟悉掌故的贤才两方面。所谓贤才,主要是着眼于其文化记忆和口传议论,实际相当于活材料。

元代马端临《文献通考》,最早以"文献"题作书名。该书自序阐释文献的意义云:"凡叙事则本之经史,而参之以历代会要,以及百家传记之书,信而有证者从之,乖异传疑者不录,所谓'文'也。凡论事则先取当时臣僚之奏疏,次及近代诸儒之评论,以至名流之燕谈、稗官之纪录,凡一话一言可以订典故之得失,证史传之是非者,则采而录之,所谓'献'也。"②显然,马氏对于文献的理解仍取义于《论语》,但是其作为"献"收录的诸臣奏疏、诸儒议论,实际已经用"文"的形式表现,二者趋于一致。而且孔子所说的文献仅限于礼制,《文献通考》则分田赋、钱币、户口、职役、征榷、市籴、土贡、国用、选举、学校、职官、郊社、宗庙、王礼、乐、兵、刑、经籍、帝系、封建、象纬、物异、舆地、四裔共24考,几乎囊括了各项社会制度的历史沿革状况,可谓是广义的文献。其间《经籍考》更多达76卷,几占全书四分之一,亦可见文献与经籍的关系。元人杨维桢《送僧归日本》诗引用秦方士徐福东渡求仙、携带典籍赴日的典故,有"我欲东夷访文献,归来中土校全经"③句,"文献"之义几可等同于典籍。明代之后,更是经常用"文献"指代典籍资料,如明初编的《永乐大典》原名《文献大成》,署焦竑之名的《中原文献》,程敏政所编的《新安文献志》等。但是,仍有书名沿用"献"的本义,指代传记资料,如明焦竑《国朝献征录》,清钱林《文献征存录》、李桓《国朝耆献类征》之类。

近现代以来,文献的内涵不断扩展,先是被概括为具有历史价值的图书档案资料,《辞海》《辞源》则定义为具有历史价值的图书文物资料,

---

① 刘宝楠.论语正义[M].上海:上海古籍出版社,1993:35.
② 马端临.文献通考[M].北京:中华书局,2011:自序3.
③ 顾瑛.草堂雅集[M].北京:中华书局,2008:241.

把文物也包括在内。显而易见,今天的文献概念,已经大大超出了其原本之义,因此学界改用"古籍""古书""古典文献""历史文献""古文献"等名称界定传统文献。我们认为,在这些名称中,"古籍""古书"专指严格意义的书籍,具有排他性;"历史文献""古文献"则过于宽泛,致使各类文献形式混在一起,难分主次;唯有"古典文献",既保持传统四部文献的主体地位,又不排斥相关文献形式。因此,我们倾向于采用"古典文献"这一名称。

二 文献学的内涵与外延

中国古代并无文献学之名,但有文献学之实。西汉刘向、刘歆父子校理群书,广集诸本,施以校雠,编定目类,撰写叙录,开创了独特的学术门类。后人遂以"校雠之学"概括刘氏父子的学术工作,把目录、版本、校勘诸学融为一体。颜之推《颜氏家训·书证》、郑樵《通志·校雠略》、章学诚《校雠通义》均沿用校雠之名。近人梁启超在《中国近三百年学术史》"清初史学之建设"中最早提出文献学的概念:"明清之交各大师,大率都重视史学——或广义的史学,即文献学。"[①]意指以文献为研究对象的传统学问。1930年,商务印书馆出版了郑鹤声、郑鹤春的《中国文献学概要》,这是中文世界第一部以文献学命名的著作。郑氏兄弟在该书例言中说:"结集、翻译、编纂诸端谓之文;审订、讲习、印刻诸端谓之献。叙而述之,故曰文献学。"[②]据其内容,可谓与刘氏父子开创的校雠之学一脉相承。20世纪五六十年代,著名文献学者王欣夫在复旦大学开设文献学课程,讲稿后结集为《文献学讲义》,主张狭义的文献学就是目录、版本、校雠(校勘)三位一体。所谓狭义的文献学,实际就是传统校雠之学的延伸,为了区别于现代文献,又有古典文献学之名。

20世纪80年代之后,以传统文献学为主要内容的图书纷纷出版,

---

① 梁启超.中国近三百年学术史[M].天津:天津古籍出版社,2003:96.
② 郑鹤声,郑鹤春.中国文献学概要[M].上海:商务印书馆,1930:例言1.

但是题名有文献学、古典文献学、历史文献学、古代文献学、古文献学、古籍学、古籍整理学、校雠学等等,颇不一致。如此名目纷繁,足以说明学界对于文献学内涵与外延界定的模糊,对于文献学概念理解的混乱。在这些著述中,关于文献学的定义大致可以划分为三类,我们姑且称之为传统类定义、综合类定义与现代类定义。

传统类定义,认同传统文献学的研究范围,如《中国大百科全书》认为"传统意义上的中国文献学实际上是以考证典籍源流为核心内容的中国古典文献学"[1];赵国璋、潘树广主编的《文献学辞典》认为"古典文献学一般指广义的校雠学,即由西汉末年刘向、刘歆父子所开创,又为历代学者不断发展扩充的,以研究古代典籍的分类、编目、版本、校勘、辨伪、辑佚、注释、编纂、校点、翻译和流通等为主要内容的学科"[2];曾贻芬、崔文印在《中国历史文献学》中指出,"中国历史文献学,简言之,就是研究对我国历史上的各类文献进行注释、著录、校勘、辨伪、辑佚等的一门专科之学"[3];程千帆、徐有富的《校雠广义》,黄永年的《古文献学四讲》,更是严守传统文献学的界域。

综合类定义,视文献学为服务于文史研究的基础学科,或是贯穿文、史、哲、语言、文字诸学的综合性学科。如张舜徽《中国文献学》主张:"继承过去校雠学家们的方法和经验,对那些保存下来了的和已经发现了的图书、资料(包括甲骨、金石、竹简、帛书),进行整理、编纂、注释工作,使杂乱的资料条理化、系统化,古奥的文字通俗化、明朗化。并且进一步去粗取精,去伪存真,条别源流,甄论得失,替研究工作者们提供方便,节省时间,在研究、整理历史文献方面,作出有益的贡献,这是文献学的基本要求和任务。"[4]孙钦善《中国古文献学》认为"古文献学是关于古文献阅读、整理、研究和利用的学问","古文献学是个交叉、综

---

[1] 中国大百科全书数据库[DB/OL].[2020-04-11]. http://h.bkzx.cn/search?query=中国文献学.
[2] 赵国璋,潘树广.文献学辞典[M].南昌:江西教育出版社,1991:前言1.
[3] 曾贻芬,崔文印.中国历史文献学[M].北京:学苑出版社,2001:2.
[4] 张舜徽.中国文献学[M].上海:上海古籍出版社,2009:3.

合的学科","古文献就形式而言,包括语言文字和文本形态,涉及中国古代语言文字学和古籍版本、目录、校勘、辑佚、辨伪、编纂学等(其中目录、辑佚、辨伪学又与内容有关)。就内容而言,分具体和抽象两个方面,具体方面包括人物、史事、年代、名物、典制、天文、地理、历算、乐律……抽象方面主要指思想内容","按学术性质来分,古文献学又分考据学和义理学"。① 可谓包罗万象。熊笃、许廷桂《中国古典文献学》主张文献学"除了文献目录、版本、校勘、注释、辨伪、辑佚等传统内容之外,还应包括文献的载体演变、记录方式、装帧形态;文献积聚、散失、整理、兴衰的历史;文献内容从传统到当代分类的变化;文献编纂体裁的分类;文献的检索方法、保藏方法、流通方式等等"②。杜泽逊《文献学概要》等书也有类似的观点。

现代类定义,试图跳出传统文献学的窠臼,探索文献学的理论架构和学术主体性,甚至尝试打通传统文献学与现代文献学的界限,使之融为一体。洪湛侯《中国文献学新编》认为传统意义的文献学偏重于目录、版本、校勘,实际只是传授文献整理的方法,有失全面,而完整意义的文献学应该包括"体"(文献的载体、体裁、体例)、"法"(目录、版本、校勘、辨伪、辑佚、编纂)、"史"(文献整理、编纂、注解、刊印、典藏等方面的历史)、"论"(历代文献整理研究理论的归纳总结)等几个部分,并把这些内容融为一体,进行系统研究,逐步建立文献学的完整体系。周彦文《中国文献学》认为文献不可能在没有任何背景因素下孤立地产生,任何一种文献体裁的发生,都有其学术诱因,主张文献学的研究范围应该是探究各类文献的产生和演变,以及与学术史之间的相互影响。③ 周氏还提出架构文献学的方法论及理论系统的初步构想,企图为文献学定位,将文献学从一个概念领域转化为一个独立的学科。④ 潘树广等著《文献学纲要》力主古典文献学与现代文献学的交融,倡导所谓"大文

---

① 孙钦善.中国古文献学[M].北京:北京大学出版社,2006:20.
② 熊笃,许廷桂.中国古典文献学[M].重庆:重庆出版社,2003:4.
③ 周彦文.中国文献学[M].台北:五南图书出版有限公司,1993:序二.
④ 周彦文.中国文献学理论[M].台北:学生书局,2011:21-36.

献学"的概念。其文献学的含义是以文献和文献工作为对象,研究文献的产生、发展、整理、传播、利用及其一般规律的学科,而文献学的研究内容包括理论研究、应用研究和历史研究三个方面。

文献学定义的纷乱歧出,实际是文献学在目前学科体系中定位不清的直接反映。在教育部通行的学科体系里,"文学"之下有"古典文献学","历史学"之下有"历史文献学","图书馆、情报与文献学"之下有"文献学"(为了叙述方便,我们称之为"图书文献学")。三个分属不同门类的学科,冠名均有文献学,且所辖内容有相当程度的交叉。但是,因为所属门类不同,学术出发点和教学内容方面又有较大差异。因此,在目前的学科体系之下,文献学势必难以界定普遍认同的内涵与外延。

具体而言,前述传统类定义,实际主要是界定"古典文献学",该学科因传承中国经典学问而见重于学界,但也面对拘于工具方法、缺乏理论建构、难以融入现代学术体系的批评。目前,部分高校设有古典文献本科专业,多归属中国语言文学系科之下,而实际现代意义上的中国语言文学学科根本无法统摄古典文献学所涉及的广泛内容、诸多领域以及古籍整理的特殊方法。以最早设立的北京大学古典文献专业为例,1959年在翦伯赞、魏建功、吴晗、金灿然等文史学家的倡议下创建,培养目标是文史兼通的古籍整理专门人才,因为要强调传统文字、音韵、训诂之学的训练,故设在中国语言文学系。

文献学的综合类定义,试图融会古典文献学与历史文献学两个学科,但似乎只强调兼容并包,而忽视文献学学术主体性的建立,故学术定位只是服务于文史研究的基础学科。现代类定义方面,洪湛侯、周彦文都视文献学为主体学科,进行了可贵的理论探索。洪说在传统类定义的范畴之内,区分体、法、史、论,建构文献学知识系统,见解独到。但是,植根于古典学术基础的文献学,恐怕很难进行条块切割,如果把目录、版本、校勘之学仅视作工具方法,而把郑樵、章学诚诸人的片段论述看作理论,二者割裂,似乎并不符合文献学的历史实践。周说力图摆脱传统文献学定义的羁绊,把文献学置于文化史、学术史的视野之内,用现代术语组织文献学学术体系。然而脱离中国古典学术背景的理论绎绎，势必造成学术特色的泯灭，貌似可以进行现代学术解构，实际与文献学学术实践并不合辙。潘树广的"大文献学"定义，借鉴现代文献学的理念，试图融合古今文献为一体，实际偏重于图书馆学角度的文献管理利用，而忽视古典文献学的学术史意义。

既然文献学定义的纷乱有其学术分科的背景，在现行学术体系暂时无法改变的情况下，任何统一文献学的内涵与外延，使之涵盖古典文献学、历史文献学与图书文献学三个学科的意图，大概都是徒劳的。因此，我们并不主张纠缠于众说纷纭的笼统定义，而是在不改变现行学科体系的前提下，明确三个学科各自的知识架构，特别是核心知识的组成。具体而言，就是通过知识分层的方式，划分出各自的核心层面、一般层面和专题层面知识，以及背景知识。我们认为，在核心知识层面，三个学科具有显著的差异，而在一般知识、专题知识和背景知识层面，三者则有较多的交叉。本书以确立古典文献学科的知识架构为旨归，而其核心内容首先是承继传统校雠之学，在"辨章学术，考镜源流"的学术理念指导下，探讨古典目录、版本、校勘之学的学术内涵；其次是剖析古籍形制源起、内容辑佚、辨伪，挖掘古籍文本演变的深层意义；再次是探究古籍诠释延生、文本分解组合的学术史意义。古籍的载体、刊刻、典藏、流播等外在层面内容，在图书文献学属于核心知识，在古典文献学则属于一般知识，而且侧重于文化史观照下的研究。敦煌文献、简帛文献、石刻文献、域外汉籍、图像文献、方志与族谱等学术领域，随着新资料的陆续发现和研究的不断深入，逐渐成为专门之学，虽然主要是被作为历史研究、思想史研究文献利用，但对于古典文献学的知识体系，也是非常有益的完善与补充。此外，文字、音韵、训诂之类传统小学知识，典章制度、年代避讳之类历史文化知识，都是阅读古籍的基本知识储备，但在学科体系里分属语言学和历史学，故只能作为古典文献学必要的背景知识。

第二节　古典文献学的知识架构

一　核心层面

古典文献学源于传统的校雠之学,目录、版本、校勘自然是其最为核心的部分。此外,还应以古籍编纂、辨伪、辑佚、诠释研究作为其核心层面内容,因为这些方面的研究均以古典文献为研究对象,而且始终贯穿"辨章学术,考镜源流"的宗旨,无疑是古典文献学科体系的重要支柱。20世纪迄今,由于简帛文献、敦煌文献、海外佚籍的陆续出土与发现,令古籍编纂、辨伪、辑佚诸学获得大量新资料的支持,而西方阐释学理论的介入,也有助于对传统的经典诠释进行深入解构,因此,这些方面的研究正在成为古典文献学新的学术增长点。

1. 校雠与目录学

古典文献学知识架构的核心部分,无疑是传统校雠之学的继承与发展。"校雠"亦称"雠校",《文选·魏都赋》李善注引《风俗通》曰:"案:刘向《别录》,雠校:一人读书,校其上下,得谬误,为'校';一人持本,一人读书,若怨家相对(故曰"雠"也)。"[①]刘向领校秘书,"每一书已,向辄条其篇目,撮其指意,录而奏之"[②]。所谓"条其篇目",就是排列篇章目次,而"撮其指意",就是归纳全书旨意。两者合而录之,构成"目录"的原始之义。流传至今的刘向所奏《战国策》《荀子》《晏子》《管子》《邓析子》《韩非子》《列子》《说苑》《山海经》九篇书录,形式都是首列篇目,次列整理说明、作者情况和内容大意。因此,刘向校书,可谓是以校勘文字篇卷始,以编次篇目叙录大意终,从"校雠"到"目录"一以贯之,确实

---

① 萧统.文选[M].上海:上海古籍出版社,1986:287. 按:末四字据《太平御览》卷六一八所引补。后"一人读书"《太平御览》作"一人读析",文意似乎更加清楚。

② 班固.汉书[M].北京:中华书局,1962:1701.

无愧于校雠学开山之誉。当然,校雠学真正成为专门之学,还有待宋郑樵《校雠略》、清章学诚《校雠通义》的总结阐述。章学诚云:"校雠之学,自刘向父子渊源流别,最为推见古人大体,而校订字句,则其小焉者也。绝学不传,千载而后,郑樵始有窥见,特著《校雠》之略,而未尽其奥,人亦无由知之。世之论校雠者,惟争辩行墨字句之间,不复知有渊源流别矣。近人不得其说,而于古书有篇卷参差、叙例同异当考辨者,乃谓古人别有目录之学,其属诧闻。"①显然,章氏校雠学概念的核心是目录之学,而且赋予了其辨析学术渊源流变的内涵。故《校雠通义·叙》曰:"校雠之义,盖自刘向父子部次条别,将以辨章学术,考镜源流;非深明于道术精微、群言得失之故者,不足与此。"②"辨章学术,考镜源流",遂成为校雠学乃至古典文献学的学术旨归。

汉魏以降,著述渐趋繁盛,而印刷术的发明,更促进了宋代之后刊本书籍的风行。狭义的校雠之学,实际难以覆盖文献领域的学术发展,目录、版本、校勘诸学分门立户,共同组成广义的校雠学。其间,目录学作为校雠学的核心,是古典学术的重要基础。汪辟疆《目录学研究》云:"目录学者,辨章学术剖析源流之学也……后人览其目录,可知其学之属于何家?书之属于何派?即古今学术之隆替,作者之得失,亦不难考索而得。"③刘向领校秘书,汇辑诸书叙录为《别录》,刘歆子承父业,又总集群书,分门别类,著为《七略》。《别录》《七略》原书均已亡佚,好在《汉书·艺文志》是依据《七略》改编,只是删省了诸书叙录,基本保存了《七略》面貌。《七略》之中,《辑略》相当于全书总序,六艺、诸子、诗赋、兵书、术数、方技六略分类著录图书。六略之下又分 38 小类(种),包括 596 家,收书 13269 卷。此分类方式,既代表了汉代学术分类的观念,又反映了官方藏书的现实。其间,《辑略》总序学术大势,六略均有类序,总结各类学术源流,38 小类也有小序(《诗赋略》只有一篇类序,无

---

① 章学诚.章氏遗书外编:信摭[M].北京:文物出版社,1985:367.
② 章学诚.文史通义校注:校雠通义[M].北京:中华书局,1985:945.
③ 汪辟疆.目录学研究[M].北京:商务印书馆,1984:2.

小序),梳理流派家学,总序、类序、小序共同勾勒出西汉之前学术的发展史。因此,清代学者金榜说:"不通《汉·艺文志》,不可以读天下书。《艺文志》者,学问之眉目,著述之门户也。"① 现代史家范文澜则将《七略》视为"一部极可贵的古代文化史",可与《史记》比肩为西汉两大著作。②

刘向、刘歆开创的图书著录体现学术源流的原则,成为传统目录学的典范,此后,《隋书·经籍志》《四库全书总目》传承了刘氏父子的学术理念,被誉为传统目录学的另外两座里程碑。私人著述方面,宋晁公武《郡斋读书志》、陈振孙《直斋书录解题》、清朱彝尊《经义考》等书也有所继承。但是就古代目录纂修的总体状况而言,《七略》所开创的著录原则与体例,并未占据主流地位,除在图书分类方面力求体现学术源流之外,多数目录书没有强调与学术史建立起密切关联。历代官修史志目录,大多只是簿次甲乙丙丁,著录书名、作者、篇卷而已。私撰目录之书,则多出于鉴藏目的,网罗异本善本,侧重版本特征的著录。此外,如清龙启瑞《经籍举要》、张之洞《书目答问》之类书目,主要是为经史初学者指示读书门径,往往强调文献的实用和易见性。我们认为,作为古典文献学重要分支的目录学(可以称之为古典目录学),其研究视野应当超越古代公私藏书目录和现代图书馆古籍编目之学,而致力于传承《七略》的学术理念。余嘉锡《目录学发微》卷一论及目录学的意义与功用,有六条总结:一、"以目录著录之有无,断书之真伪";二、"用目录书考古书篇目之分合";三、"以目录书著录之部次,定古书之性质";四、"因目录访求阙佚";五、"以目录考亡佚之书";六、"以目录书所载姓名卷数,考古书之真伪"。③ 如果考虑到后世目录书多标注版本的情况,还可增加一条功用,即通过目录考察古籍的版刻源流,辨识其优劣异同。据此,古典目录学的意义实际与校勘、辑佚、辨伪、版本诸学密切关联,共

---

① 王鸣盛.十七史商榷[M].北京:中华书局,2010:245.
② 范文澜.中国通史简编[M].北京:人民出版社,1964:126.
③ 余嘉锡.目录学发微[M].成都:巴蜀书社,1991:12-14.

同构筑了古典文献学的基础。

2. 版本学

版本通常是指雕刻木版刷印的书本,故前人也写作"板本",大约宋代开始作为名词使用。宋沈括《梦溪笔谈·技艺》说:"板印书籍,唐人尚未盛为之,自冯瀛王始印《五经》已后,典籍皆为板本。"[①]因为宋代开始印本书籍风行,有关版本方面的知识遂成专门之学。但是随着学术研究的介入,特别是与崇尚考察学术源流的目录之学的结合,版本不再局限于雕版印本,雕版印刷发明之前的写本和之后的抄本、稿本,都成为版本学研究的对象。清末版本学家叶德辉解析"板本"二字,指出:"雕板谓之板,藏本谓之本。藏本者,官私所藏,未雕之善本也。"[②]因此,版本的概念不妨视作"异本",即不同的本子,其载体也不必局限于纸质。

如果基于反映学术源流的角度考察,写本时代的图书大概包含着更多的学术信息,这些信息在由写本向印本转换的过程中,有不同程度的损失。南宋叶梦得《石林燕语》云:"唐以前,凡书籍皆写本,未有模印之法,人以藏书为贵。人不多有,而藏者精于雠对,故往往皆有善本。学者以传录之艰,故其诵读亦精详。五代时,冯道始奏请官镂《六经》板印行。国朝淳化中,复以《史记》、前后《汉》付有司摹印,自是书籍刊镂者益多,士大夫不复以藏书为意。学者易于得书,其诵读亦因灭裂,然板本初不是正,不无讹误。世既一以板本为正,而藏本日亡,其讹谬者遂不可正,甚可惜也。"[③]20世纪迄今,敦煌文献、简帛文献陆续出土,提供了大量的写本实例,而且为古典文献学研究开辟了广阔的前景,出土文献与传世文献的比较研究,正在成为新的学术热点。此外,海外写本佚籍的发现,对于探讨写本到印本的传承流变,也具有重要的意义。

[①] 沈括.梦溪笔谈[M].北京:中华书局,2015:174.
[②] 叶德辉.书林清话[M].北京:中华书局,1957:25.
[③] 叶梦得.石林燕语[M].北京:中华书局,1984:116.

印本书籍广泛流通之后,同书异本的现象比较普遍,版本遂成为公私书目著录的重要内容,版本之学亦渐为文人学士所研习。然而,因为出于研究、收藏、出版、贩卖等不同目的,对于版本之学的认识并不一致。清人洪亮吉曾针对当时的藏书风尚总结说:"藏书家有数等:得一书必推求本原,是正缺失,是谓考订家,如钱少詹大昕、戴吉士震诸人是也。次则辨其板片,注其错讹,是为校雠家,如卢学士文弨、翁阁学方纲诸人是也。次则搜采异本,上则补石室金匮之遗亡,下可备通人博士之浏览,是谓收藏家,如鄞县范氏之天一阁、钱塘吴氏之瓶花斋、昆山徐氏之传是楼诸家是也。次则第求精本,独嗜宋刻,作者之旨意纵未尽窥,而刻书之年月最所深悉,是谓赏鉴家,如吴门黄主事丕烈、邬镇鲍处士廷博诸人是也。又次则于旧家中落者,贱售其所藏,富室嗜书者,要求其善价,眼别真赝,心知古今,闽本蜀本,一不得欺,宋椠元椠,见而即识,是谓掠贩家,如吴门之钱景开、陶五柳,湖州之施汉英诸书估是也。"①作为古典文献学学术体系重要组成部分的版本学,其根本宗旨是考订古籍版本源流,梳理主次,确认文本的可靠性和准确性。因此,考订家、校雠家的工作最具有学术意义。收藏家、鉴赏家广集旧本、异本,精校精刊,为学术研究提供了良好的文献基础,他们精到的版本鉴定经验是研习版本学应该学习的有益知识,但不是核心内容。由此,我们还有必要对"善本"观念进行辨析。收藏家、鉴赏家往往以旧刻旧抄、传世稀少、刊刻精美作为鉴别善本的标准,而在考订家、校雠家看来,文本的可靠、准确和完整性,才是确定善本的标准,故更看重精校、精注本。张之洞《輶轩语·语学》有"通论读书"一条,即称"读书宜求善本","善本非纸白板新之谓,谓其为前辈通人用古刻数本精校细勘付刊,不讹不缺之本也"。又说:"善本之义有三:一、足本。(无阙卷,无删削。)二、精本。(一精校,一精注。)三、旧本。(一旧刻,一旧钞。)"②从古典文献学研究的角度来看,张之洞的善本观念最值得称道,版本研究的意

---

① 洪亮吉.北江诗话[M].北京:人民文学出版社,1998:46.
② 张之洞.增订书目答问补正[M].北京:中华书局,2011:666-667.

义主要取决于文本校勘价值的体现,只注重形式,而忽视内容,不是文献学研究者应有的态度。当然我们也要认识到,旧刻旧抄往往更接近文本的原貌,而传世稀少本或许可以补充学术的缺环,收藏鉴赏家的版本见识有助于我们确定文本的历史价值。

3. 校勘学

"校勘"之名,源起于刘向所创造的"校雠",有时二者几乎同义。但是一般认为,"校雠"的含义更为丰富,举凡编次篇目,是正文字,分别部类,梳理源流,都涵盖在内;"校勘"相对比较单纯,仅是订正文字衍夺讹脱而已。因此,我们前文沿袭传统之说,视校雠学为涵盖目录、版本、校勘之学的广义概念。校勘学多以订正文字、拾遗补阙作为成果表现形式,实际其意义关乎古籍文本的准确与完整,是目录、版本、辨伪、辑佚诸学的基础。古籍在流传过程中,形成了大量的文字衍夺讹脱现象,往往直接影响对文本的解读,有时因为一字之差,文意迥然有别。试举一例。清儒陈鳣《元本后汉书跋》:"今本《郑康成传》云:'吾家旧贫,不为父母群弟所容。'是本无'不'字,俱与唐史承节所撰《郑公碑》合。吾师阮抚使《山左金石考》云:为父母群弟所容,犹言幸为亲包覆成就,盖不欲举亲之失如此。自后校书者因前'不乐为吏,父数怒之',遂疑此书'为父母群弟所容'不相合,辄枉加'不'字,踵谬至今,是碑远胜今本《后汉书》。鳣今得见元本《后汉书》无'不'字,斯可宝二也。"①一字之错,竟事关郑玄的立身道德。阮元据唐人碑刻校正传世本之误,而由元刻本不误之例,亦可证元刻未必不如宋刻,不能一概而论。因此,正如前文所论,凡是学术意义上的善本,必定是精校细勘之本。精校细勘,绝非简单的寻行数墨,而是要具备目录版本学知识和传统小学知识储备,否则或无所适从、难断是非,或随意妄改,此类校书事例,不胜枚举。清儒在古籍校勘领域成果卓著,张之洞《书目答问》诸书所列精确可靠的版本,大多经由清儒校勘整理,至今仍是学者案头的善本。

---

① 陈鳣.陈鳣集:上[M].杭州:浙江古籍出版社,2018:43.

校勘之学往往不易为文献学外行所理解,清儒卢文弨毕生致力于校订刊刻古籍,成就卓著,但时人也有讥讽说:"读书以求益也,今书并受君之益矣。"①清儒焦循因不认同乾嘉考据之学,故对依附考据学的版本学、校勘学亦颇多异辞,其《里堂家训》说:"自有考据之目,依而附之者有二:一曰本子之学,宋相台岳氏集二十三本以校九经,此其嚆矢也。""本子之学者,不问经之指趣,而但诩旧本之多、宋板之贵,较量于一字半句以鸣得意,不异市井牙侩终日为估客比兑银货而已,究一无所有也。更有甚者,信其讹误者为真,转将不误者改而之误。"②焦循此说,是针对不问经典旨意、为考据而考据的学风有感而发的,并非完全鄙弃文字校勘的价值,因此,他又说:"人各有所近,高下浅深必难一致。本子、拾骨之学,非不可为,特非经学之尽境耳。若习为高论,鄙弃一切,而高深之地究莫能窥测,浮而无实,尤所切戒。"③校勘文字的目的是为了完整准确地掌握古籍文本,进而深入研究其文义,如果斤斤于文字校勘,夸繁示富,忘记登堂入室,自然也有违于校勘学的宗旨。因此,焦循的批评,古典文献学者应引以为戒。

4. 古籍编纂学

古籍编纂研究,近年已有论著以此为题,但大多局限于传世古籍编纂过程的叙述,而少有古籍成书源起、结构体例演变的探讨。有学者提出将基于出土文献的古籍形成研究命名为"古书学",我们认为这一概念容易产生歧义,而且不利于出土文献、传世文献的统筹研究,因此还是借用古籍编纂学之名,内容则涵盖自古籍形成、结构体例演变到重组再构的全部过程。

古籍的形成方式,不外著、述、编、译四类。著,也称"作""造""著作",相当于原创性工作。清儒焦循说:"人未知而己先知,人未觉而己

---

① 卢文弨.抱经堂文集[M].北京:中华书局,1990:439.
② 焦循.里堂家训[M].南京:凤凰出版社,2014:1301-1302.
③ 同上 1302.

先觉,因以所先知先觉者教人,俾人皆知之觉之,而天下之知觉自我始,是为作。"①"述",《说文解字》释为"循也",即遵循前人所创。故孔子说:"述而不作,信而好古。"②焦循给予"述"的定义是:"已有知之觉之者,自我而损益之。或其意久而不明,有明之者,用以教人,而作者之意复明,是之谓述。"③古典文献中大量的传、注、疏、解作品,都是"述"的形式。编,也称"纂""辑",是依据已有文献,编辑组合成新的作品,以便保存使用。古典目录中《楚辞》《文选》《玉台新咏》《乐府诗集》等总集类作品,《初学记》《艺文类聚》《太平御览》《册府元龟》《永乐大典》等类书类作品,《儒学警悟》《汉魏丛书》《古今图书集成》《四库全书》等丛书类作品,都属于"编"的范畴。译,是指翻译的作品,历代的佛典翻译,明清时期的西文翻译,都属此类。

关于古籍的早期成书问题,李零曾进行过比较全面的考察。④ 他认为,"书"有三种不同含义,分别是作为文字的书,作为档案的书和作为典籍的书。其中,作为典籍的书是古典文献学研究的主要对象,它与另外两种书不同,即不是官方办事的记录,而主要是私人著述;内容多与政务、商务之类"俗事"无关,而以源出诗书礼乐的人文学术为主,并涉及天文历算和医卜农桑等实用技术。但是,典籍意义的书与档案文书关系密切,《诗》《书》《易》之类早期典籍,就是直接选自官方档案文书。不过,李零认为,在战国以前简帛文献尚未发现、早期档案面貌和内涵还无从得知的情况下,古籍成书问题仍无法有明确的答案,他只是提出了两点推测:第一,即便古书是直接脱胎于文书档案,它也不是文书档案中必然包含的种类。它之成为后世意义上的"书",恐怕是后人删选、改编的结果,有些可能是原始记录,有些可能是后人拟作,还有些则明显是收集故老传闻改编的故事。第二,后世古书在形式上有进一步变化,有更大独立性和超越性,但形式上还是保留了很多文书档案的

---

① 焦循.焦循诗文集:上[M].扬州:广陵书社,2009:133.
② 阮元.十三经注疏:论语注疏[M].北京:中华书局,2009:5390.
③ 焦循.焦循诗文集:上[M].扬州:广陵书社,2009:133.
④ 李零.简帛古书与学术源流[M].北京:生活·读书·新知三联书店,2004:39-51.

特点,留下了它的尾巴。

在古籍的结构与体例方面,秦汉之前许多书籍,因为抄写不易,材料难得,每每只是摘抄,或以篇章单行,且常被编入不同书籍。诸如此类,对认识古籍的形成过程很有价值。今人余嘉锡撰有《古书通例》,根据传世文献,总结出"古书不题撰人""秦汉诸子即后世之文集""古书多造作故事""古书单篇别行""古书不皆手著"等义例①,这些结论大多已为出土简帛文献所证实。李零根据出土简帛文献,在余嘉锡总结的基础上,又做出新的归纳:一、古书不题撰人。二、古书多无大题,而以种类名、氏名及篇数、字数称之。三、古书多以单篇流行,篇题本身就是书题。四、篇数较多的古书多带有丛编性质。五、古书往往分合无定。六、古书多经后人整理。七、古书多经后人附益和增饰。八、古人著书之义强调"意"胜于"言","言"胜于"笔"。②

关于古籍结构的历史演变,李零曾经做过形象的比喻:"战国秦汉的古书好像气体,种类和篇卷构成同后世差距很大;隋唐古书好像液体,虽然还不太稳定,但种类和构成渐趋统一;宋以后的古书则是固体,一切定型,变化多属誊写或翻刻之误。"③其实,古籍结构演变总体而言始终是处在动态的过程,固定只是针对个体而言。在纸张广泛用于书写和雕版印刷流行的背景下,古籍结构演变的主要形式是内容的重组与再构,体现在目录学分类中就是集部和类书、丛书类书籍的涌现。

集部主要包括总集与别集,诗文评类书籍多具有原创性和独立性,不在我们论述之列。总集是指多位作家诗文词曲作品的汇集,总集的编纂方式,既可以笼而统之,又可以依据文体、时代、地域、流派、类别进行汇编,编辑方法则有全集与选集之分。《诗经》《楚辞》《昭明文选》《玉台新咏》都是早期总集的典范之作。别集是指个人作品的结集,其起源可以追溯到先秦诸子的论文汇编。汉魏六朝时期,别集渐盛,见于《隋

---

① 余嘉锡.古书通例[M].上海:上海古籍出版社,1985:目录1-2.
② 李零.出土发现与古书年代的再认识[M]//李零自选集.桂林:广西师范大学出版社,1998:27-31.
③ 李零.简帛古书与学术源流[M].北京:生活·读书·新知三联书店,2004:198.

书·经籍志》者就有886部。《四库全书总目》"别集类"小序总结说："集始于东汉。荀况诸集,后人追题也。其自制名者,则始张融《玉海集》。其区分部帙,则江淹有前集,有后集。梁武帝有诗赋集,有文集,有别集。梁元帝有集,有小集。谢朓有集,有逸集。与王筠之一官一集,沈约之正集百卷,又别选集略三十卷者,其体例均始于齐梁,盖集之盛自是始也。"[①]"集"的出现改变了简帛时代书籍以单篇流行的形式,而这与纸张作为书写材料的广泛采用,在时间上是吻合的。

唐宋之后,总集、别集成为古籍编纂的重要形式,成书数量巨大,清人别集可考者多达3万余家,文人学者几乎人人有集。时至今日,编纂总集、别集仍是古籍整理的重要内容,《全宋诗》《全宋文》《全元文》都是近年完成的典型总集作品。

类书,古代也称类事之书,是指抄撮古籍中的史料典故、名物制度、诗赋文章、俪词骈语,分门别类或按韵部排纂,以供检索的书籍形式。因为涉及内容广泛,在古典目录学中,往往难以归类,故《四库全书总目》"类书类"小序云:"类事之书,兼收四部,而非经非史、非子非集,四部之内,乃无类可归。"[②]类书的出现,也是纸张用作书写材料,书籍轻便易得背景下的产物。三国魏文帝曹丕命儒臣编辑的《皇览》,是学界公认最早的一部类书。宋王应麟即云:"类事之书,始于《皇览》。"[③]《四库全书总目》也说:"考割裂古书,分隶门目者,始魏缪袭、王象之《皇览》。"[④]魏晋南北朝时期,适应文学创作上讲究用事与辞藻的风尚,抄撮典故、辞藻的类书屡有造作,但多已亡佚,只是在敦煌遗书和海外写本中保存有部分残帙。现存类书,最为著名的是唐代编辑的《北堂书钞》《艺文类聚》《初学记》,宋代编辑的《太平御览》《册府元龟》《玉海》诸书;明代永乐年间(1403—1424)编辑的《永乐大典》(22877卷),清初编辑的《古今图书集成》(10000卷),则可谓类书中的集大成之作。其中,

---

① 永瑢,等.四库全书总目[M].北京:中华书局,1965:1271.
② 同上1141.
③ 王应麟.玉海艺文校证[M].南京:凤凰出版社,2013:955.
④ 永瑢,等.四库全书总目[M].北京:中华书局,1965:1062.

《永乐大典》因其丰富的内容和曲折的存藏经历,吸引了众多研究者的注意。

类书的主要功能原本只是便于检索典故、词句,然而流传至今日,在文本辑佚、校勘和反映知识分类方面都体现出了重要的文献学价值。类书都是大量抄录古籍,其间许多古籍的原本因为天灾人祸而亡佚或残缺,类书就成了辑录佚书佚文的渊薮。如《太平御览》引书凡1689种,十之七八均已不传。《太平广记》引录古小说约500种,原书已有大半失传,原书尚存者也可从中辑出不少佚文。《永乐大典》采用按韵部排纂的形式,韵部之下往往整本抄录古籍,保存了若干佚书的原貌。清乾隆年间(1736—1795)纂修《四库全书》,馆臣自《永乐大典》辑出了516部佚书。现在《永乐大典》全书虽已不传,但在佚存的近千卷中,仍时有新的佚文发现。即便类书所录有传本的古籍,因为原本辗转抄刻,错讹在所难免,类书的文本正可作为校勘的参照。《四库全书》本《水经注》号称当时最善之本,即是清儒戴震据《永乐大典》抄本校订而成。传世本《魏书》的《礼志》《刑法志》有脱文,学人习而不察,清儒卢文弨和近人陈垣、唐长孺依据《通典》《册府元龟》引录文本校勘,方补足了脱文。陈尚君《旧五代史新辑会证》主要依据《册府元龟》资料复原《旧五代史》的面貌,堪称利用类书辑佚校勘的典型之作。类可以分为综合性类书和专科性类书,因为博采群书,内容丰富,故有古代百科全书之称。当然,类书与现代意义的百科全书,无论是内容还是形式都有根本的不同。但是,类书分门别类的形式,承继了中国古老的分类思想,体现出不同时期知识分类观念和知识结构的变化,对于学术史、文化史研究具有重要的意义。如近古时期大量的通俗类书,就是研究社会文化史的宝贵文献资料。

丛书,是指把多部不同的书汇编到一起,冠以总名。类书与丛书均根据已有古籍编纂而成,但类书是割散原书,重新分类编纂,而丛书则是保持原书的完整性,一般都是整部收入。"丛书"之名最早见于唐人陆龟蒙的《笠泽丛书》,但该书性质是文集而不是丛书。故后人多将成书于南宋嘉泰二年(1202)俞鼎孙、俞经编的《儒学警悟》作为丛书之源,这部丛书收入了6部宋人著作。其次是南宋左圭的《百川学海》,收录唐宋人著作100种177卷。丛书根据性质可以分为专科类丛书和综合类丛书,所谓丛书起源只是就综合类丛书而言,实际专科类丛书可能起源更古。如先秦即有的"六经",三国时所称的"三史"(《史记》《汉书》《东观汉记》),完全可以视作丛书之名。明清时期,丛书成为编纂刊刻古籍的重要形式,先秦至宋元的古籍文献,大多都被收入丛书。20世纪50年代,上海图书馆根据国内41家图书馆收藏编纂的《中国丛书综录》,收录丛书2797种,子目书名70000余条(去除重复,共得38891条)。这个数字显然还不是完全的统计,释藏和新学类丛书都不包括在内。因此,丛书是我们今天利用古籍文献的重要来源。现存古籍的版本也以丛书本居多,大量古籍特别是篇幅较小者,都赖丛书得以流传至今,否则早已失传。

丛书的采录标准和排列次序因编者宗旨而异,大多只是粗分门类,随编随刻,不似类书有严谨的结构体系,也没有严格的次序。但是,《四库全书》《大藏经》《道藏》等丛书,因其体大思精而成为古籍编纂的典范之作,影响巨大。其中,《四库全书》以国家之力,广集传世古籍,选择善本,按照严格的目录体系分类编次眷录,并撰写提要考辨内容与形式,成为体现古典目录、版本、校勘、辨伪、辑佚诸学成就的集大成之作。如今,已有学者将《四库全书》相关研究命名为"四库学",成为古典文献学研究的重要领域。《大藏经》《道藏》都具有自己独特的编纂体例,前者以经、律、论分部,后者以三洞六辅分类,网罗了大部分的佛道文献,使其免于失散。清代周永年撰有《儒藏说》,提出仿效佛、道藏的体例,纂集儒家经籍为《儒藏》,《四库全书》的编纂即受其启发。近年,北京大学等单位组织纂修《儒藏》,可以看作是这一构想的延续。

古籍编纂研究在今天仍具有非常重要的现实意义。不仅古籍成书与结构体例研究是古典文献学的重要基础,即以当下蓬勃开展的古籍整理工作而论,历代古籍编纂的形式与成果,无不被广泛借鉴采用。总集、别集、类书、丛书仍是古籍整理成果的主要形式,《全宋诗》《全宋文》《续修四库全书》《中华大典》《儒藏》等引人注目的古籍整理项目,也可看作是传统古籍编纂事业的继承与发展。

5. 辨伪与辑佚学

古籍辨伪与辑佚都是古典文献学的重要组成部分。古籍辨伪主要包括两个方面:一是对于古籍名称、作者、年代真伪的考订;二是对于古籍内容真伪的考辨。前者重在考察古籍直观项目,多服务于目录之学;后者则深入古籍文本,并将其置于学术史的背景下进行分析。在中国古籍中,"伪书"的存在相当普遍。宋代朱熹曾慨叹:"天下多少是伪书!开眼看得透,自无多书可读。"①清代张之洞《輶轩语·语学》甚至断言:"一分真伪而古书去其半。"②二人所言虽然不无可商榷之处,但足以揭示古籍作伪的严重性和辨伪的重要性。

古籍"伪书"现象的成因及其辨别方法,前人多有总结。明人胡应麟《四部正讹》罗列了10余种古籍作伪的情况,并提出辨别伪书的8种方法。近人梁启超在胡应麟辨伪之说的基础上,提出"辨伪法先辨伪书,次辨伪事",并归纳出辨别伪书的12条通例。③ 他的辨伪学说在《古书真伪及其年代》一书中有比较系统的概括。瑞典汉学家高本汉的《中国古籍辨伪法》、近人张心澂的《伪书通考》也都是专门研究古籍辨伪的著作。综合诸家所述,伪书大致可以分为两类:一是有意假托作伪;一是因袭成说、失考误断致伪。先秦古籍成书缘起和结构演变比较复杂,虽然在名称、作者、年代方面存在不少问题,但多属因袭成说、失考误断,并非有意为之。秦汉以后,有意假托作伪的现象比较普遍,究其动机,大略有托古传道、炫名争胜、造伪补佚、好事妄为、逃禁避嫌、谋财射利诸端。考辨伪书的方法,主要是依据目录查考传授源流,考订作者和传授者生平,考核所涉典章制度、地理沿革等项史事,借助语言学和文学知识分析文本内容。

---

① 黎靖德.朱子语类[M].北京:中华书局,1986:2187.
② 张之洞.增订书目答问补正[M].北京:中华书局,2011:672.
③ 梁启超.中国历史研究法[M].上海:华东师范大学出版社,1995:114-120.

古籍辨伪的功用在历史文献学的角度来看,主要是辨别史料的可靠性,而在图书文献学的角度来看,主要是为了书名、作者、成书年代著录的准确性。我们认为,作为古典文献学组成部分的古籍辨伪,其学术意义还是在于辨析学术源流,因此必须置于学术史的背景之下进行考察。纵观古代直至现代的辨伪学史,我们可以发现,无论是作伪还是辨伪,实际多与学术史紧密结合在一起。西汉刘向、刘歆始创校雠之学,其中就包含古籍辨伪的内容。根据《汉书·艺文志》的记载,刘氏父子辨定或怀疑的古籍共有 16 部。① 汉代经今古文之争是学术史上的重要事件,而两派论争的焦点之一就是经书的作伪与辨伪问题。古文经派的经典源自鲁壁发掘和民间献书,故今文经派指斥其为伪书,双方互有辩驳。东汉末年,郑玄遍注群经,杂糅今古,经学趋于统一。魏人王肃推崇古文,遂制作多部伪注、伪书,壮大古文声势,以与郑注对立。此外,今文经衍生的谶纬文献,大多属伪托之作,已是公论。魏晋南北朝以至隋唐时期,儒、释、道三教论争,经典的作伪与辨伪,成为它们相攻争胜的手段。道教伪造《老子化胡经》,佛教造作《父母恩重经》,都是三教论争背景下的产物。两宋时期,疑古辨伪演变为学术思潮,汉儒株守训诂章句而不敢穿凿的治经风气被打破,《诗序》《系辞》《周礼》《古文尚书》等经典成为宋儒怀疑的对象。在疑古辨伪思潮的推动下,宋学开创出有别于汉学的学术新天地。当然,宋学因为竞尚新奇,由轻率疑古进而穿凿作伪的学术现象也屡见不鲜。明人承此末流,加之学风空疏,疑古作伪的现象更为普遍。丰坊造作《子贡诗传》《申培诗说》《大学》石经,就是著名的事例。明代古籍辨伪上升到理论总结层面,大概与学术风气不无关系。清代学术的主脉是经史考据之学,而考据学的奠基之作是阎若璩的《尚书古文疏证》和胡渭的《易图明辨》,前者令传世《古文

---

① 如道家"《文子》九篇",《汉书·艺文志》云:"老子弟子,与孔子并时,而称周平王问,似依托者也。"班固.汉书[M].北京:中华书局,1962:1729.此外,儒家首列"《晏子》八篇",刘向《叙录》云:"又有颇不合经术,似非晏子言,疑后世辨士所为者,故亦不敢失,复以为一篇。"因怀疑有些篇章非晏子所作,谨慎起见,单独编为《外篇》。张纯一.晏子春秋校注[M].北京:中华书局,2014:7.

尚书》及孔安国传的伪托终成定论,后者全面揭露出宋儒易学的伪说与伪图。在清代学术史上,辨伪始终是一个重要的学术主题。《四库全书总目》汇集了清代前期辨伪的主要成绩。嘉道以降,今文经学复兴,指斥刘歆伪造窜改古文经典,为王莽篡汉制造理论依据。非常有意思的是,清末康有为提倡今文经学,撰有《新学伪经考》,同样采用托古改制的路数,利用辨伪为改革变法张目。

20世纪早期,疑古辨伪发展成为古典学术界的主流思潮。著名史学家顾颉刚提出"层累地造成的中国古史"说,认为完备整齐的古史体系是应战国至两汉政治需要而层层造成的,欺世近两千年。在疑古思想的指导下,以顾颉刚为代表的古史辨派,继承郑樵、胡应麟、姚际恒、崔述的辨伪传统,对先秦古籍进行了全面清算,许多古籍的成书年代被推迟,甚至被认为是汉代以后的伪作。《尚书》的《尧典》《禹贡》等篇,顾颉刚就考订为是战国时代作品。古史辨派的疑古辨伪,剥除了传统经典的神圣外衣,具有思想解放的意义,但是由于存在疑古扩大化的倾向,也制造了不少冤假错案。古史辨派的缺陷还在于过分倚重传世文献,忽视对已发现的出土文献的利用。相比之下,王国维的"二重证据法"对于疑古辨伪更具客观指导意义。近几十年来,战国、秦汉简帛佚籍陆续出土,已经证明古史辨派的许多辨伪结论是不正确的。因此,李学勤提出古典学术研究要走出疑古时代,进入释古、证古阶段。李零通过对简帛佚籍所反映的年代及其体例问题进行系统研究,认为先秦古籍成书情况复杂,无法简单地判定是真或是伪。过去疑古学派往往是把古籍本身的年代与古籍内容的年代混为一谈,对古籍形成的漫长过程也只取其晚而不取其早,造成真伪辨别的混乱。李零主张用古书年代学代替辨伪学,因为前者可以涵盖后者,而后者不能涵盖前者。

古籍辑佚是指从传世文献和出土文献中辑录已经散佚的整本古籍或是现存古籍缺失的部分内容。古籍在流传过程中,由于天灾人祸和自然淘汰等因素的作用,造成了大量亡佚。以《汉书·艺文志》为例,原有著录总共596家,而经今人顾实统计,现在存者仅有29家,残缺者43家,合计内容不及原著录十分之一。即便是印刷发达的明清时期,古籍亡佚的现象仍然相当严重。明初编《永乐大典》所采之书,至清中叶已经佚失颇众,故纂修《四库全书》需要从《永乐大典》中大量辑录佚书。而乾隆帝借修书之机,寓禁于征,又造成古籍大面积的禁毁失传。因为古籍亡佚现象的普遍存在,大约在宋代就出现了专门的辑佚之作,延至清代遂蔚为大观。古籍辑佚的学术背景,主要有两个方面:一是唐代官修《五经正义》,统一经义,造成汉魏古注义疏的大量失传。因此,章学诚《校雠通义·补郑》说:"昔王应麟以《易》学独传王弼,《尚书》止存伪《孔传》,乃采郑玄《易》注《书》注之见于群书者,为郑氏《周易》、郑氏《尚书》注。又以四家之《诗》,独《毛传》不亡,乃采三家《诗》说之见于群书者,为《三家诗考》。嗣后好古之士,踵其成法,往往缀辑逸文,搜罗略遍。"① 二是雕版印刷术的发明,使得印本广泛流传,逐渐成为规范定本,导致大量古写本的散佚。如《史记》三家注原本各自单行,宋人将其散列在《史记》正文之下,合为一编,形成"《史记》三家注本",并借助印本的流行而成为《史记》最权威的版本。三家注合编之后,不仅原本卷帙次第无考,内容也颇有删削。

  清人在古籍辑佚方面用力最深,其最初之意,当起于汉学家之治经。惠栋推崇汉代经学,网罗散佚在传世文献中的汉人经注,辑成《易汉学》和《九经古义》。惠氏弟子余萧客效仿师法,辑录《古经解钩沉》30卷。乾隆年间纂修《四库全书》,四库馆臣自《永乐大典》辑录佚书著录的达330种,存目的118种。其中如邵晋涵辑《旧五代史》,广事搜罗,精心排比,复原篇章十之七八,堪称古籍辑佚的典范之作。此后,古籍辑佚蔚然成风,辑佚的范围覆盖《汉书·艺文志》《隋书·经籍志》曾经著录的所有佚书,辑佚的方法、资料来源和评价标准也得到系统总结,逐渐形成专门之学。章宗源、马国翰、黄奭、严可均、王谟、王仁俊等人,都是清代辑佚大家,他们的辑佚成果为相关研究者提供了丰富的资料。梁启超《清代学术概论》评价清代辑佚之学,云:"吾辈尤有一事当感谢清儒者,曰辑佚。书籍经久必渐散亡,取各史艺文、经籍等志校其存佚

---

① 章学诚.校雠通义[M].北京:中华书局,1985:978.

易见也。肤芜之作,存亡故无足轻重;名著失坠,则国民之遗产损焉。乾隆中修《四库全书》,其书之采自《永乐大典》者以百计,实开辑佚之先声。此后兹业日昌,自周秦诸子,汉人经注,魏晋六朝逸史逸集,苟有片语留存,无不搜罗最录。其取材则唐宋间数种大类书,如《艺文类聚》、《初学记》、《太平御览》等最多。而诸经注疏及他书,凡可搜者无不遍。当时学者从事此业者甚多,不备举。而马国翰之《玉函山房辑佚书》,分经史子三部,集所辑至数百种,他可推矣。遂使《汉志》诸书、《隋唐志》久称已佚者,今乃累累现于吾辈之藏书目录中,虽复片鳞碎羽,而受赐则既多矣。"①当然,辑佚的根本目的是服务于学术史研究,如果单纯为辑佚而辑佚,甚至把佚文看得比传世文本都要重要,那就本末倒置了。章学诚对清儒此病颇多针砭:"今之俗儒,且憾不见夫子未修之《春秋》,又憾戴公得《商颂》,而不存七篇之阙目,以谓高情胜致,互相赞叹。充其僻见,且似夫子删修,不如王伯厚之善搜遗逸焉。盖逐于时趋,而误以襞绩补苴谓足尽天地之能事也。幸而生后世也,如生秦火未毁以前,典籍具存,无事补辑,彼将无所用其学矣。"②

自 20 世纪初以降,敦煌文献、简帛文献、石刻文献、海外佚籍陆续出土发现,极大地扩充了辑佚资料的来源。许多新发现的佚书佚文资料,可以有效地填补历史记载的空白,增添新的文学体裁和作家作品,甚至建构学术史的链条,具有不可替代的作用。但是如何处理新材料与传世材料的关系,必须有正确的态度,陈寅恪曾指出:"必须对旧材料很熟悉,才能利用新材料。因为新材料是零星发现的,是片断的。旧材料熟,才能把新材料安置于适宜的地位。正像一幅已残破的古画,必须知道这幅画的大概轮廓,才能将其一山一树置于适当地位,以复旧观。"③此外,在近年蓬勃开展的编纂总集、全集之类古籍整理项目中,辑录佚文成为重要的组成部分,成绩颇为显著。但是,许多辑佚有文必

---

① 梁启超.清代学术概论[M].上海:上海古籍出版社,1998:61.
② 章学诚.文史通义校注[M].北京:中华书局,1985:162.
③ 蒋天枢.陈寅恪先生编年事辑[M].增订本.上海:上海古籍出版社,1997:96.

录,缺乏鉴别,只求全不求真,也造成了张冠李戴的错误,显示出古籍辑佚的理论建设与方法规范都有待加强。

6. 经典诠释学

在浩如烟海的中文古籍中,基于经典的诠释类作品占据了相当的份额。古人进行经典诠释的目的,主要有二:一是通过注解消除语言障碍,帮助读者更好地阅读理解经典。传统训诂学多以此为研究对象。二是借助经典诠释,发挥自己的思想学说。此类内容成为学术史、思想史研究的重要资料来源。中国经典诠释具有悠久的历史,而且形成了自己的理论体系,这一理论体系与西方阐释学具有共同之处,即都与主流学术思想密切结合。先秦诸子学、两汉经学、魏晋玄学、宋明理学、清代考据学,既是中国古代主流学术派别,又是对古代经典的诠释。因此,关于历代经典诠释的探讨必须与学术史,尤其是经学史研究相结合,才能体现古典文献学的学术特色。

古代经典的诠释方式:(1)章句之学。从文字、音韵、训诂入手,对经典进行字句和名物典章的训释,力图再现经典本文的原始意义。汉代古文经学以及清代考据学都是如此路数。(2)本体诠释学。经典诠释只是一种手段,其根本目的是进行整体性的哲学解释,探讨本体论和宇宙生成论的问题,所谓"六经注我"。魏王弼的《老子道德经注》《周易注》,何晏的《论语集解》,都是进行本体诠释的范例。以朱熹为代表的宋明理学家,借经典诠释进行哲学发挥,树立了义理之学。(3)今文经学。把经典与社会政治运作相比附,认为经典蕴涵着先哲的微言大义,可以直接服务于现实政治。韩非的《解老》《喻老》,魏源的《老子本义》,康有为的孔子思想诠释,都是以此为出发点。(4)诠释历史事件。对原本简略的历史记述,进行丰富和补充,例如《左传》对《春秋》的传注、《史记》三家注、《三国志》裴松之注等,都是如此。

古代经典的诠释可以借助阐释学的理论进行文本解构。例如,在古代经典诠释中,同样存在"本文意图"与"读者意图"分离化的倾向。历代经典诠释既受"前理解"的制约,又必须适应所处的历史语境。因而"本文意图"在不同的时代、不同的读者那里,往往有不同的诠释。传统的地理学著作《禹贡》,在西方地理学传入后,自然无法恪守古训,必须进行新的解释。历代经典诠释既有回归本文原始意义,追求简洁"经济"的本文诠释标准的朴学传统,又有过度诠释化的倾向。如果说东汉郑玄的诸经注释是前者的代表,那么今文经学对经典微言大义的发掘、谶纬之学对经典的神学化解释,就是后者的范例。

二　一般层面

中国古代书籍的物质载体、形态规制、刊刻印刷、典藏流通等方面内容,通常是作为图书文献学的核心组成部分,辟有书籍制度史、印刷史、藏书史等研究专题。但是这些方面的内容与古籍版本、编纂研究有不同程度的知识交叉,是古典文献学必须关注的领域,因此我们将其作为一般层面知识纳入古典文献学知识体系,而且侧重进行学术史、文化史视野下的考察。

1. 载体与形制

中国古代用以书写和记录的物质载体,主要有甲骨、金属、玉石、竹木、缣帛、纸张等种类。刻在甲骨、金属、玉石等坚硬材料上的文字,通常称为铭文;而记载于竹木、缣帛、纸张等易损材料上的文字,则基本属于书籍。古典文献学以古代书籍为研究对象,因此我们主要关注竹木材质的简牍、缣帛质地的帛书和纸本书籍三类载体形制。如果根据不同物质载体行用的时间考察,古籍载体形态演变历经简帛时代、纸写本时代和雕版印刷时代,具体到书籍制度则可分为简牍制度、卷轴制度和册页制度。简牍行用的时间约从先秦、两汉到西晋末年。简牍形制研究,粗可分为材料、样式、加工、长度、编联、缮写、容字、题记、削改、收卷、错简、标号、文字等项内容。帛书行用的时间大致与简牍相当,虽然帛书质地轻便且易于书写,但由于价格昂贵,并未成为主流书写材料。因此,帛书的书写格式,往往仿照简册。帛书的收藏,原为折叠方式,因天长日久,折叠处易破损断裂,故采用卷束方式收藏,遂形成卷轴制度。

纸张发明之后，大约在东汉后期，使用已经比较普遍，至东晋末年，则取代简帛成为主要书写材料。纸写本继承帛书的卷轴装形式，甚至沿袭简册的形制，但因为翻检不便，逐步改进为经折(梵夹)装、旋风装、龙鳞装等样式。雕版印刷发明之后，早期印刷的书籍，也并不是像后世那样单独成页，而是用比后世书版长而窄的长条形木板刻字印刷，然后把印好的印张粘连在一起，再卷成卷子或折叠成经折装、旋风装。随着雕版印刷的流行，刊印书籍的数量越来越多，卷轴装形式退出历史舞台，让位给基于经折装、旋风装发展起来的册页形式。册页形式又先后经历蝴蝶装、包背装、线装的改造完善，遂成为我们熟知的古籍装帧形式。

古籍载体与形制的演变，不能简单理解为物质形态的改变，它们对于古籍内在的结构体例，甚至相关治学风气，都有重要影响。学术的发展，自然主要取决于其自身内部思想因素的变化，但有时外部条件的变化，也会促进学风的转移，特别是与学术关系密切的书籍载体、形制演变给予学风的影响，尤其不可忽视。简帛文献对于学术的影响，后文还要涉及，此不赘述。我们以纸张为例，它作为主要的文字载体登上历史舞台之后，由于具有造价低廉、携带方便、易于书写、容字量大等优点，很快流行开来。东晋末年，桓玄曾下令说："古无纸，故用简，非主于敬也。今诸用简者，皆以黄纸代之。"①纸张作为书写材料的使用，改变了简帛时代书籍以单篇流行的形式，而代之以"集"的形式流传。据记载，西晋陆云用纸集录其兄陆机的文章，共集了 20 卷，但是字写得潦草不工整，所用的纸也不精良，颇为遗憾。②

根据日人清水茂的研究，纸张的使用甚至早在东汉时期就影响到主流学术的面貌。③ 前人论及两汉学术，一般认为东汉盛于西汉，主要表现有二：一是西汉学者多专一经，而东汉学者兼通众经；二是西汉学者著述量少，东汉学者著述量多。清水茂认为，专学一经，可以解释出

---

① 徐坚.初学记[M].北京:中华书局,2004:516.
② 虞世南.北堂书钞[M].天津:天津古籍出版社,1988:435.
③ 清水茂.纸的发明与后汉学风[M]//清水茂汉学论集.北京:中华书局,2003:22-36.

于当时的学术宗尚。但书籍流通量稀少,经书不易到手,这种外部条件的限制,应不无影响。两汉传世著述量的差别,则是因纸张的发明使写本易于制作,书籍副本量形成差异而导致的结果。郑玄是东汉经学大家,史传称其今古文兼采,遍注群经,立言百万,集汉学之大成。郑玄是在收集五经的全部今古文文本的基础上进行校订的。假如这些书籍是竹简,则数量庞大无比;如果是缣帛,在当时又极其昂贵,非家境贫寒的郑玄所能购置。因此,清水茂推测,郑玄所利用的资料,即便不是全部,也大多是价格低廉且便于携带的书籍。郑玄的老师,又是留有用纸写信记录的马融。郑玄能兼采今古文、集两汉经学之大成,相当程度上是受到了纸张发明的恩惠。

  古籍成为印刷品之后,其形制从卷轴演变为册页,摒弃了卷子本的不便,使检索相关资料成为可能,而且把相关资料汇集到一起、比照检核的考证方法,也由此产生。① 程颐在被问到"仁"的含义时,曾回答说:"此在诸公自思之,将圣贤所言仁处,类聚观之,体认出来。"② 类聚观之,就必须有便于检索的书籍。张栻大概就因程颐的启发,编纂了《洙泗言仁》。如果没有册页装书籍,张栻的工作想必难以进行。同样方法编纂的,还有把相同或相似的语句汇集一处的注释书,所谓"重言重意互注本"。"重言"是找出同一经书中的相同语句,"重意"是找出同一经书中的相似语句,"互注"则指列出其他经书中与之相同或类似的语句。以《四部丛刊》本《监本纂图重言重意互注点校尚书·大禹谟》为例:

    [重言]若稽古,四。本篇,尧典,舜典,皋陶谟。
    [重意]万邦咸宁。《周官》,万国咸宁。《洛诰》,景命万邦咸休。
    [互注](地平天成)《左》僖二十四年,《夏书》曰:地平天成,称也。注云:地平其化,天成其施,上下相称为宜。(卷二)

---

 ① 清水茂.印刷术的普及与宋代的学问[M]//清水茂汉学论集.北京:中华书局,2003:88-99.
 ② 程颢,程颐.程氏遗书:刘元承手编[M].上海:华东师范大学出版社,2010:234.

近人叶德辉指出:"宋刻经、子,有纂图互注重言重意标题者,大都出于坊刻,以供士人帖括之用。"①如果"重言重意互注本"确如叶氏所言,是书商编纂的科举考试参考书,那么恰恰说明:正是因为便于检索的册页本的出现,才使其成为可能。此外,该注释方式不局限于某书某章节,而是广泛参考其他书籍,或者同一书籍的不同部分,较之旧有注解更为妥当。宋元时期新注迭出,恐怕与册页本提供的方便不无关系。

2. 刊刻印刷

印刷术是中国古代的重大发明,出现于公元 8 世纪前后。目前存世且纪年明确的早期印刷实物,有韩国庆州佛国寺发现的 8 世纪初疑为唐印本《无垢净光大陀罗尼经》,日本 770 年印行的宝龟本《陀罗尼经》,中国敦煌发现的唐咸通九年(868)王玠造《金刚经》等。早期印本主要内容是日历和佛像、佛经,书籍的大量刊印始于 10 世纪中叶,至于刊本数量的激增和种类的丰富,则又迟至国子监刊书兴盛的北宋之后。南宋私家藏书目现存 4 种,分别是晁公武《郡斋读书志》、尤袤《遂初堂书目》、赵希弁《读书附志》和陈振孙《直斋书录解题》。晁目、尤目成书于 12 世纪中后期,著录中尚明确区分写本与刻本;赵目、陈目成书于 13 世纪中后期,所载刻本数量已经超过写本,故详于著录刻本。根据前人考证,元大德年间(1297—1307)荆溪岳浚刊刻《相台书塾刊正九经三传沿革例》所记廖莹中取校的 23 种版本,无一写本,由此可见,南宋末期写本九经已经退出历史舞台,中国古籍完全进入了刻本时代。

宋代官方国子监刻书不以营利为目的,注重底本选择、文字校勘和刊印质量,颇为后人称道。但在书籍印刷技术广泛普及之后,借书籍以营利的出版活动很快就产生了,甚至引起了政治上的纷争。欧阳修宋仁宗至和二年(1055)所奏《论雕印文字札子》有云:

臣伏见朝廷累有指挥禁止雕印文字,非不严切,而近日雕板尤多,盖为不曾条约书铺贩卖之人。臣窃见京城近有雕印文集二十

---

① 叶德辉. 书林清话[M]. 北京:中华书局,1957:148.

卷,名为《宋文》者,多是当今论议时政之言。其首篇是富弼往年让官表,其间陈北房事宜甚多,详其语言,不可流布。而雕印之人不知事体,窃恐流布渐广,传入房中,大于朝廷不便。及更有其余文字,非后学所须,或不足为人师法者,并在编集,有误学徒。臣今欲乞明降指挥下开封府,访求板本焚毁,及止绝书铺,今后如有不经官司详定,妄行雕印文集,并不得货卖。许书铺及诸色人陈告,支与赏钱贰佰贯文,以犯事人家财充。其雕板及货卖之人并行严断,所贵可以止绝者。今取进止。①

印刷书籍的普及,势必对学术发展演变有所影响。宋代新儒学的发展,即有论者将其置于印刷术发明的文化背景之下,而福建之成为宋学大本营,亦与闽地出版业的兴盛不无关联。此外,明清出版活动的世俗化而推动的传统学术文化普及,也是近年学界颇为关注的研究课题。南宋朱熹认为,因为有了刊印本,读书的方法都发生了变化,而求学也不再是特权者的专利。他说:"今缘文字印本多,人不着心读。汉时诸儒以经相授者,只是暗诵,所以记得牢,故其所引书句,多有错字。如《孟子》所引《诗》《书》亦多错,以其无本,但记得耳。""今人所以读书苟简者,缘书皆有印本多了。如古人皆用竹简,除非大段有力底人方做得。若一介之士,如何置。所以后汉吴恢欲杀青以写《汉书》,其子吴祐谏曰:'此书若成,则载之车两。昔马援以薏苡兴谤,王阳以衣囊徼名,正此谓也。'如黄霸在狱中从夏侯胜受书,凡再逾冬而后传。盖古人无本,除非首尾熟背得方得。至于讲诵者,也是都背得,然后从师受学。如东坡作《李氏山房藏书记》,那时书犹自难得。晁以道尝欲得《公》《穀传》,遍求无之,后得一本,方传写得。今人连写也自厌烦了,所以读书苟简。"②

印刷书籍的商业化普及,在便利学术的同时,也带来了文本错乱的后果。朱德熙曾用出土秦汉简帛与传世刻本进行文字比对,说:"比起

---

① 欧阳修.欧阳修全集[M].北京:中华书局,2001:1637-1638.
② 黎靖德.朱子语类[M].北京:中华书局,1986:170-171.

宋以后的刻本来,唐代类书用的本子以及敦煌唐写本,跟竹简本或帛书本要接近得多。这说明印刷术的兴起一方面减少了古书失传的可能性,另一方面却增加了比较剧烈地改变古书面貌的可能性。刊刻的古书由于所据底本不善,或是刊刻者出于牟利的目的草率从事,往往错误很多,而刻本的出现又可能导致各种抄本的失传,以致好的本子反而被坏的本子淘汰。"①不过事情似不能一概而论,在宋代盛行雕版印刷之前,古书完全依赖手书流传,辗转抄录之间,不断产生文字差异谬误,也是事之常理。世人论宋代普及雕版印刷的意义,往往只注重其在扩展书籍流通范围方面的作用,实际上宋人雕版印书对勘定并规范典籍文字所起到的积极作用,亦丝毫不亚于此。当初宋人刊刻古籍,所见唐以前写本应不止一种,流传至今的印本,特别是官方刊刻和私家精刻本,大多是汇聚诸本反复校勘,"择善而从"的结果。当年欧阳修家藏雕版印本《韩昌黎集》,屡以抄本校改其字,及获睹相关文章之石刻碑文,"以碑校集印本,与刻石多同",始悟知与传抄诸本相比,还是应当以印本为正,并由此发出"校雠之际,决于取舍,不可不慎也"的盛叹。② 所以,我们今天似乎不宜抱持古写本一定会胜于刻本的想法。

3. 古籍典藏

中国古籍典藏历史悠久,内涵丰富,根据典藏性质区分,主要有国家藏书、私人藏书和学校藏书三大系统。国家藏书起源最早,殷商时期已经有典有册,而河南安阳发掘的殷墟甲骨,大多经过有意识的整理与存放。周代文献的典藏管理更趋制度化,建立了专门的机构和官职。《周礼》有"大宰之职,掌建邦之六典""小史掌邦国之志""外史掌书外令,掌四方之志,掌三皇五帝之书"③等文字记载。《史记·老子韩非列

---

① 朱德熙.朱德熙文集:第5卷[M].北京:商务印书馆,1999:144.
② 欧阳修.集古录跋尾:卷八:唐田弘正家庙碑[M]//欧阳修全集.北京:中华书局,2001:2270.
③ 阮元.十三经注疏:周礼注疏[M].北京:中华书局,2009:1373;1766;1771.

传》记载老子为"周守藏室之史"①,相当于王室典藏文献的主管人员。王室典藏图书的目的,大概主要是为了保存统治经验,故《墨子·贵义》云:"古之圣王欲传其道于后世,是故书之竹帛,镂之金石,传遗后世子孙,欲后世子孙法之也。"②

西汉以降,国家藏书常态化,历朝虽然机构名目和藏书处所有别,但大多具备固定的建置与专职人员,致力于图书文献的收集、管理与流传。国家藏书包括宫廷藏书和官府藏书两个部分,相关藏书机构主要职能是最大限度地典藏文献,同时兼具文献搜集、编纂整理、刊刻校勘等项职能,极大地促进了历代学术文化事业的发展。西汉时期,鉴于秦焚书的危害,废除挟书禁令,广开献书之路,国家藏书颇具规模。刘向、刘歆在此基础上,进行系统整理,并开创了校雠之学。许多先秦文献,经由西汉的典藏和刘氏父子的编校,方得流传后世。东汉的藏书机构,则演变成为学术的舞台,著名学者参与或主持典藏工作,经学今古文之争也在此展开,《白虎通义》《熹平石经》《东观汉记》都是其中的成果。魏晋南北朝时期,战乱频仍,古籍典藏受其影响,聚散无常。但是由于纸张广泛用于书写,书籍的数量较简帛时代大为增加。两晋时期,国家藏书数量达到3万卷,南朝梁元帝时,更多达10万余卷。

隋朝初年,秘书监牛弘奏请"分遣使人,搜访异本。每书一卷,赏绢一匹,校写既定,本即归主。于是民间异书,往往间出"③。隋炀帝即位,令秘阁之书限写50副本,分为上、中、下三品。西都长安嘉则殿聚书多达37万卷,经秘书监柳䛒汰其猥杂重复,尚得"正御本"约3.7万卷。④ 唐初修《隋书·经籍志》著录四部书3127部36708卷,主要依据的是嘉则殿"正御本"。唐代国家典藏主要以隋嘉则殿藏书为基础,唐初贞观年间,魏徵、虞世南、颜师古相继出任秘书监,致力于搜罗、缮写图书。唐玄宗开元年间(713—741),曾分别在长安、洛阳进行大规模的

---

① 司马迁.史记[M].北京:中华书局,1982:2139.
② 吴毓江.墨子校注[M].北京:中华书局,2006:687.
③ 魏徵,令狐德棻.隋书[M].北京:中华书局,1973:908.
④ 司马光.资治通鉴[M].北京:中华书局,1956:5694.

抄书、校书工作,仅洛阳乾元殿抄书即达5万多卷,保存了大量古代文献。经过不懈努力,唐代国家藏书在开元时期达到高峰,毋煚《古今书录》著录藏书3060部51852卷(不计副本),基本反映了当时的藏书数量。唐代在管理国家藏书的秘书省之外,还新设弘文馆、史馆和集贤院作为典藏机构。尤其是集贤院,相当于开元以后的国家藏书和咨询中心。据《唐六典》卷九记载,开元十三年改集贤殿修书所为集贤殿书院,设有学士、直学士、侍讲学士、修撰官、校理官、知书官等职,"集贤院学士掌刊缉古今之经籍,以辩明邦国之大典,而备顾问应对。凡天下图书之遗逸,贤才之隐滞,则承旨而征求焉。其有筹策之可施于时,著述之可行于代者,较其才艺,考其学术,而申表之。凡承旨撰集文章,校理经籍,月终则进课于内,岁终则考最于外"①。集贤院还负责编修了《唐六典》《初学记》《大唐开元礼》等书籍。

  宋代的国家藏书中心是三馆(昭文馆、集贤院、史馆)和秘阁,通称"馆阁"。馆阁负责掌管古今经籍图书、国史、实录、天文、历数,主持图书的搜求、典藏、校勘、编目等事,故被目为图书之府、校雠之司。北宋时期,馆阁汇集了五代十国的藏书,加之历朝帝王反复下诏募求,形成相当完备的典藏。根据《宋史·艺文志》统计,北宋国家藏书总计积累到6705部73877卷。北宋末年,由于靖康之乱,国家藏书毁损殆尽。南宋恢复秘书省建置,重建国家典藏,得益于雕版印刷流行之后书籍数量的激增,藏书总数恢复到近6万卷。宋代馆阁有别于前代典藏机构的贡献,主要在于其全面系统的古籍校勘和刊印工作。北宋时期,以馆阁人员为主体,在国家藏书的基础上,对历代正史、诸子要籍和医药典籍进行全面校勘,并刊印颁行,成为影响广泛的权威版本。南宋以后的相关书籍翻刻,都把馆阁校本作为首选底本。宋代馆阁校勘是书籍从写本时代到印本时代过渡背景下的重要定型化工作,在中国书籍史上的意义,完全可与刘向刘歆父子编校、保存先秦古籍相媲美。此外,大型类书《太平御览》《太平广记》《神医普救方》《文苑英华》《册府元龟》也

---

① 李林甫,等.唐六典[M].北京:中华书局,1992:280-281.

是宋代馆阁留给后世的文化遗产。

明灭元之后，大将徐达收集元大都宋辽金元旧藏图书典籍运至南京，奠定了明朝国家藏书的基础。明成祖朱棣建都北京，又将这部分图书运回北京，贮藏于新建的文渊阁。朱棣"命文学之臣，纂集四库之书，及购募天下遗籍，上自古初，迄于当世，旁搜博采，汇聚群分，著为奥典"①。明修《永乐大典》，引用图书皆出自文渊阁藏书。明宣宗之后，由于管理不善，国家藏书损毁严重。历代相沿的管理图书机构秘书监被撤销，文渊阁藏书划归翰林院典藏管理，形成明清两代有内府藏书而无国家藏书的现象。清沿明制，没有设立专门的国家藏书机构，图书分藏于内阁、翰林院及国子监等处。乾隆年间为修《四库全书》，从全国征集图书 1 万余种，选择 3500 种左右（各阁藏本数量有出入）收入《四库全书》，另有 6793 种，仅撰写提要，列为"存目"。《四库全书》总共抄录 7 部，分别贮藏于皇宫文渊阁、圆明园文源阁、沈阳故宫文溯阁、承德避暑山庄文津阁、扬州大观堂文汇阁、镇江金山寺文宗阁、杭州西湖圣因寺文澜阁。《四库全书》修毕，征集的图书并未按计划发还，而是与《永乐大典》一起贮藏于翰林院。乾隆帝还将内廷所藏善本集中列架昭仁殿，题曰"天禄琳琅"。清末，学部设立京师图书馆，内阁大库旧藏、《永乐大典》残帙及敦煌劫余遗书都拨归收藏，现今成为国家图书馆的收藏。

私人藏书在周代即应私学的兴起而出现，各派士人为宣扬自己的学说，博取诸侯的青睐，需要大量图书丰富学识，充实论点。纵横家苏秦"陈箧数十"②，发愤读书。名家惠施拥有简书五车，遂誉称学富五车。两汉时期，私人藏书已具规模，因此朝廷屡屡号召民间献书。东汉著名学者蔡邕，号称藏书近万卷。魏晋南北朝时期，因为纸写本的通行，私人藏书颇有发展，任昉、沈约等文人学者的藏书达到 3 万卷左右。

---

① 钱大昕.十驾斋养新录:卷第十三:永乐大典[M]//陈文和.嘉定钱大昕全集.增订本.南京:凤凰出版社,2016:363.

② 何建章.战国策注释:秦第一:苏秦始将连横说秦惠王章[M].北京:中华书局,1990:75.

隋唐时期则更具规模,文献记载有十余人藏书超过万卷。中唐名相李泌私人藏书3万余卷,因其曾受封邺县侯,后世多把藏书称为"邺架"。韩愈有《送诸葛觉往随州读书》诗称道李泌藏书:"邺侯家多书,插架三万轴。一一悬牙签,新若手未触。"[1]宋代收藏古籍、古物之风颇盛,有许多著名的藏书家。北宋宋敏求藏书3万卷,且全部经过三五遍校订,成为高质量的藏书。南宋藏书家晁公武、陈振孙,分别根据自己的藏书编著《郡斋读书志》和《直斋书录解题》,成为中国古代两部最著名的私家目录,反映出宋代私人藏书已从单纯典藏过渡到学术研究领域。明清时期,私人藏书空前兴盛,尤其是江浙闽广地区,名家云集。其中,明代以范钦的天一阁、祁承㸁的澹生堂和毛晋的汲古阁最具特色与影响;清代有著名藏书家近500人,许多人还是卓有成就的学者,常熟瞿氏铁琴铜剑楼、聊城杨氏海源阁、湖州陆氏皕宋楼、湖州刘氏嘉业堂,均是赫赫有名的藏书重镇。

私人藏书的功能约略有三,分别是保存文献、整理研究和刊刻出版。藏书家多以珍善本和流传稀少本为收藏对象,且管理保护完善,使得许多珍贵文献免于失传。藏书家在存残补阙方面也有重要贡献,许多残本经过他们的努力变成完本。清代黄丕烈藏书推重宋本,虽残鳞片甲亦加珍藏,自云:"余喜蓄书,兼蓄重出之本,即破烂不全者亦复蓄之。重出者,取为雠勘之具;不全者,或待残缺之补也。"[2]许多残书经其手得以补缀完整。有些藏书家还留意专题文献的收藏,如范钦天一阁的明代方志、登科录,赵琦美脉望馆的古今杂剧,都是精心积聚的珍贵文献。私家藏书还直接服务于古籍整理研究,许多藏书家本身就是学者,藏书的目的是为读书治学。古人读书有亲笔校勘以获得正确文本的传统,而丰富的藏书无疑为校勘创造了条件。黄丕烈云:"余好古书,无则必求其有,有则求其本之异,为之手校;校则必求其本之善,而

---

[1] 韩愈.韩昌黎诗集编年笺注[M].北京:中华书局,2012:670.
[2] 黄丕烈.荛圃藏书题识[M].北京:中华书局,1993:183.

一再校之。此余所好在是也。"① 明清藏书家大都进行版本校勘工作，留下许多批校本古籍，成为重要的版本文献记录。私人藏书与出版的关系也颇为密切，许多藏书家同时又是出版家。五代人毋昭裔有感于贫困时借书之难，发愤聚书、刻书，方便读书之人。明清时藏书家更多有刻书，或流传善本秘册，使之化身百千；或提供校勘精良的版本，造福学人。近人叶德辉评价说："乾嘉以来，黄荛圃、孙伯渊、顾涧蘋、张古馀、汪阆源诸先生影刊宋、元、明三朝善本书，模印精工，校勘谨慎，遂使古来秘书旧椠，化身千亿，流布人间。其裨益艺林、津逮来学之盛心，千载以下，不可得而磨灭也。"②

学校作为读书场所，典藏图书是理所当然的事情。历代官学虽然教育职能不强，但都是官府藏书的重要场所。五代以降，国家最高学府国子监还承担刊行经典著作的任务，国子监本被视作规范文本和高品质版本。私学与藏书的关系较官学更为密切，早在春秋时代，孔子即整理其掌握的诗、书、礼、乐类文献，教授学生。两汉时期，私人讲学继承孔子开创的私学传统，而且逐步建立起固定的讲学场所，有讲堂、精舍、精庐诸称。其间多贮存图书，招徕士人。近人柳诒徵云："汉人讲学，必从师者，以家无书籍，传写不易，非专家之师授以章句，无由得而成学也。《后汉书》虽已有卖书于肆者，疑亦只京师有之，而僻壤遐陬，仍苦无书。以此之故，从师受业者，往往不远千里，或佣作执苦，以助读书之资。"③ 中古时期，士人有隐逸山林讲读的风气，讲读的场所都以藏书见长，逐渐成为书院。书院的最初之义就是藏书、读书之所，以至唐代还作为官方图书事业机构的名称。宋代及至元明清时期，书院成为最主要的私学形式，涵盖讲学、藏书、供祀三大事业。朱熹主持白鹿洞书院时，不但把别人作为谢礼送给自己的《汉书》四十四通入藏书院④，还通过自己的关系广泛征求图书，有些图书还利用书院进行刊刻。南宋书

---

① 黄丕烈.荛圃藏书题识[M].北京:中华书局,1993:97.
② 叶德辉.书林清话:附书林余话:卷下[M].北京:中华书局,1957:37.
③ 柳诒徵.中国文化史:上册[M].北京:中国大百科全书出版社,1988:316.
④ 朱熹.跋白鹿洞所藏汉书[M]//曾枣庄.宋代序跋全编.济南:齐鲁书社,2015:4319.

院有二三百所,藏书数量颇为可观。元朝为安抚汉人儒士,广建书院,书院都有相当数量的藏书,且多以理学为主旨。其中,杭州的西湖书院收藏南宋国子监刻书版,山长黄裳等辑有《西湖书院重整书目》,刻于石碑,共载四部书版122种。明代前期重视官学,后期书院泛滥,然多以讲学为主,束书不观。清代书院官学化,藏书来源主要是官颁,辅以书院购置和私人捐赠,规模和影响都无法与国家藏书、私人藏书相比。

三 专题层面

在传统经典文献之外,简帛文献、敦煌文献、石刻文献、域外汉籍、地方志、家谱等专题领域研究,自20世纪初以来都颇有开展,正陆续成为专门之学。这些专题文献,虽然许多不以书籍样式呈现,而且主要是作为历史文献学开发史料价值的对象,但是其中包含的古籍形制演变、文本校勘、佚书佚文、编纂体例等方面的资料,对于古典文献学具有重要研究价值,因此我们也将其作为古典文献学知识体系的有效组成部分。

1. 简帛文献

王国维在《最近二三十年中中国新发见之学问》中指出,中国"古来新学问起,大都由于新发见",而19世纪末20世纪初有四项最大发现,为"殷虚甲骨文字、敦煌塞上及西域各处之汉晋木简、敦煌千佛洞之六朝及唐人写本书卷、内阁大库之元明以来书籍档册"。① 此四项发现后世都成为专门学问,其间"敦煌塞上及西域各处之汉晋木简"在各地屡有出土,研究日臻兴盛,形成专门的简帛之学。

简帛文献之发现并不自近代始,其历史可上溯至西汉早期。秦始皇采纳李斯建议,焚书坑儒,颁行《挟书律》。汉因秦律,汉初《挟书律》仍然施行,故秦至汉初墓葬出土的简帛文献,范围均限于法令、医药、卜筮之类。汉惠帝四年(前191),废除《挟书律》,士人始得捡拾焚烬,挖

---

① 王国维.古史新证[M].长沙:湖南人民出版社,2010:59.

掘私藏,整理前代遗留书籍。例如《史记·儒林传》记载:"伏生(胜)者,济南人也,故为秦博士……秦时焚书,伏生壁藏之。其后兵大起,流亡。汉定,伏生求其书,亡数十篇,独得二十九篇,即以教于齐鲁之间。"①《经典释文·序录》云,《孝经》在秦火时"亦遭焚烬,河间人颜芝为秦禁,藏之。汉氏尊学,芝子贞出之"②。张苍从荀子处传得《左传》,汉兴,献其书于朝廷,所以《左传》古文本在中秘保存下来。其中,汉景帝年间(前156—前141),孔壁中经、河间献王得书,都是著名的事例。此后,西晋武帝咸宁五年(279)于汲县战国晚期魏墓出土的汲冢竹书,最为重要。这批竹简经束皙、荀勖、傅瓒等整理,其中《穆天子传》传世至今,《纪年》《师春》《琐语》有部分佚文流传。汉晋学者整理先秦简帛书籍,极具学术意义。孔安国研究孔壁《尚书》,"以所闻伏生之书,考论文义,定其可知者,为隶古定,更以竹简写之"③。古文书籍的发现,也为当时学界带来新的风气。孔壁中经及河间献王所得《周礼》等,与已立于学官的今文经多有不合,酿成经学的今古文之争。

20世纪可谓是简帛文献的大发现时期,除早期在西北敦煌、居延等地发现的汉晋木简之外,1970年代以降,又陆续在山东、湖南、湖北、河南、甘肃等地出土大量简帛文献,涉及时代从战国到汉晋,内容既有文书档案,又有各类书籍。这些简帛文献的出土,为中国历史、思想史、文学史、科技史等研究领域提供了新的资料来源,日益成为学术界关注的热点。在已出土简帛文献中,书籍占据了主要份额。简帛古籍书的发现,不仅是数量的补充、品种的补充、文本年代的提前、个别字句的修正,更重要的是,它使我们对古籍,特别是年代最早的古籍,开始有了直接的感受。我们可以亲眼看到古代书籍的本来面目,有关那时书籍制度的种种疑难,通过实物获得了解决。我们还可以从中归纳很多一般性的原理,对古籍的创作、古籍的构成、古籍的阅读、古籍的解释、古籍

---

① 司马迁.史记[M].北京:中华书局,1982:3124.
② 陆德明.经典释文序录疏证[M].北京:中华书局,2008:118.
③ 阮元.十三经注疏:尚书正义[M].北京:中华书局,2009:241.

的选取和淘汰、古籍的传播和保存,开始有了比较深入的理解。特别是它对我们现有的图书分类及与之有关的知识体系和知识结构,改变尤大。李学勤曾归纳了十种在简帛古籍对勘中值得注意的情况:一、佚失无存。出土发现的简帛古书,许多都是不见于现存著录的佚籍。二、名亡实存。有些简帛书籍前所未见,实际其内容仍保留在后世的书里。如长沙马王堆帛书《胎产书》,可能抄于秦代,当是先秦作品。但其内容现存于隋唐著作《巢氏诸病源候论》《千金方》中,只是语句略有改易,且被说成北齐名医徐之才的"逐月养胎方"。三、为今书一部。马王堆帛书《战国纵横家书》27章,其中11章见今《战国策》或《史记》。四、后人增广。阜阳双古堆和定县八角廊都出有一种竹简古书,审其体裁内容,与今传《孔子家语》《说苑》雷同。五、后人修改。例如马王堆帛书和江陵张家山竹简都有《脉书》,经研究系今传《内经·灵枢》中《经脉篇》的祖本,文句相同或类似。六、经过重编。七、合编成卷。如马王堆帛书《老子》乙本,以《老子》两篇同《五行》《明君》《德圣》四篇抄在一起,成为一卷书。八、篇章单行。九、异本并存。十、改换文字。[①] 我们相信,随着郭店楚简、"上博简""清华简"、北大西汉竹书、江西海昏侯墓简牍等简帛文献的不断发现与揭示,古籍形成与演变的过程,将会得到越来越清晰的揭示。

2. 敦煌文献

1900年甘肃敦煌藏经洞文书的发现,开启了一个全新的学术领域——敦煌研究。今天的敦煌学已经成为国际性的显学,其研究范围也从藏经洞文书扩展到敦煌乃至吐鲁番地区出土或保存的所有文物和文献。敦煌文献以5—11世纪写本为主,包括各类文书和传统古籍两大类别。古籍写本方面,王重民1957年编成的《敦煌古籍叙录》著录有经部书24种、史部书25种、子部书62种、集部书33种(包括俗文学作品)。由于敦煌文献散存在英、法、俄、日、中等国公私藏书单位,不断有

---

① 李学勤.简帛佚籍与学术史[M].南昌:江西教育出版社,2001:29-32.

新资料的发现与公布,古籍写本的实际数量远远超出王书的著录。根据荣新江的调查统计①,在现存的敦煌写本中,有古籍写本近千种,5000多个编号,其中既有传世古籍的古代写本,也有已经失传的珍贵佚籍,如北朝系统的经疏、唐朝令式、地志、童蒙读物、类书、北朝隋唐佛经义疏、疑伪经、禅宗典籍、道教佚经、唐人文集、俗文学作品、曲子词等等,都可补充传世古籍的缺失。如果把吐鲁番、和田、库车、黑城等地出土的古籍写本也考虑进来,其数量和内涵则更为可观。

敦煌古籍写本对于古典文献学研究具有非常重要的价值。首先,由于抄写年代大多早于刻本,没有经过书籍刊刻过程中各类致误因素的影响,往往更接近古籍文本原貌,可以用来校勘传世古籍。如敦煌发现的何晏《论语集解》抄本残页多达60余件,对于今本文字校勘具有重要的参考价值,李方将其汇集,撰成《敦煌〈论语集解〉校证》。吐鲁番先后出土《三国志》残页3件,大约都是十六国时期的写本,早于南朝刘宋的裴松之注本,不仅保存了《三国志》的最初形态,而且可以校订宋刊本的讹误。敦煌本《王绩集》是该书5卷本的最早写本,具有无可替代的版本价值,《故陈子昂遗集》亦足资校勘。其次,敦煌古籍写本包含有许多古佚书的残卷,是古籍辑佚的重要资源。这些佚书较之清儒采自类书、地志、古注的辑佚之作,不仅存字更多,而且相对完整,甚至首尾完备。如《论语》郑玄注,宋以后亡佚,清儒辑本不及原书什一。王素《唐写本论语郑氏注及其研究》,利用所见31件敦煌吐鲁番写本,辑佚《论语》郑玄注几近原书一半。晚唐刘邺《甘棠集》,宋以后亡佚,赖王重民自敦煌文献中发现,遂成为天壤间仅存之孤本。该写本共30册页,分作4卷,保存了全书的大半内容。佚书《珠英学士集》《瑶池新咏集》以及另外几种唐人选唐诗,不但可以校勘刻本唐诗异文,而且存有不少唐人佚诗。其中仅《珠英学士集》就有30首②,而《瑶池新咏集》则是唐人选唐诗中唯一被著录的女诗人选集,也是现存最早的一部女诗人选集。

---

① 荣新江.敦煌学新论[M].兰州:甘肃教育出版社,2002:151.
② 徐俊.鸣沙习学集:敦煌吐鲁番文学文献丛考[M].北京:中华书局,2016:94.

单本佚书之外,在数量不菲的敦煌写本类书中,还存有不少佚书片段,也是辑佚不可忽视的材料。王三庆《敦煌类书》把已知敦煌写本类书残卷分类录校整理,为辑佚工作提供了便利。再次,敦煌写本对于考订古籍文本变化具有重要文献价值。如《古文尚书》原为隶古定本,唐玄宗天宝三年(744)命集贤院学士卫包改作今文本,广为流行,隶古定本遂逐渐失传。敦煌写本中目前已发现30余件《古文尚书》残卷,既有隶古定本,又有今文本。据此我们不但可以看到《古文尚书》的原貌,判定宋郭忠恕所订《古文尚书》及《释文》不过是摭拾字书而成的伪本,解决清代考据学家争论不已的文字问题,而且可以对《古文尚书》的文本变化有进一步的认识,即隶古定本的写本,已夹杂有今文注释,而今文写本中也有隶古文的遗存,反映出由隶变楷的字体演变对于古籍文本的影响。另如禅宗要籍《六祖坛经》,敦煌发现的首尾完整的写本较传世宋元刻本内容要少,当是惠能原本,而现存最早的惠昕本实际是据此本扩充改编而成。如果没有敦煌写本的发现,我们可能无法明了这一文本变化的过程。此外,敦煌写本还为研究古典文献的载体与形制提供了大量实例。根据敦煌吐鲁番发现的写经,从十六国早期开始,西北地区已经使用纸张抄写。抄写图书和佛经的纸张,规格及书写形式仿照木简,通常一纸28行,一行17字。书籍的装帧形式,主要是卷轴装,有部分经折装、梵夹装和册子本,反映出中外文化交流的影响,弥足珍贵。中国境内有明确纪年的最早的印刷品实物——唐咸通九年王玠造《金刚经》,也是在敦煌发现的。

敦煌文献涉及领域广泛,无论是古籍本身研究,还是历史专题研究,都可从中找到相关资料。然而目前敦煌学被归在隋唐史、历史文献等学科门类,主要是历史方面的学者在从事敦煌文献研究,古典文献研究者少有介入。历史学背景的敦煌学者在宏观历史文化背景的把握、文献表面特征的认识方面具有专长,但是对于传世古籍了解不够,有时过分迷信写本,难免以偏概全;古典文献研究者熟悉传统文献,但在古籍校勘、辑佚等整理研究工作中,忽视敦煌文献的利用,则导致研究成果的缺陷。因此,敦煌学与古典文献学两个研究领域应当紧密结合,互相补充,共同促进敦煌文献与传世文献研究的深入。

3. 域外汉籍

域外汉籍是指存藏于中国之外的用汉文书写的各类古籍。如果具体分析,大致包括三个方面:第一,存藏在域外的中国古籍写本与印本,包括传世唐写本、敦煌卷子、《永乐大典》残卷、历代刻本和活字本等等,过去称为海外佚籍,其中有许多孤本佚书和国内不传的版本。第二,中国古籍的域外刊本和抄本,以及域外文人编纂的中国古籍选本、注本和评本,主要有日本本、朝鲜本和越南本。第三,历史上域外文人用汉文撰写的古籍,这些作者主要集中在东亚、东南亚汉字文化圈内,另有少量来自欧美的传教士。日本学者将这三类汉文古籍分别命名为"汉籍""和刻本汉籍"和"准汉籍",我们统称之为"域外汉籍"。①

域外汉籍的产生主要是以汉字文化圈为背景。自两汉之际开始,中国成为向周边地区辐射的文化源地,东亚的朝鲜半岛、日本列岛,东南亚的越南等地,都把中国作为文化母国,全面受容中国文化,形成以汉字、儒教、中国式律令、科技、中国化佛教为基本要素的汉字文化圈。在汉字文化圈内,书籍传播成为重要的交流形式。特别是在中国与朝鲜半岛、日本列岛之间,相当于存在一条书籍之路。根据史书记载,早在两汉时期,《诗经》《论语》等中国典籍就流入朝鲜半岛,并辗转传入日本。隋唐时期,朝鲜半岛、日本列岛诸国屡有遣隋使、遣唐使远赴中国,其中一项重要任务就是购求书籍。据日本《善邻国宝记》(卷上)引《经籍后传记》:"以小治田朝(推古天皇——引者)十二年岁次甲子正月朔,始用历日。是时国家书籍未多,爰遣小野臣因高于隋国买求书籍,兼聘隋天子。"②《旧唐书·日本传》也记载:"开元初,又遣使来朝,因请儒士授经……所得锡赉,尽市文籍,泛海而还。"③官方使臣之外,入唐求法

---

① 张伯伟.域外汉籍研究入门[M].上海:复旦大学出版社,2012:2-5.
② 释周凤.善邻国宝记[M].京都:御书物所,[出版年不详]:11.
③ 刘昫,等.旧唐书[M].北京:中华书局,1975:5341.

的留学僧侣也携回大量书籍。据史书记载,日本留学僧玄昉一次携归佛教经论即达 5000 余卷。吉备真备携带《唐礼》、历书、乐书共计 150 余卷归国,被作为日本大化革新的指导文献。日僧"入唐八家",求得总计数以千卷的经卷,所编《将来书目》传承至今。唐代传入日本的书籍总量,可以根据 9 世纪末成书的《日本国见在书目》加以推测。该书虽然只是官藏焚后残存书籍的统计,但仍著录有汉文书籍 1579 部 17345 卷,约相当于《隋书·经籍志》著录的一半,《旧唐书·经籍志》著录的三分之一。两宋以降,朝鲜和日本使臣、僧侣购求书籍的事例,仍不绝于书。韩国现存记录高丽到朝鲜时代使臣出访中国见闻的《朝天录》《燕行录》,就有不少购买书籍的内容。由于雕版印刷术的流行,书籍不但数量剧增,而且变身为商品,因此商船载运也成为中国典籍外传的重要形式,尤其在明清时期,书籍是中日贸易的大宗货物,从存藏至今的日本海关记录《舶载书目》中可窥见一斑。在汉字文化圈之外,欧美国家也颇有汉籍存藏,主要来源是传教士携归和近现代的盗抢与购买,这些汉籍还有待进一步研究利用。

域外汉籍对于古典文献学的研究价值,首先在于提供国内失传的佚书佚文,补充古籍版本。根据目前的调查,日本公私收藏的唐写本,如果不计敦煌卷子,数量超过国内的收藏。日本所藏宋元刻本有 1000 余部,接近国内现存总数的三分之一。其中北宋刻本(不包括佛典)就有 10 种,而国内仅残存 3 种。[①] 韩国方面,据《韩国所藏中国汉籍总目》统计,总数是 12500 种。上述数字还是就第一类域外汉籍而言,不包括日本、韩国的刊本、抄本和选编本。在域外汉籍中,有相当部分国内已经失传,版本不同或有残缺。如南朝梁皇侃撰《论语集解义疏》,在经学史上具有重要地位,南宋时国内即已失传,清乾隆年间自日本引回,编入《四库全书》。南宋罗大经《鹤林玉露》版本有 16 卷、18 卷两个系统,日本刊刻的庆安本和宽文本是仅存于世的 18 卷全本,晚清传回中国后,取代了散佚严重的 16 卷本。此类例证,还可举出许多,前辈和

---

① 尾崎康.以正史为中心的宋元版本研究[M].北京:北京大学出版社,1993:10-13.

当代学人在这一领域进行了广泛的调查研究,黎庶昌《古逸丛书》、杨守敬《日本访书志》、严绍璗《日藏汉籍善本书录》就是颇具代表性的成果。我们认为,在已基本摸清域外汉籍存藏的基础上,当务之急是深入文本,进行古籍校勘、编纂、辑佚方面的研究,而且关注的对象应逐渐转移到第二、三类域外汉籍。

域外汉籍研究在文献意义之外,还应置于东亚学术文化交流的宏阔背景之下。汉籍流传至域外,通常先以传抄、翻刻的形式扩大辐射面,衍生出和刻本、高丽本(朝鲜本)、安南本;其后又以注疏、谚解、翻案等形式融入异族文化;然后接受汉籍熏陶的域外文人仿作或创作出本土汉籍。汉籍流传的过程,同时也是学术文化交流的过程。唐人诗文在朝鲜半岛和日本流传颇广,白居易在《白氏文集后序》中提道:"集有五本……其日本、新罗诸国及两京人家传写者,不在此记。"[1]《旧唐书·张荐传》盛称其祖张鷟文章天下闻名:"新罗、日本东夷诸蕃,尤重其文,每遣使入朝,必重出金贝以购其文,其才名远播如此。"[2]汉籍的交流也并不总是单向的。新罗人崔致远在唐朝进士及第,撰有《桂苑笔耕集》,著录于《崇文总目》,流传中国。日本江户时代学者山井鼎撰,物观补遗的《七经孟子考文补遗》,清初传入中国,对清代学术影响颇深,还被编入《四库全书》。因此,对于域外汉籍研究,我们必须有开阔的学术文化视野。严绍璗的一段话,或许可以作为我们的结论:"域外汉籍最根本性的价值和意义,我以为还在于它参与了接受国、接受民族、接受区域的文明的创造,它们作为中华文化的载体,参与异民族文明创造的历史轨迹和世界性价值,也只有在双边文化与多边文化关系互动的研究中,才能得到真正的阐述;也只有在这样的学术阐述中,作为文献典籍的学术的生命,才能得到真正的展现。"[3]

---

[1] 白居易.白居易文集校注[M].北京:中华书局,2011:2039.
[2] 刘昫,等.旧唐书[M].北京:中华书局,1975:4024.
[3] 严绍璗.日藏汉籍善本书录[M].北京:中华书局,2007:11-12.

4. 石刻文献

中国石刻数量众多,内涵丰富,特别是内容以文字铭文为主,具有其他载体无法比拟的独特文献价值。马衡概括历代石刻曰:"刻石之风流行于秦汉之世,而极盛于后汉。逮及魏晋,屡申刻石之禁,至南朝而不改。隋唐承北朝之余风,事无巨细,多刻石以纪之。自是以后,又复大盛,于是石刻文字,几遍中国矣。"①虽然由于历代的破坏、毁弃和另作他用,古代石刻受到了很大损坏,如宋人著录的石刻今天已是十不存一,但是仅仅是遗存下来的石刻,数量仍然非常惊人。学界目前还没有全面精确的统计,只是根据部分材料进行大略的估算。清代搜集、收藏碑石蔚然成风,清中叶孙星衍、邢澍的《寰宇访碑录》,收录秦汉至元代碑石 8000 余件。此后陆续有人做补录,如赵之谦的《补寰宇访碑录》、罗振玉的《再续寰宇访碑录》、刘声木的《续补寰宇访碑录》等,收录更达数万件。罗振玉《墓志征存目录》记当时所见墓志即达 3980 余种。新中国成立之后,新的石刻材料大量出土,周绍良、赵超主编的《唐代墓志汇编》及其《续集》,收墓志总量达到 5171 种,而目前已出土墓志总数已达近万种。我们再来看一下国内主要图书馆的藏品:国家图书馆藏石刻拓片总数达 20 余万份(包括复本),北京大学图书馆藏拓片在 2 万种以上,上海图书馆、南京博物院等地的收藏也有万余种。根据上述资料估算,现存石刻文献(包括原石已佚,但尚存拓本的石刻)应该在 5 万种以上。如果统计文字总量,仅 20 世纪百年间出土的碑志,就有上千万字。

如此丰富的石刻资料,构成了一座有别于纸本的文献宝库,其内容涵盖了先秦至民国几千年的各类文献资料。就书写字体看,有古籀、战国文字、隶书、楷书、行书、草书等,特别是保存了大量不同时期的异体字,为中国文字发展史和书法史研究提供了重要的资料。就文章体裁看,歌功颂德的赞、颂,哀悼死者的碑、志、铭、诔,官方的诏敕文牒、诅

---

① 马衡.凡将斋金石丛稿:卷二[M].北京:中华书局,1977:65.

告、盟书,文人学士的经典文集、诗歌杂咏,乃至地图、界至、谱系、楹联、题记、题名、格言、书目、符咒、药方,等等,无所不包,几乎涵盖了历朝的各种文体,成为古典文学研究的重要佐证。历代刻写儒、释、道经典的石经,因为保存了不同时期的经典文字,则成为古典文献学研究的重要对象。当然,石刻文献最重要的价值还是在于它保存了大量的史料,这些史料往往可以订正传世典籍的错误。宋代赵明诚在《金石录》序中说:"《诗》《书》以后,君臣行事之迹,悉载于史,虽是非褒贬出于秉笔者私意,或失其实,然至其善恶大节有不可诬,而又传之既久,理当依据。若夫岁月、地理、官爵、世次,以金石刻考之,其抵牾十常三四。盖史牒出于后人之手,不能无失,而刻词当时所立,可信不疑。"[①]宋代之后,特别是清及近代,学界已经普遍把石刻资料运用于历史研究,开辟出新的研究途径。

20世纪中国学术界,通常列举殷墟甲骨文字、战国秦汉简牍、敦煌藏经洞文书卷子、内阁大库档案,作为改变学术思想与研究方向的重大文献发现。其实近百年间出土的历代石刻文献,不但数量在出土器物中位居首列,而且文献价值与历史价值也并不比上述发现逊色。因此,古典文献学有必要将石刻文献纳入学术视野,不是基于书法角度的艺术鉴赏,而是作为不同历史时期的文献资料,作为传世典籍的有效补充,挖掘利用其价值。传统金石学的研究局限在石刻本身、拓本、史料和书法四个领域,而基于文献角度的研究,应当注重石刻文献的著录、流传和研究,其内容所蕴含的文学价值、史学价值和文献学价值。分析的对象则以石经、墓志和碑刻为主,旁及其他。如果再能熟知著名石刻,并言其存佚完缺、拓本先后、书法优劣,也可谓步入传统碑学之门。

5. 方志与族谱

地方志是记载某地区自然、历史、地理、社会、经济、文化等方面情况和资料的著作体裁,是中国古代文献的重要组成部分。历代地方志

---

① 赵明诚.金石录[M].济南:齐鲁书社,2009:序1.

的类型有一统志、各省通志、府志、县志、厅志、卫志、乡志、镇志、村志、里志、关志、乡土志、小志等十余种,根据近年的普查结果,现存各类志书上万种。如果考虑到名胜志、寺庙志、书院志等延伸文献,数量当更为可观。中国自汉魏以降有修志的传统,直至今日仍是各级政府的一项工作,因此方志的纂修与研究已成为专门的学问。

关于地方志的起源,历来学者有不同说法,《禹贡》《周官》《山海经》《越绝书》《吴越春秋》《华阳国志》等古籍都曾被认定为志书之祖。实际地方志是在兼收国别史、地理书和地图等不同类型文献的基础上逐渐发展融合而形成的编纂体裁。战国时期编写的《禹贡》是传世文献中最早记载江河流域的人文地理志,汉代则不但有各类地图,还出现了侧重记录地理情况的图经体文献,而《越绝书》《吴越春秋》是兼有史、志双重内容的地方性文献。魏晋南北朝时期,方志的编纂体制渐趋完备,图经、地记和相关专著构成方志的主体。图经方面如《广陵郡图经》《幽州图经》《冀州图经》《齐州图经》,几可作为方志的通行名目。地记是地理书的汇编,数量也有不少。专著方面如常璩的《华阳国志》和宗懔的《荆楚岁时记》,亦可视作方志名作。隋唐时期出现了概括全国的总志,如《括地志》《元和郡县图志》,都是影响巨大的著名方志。敦煌石室发现的唐修《沙州图经》《西州图经》则反映出修志已经普及到边远地区。宋代地方志的编纂体例大致定型,且出现了《太平寰宇记》《舆地纪胜》《方舆胜览》等鸿篇巨制,内容则在记载地理之外,增入姓氏、人物、风俗等门类,丰富了地方志的内涵,并为后世方志编修树立了范式。宋代还开始了地方志的续修制度,南宋首都临安百年之内三修《临安志》。元代创修《大元一统志》则开启了明清两代纂修一统志之风。明代方志纂修成为各级政府的普遍行为,朝廷专门颁布修志条例,规范修志工作,明志留存至今尚有近千种。清代方志纂修事业达至鼎盛,根据粗略统计,清修方志有 6400 余种,约占全国现存方志总数的 80%。官修方志不仅形成固定的制度,而且吸引众多学者参与其事,谢启昆主纂《广西通志》、阮元主纂《广东通志》、章学诚纂《永清县志》、洪亮吉纂《泾县志》和王闿运纂《湘潭县志》,都具有较高的学术水准。学者的参与还推动了方志体例、规制的归纳研究,使其上升到了学术理论层面。

地方志作为特色文献,不仅保存了大量地方社会经济、风土人情、文化艺术等方面的珍贵资料,有助于弥补史书记载的不足和某些知识空缺,还可以在古籍编纂、辑佚等方面为古典文献学提供丰富的文献实证。近几十年来,由于政府的介入和推进,旧志整理出版、方志目录编制和方志资料类编成为国家古籍整理事业的重要组成部分,方志学与古典文献学建立起紧密的联系,古典文献学的理论和方法对于方志学同样具有指导意义。

"族谱"又称"家谱""宗谱""世谱""家乘""家牒",或单称"谱牒",主要用于区分宗族成员的血缘承传,明了统系,免于混淆。据《通志·氏族略·氏族序》,魏晋南北朝以及隋唐时代,宗族谱牒盛行,"官有簿状,家有谱系,官之选举必由于簿状,家之婚姻必由于谱系"。国家设有专门机构——图谱局纂修谱牒,置令史负责其事。官修谱牒通过姓氏、地望、族史等内容,表达出宗族的政治地位和社会地位,为政府的选举、士族的出仕与门第婚姻提供依据,谱牒起着"使贵有常尊,贱有等威"的作用,成为门阀士族等级制的工具。在此情形之下,社会上"人尚谱系之学,家藏谱系之书",谱牒学与姓氏学成为显学。唐末五代社会动荡,传统士族没落,"取士不问家世,婚姻不问阀阅",旧式谱牒制度失去了其存在的价值,"其书散佚,而其学不传"。[①]

宋代宗法家族制度复兴,注重敬宗收族,谱牒作为聚合宗族的重要手段重新受到重视。欧阳修和苏洵、苏轼父子先后编写了本族的新族谱,开风气之先,成为后世族谱纂修的榜样。欧氏、苏氏新族谱,有别于重在区分门第高下的旧式谱牒,倡导以宗法为"谱心",主要体现敬宗收族的精神。苏洵在阐述自己修谱原因时说:"情见乎亲,亲见于服。""无服则亲尽,亲尽则情尽。情尽则喜不庆,忧不吊;喜不庆、忧不吊,则途人也。吾之所以相视如途人者,其初兄弟也。兄弟,其初一人之身也,悲夫!一人之身分而至于途人,此吾谱之所以作也……观吾之谱者,孝

---

① 郑樵.通志二十略[M].北京:中华书局,1995:1.

弟之心可以油然而生矣。"①他试图通过族谱,使五服之内的族人产生孝悌之心,从而尊敬祖先以收族,避免族人成为途人。欧、苏二族谱在体例上也多有创新,不再局限于区分门第等级高下,而是力图成为宗族的系统档案,其主要内容有谱序、谱例、世系图、世系录、先世考辨,此外还有类似传记、祠堂记文等内容。为了便于保存,宋代流行将族谱刻于石碑之上,并建族谱亭。族谱亭一般设在墓旁,便于同墓祭结合,增强收族的作用。

明清时期,纂修族谱成为一种普遍的社会行为,不但名门著族皆有谱牒,寒门小族也视修谱为族中大事,乐此不疲。在聚族而居的农村社会,甚至可以说没有无谱之族,除少数从事"贱业"者以外,也可以说几乎没有不入谱之人。明清族谱与宋元族谱相比,具有明显的变化:首先是强化了政治色彩。皇帝的劝民谕旨,体现伦理教化的宗规家训,纷纷列入族谱。在纂修体例中,明确惩恶扬善之教化目的。对于妇女贞节的特殊要求和对族人充当贱业、有不轨行为的削名,更是体现了明清族谱的政治教化意义。其次是族谱体例更加完善。在欧氏、苏氏谱例基础上,明清族谱内容更加扩展,体例更为完备,特别是增加了族规家训、族田等反映宗族制度发展的内容,并且借鉴正史和地方志编纂体例,增加了"志"这一新的体裁。冯尔康将清代族谱体例归结为17项,即谱序(含序、例、跋、修谱职名、捐资人)、恩纶录(含敕、诰命、御制碑文、上谕、皇帝和地方政府所题匾额)、像赞(画像、赞词、遗墨等)、宗规家训(含规约、训语)、世系(图、表)、世系录(世序、世系考)、派语、宦绩考、传记、祠堂(含祠堂图、祠堂记、建祠及捐钱人名单、祠堂规制等)、坊墓(含图和文)、祠产、先世考辨(含得姓始末、支派分流、迁移地、同姓考订)、著述(含原文、目录)、余庆录(空白纸)、五服图、领谱字号等。② 当然不是每部族谱必备以上项类,但是序例、规约、世系、传记、祠堂、祠产、祠墓几项是多数族谱都具有的。其中又以世系名录最为重要。世系中先分房

---

① 苏洵.苏氏族谱[M]//曾枣庄,刘琳.全宋文.上海:上海辞书出版社,2006:174.
② 冯尔康.清史史料学初稿[M].天津:南开大学出版社,1986:189-192.

支,然后再以表格形式登载各房支下每一世次男性宗族成员的名、字、号,功名仕宦情况,婚姻、生育情况和享年、葬地。女性在族谱中也有记载,但都不出现名字,只能以"某氏"的名义附见于丈夫之后,或以"第几女"的名义附见于父亲之后,反映出妇女的附属地位。明清时期,还出现了会通谱、统宗谱,即把分布于各地的宗支统贯到一起的族谱。如明弘治十四年(1501)刊《新安黄氏会通谱》。统宗谱规模庞大,如弘治时程敏政编纂的《新安程氏统宗世谱》合44支,通53代,入谱者逾万人。嘉靖(1522—1566)时张宪、张阳辉等主修的《张氏统宗世谱》则记载了明代两京和十三布政使司的117个支派,更是皇皇巨制。会通谱、统宗世谱的出现,既是宗族组织发展、宗族交往扩大的结果,也是族谱体例完善的表现。

在中国封建时代,国有史,郡有志,族有谱,正史、方志、族谱堪称建构中华历史的三大柱石。族谱不仅对于研究宗族制度、人口学、移民史具有重要的文献价值,而且还是查找人物传记资料、辑佚诗文的资料宝库,值得我们进一步挖掘利用。族谱在封建社会被视作家族神圣之物,编号发放,分房收存,定期查验,不许外传,故流传不广,罕见公私收藏。20世纪以降,历经社会变革和政治运动,族谱的纂修和存藏受到极大冲击,旧谱颇遭毁弃散佚,部分流入公私收藏。目前,国内方面上海图书馆收藏最多,共计12000余种,近10万册。海外方面,美国哥伦比亚大学收藏约1000种,总部设在犹他州盐湖城的家谱学会收藏胶卷5000余种;日本东洋文库、国会图书馆、东京大学东洋文化研究所等单位收藏1500余种。中华书局出版有《中国家谱综合目录》,可资检索。

第三节　古典文献学的价值体现

中国文化作为狭义的观念形态,显然无法单独存在,而是需要借助实物制作、规章制度、风俗习惯、语言文字诸类文化载体,方能成为看得见、听得到、摸得着的广义文化现实。其间以语言文字作为表现符号的文献堪称是中国文化的主要载体,而主要以书籍形式表现的古典文献更是凝聚中华民族智慧与经验的结晶。根据《中国古籍总目》的著录,现存中文典籍总数约20万种,世界上没有任何一种语言的文献可与之相提并论。如此浩如烟海的典籍,既是承载中华民族历史文化的宝贵遗产,又是维持中国文化绵延数千载而未曾中断的纽带。直至现代社会,虽然饱经外来文化的冲击,但传统经典仍是中国人汲取人生智慧、安顿浮躁心灵的文化根底所在。睹乔木而思故家,考文献而爱旧邦,古典文献积聚着中国文化的认同基础,因此进行学术层面的整理研究与管理利用,无疑应是国家学术文化事业的重要组成部分。

古典文献研究是中国古典学术的核心内容。如果认真审视古代学术史,我们可以看到,无论是思想观点的发挥、学术流派的形成,还是学术成果的表现方式,几乎都是围绕着重要经典而展开的。从两汉经学到魏晋玄学、宋明理学、清代考据学,无不以经典文献作为依傍,或进行章句训释,或进行义理发挥,或进行史实考据,先秦经典文本与后代阐释作品共同构成学术文献的主体。历代学士文人,无论读书治学,还是科举考试,都以钻研经典文献为必由之路。近年学界用力颇多的经学研究,主要是对儒家经典的文本与阐释进行学术史研究,实际完全可以视作古典文献学的组成部分。因此,如果就学术的旨趣而论,古典文献学与国学的内涵最为切近,而时下颇为泛滥的国学概念,几乎成为传统文化的代名词,则偏离了其原本之义。

中国古典学术没有严格的分科观念,故常以文史之学笼而统之,而且文史不分家。现代学术体系建立之后,文、史、哲、考古分属不同的学科,而苏联细化专业学术模式在中国的推行,更导致各学科均自成一体,壁垒森严。在这一学术体系中,古典文献学面临无法归类的尴尬处境,逐渐淡出学术中心,趋向边缘化,因此导致我们前文述及的对其内涵与外延理解的混乱。我们认为,从西方引进的现代学术体系,特别是苏联的专业分工模式,无法完全概括中国古典学术,强制性地分门设科,实际是在以今律古,戕害古典学术。现代以降,古典学术研究的滑坡,学问大家的罕见,固然有社会政治层面的原因,但学术分科过细的消极影响,亦难辞其咎。因此,我们认为有必要重建古典文献学在传统人文学术研究领域的主体地位,使其成为延续传统学脉、承继古人治学经验的基础之学,维持古典学术于不坠。

古典文献学具有悠久的学术传统,自孔子、刘向父子到朱熹、郑樵、章学诚以及乾嘉诸儒,在从事文献整理研究的过程中,积累了丰富的理论与方法。其中尤为重要的就是建立起实事求是的学术态度,倡导无征不信、多闻阙疑、择善而从等学术理念。古典文献学推崇文本实证研究,形成无证不立、孤证不为定说、不隐匿反证等一系列学术规范。清代是古典文献学研究的巅峰时期,清儒基于文献实证的考据研究方法已经臻于现代科学的境界,许多成果都为考古发掘和出土文献所证明,他们整理的经典文献至今仍是学界依赖的权威版本。古典文献学的学术态度与治学方法,对于传统人文学术领域的研究,无疑具有重要的借鉴意义。由于受学风浮躁的环境影响,时下该领域许多研究课题,热衷理论的归纳推演,忽视文献基础,随便使用二手文献,或者借助电子检索的便利手段堆砌资料,其成果往往无法经受文献实证的检验。因此,注重文献研究不单是作为治学态度,而且应当融入传统人文学术各科研究的学术理念之中。

古典文献学研究还具有现实文化意义。20世纪80年代以来,在中央政府的倡导之下,古籍整理事业颇有开展,大型古籍整理出版项目屡屡上马,呈现繁荣之势。古籍整理出版在拟订选题、确定版本、文本校勘、辑佚汇编等方面,都需要借助古典文献学的研究支持,否则很难成为高质量的古籍整理作品。近年出版的古籍整理作品中,有因缺乏目录学知识而把普通古籍当作珍善本者,有因选用底本不当而造成缺卷者,有汇编总集全集而漏辑重要文献者,有辑佚缺乏辨伪造成张冠李戴者,严重影响了作品质量。因此,从事古籍整理决不可率尔操觚,而应先具备古典文献学的训练,熟悉相关文献,且采取审慎认真的态度,方可进行。一部高质量的古籍整理作品,其价值丝毫不亚于一部原创性学术著作。

参考文献

余嘉锡.古书通例[M].上海:上海古籍出版社,1985.
王欣夫.文献学讲义[M].上海:上海古籍出版社,1986.
黄永年.古文献学四讲[M].厦门:鹭江出版社,2003.
来新夏.古籍整理讲义[M].厦门:鹭江出版社,2003.
清水茂.清水茂汉学论集[M].北京:中华书局,2003.
孙钦善.中国古文献学[M].北京:北京大学出版社,2006.
洪湛侯.中国文献学新编[M].杭州:杭州大学出版社,1994.
李零.简帛古书与学术源流[M].北京:生活·读书·新知三联书店,2008.
杜泽逊.文献学概要[M].修订本.北京:中华书局,2008.
乔秀岩,叶纯芳.文献学读书记[M].北京:生活·读书·新知三联书店,2018.

(刘玉才)

第二章　古籍版本学

第一节　古籍版本学的定义

一　"古籍"

讲古籍版本学之前,首先要弄清楚什么叫"古籍"。

简单地说,我们一般所称的"古籍",是指1911年辛亥革命以前的各种形式的书籍。

二　"版本"

再来看什么叫"版本",从字面上解释,它的本义是什么。

"片",东汉许慎《说文解字》卷七上:"判木也,从半木,凡片之属皆从片。"清段玉裁《说文解字注》:"谓一分为二之木。"①

"版",《说文解字》卷七上:"片也,从片,反声。"段玉裁注:"今字作板。"②

即"版""板"为古今字。版就是片,是已经解析的"半木",而不是完整的"全木"。

另外,"版"又可以解释为"牍"或"方"。

"牍",东汉王充《论衡》卷一二《量知篇》:"断木为椠,析之为板,力

---

① 段玉裁.说文解字注[M].上海:上海古籍出版社,1981:318.
② 同上.

加刮削,乃成奏牍。"《说文解字》卷七:"牍,书版也。"①即木版经过刮削加工,成为"牍"片。

因为供书写用的木版呈方形,所以有时"版"又称"方"。《仪礼注疏》卷二四《聘礼》:"百名以上书于策,不及百名书于方。"东汉郑玄注:"名,书文也,今谓之字。策,简也;方,板也。"②这里解释一下:可以书写一行字的竹片或木片称为"简",许多简编连而成"策",而可以容纳数行文字的木片则称"方"。所以,字数少就写在简上,字数稍多就用方,超过一百字就写在策上。

再讲"本"字。《说文解字》卷六上:"木下曰本,从木,一在其下。"③即树根称为本,故有"根本"之说。

"本",什么时候用来指称书籍的呢?最早见于汉刘向《别录》:

  一人读书,校其上下,得谬误,为"校";一人持本,一人读书,若怨家相对。④

这里的"书"和"本"指的什么,前人说法不一。简单点,我们理解为"本"指需要校定的原本,即国家藏书,而"书"则指据以校对的他书,即刘向所称的"臣向书""长水校尉臣参书""太史公书""太常博士书"等等中外藏书,二者稍微有所区别。后来逐渐通用,书即是本,本即是书,"书本"便常常连用,就与今天一般无二了。

至于"版本"二字的连用,则始于宋代。《宋史》卷四三一《崔颐正传》:

  咸平初,又有学究刘可名言诸经版本多舛误,真宗命择官详正。⑤

其他见于宋人笔记、文集记载的尚有多处,如叶梦得《石林燕语》

---

① 王充. 论衡校释[M]. 北京:中华书局,1990:551.
② 阮元. 十三经注疏:仪礼注疏[M]. 北京:中华书局,2009:2318.
③ 段玉裁. 说文解字注[M]. 上海:上海古籍出版社,1981:248.
④ 萧统. 文选[M]. 上海:上海古籍出版社,1986:287.
⑤ 脱脱,等. 宋史[M]. 北京:中华书局,1985:12822.

卷八：

> 板本初不是正，不无讹误。世既一以板本为正，而藏本日亡，其讹谬者遂不可正，甚可惜也。①

朱熹《谢上蔡语录后序》：

> 熹初得友人括苍吴任写本一篇，后得吴中板本一篇。②

需要指明的是，宋人所谓的"版本"（或作"板本"）是专指雕版印刷的书籍。沈括讲得很明确：

> 板印书籍，唐人尚未盛为之，自冯瀛王始印《五经》，已后典籍皆为板本。③

非雕版印刷的书籍，就称写本、藏本，而非"版本"。这与我们后世的"版本"概念是有区别的，我们现在所称的"版本"范围要广泛得多，它不但包括刻本，还包括写本、活字本、套印本、插图本、石印本等等各种形式，是个综合的概念。正如清叶德辉在《书林清话》卷一《板本之名称》所总结的：

> 雕板谓之板，藏本谓之本。藏本者，官私所藏，未雕之善本也。自雕板盛行，于是板、本二字合为一名。④

我们下面要论述的"古籍版本学"的最基本概念"版本"，就是这么演变来的。

三 "古籍版本学"

狭义的古籍版本学，其研究对象是汉代以后才出现的纸质图书，而广义的古籍版本学还包括先秦的简策图书等。

---

① 叶梦得.石林燕语[M].北京：中华书局，1984：116.
② 曾枣庄，刘琳.全宋文[M].上海：上海辞书出版社，2006：291.
③ 沈括.梦溪笔谈[M].北京：中华书局，2015：174.标点有改动.
④ 叶德辉.书林清话[M].北京：中华书局，2010：28.

版本学现象出现得很早。有了成形的书籍,应该说便有了版本;对版本与版本之间的不同现象加以留意、比较、推断,这就是一种萌芽状态的版本研究之学。它是伴随着书籍流传、同书异本的出现而自然萌生的,比如传说中先秦时孔子的删《诗》《书》,定《礼》《乐》,赞《周易》,修《春秋》之举。

现在一般认为版本研究之学在西汉已经诞生,魏、晋、南北朝、隋、唐、五代是其向上发展时期,宋时正式确立为一门独立的学科,元、明持续发展,清代则达到鼎盛。

但是版本学正式定名却迟至清末,叶德辉在《书林清话》卷一《板本之名称》中指出:

> 近人言藏书者,分目录、板本为两种学派……私家之藏,自宋尤袤遂初堂、明毛晋汲古阁,及康、雍、乾、嘉以来各藏书家,断断于宋元本旧钞,是为板本之学。[①]

简单地说,所谓"古籍版本学",就是研究有关古籍版本的学问,它的研究对象是各种形式尤其以刻本、写本为重点的古书版本,是一门研究古籍版本源流演变及其鉴定规律的学科。

第二节 何谓"善本"

"善本"这个概念,是我们经常使用的,比如论及书目就有《北京图书馆古籍善本书目》《中国善本书提要》《中国古籍善本书目》等。

从图书馆工作来看,并不是所有的线装书皆为善本,古书内部还有善本古籍与普通古籍的界限,但是标准又不太统一。像中国国家图书馆这样的国家级图书馆,上海图书馆、南京图书馆、浙江图书馆、四川省图书馆等省会图书馆,北京大学图书馆、清华大学图书馆、复旦大学图

---

① 叶德辉.书林清话[M].北京:中华书局,2010:28.

书馆等资深高等学府图书馆,因收藏丰富,一般将善本的界限断在清乾隆六十年,正好与中国文物保护法的标准相合。

那么,"善本"的确切含义到底是什么呢?

"善本",顾名思义,就是好的本子,佳本。

善本的概念出现得很早,比如西汉河间献王刘德就喜欢从民间收集"善书"①。但"善本"一词的正式使用,则见于宋代的文献。欧阳修《集古录跋尾》卷八《唐田弘正家庙碑》:

> 自天圣以来,古学渐盛,学者多读韩文,而患集本讹舛。惟余家本屡更校正,时人共传,号为善本。②

朱弁《曲洧旧闻》卷四:

> 宋次道龙图云:"校书如扫尘,随扫随有。"其家藏书,皆校三五遍者,世之畜书以宋为善本。③

叶梦得《石林燕语》卷八:

> 唐以前,凡书籍皆写本,未有模印之法,人以藏书为贵。人不多有,而藏者精于雠对,故往往皆有善本。④

可见,善本必须是精加校勘,文字不脱不误的好本子。

善本的另一含义是传世旧本、古本,因为它旧,时代靠前,所以更有可能接近古籍成书时的文字原貌。"珍本"是我们用在这一意义上比较确切的提法。

明确地对"善本"定义进行总结,对其概念进行诠释,清人在这方面做了比较多的工作。

清末张之洞《輶轩语·语学》"通论读书":

> 善本之义有三:一足本。(无缺卷,无删削。)二精本。(一精

---

① 班固.汉书[M].北京:中华书局,1962:2410.
② 欧阳修.欧阳修全集[M].北京:中华书局,2001:2270.
③ 朱弁.曲洧旧闻[M].北京:中华书局,2002:141.
④ 叶梦得.石林燕语[M].北京:中华书局,1984:116.

校,一精注。)三旧本。(一旧刻,一旧抄。)①

即完善无脱漏,精确无错讹,时代又较早的本子方为善本。

丁丙《善本书室藏书志·记》:

> 择其可珍者约有四端,特筑善本书室储藏之:一曰旧刻……二曰精本……三曰旧抄……四曰旧校……。②

旧刻指宋元旧刊,精本指明本中刻印尤精、世间罕传者,旧抄系指明清名家抄本、影抄本,旧校系出乾嘉名家之手。这是丁丙专门针对他自己的收藏而订出的标准。

"善本"必须具备哪几方面因素?在前人诸多旧说的基础上,今天我们总结出了一套比较科学、比较严密的界定标准,即编纂《中国古籍善本书目》规定的入选原则。大的原则是三条,即所谓"三性":一、历史文物性;二、学术资料性;三、艺术代表性。

我们稍做些解释:第一条是指其年代久远,就像文物一样具有保存价值;第二条是指其内容质量优胜,有学术水平、文学成就或史料价值;第三条是指其刻工精美、纸墨精良、书品上乘等形式方面具有特色。具体的还有其他细则规定。

这里,我们要明确几点:辛亥革命(1911)以前的书籍方称为古籍,而乾隆六十年是对大部分古籍善本的时限界定;"三性"皆备,自然是公认的善本,但具备其中一二性,这种情况更为普遍,亦属善本;"三性"原则又有它的灵活性,有时候因时、因地、因人会有不同的理解、不同的规定,会有变通。随着时间的推移,既定的时限也将往后延展,现在够不上善本的,上百年、几百年之后或许就会成为善本。

现在我们给善本下一综合的定义:在现存古籍中,凡具备历史文物性、学术资料性、艺术代表性,或虽不全备而具备其中之一二又流传较少者,均可视为善本。

---

① 张之洞.增订书目答问补正[M].北京:中华书局,2011:666-667.
② 陆心源,丁丙.仪顾堂题跋·续跋;善本书室藏书志[M].北京:中华书局,1990:935.

第三节 版本学有关名词术语

版本学长期以来形成一整套名词术语,使用它们,叙述的人觉得简洁,听的人也能心领神会,所以须尽量加以熟习。

一 单页古书的版式结构

首先明确,我们这里所指的是雕版印刷和活字印刷的印本古书的单页结构(见图2-1):

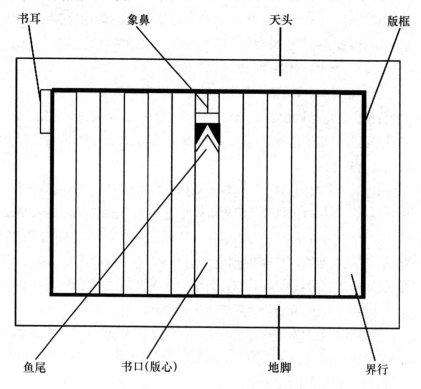

图 2-1 古书单页版式结构图

(1)版框——又名边框、边栏,指一张印页最外围的四边栏线组成的方框。因边栏线条数目或图形不同,有四周单边、左右双边、万字栏、竹节栏、花栏、博古栏等名目。

(2)界行——又叫界格,指版框内直线划分的字行行界,因栏线墨色不同,有"朱丝栏""乌丝栏"之分。通常我们叙述古书行款格式时常用诸如"半页十行行十八字"这样的说法,"行"就是指的界行而言。

(3)书口——又名中缝、版心、版口,指版框正中的一条窄行。既可以取中折页,又常常记录书名、卷页、刻工姓名、字数、出版商号等,这些文字称为"口题"。

(4)鱼尾——指书口中间的鱼尾形图案,其作用是对折书页时取以为准。在书口上端的是上鱼尾,在下为下鱼尾。小小鱼尾,可以变换出许多花样(见图2-2),诸如单鱼尾、双鱼尾(对鱼尾、顺鱼尾)、三鱼尾、白鱼尾(单线)、黑鱼尾、线鱼尾(双线)、花鱼尾等等。

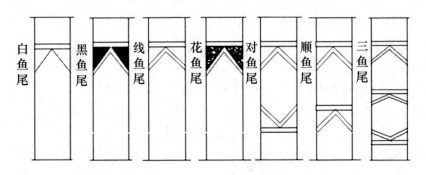

图 2-2　古书鱼尾类型图

(5)象鼻——连接鱼尾和边栏的一条线(一说从鱼尾到边栏的部分)。没有这条线的叫白口;白口刻有文字的称花口;细线称小黑口、细黑口、线黑口;粗线乃至全黑的称阔黑口、大黑口;"黑口"在上端称上黑口,在下端称下黑口,上下皆有称上下黑口。(见图2-3)

(6)天头——又名书眉,版框上栏以上空白处。

(7)地脚——与天头相对,指版框下栏以下空白处。

(8)书耳——又名耳格、耳子。指版框左右边栏上端外侧的小方格,用以记载篇名、书名简称、室名、君号(年号)等,称为"耳题",是宋版

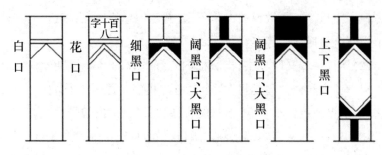

图 2-3　古书书口类型图

书的特征,后世印本则不常见。

(9)墨等——又称"墨钉"或"黑钉"。古籍刻版,有时在有文字的地方挖以方孔,再嵌补小木片,等校对正确时另行补刊,刷印后,书页上该处呈现为墨块。

(10)阴文——又称"墨盖子"。指为醒目见,特将文内某些字衬以黑底,刻成白文。

二　古书的外形结构

我们这里指最一般的线装书的外形结构(见图 2-4):

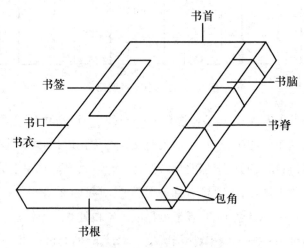

图 2-4　线装书外形结构图

(1)书衣——包在古书最外面的上下两层纸,即书皮。一般选用质地较厚的有色纸,以起保护作用。

(2)书签——贴在书衣左上方题写书名的长方形纸签。与今之"书签"不同。

(3)书首——又名书头,书册上端的侧面部分。

(4)书根——与书首相对,书册下端的侧面部分。古书通常平放架上,故在书根题写书名、册次,以便检索。

(5)书脑——书衣表面右边装订有线的部分。

(6)书脊——与书口相对,又名书背,书册右端有装订线的侧面部分。

(7)包角——订线一侧,用细绢包裹四面的上下角。

三　其他名称

以上是一册书的表面部分,打开书册,则有:

(1)书名页——又名封面(与今有异)、封页、内封、封面大题等,指书衣之后题写书名的一页。

(2)扉页——又名护页、副页,是衬在书衣和书名页之间的空白页,有的用药物浸染,可起防蠹作用。收藏家常常利用扉页题写识语、跋语。

(3)牌记——刻书者用以宣传刻书情况的特殊标识,又叫墨围、碑牌、木记、条记。在书上位置不定,可以有一个或多个牌记,文字周围大多围以长方形边框或图案,起申明版权以及广告宣传作用。

古书外部包装,又有一些名词:

(4)书套——古书外部包装壳套,多以纸板敷蓝布制成,又有四合套、六合套等名目。

(5)木匣——木盒子,一般用以盛放珍贵的图书。

(6)夹板——夹在图书前后的两块木板,边缘穿孔系绳。

(7)提箱——木制手提藏书小箱。

古书内部、外部形式的精粗,构成一部书的"书品"。"书品宽大",一般是令人赏心悦目的;"书品太坏",则形容其恶俗不堪。

四　古书版本的类别

古书版本,根据时间、地区、出版者、形式特征、内容特征等可以区分出诸多种类,相应地便产生了五花八门的各式名称:

1. 以刻印时间分

除了宋刻本、元刻本、明刻本、清刻本等以时代区分的版本名称外,尚有:

(1)初刻本——同书异本当中最早的刻本。

(2)重刻本——根据原有刻本重新校勘雕刻之本,其版式不一定与原本相同。

(3)覆刻本——又名翻刻本,指严格依照底本原样的重刻本,不过字体可以改变。

(4)影刻本——将底本逐页覆纸描摹,然后上版雕刻的本子。大多是影刻宋、元珍本,质量好的,几可乱真。

(5)递修本——书版残缺,经过两次以上修补而重新印刷的本子。

2. 按刻印地区分

如浙刻本、闽刻本(又称建本)、蜀刻本(又称川本)、江西本、平水本(又称平阳本),还有外国的朝鲜本、日本本(又称和刻本)、越南本等。

3. 以刻印单位区分

(1)官刻本——从五代至清代的各级政府及其附属机构刻印之书。

(2)坊刻本——书坊刻印之本。

(3)家刻本——私家出资或主持刻印之本。

(4)自刻本——作者出资或主持刻印之本。

(5)京本——京城官刻本的简称,常常成为地方翻刻的依据。

(6)监本——指历代官方刻书的主要部门国子监的刻本。

(7)公使库本——宋代由各地公使库刻印之本。

(8)书院本——各地书院刻印之本。

(9)兴文署本——元代中央主管刻书的部门兴文署刻印之本。

(10)经厂本——明代司礼监下属刻书机构经厂刻印之本。

(11)藩本——明代各地藩王在藩府刻印之本。

(12)殿本——清代中央刻书部门武英殿刻印之本。

(13)聚珍本——专指清乾隆时武英殿用木活字摆印的《武英殿聚珍版丛书》。

(14)内府本——明、清两代宫廷内部刻印之本。

(15)局本——清各省地方官书局刻印之本。

4. 以工艺区分

除前面所提的刻本外,还有写本、活字本、套印本等。

(1)稿本——凡作者原稿、誊清稿、修改稿,皆可称稿本。

(2)写本——成书时以手写形式流传的本子。一般在唐、宋写本、名家写本、佛道写经卷等较狭小的概念上使用。

(3)抄本——又叫传抄本,据底本再行传写之本。使用范围较前两种宽泛。

(4)活字本——用活字排版印刷而成的书本。有泥活字本、木活字本、铜活字本、铅活字本等。

(5)套印本——用一套版、几种颜色或几套版、几套颜色,依次叠印而成的本子。

套印本有两种特殊工艺:

饾版——用于彩画印刷的一种工艺,将画面按颜色、深浅分刻若干小版,然后刷上不同的颜色,逐块印在纸上,密切拼集成一完整印件。

拱花——印制图画时,用凹凸两版嵌合,使画面部分拱起,富有立体感的一种工艺。

(6)拓本——将雕刻在金石器皿上的文字图案用纸拓下来装订而成的本子。它是黑底白字,与刻本白底黑字正好相反。颜色浅淡的称"蝉翼拓",颜色浓亮的称"乌金拓"。

(7) 石印本——用药墨书写在特制药纸上,再用特殊办法将字迹移置于石版,然后滚刷油墨印成的书。

(8) 影印本——将原书逐页照相制版印刷而成之本。

(9) 百衲本——用不同版片拼印或不同版本拼配而成一部完整的书。衲是补缀的意思,如商务印书馆影印了一套百衲本《二十四史》。

(10) 巾箱本——又称袖珍本,指版式极小,易于携带的本子。

(11) 两节版本——书版分成上下两栏的印本,上图下文,或上为评点、下为正文。多为通俗读物。

5. 以内容区分

又有单刻本、合刻本、抽印本、丛书本、插图本、白文本、校本、注疏本、批校本、评点本、序跋本、过录本等等。

总之,有关版本学的名词术语名目繁多,大多是约定俗成的。有的未必很精确、很科学,有的使用时要慎之又慎,还有的几个概念可以有交叉,区分并不是很清楚。但我们熟悉、掌握得越多,对领会有关内容应该是有很大帮助的。

第四节 书册制度

一 图书简史

我国最早的书籍形式是简策,但是再往上追溯,记录有文字的载体还有青铜器,还有更早的龟甲兽骨。它们虽然称不上是成形的图书,但在叙述图书历史时,却是不可或缺的重要环节。

1. 甲骨文

刻有文字的龟甲兽骨是3000多年前殷商后期的遗物,其文字大多是卜辞,也有少数记事的内容,确切地定义它们应当是殷代史官所保管的文献资料,是我国最古的史料,还不是书籍。

甲骨是清光绪二十五年(1899)在河南安阳西北小屯村发现的,起初当地农民将它们作为治病的龙骨卖给药店。王懿荣、刘锷、罗振玉、王国维、端方等是购藏收集用力较多的人。从1928至1937年,中央研究院历史语言研究所主持进行了15次发掘,共获甲骨24918片,并于1948、1949年编成《殷虚文字甲编》、《殷虚文字乙编》(上中辑)。1953年中国科学院考古研究所又编成《殷虚文字乙编》下辑。

1980年代,在西安西郊一处(龙山文化)原始社会遗址中,发掘出一批距今4500年至5000年的甲骨文①。

2. 金文

在青铜器上铭刻文字,是从商代后期开始的,一般是为了保存某些重要文件,或纪念某些重大事件,就铸造一件器物,并将文字铸或刻在上面。商代青铜器上刻文字的很少,文字也很简短,而周代的器物刻辞的多,而且刻辞也长,如"毛公鼎"刻辞计500字,是传世古器物中刻辞最长的一件。这些青铜器铭文,又称"金文""钟鼎文",同甲骨文一样,也是一种珍贵的史料档案,同时还具有书法艺术价值。历代研究的学者及专著层出不穷,如:宋欧阳修《集古录跋尾》,赵明诚、李清照《金石录》;近人罗振玉《三代吉金文存》、郭沫若《两周金文辞大系图录考释》、于省吾《双剑誃吉金图录》。

3. 简策

真正意义上的图书始于周代末期出现的简策。当时开始将竹、木作为书写材料,一根竹片称"简",多片简编连称"策",编简的绳子又分"丝编""韦编",写在木板上则称"版牍""方"。每简通常是一行,木牍则有四五行,一百字以上就书写在策上。策的最前面还有两根空白简,叫"赘简",用以在背面题写书名、篇名,然后卷成一束。这就是书卷最初的形式。

---

① 新华社.西安出土我国迄今最早的甲骨文[N].人民日报,1986-05-01(2).

简策图书,在历史上有过几次重大发现:

(1)汉武帝时鲁恭王发现的孔壁书,即著名的"古文经"。

(2)西晋武帝时汲郡人不准(人名)盗发魏襄王墓,中有十几万根竹简,后由荀勖等人整理成《竹书纪年》《穆天子传》等16种书。

(3)1930年在内蒙古发掘的居延汉简。

(4)1959年武威汉墓中的竹简《仪礼》。

(5)1972年长沙马王堆一号汉墓地竹简遣册。

(6)1972年山东临沂银雀山西汉墓中的竹简《孙子兵法》和《孙膑兵法》等。

(7)1993年10月湖北沙洋县纪山镇郭店一号楚墓内出土的郭店楚简,是世界上现存最古的成册书籍。

后又有1994年"上博简"、2008年"清华简"、2009年"北大简"、2015年海昏侯墓出土简牍等一批新发现,相关研究成果持续推出。

古简尺寸没有定制,一般著作用二尺四寸简,写信用一尺简,故后世有"尺牍"之谓。

4. 帛书

帛是丝织物的总称,在竹木简盛行的同时,约春秋末年或战国初年出现了书写在缣帛上的书。

作为书写材料,缣帛比竹木轻巧,又便于着墨,可以根据文字多寡决定缣幅的尺寸,即所谓"古者以缣帛,依书长短,随事截之"①,而且又没有简策容易断编散乱的缺点,携带或收藏都不那么困难。

帛书的形态,一般是写完一篇文章后裁截成一段,然后从尾至首卷成一束,称"一卷";缣帛的表面画有或织有黑色或红色的界行,即后世纸书中"乌丝栏""朱丝栏"的渊源所自。这其实跟简策有点相像:一根根竹简就好比一条条界行,而且简策也是写完一段文字卷起成"一篇"的,所以可以说帛书的装帧是继承了简策的形式。

---

① 徐坚.初学记[M].北京:中华书局,2004:516.

古帛书实物发现得很晚。1972年在长沙马王堆一号汉墓中出土了大量丝织品,其中有一幅彩绘帛画。1973年又在马王堆三号汉墓中出土了一批帛书,有老子《道德经》甲、乙本,《周易》《战国策》等28种,还有3幅彩绘古地图等。

帛书出现以后,一千年间一直与竹木简同时行用,直到晋代纸书盛行才一起被取而代之。这是因为帛书成本较高,即所谓"缣贵而简重,并不便于人"①,当时的社会经济条件有限,所以推广普及困难,只能与竹木简并行参用。

5. 石经

《墨子》卷四有言:"书于竹帛,镂于金石,琢于槃盂。"②其中"石"就是一种最普通的书写材料——石头。

刻石的行为,古已有之。那种将一篇文章或一部著作全部刻在石上供人像书那样阅读的,传世最早的是秦国的石鼓。秦石鼓共10个,唐初在天兴县(今陕西凤翔)首次被发现。1300多年几经散失、搜求、迁移,所幸仍为全数,1958年起陈列在北京故宫博物院旧箭亭内。石鼓上镌刻的篆书,被称为"石鼓文"。

将经书刻成石碑,即成"石经"。著名的有东汉"熹平石经",是由蔡邕亲手书写的经书标准文本,总计《易》《书》《诗》《礼》《公羊传》《春秋》《论语》七经,立于洛阳太学门前,供学子们抄写取正。今有残石、拓本传世。

三国魏齐王曹芳正始年间(240—249),由嵇康等用古、篆、隶三体书写重刻了《尚书》《春秋》、《左氏传》(部分),史称"三体石经"或"正始石经"。

唐文宗开成二年(837)又完成刻石十二经,由艾居晦、陈玠等以楷书写刻。"开成石经"至今保存完好,立于西安碑林。

---

① 范晔.后汉书[M].北京:中华书局,1965:2513.
② 吴毓江.墨子校注[M].北京:中华书局,2006:178.

五代后蜀孟昶广政元年(938)至二十八年刻石九经,史称"蜀刻九经"或"孟昶石经"。

　　北宋国子监石经,共九经,仁宗庆历元年(1041)至嘉祐七年(1062)刻成,用篆、楷二体写刻,称"二体石经"。

　　南宋高宗御书石经,共七经,乃高宗赵构手写,以楷书为主,夹以行书。今有残石保存在杭州。

　　清乾隆石经,乾隆五十六年至五十九年刻成,共十三经,由蒋衡用楷体书写,今天完好地保存在北京国子监。2023年已由北京燕山出版社影印出版。

二　纸的发明

　　造纸术是我国古代劳动人民的伟大发明之一,过去一般公推东汉蔡伦是纸的发明者。《后汉书》卷七八《宦者列传·蔡伦传》:

> 自古书契多编以竹简,其用缣帛者谓之为纸。缣贵而简重,并不便于人。伦乃造意,用树肤、麻头及敝布、鱼网以为纸。元兴元年奏上之,帝善其能,自是莫不从用焉,故天下咸称"蔡侯纸"。[①]

　　不过发明造纸肯定不是一个人的功劳,早于蔡伦一百多年的西汉,就有了丝絮制成的纸,所以现在都认为蔡伦是造纸术的改进者。

　　纸比竹木简以及帛书都要轻便,而且原料来源广泛,制作简单,工本低廉,所以一经发明,便很快流行起来。东汉末年便出现了工艺较高的"左伯纸"。魏晋南北朝时期,纸的质量和产量都大幅度提高,到东晋末年,桓玄下令"今诸用简者,皆以黄纸代之"[②],从而确立了纸作为主要书写工具的地位。而"古籍版本学"的研究对象,基本上都是纸质图书。

　　古籍用纸的种类,按原料区分,主要有四种:

　　(1)麻纸,以苎麻、大麻为原料制成,纸面洁白。有白麻纸、黄麻纸之分,黄麻纸是以黄檗为染料将白麻纸加工制成的,可以防蠹。

[①]　范晔.后汉书[M].北京:中华书局,1965:2513.
[②]　徐坚.初学记[M].北京:中华书局,2004:516.

(2)皮纸,以楮树、藤树、桑树、青檀树皮等为原料制成,韧性较好。白绵纸、黄绵纸、开化纸、开化榜纸、丈二匹纸都属皮纸。闻名遐迩的安徽泾县宣纸,即是极精致的一种白绵纸。

(3)竹纸,以竹为原料制成,纸质较脆,颜色泛黄。毛边纸、毛太纸、连史纸、太史连纸均属竹纸。

(4)草纸,以麦秆、稻草为原料制成,最是粗糙,一般不用来印书。

从东汉末年用纸写书开始,一直到清末,古书用纸的演变大体上有如下规律:

(1)从汉末至隋唐五代,以麻纸为主,皮纸次之。比如传世的敦煌遗书,经鉴定,绝大多数使用的是麻纸。

(2)宋代以皮纸为主、麻纸次之,后期出现了竹纸。存世的宋版书,过去的习惯说法是用的黄白麻纸,但是1970年代初经潘吉星鉴定,实际是皮纸,只不过貌似麻纸而已。

(3)元代以竹纸为主,皮纸次之。竹纸主要产地是浙江和福建。宋元时期还发明了用竹、麻或竹、树皮等合造的混料纸。还有一种"还魂纸",即将废纸回收,再同麻或树皮等混合作为原料制纸。

(4)明嘉靖以前,皮纸为主,竹纸次之。万历(1573—1620)以后直至清末,竹纸为主,皮纸次之,麻纸则极为少见。

三 纸书装帧形式的演变

1. 卷轴装

纸书出现以后,最初采用的装帧形式是和帛书相同的卷轴装,不但最初的手写书如此,就是宋以前的早期刻本,特别是佛经,也都是卷轴装,即它盛行于汉魏六朝至隋唐五代。

纸书写完,由尾向首卷起,就成了最简单的卷轴装,敦煌遗书几万件,都属此类。

考究一点的卷轴装有五部分物件(见图2-5):(1)书写用的长幅底纸,称"卷"。可由若干张纸粘连而成,最长有过丈的。(2)固定在卷尾、卷纸用的短棒,即"轴",可以用檀木、象牙、琉璃、珊瑚等材料制作;有时

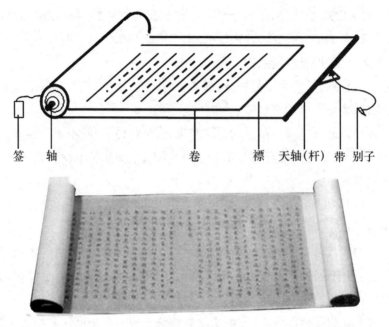

图 2-5 卷轴装

卷首也有,则称为"天轴(杆)"。(3)"褾",又称"包头",是卷端另加粘贴的起保护作用的厚纸或丝织品。(4)"带",是附在褾头的丝带,用以捆扎卷子。(5)"签",即标签,上写书名、卷次等系于轴头,起标识作用,而不是卷轴表面别在丝带上的"别子"。

轴、带、签的讲究还表现在使用不同的质料和颜色可以区别图书的种类,或是上、中、下品类的区分,或是经、史、子、集部类的区别。如《隋书·经籍志》载:

> 炀帝即位,秘阁之书,限写五十副本,分为三品:上品红琉璃轴,中品绀琉璃轴,下品漆轴。①

《唐六典》卷九注云:

> 其经库书,钿白牙轴,黄带,红牙签;史库书,钿青牙轴,缥带,

---

① 魏徵,令狐德棻.隋书[M].北京:中华书局,1973:908.

绿牙签；子库书，雕紫檀轴，紫带，碧牙签；集库书，绿牙轴，朱带，白牙签，以为分别。①

卷轴装的形式，今天还能从装裱好的书画作品中得以全面的认识。它的优点是容量较大，轻巧便携，美观大方。不过有时卷面过长，舒展不易，查检困难。于是经过改进，以页子代替卷子，在唐代后期，便出现了一种由卷轴装向册页式过渡的装帧形式——旋风装。

2. 旋风装

旋风装，是古书装帧形式中最有争议的一种。过去由于文献记载语焉不详，又见不到真正的实物，所以被猜测成是一种"经折装"的变种，而且持此议者大多是版本学界的前辈权威人士。这种观点最早由日本人岛田翰1905年提出，他在《古文旧书考·书册装潢考》中说：

> 何谓旋风装？……后世取卷子，叠折成册，两折一张，褾纸，概粘其首尾于褾纸，犹宋椠藏经，而其制微异。而其翻风之状，宛转如旋风。而两两苟不相离，则又似囊子，故皇国谓之囊草子也。②

继之者则有钱基博。他在1931年出版的《版本通义·历史第二》中说：

> 书之装册，初不用线钉。其始为旋风装，如今日之裱碑帖者，糊联之为一帙，折叠成之，其首尾加封面以题书名；世传佛经，犹沿此装。③

1958年，刘国钧在《中国书史简编》中说：

> 用一张整纸把经折书的最前叶和最后叶粘连，而将书的右边包裹起来，这样就可以不至散开……经折装和旋风装大约在九世

---

① 李林甫，等.唐六典[M].北京：中华书局，1992：280.

② 岛田翰.古文旧书考[M]//中华书局编辑部.宋元明清书目题跋丛刊：第19册.北京：中华书局，2006：483.

③ 钱基博.版本通义[M].上海：商务印书馆，1931：40.

纪中叶以后都出现了。①

毛春翔《古书版本常谈》、陈国庆《古书版本浅说》、刘国钧《中国书的故事》，一直到 1979 年肖振棠、丁瑜《中国古籍装订修补技术》，等等，仍采此说。这些权威人士形容的其实是这么一种形态，"从第一叶翻起，直翻到最后，仍可接连翻到第一叶，回环往复，不会间断"②，因此就把它称为旋风装。

关于旋风装的定义，虽然众口一词，但并非就是定论，有不少学者一直持怀疑态度。直到 1980 年《中国善本书总目》编委们集体参观故宫博物院珍藏的《唐写本王仁昫刊谬补缺切韵》，其独特的装帧形式引起学者重视，被郑重提出，始推翻从前对"旋风装"所下的定义。李致忠《古书版本学概论》第六章第二节对"旋风装"问题用了大量的篇幅加以考辨、陈述，得出其结论。目前此说为大多数学者接受，并写入新出各种版本学专著当中。

《唐写本王仁昫刊谬补缺切韵》的装帧形态，采用的是一种特殊的式样：它有卷轴装的"卷"，即长幅底纸，字迹全写在单片纸叶上，且除首页是单面书写外，其余均系双面书写；将首页无字的一面全幅粘贴在卷子起首的右端，其余各页将每纸右边无字边幅部分紧贴着首页，鳞次相错地裱糊在底纸上；然后，跟卷轴装方向相反，从首向尾，而不是从尾向首，卷起，便成一卷轴；需要打开阅读时，首页以外各页都可以正反翻阅。

由于这种装帧形式，书页鳞次相接，且能随意翻转，故又被很形象地称为"龙鳞装""旋风叶子"（见图 2-6）。它的外观与卷轴装相仿佛，只是卷藏方向相反，但内部却是单张页子，其实是缩短了卷子，扩大了容量，部分解决了卷轴过长翻检不便的矛盾，故可以称得上是卷轴装向册页装过渡的一种形式上改进的探索尝试。"旋风装"出现的时间应当是 8 世纪中叶。

---

① 刘国钧.中国书史简编[M].北京:高等教育出版社,1958:50.
② 刘国钧.中国书的故事[M].北京:中国青年出版社,1955:56.

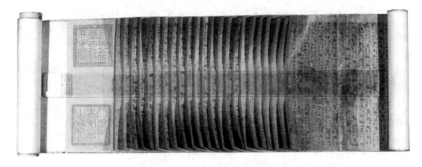

图 2-6　旋风装

李致忠等学者认为故宫博物院所藏此《切韵》系"旋风装",还可以从前人著述中得到印证。欧阳修《归田录》卷二:

> 唐人藏书,皆作卷轴,其后有叶子,其制似今策子。凡文字有备检用者,卷轴难数卷舒,故以叶子写之,如吴彩鸾《唐韵》、李郃《彩选》之类是也。①

唐代流行的韵书,有陆法言的《切韵》和孙愐的《唐韵》。原先一直相传吴彩鸾曾书写大量的《唐韵》。张邦基《墨庄漫录》卷三:

> 裴铏《传奇》载,成都古仙人吴彩鸾善书小字,尝书《唐韵》鬻之……今世间所传《唐韵》犹有,皆旋风叶,字画清劲,人家往往有之。②

元王恽《玉堂嘉话》卷二:

> 吴彩鸾龙鳞楷韵……其册共五(疑为二之误——引者)十四叶,鳞次相积,皆留纸缝。(天宝八年制。——原注)③

如果"天宝八年"的记载准确的话,也可以证明"旋风装"出现于 8 世纪中叶。一直到清初,钱曾《读书敏求记》卷三还有记录:

---

① 欧阳修.归田录[M].北京:中华书局,1981:31.
② 张邦基.墨庄漫录[M].北京:中华书局,2002:98.
③ 王恽.玉堂嘉话[M].北京:中华书局,2006:68.

相传彩鸾所书《韵》,散落人间者甚多。余从延令季氏曾睹其迹……逐叶翻看,展转至末,仍合为一卷。①

上面描述的这种形式,就是"旋风装";但是我们也注意到,这种装帧形式曾在历史上出现过,但并非很通行。估计"旋风装"应是唐中后期出现的,专门用以装帧韵书等容量大、经常需要检索的工具书的一种形式,前面已经指出了,它是卷轴装向册页装的过渡。

后来又有学者提出一些新的看法。

杜伟生认为,敦煌遗书中有一种装帧形式就是古书的旋风装。②具体说来,它的外观极像卷轴装,打开之后,内部纸张呈多层,外面一张最长,裹在里面的纸张逐张缩短,层层叠加,若鱼鳞状,两面抄写,用分成两半的木轴将多层纸夹在一起,固定在左端。这种装帧的年代大约出自五代时期。③

辛德勇则认同岛田翰、马衡、余嘉锡、蒋元卿、刘国钧、毛春翔一派的旧说,认为旋风装是一种特殊形式的经折装,只能是一种方册;李致忠的新说,与宋人记载相悖,不能成立;故宫博物院藏《唐写本王仁昫刊谬补缺切韵》的装帧形式,其实是龙鳞装,是一种特殊的卷轴装。④

3. 经折装

经折装,又名折子装,是唐代后期出现的对当时流行的卷轴装加以改造而成的一种新型装帧形式。说起来很简单,就是将长幅纸卷,按照一定的宽度连续左右折叠成为一厚叠,然后在首尾各加贴一张厚纸做封皮,这就是简易的经折装。

之所以起名叫"经折装",因为它是折子形式(见图2-7),而且主要

---

① 钱曾.藏园批注读书敏求记校证[M].北京:中华书局,2012:268.
② 杜伟生.从敦煌遗书的装帧谈"旋风装"[J].文献,1997(3):181-189.
③ 李际宁.中国佛典的装帧[M]//陈正宏,梁颖.古籍印本鉴定概说.上海:上海辞书出版社,2005:112.
④ 辛德勇.重论旋风装[C]//黄留珠,贾二强.长安学研究:第2辑.北京:科学出版社,2017:299-332.

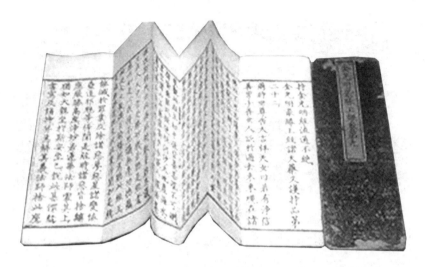

图 2-7 经折装

是被佛、道二教经典所采用。佛教传入中国以后,从东汉到唐 800 多年间,翻译过来的佛经基本上一直采用卷轴装,这由敦煌遗书中几万件唐五代以前的写经,绝大多数都是简易卷轴装就可以得到证明。但是佛经卷子过长,就有舒卷诵读相当不便的麻烦,所以便出现了对卷轴装的一种改造,即佛经的折子装。

4. 梵夹装

梵夹装,过去也一直有争议,甚至可以说纠缠不清。刘国钧《中国书史简编》谓"经折装"又可以称为"梵夹装";钱存训《中国古代书史》谓折叠式的"经折装"又可以称为"旋风装";《辞海》的"梵夹装"条、"经折装"条也是将两者互训的。

其实梵夹装是古印度佛经原有的装帧形式(见图 2-8),经文书写在贝多树叶上,齐成一叠,在前后各夹一块木板,然后穿孔结绳而成。由于是两板相夹,又是梵文书写,故称为梵夹装。

唐杜宝《大业杂记》:

> 其所翻经本从外国来,用贝多树叶书……叶形似枇杷叶而厚

图 2-8 梵夹装

大,横作行书,随经多少,缝缀其一边,怗怗然,今呼为"梵夹"。[①]

这种形式随佛经一道在东汉明帝时就传入中国,但显然不适合中国国情,流行不开,而中国一直盛行卷轴装,因此翻译过来的佛经便一律装帧成了卷子。

还有一种模拟梵夹装,即将佛经翻译成汉字,竖行抄写在长方形纸片上。

所以"梵夹装"仅仅是古代曾经出现过的一种外来的特定装帧形式,曾在唐五代一度流行,而不是中国古书固有的,应该与其他几种装帧形式区别看待。

5. 蝴蝶装

蝴蝶装,简称蝶装(见图 2-9),在唐末五代时已经出现,盛行于宋代、元代,是严格意义上的册页装的最初形式。其装订方式如下:将印好的书叶有字的一面沿版心向里折,排叠之后,在版心背部涂上特制的糨糊逐页粘连,然后用一整张厚纸裹住前后粘住书脊。其特点是版心向内,其余三边均留有空白,不致损污内部文字,即所谓"秘阁书籍皆

[①] 杜宝.大业杂记辑校[M]//韦述,杜宝.两京新记辑校;大业杂记辑校.西安:三秦出版社,2006:5.

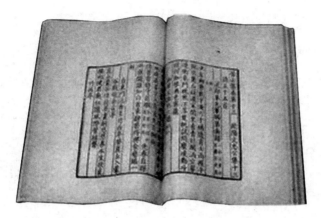

图 2-9 蝴蝶装

宋、元所遗,无不精美,装用倒折,四周外向,虫鼠不能损"[1],"揭之若蝴蝶翼然"[2],故名蝴蝶装。但是它也有一大缺点,即翻开书总是一页有字,一页空白,每次往下读必须连翻两页,甚为不便。

蝴蝶装的插架方式是书背向上,书根朝外。传今宋元旧刊尚有少数原装蝴蝶装,如藏于国家图书馆的宋本《欧阳文忠公集》。但大多还是普通线装,其原因在于后人进行了改装。

6. 包背装

包背装(见图 2-10)是对蝴蝶装的改进,其制作方式是:将书叶有字的一面沿版心朝外对折,排叠整齐后,版心朝外作为书口,在相对的另一边版框余幅处打眼,穿订纸捻、砸平,然后像蝶装一样用一整张软纸粘裹住前、后以及书背。可以看出它与蝶装的区别在于折页时向里、向外,方向相反,由此决定了版心向心、向外的不同,以及不用糨糊粘连改为纸捻穿订。其优点是克服了蝶装看一页翻两次的毛病,但是经久翻阅,纸捻容易散开,包背发生脱落。包背装排架方式改为了平放。

包背装大约在南宋时代出现,元明时盛行,清朝发展到顶点。《永

---

[1] 张廷玉,等.明史[M].北京:中华书局,1974:2344.
[2] 叶德辉.书林清话[M].北京:中华书局,1957:15.

图 2-10　包背装

乐大典》《四库全书》都是包背装，此法一直流传到今天，仍可采用。

7. 线装

线装(见图 2-11)是现存古籍最普遍，也是最进步的一种装帧形式，大约起源于两宋之交，于明代中叶以后盛行开来。今天仍有少量新印古籍，完全按照旧式线装装帧，大凡去过北京琉璃厂古籍书店的人都会有这个印象。

图 2-11　线装

其装订程序约分 12 步:(1)折页(版心向外折);(2)分书(又称排书,即分册);(3)齐栏(齐下线不齐上线);(4)前后各添入一张空白副;(5)纸捻草订;(6)前后分加书衣;(7)截书;(8)打磨;(9)包角(北方书喜包角,南方湿热殊不相宜);(10)钉眼;(11)穿线;(12)贴书签。

线装与包背装的区别在于:不用整张裹背纸,而是改用两张护封;纸捻穿订之外还加线订紧,所以具有美观大方又便于翻阅、不易脱散的优点,而且可以重装,整旧成新比较便当。不过线装技术其实是很讲究的,比如书页要折直、压久、捉齐,针眼要正、小、少,天头地脚的留空要相称,截书要平而光,打磨须用力轻而匀,订线须双股白绢线订得牢、嵌得深,方算得上是精致。

以上我们介绍了中国古书装帧的几种主要形式,还须指出,这些形式的出现是有先后时代顺序的,后者往往是对前者的改良;但并不是说一种新形式出现以后马上就能完全取代旧形式,有时是几种形式并存,但侧重在不同类别的图书上使用。各种形式在某一段历史时期内形成主流,但"各领风骚"的时间有短有长,而最通行、最优良的装帧形式当推线装。

第五节 雕版印刷与活字印刷

一 雕版印刷术的发明

印刷术跻身于我国古代著名的四大发明之一,是我国古代劳动人民对世界文明做出的伟大贡献。印刷术分雕版印刷术和活字印刷术两种,活字印刷出现的时间要晚于雕版印刷,它是在雕版印刷的基础之上发展起来的,处于印刷术的中级阶段,近、现代图书基本上都是活字印刷的。至于当今的计算机激光照排等高新技术,则不在我们讨论的范围之内。而雕版印刷则属于印刷术的初级阶段,不过它又是我国古籍最多采用或者说最主要的印刷形式。

1. 有关诸说

关于它发明时代的早晚,历来众说纷纭,归纳起来,大致有五种不同的看法:

(1) **东汉说**

文献依据是南朝宋范晔《后汉书》卷六七《党锢列传》:

> 张俭乡人朱并,承望中常侍侯览意旨,上书告俭与同乡二十四人别相署号,共为部党,图危社稷……灵帝诏刊章捕俭等。①

代表人物是元代王幼学、清代郑机,他们认为"刊章捕俭"是刻印布告、张榜通缉的意思。

但《后汉书》唐李贤注谓:"刊,削。不欲宣露并名,故削除之,而直捕俭等。"②故"刊章捕俭"是为防泄密,在公文上削去张俭姓名,直接逮捕的意思。

汉代说显然太早,"刊章"也未必是雕印文书告示。况且自东汉至唐初六七百年间既没有发现印刷品实物,也未见此技术产生任何重大影响,从事理上推断,这种可能性不大。

(2) **六朝说**

主张者为清代李元复,他认为书籍雕印之法,因自古有符玺,可师其意,自汉蔡伦造纸之后,当魏晋六朝,宜有继起而为之者,但未盛行。见其《常谈丛录》卷一。此说仅仅为李氏臆测而已。

(3) **隋朝说**

主此说的代表人物有明陆深、胡应麟,清方以智,近人孙毓修。他们的立论基础是隋代费长房《历代三宝记》卷一二《忏悔文》:

> 开皇十三年十二月八日,隋皇帝佛弟子姓名敬白……属周代乱常,侮慢圣迹,塔寺毁废,经像沦亡……作民父母,思拯黎元,重

---

① 范晔.后汉书[M].北京:中华书局,1965:2188.
② 同上.

显尊容,再崇神化;颓基毁迹,更事庄严,废像遗经,悉令雕撰。①

从历史上看,北周武帝大举排佛,造成了"废像遗经"的残局,而隋文帝"悉令雕撰"就是力图恢复佛教经像繁荣景象而采取的措施,正确的理解应当是"雕废像,撰遗经"。雕是塑造的意思,而不是指雕刻;撰是抄写的意思,而不是指撰作。所以"隋朝说"不足为据。

(4)唐朝说

主张唐朝说的人最多,而有唐近三百年(618—907),故又有初唐、中唐、晚唐不同的分歧。

①"初唐说"。

以张秀民为代表,见其《中国印刷术的发明及其影响·印刷术的起源》,主要依据是明邵经邦《弘简录》卷四六:

> 太宗后长孙氏……遂崩,年三十六,上为之恸。及宫司上其所撰《女则》十篇,采古妇人善事……帝览而嘉叹,以后此书,足垂后代,令梓行之。②

但是查找有关唐代史实的第一手材料,如《旧唐书·后妃上》《太平御览·皇亲部七》《新唐书·后妃上》《资治通鉴·唐纪十》,却都只记载唐太宗见到宫司呈上的《女则》一书后悲恸慨叹,并无"令梓行之"一说。

另外,"梓"的本义是一种树木,到宋代,"锓梓""刻梓""绣梓"的说法很普遍,但"梓"都是"雕板"的"板"的代称。至于演变成动词,当雕刻讲,是明代的一种俗称。所以《弘简录》的这条记载仅仅是孤证。

②"中唐说"。

代表人物是清赵翼、王国维,文献根据是唐元稹所撰《白氏长庆集序》:

> 至于缮写模勒,炫卖于市井,或持之以交酒茗者,处处皆是。(扬、越间多作书模勒乐天及予杂诗,卖于市肆之中也。——原注)

---

① 严可均.全上古三代秦汉三国六朝文[M].北京:中华书局,1958:4034.
② 邵经邦.弘简录[M]//续修四库全书:第304册.上海:上海古籍出版社,2002:2-3.

> 其甚者,有至于盗窃名姓,苟求自售,杂乱间厕,无可奈何。①

他们解释说"模勒"即刊刻雕版。但是从当时的文献记载看,不论是白居易、元稹的文集,还是同时代其他诗人的作品集,都是以传写的方式在社会上流传,"模勒"应当是模仿编纂的意思。所以将《白氏长庆集序》作为"中唐说"的书证是不确切的。

③"晚唐说"。

第一个提出的是宋代的叶梦得,其《石林燕语》卷八载:

> 世言雕板印书始冯道,此不然,但监本《五经》板,道为之尔。柳玭《家训序》,言其在蜀时,尝阅书肆,云"字书、小学,率雕板印纸"。则唐固有之矣,但恐不如今之工。②

按:柳玭在蜀,在唐僖宗中和三年(883)。

其次是宋朱翌《猗觉寮杂记》卷下:

> 雕印文字,唐以前无之,唐末益州始有墨版。③

后清朱彝尊、王士禛、叶德辉,皆倡晚唐说。在清光绪年间发现于敦煌的《金刚经》,就是晚唐的印刷品。

(5)五代说

首先由宋王明清提出此说,其《挥麈余话》卷二:

> 毋邱俭(当作毋昭裔——引者),贫贱时尝借《文选》于交游间,其人有难色。发愤异日若贵,当板以镂之遗学者。后仕王蜀为宰,遂践其言刊之。印行书籍,创见于此。载陶岳《五代史补》。④

明罗颀、杨慎,清万斯同,也都认为五代始有镂板刻书。

我们认为,五代说过晚,因为现存雕版印刷最早的实物是唐代的,且有数种,故此说已被事实所推翻。

---

① 元稹. 元稹集[M]. 北京:中华书局,2010:642.
② 叶梦得. 石林燕语[M]. 北京:中华书局,1984:116.
③ 叶德辉. 书林清话[M]. 北京:中华书局,1957:19.
④ 同上1.

2. 几点认识

我们的倾向性意见是,雕版印刷术的发明应当在唐代,现在所能找到的可靠的文献记载都见于宋人著作,而且他们当中绝大多数都主"唐代说";相反,主张先于唐代的,却都是晚出的明人、清人,其主观臆测的成分占了很大比重。

"初唐说"的文献根据经不住推敲,况且缺乏实物证据,所以不能确凿地认定。

"中唐说"的书证虽也不准确,但是我们却不能将它轻易地推翻,这是因为已经发现了实物证据:

① 1966年在韩国庆州佛国寺释迦塔内发现的汉译本《无垢净光大陀罗尼经》,据胡道静《世界上现存最早印刷品的新发现》介绍,"此件是704—751年间的刊印品,即当我国唐朝武后长安四年至玄宗天宝十年"①之间。

② 1944年在成都唐人墓出土的"(成都府)成都县□龙池坊□□□近下□□印卖咒本"《陀罗尼经咒》,据《中国版刻图录》解题,其板行当在唐肃宗至德二年(757)之后。

"晚唐说"相对比较保守一些,敦煌卷子唐懿宗"咸通九年四月十五日王玠为二亲敬造普施"的《金刚般若波罗蜜经》(即《金刚经》)雕印技法业已相当娴熟,卷首所附《佛在给孤独园说法图》,线条细腻,形象逼真,令人叹为观止,早已不是雕版印刷初期制品的面貌。所以我们认为,晚唐不是雕版印刷的发明期,而是其发展成熟期。

既然中唐时期已经出现了印本,那么肯定在中唐以前我国便发明了雕版印刷术。因为任何科技文明的出现,都不是一朝一夕便一蹴而就的。它必须有一定的物质基础,比如印刷的发明必须有笔、墨、纸、砚的普及应用,印鉴的使用,捶拓技术的发展,文化繁荣,文人著述以及收藏增多为先决条件和酝酿发展的外部环境。它有一个启发萌芽、探索

---

① 胡道静.世界上现存最早印刷品的新发现[J].书林,1979(2):封三.

改进、渐趋成熟的过程,这个过程不可能很短,但也不会过于漫长。所以我们从情理、物理上做出如下推断:雕版印刷术出现在唐代;至晚到唐后期,其技艺已经相当纯熟;其发明时间当在唐中期以前。

二 活字印刷术的发明与发展

1. 毕昇与泥活字

众所周知,活字印刷术是我国北宋仁宗庆历年间布衣毕昇发明的,比德国的古腾堡(1398—1468)要早400年,这已是定论。

雕版印刷术的发明,结束了以前书籍流传主要凭人工手抄的状况,一部书板刻成,便可同时刷印成百上千部,其效率之高,是手抄无法企及的。而且若书板保存得当,经过较长一段时期,仍旧可以使用。但是雕版印刷又有它自身的弱点,即一部书板只能刷印一种书籍,印行新书便只能重新刻版。书版的存放又需占用场地,而且刷印次数累积到一定程度,版面磨损断裂,字迹模糊,这套书板的寿数便宣告完结。随着社会的进步,文化的繁荣发展,各种著述层出不穷,人们对各类书籍的需求量也越来越大,面对此种局面,雕版印刷便显得有点难以应付。而活字印刷术就是针对雕版印刷的这些弱点,在雕版印刷经验的基础上加以改进而发明创造出来的,它省工、省时,最重要的是能够拆旧翻新,同一套活字,经过排版,便能够刷印出任何一种新的著作。

宋沈括《梦溪笔谈》卷一八详细记载了毕昇创制泥活字的情况:

> 板印书籍,唐人尚未盛为之,自冯瀛王始印《五经》以后,典籍皆为板本。庆历中,有布衣毕昇又为活板。其法,用胶泥刻字,薄如钱唇,每字为一印,火烧令坚。先设一铁板,其上以松脂腊和纸灰之类冒之。欲印,则以一铁范置铁板上,乃密布字印,满铁范为一板,持就火炀之,药稍镕,即以一平板按其面,则字平如砥。若止印二三本,未为简易,若印数十百千本,则极为神速。尝作二铁板,一板印刷,一板已自布字,此印者才毕,则第二板已具,更互用之,瞬息可就。每一字皆有数印,如"之""也"等字,每字有二十余印,以备一板内有重复者。不用则以纸帖之,每韵为一帖,木格贮之。

有奇字素无备者,旋刻之,以草火烧,瞬息可成。不以木为之者,文理有疏密,沾水则高下不平,兼与药相粘,不可取,不若燔土,用讫再火令药镕,以手拂之,其印自落,殊不沾污。昇死,其印为予群从所得,至今保藏。①

我们从而了解到它的创制使用过程如下:
①用胶泥刻字,一字一印,放在火中烧硬。
②按韵排列,储存在木格子里。
③用时将活字检排在铺满松脂纸灰之类的铁板上,外加铁范为一版。
④将铁板放在火上烘烤,让药物稍微镕化,用板压平字面。
⑤敷墨印刷,一版印完,再次放在火上烘烤,使药物镕化,用手拂落,活字不会弄脏。

活字印刷的最大优点,沈括已做了概括:"若止印二三本,未为简易,若印数十百千本,则极为神速。"但是毕昇当年用他发明的这套泥活字印过何种书,却不得而知。

现在所知泥活字的最早印本,是南宋周必大在光宗绍熙四年(1193)于潭州排印的自著笔记《玉堂杂记》。其《与程元成给事劄子》云:

  近用沈存中法,以胶泥铜版移换摹印,今日偶成《玉堂杂记》二十八事。②

证明泥活字印刷术是能够复制,具有实用价值的。

现存较早的泥活字本,有1965年浙江温州白象塔中发现的印于北宋崇宁二年(1103)前后的《佛说观无量寿佛经》残页。

2. 各种活字印刷的发展

(1)泥活字

泥活字由毕昇发明以后,很长一段时间并未引起巨大反响,元、明

---

① 沈括.梦溪笔谈[M].北京:中华书局,2015:174-175.
② 曾枣庄,刘琳.全宋文[M].上海:上海辞书出版社,2006:72.

几乎无人问津。后世以泥活字印书出名的出版家是清道光年间(1821—1850)的李瑶和翟金生。李瑶印有《南疆绎史勘本》和《校补金石例四种》。翟金生更是花费30年功夫,动员全家,制成泥活字10万余个,排印了《泥版试印初编》《仙屏书屋初集》《修业堂集》《水东翟氏宗谱》。他写了五绝五首,自叙其"自刊、自检、自著、自编、自印"的经历,真所谓"一生筹活版,半世作雕虫。珠玉千箱积,经营卅载功"(《自刊》)①。流传至今的不但有这些印本,还有零散的翟氏泥活字实物。

(2) 木活字

传世的活字印本古籍,主要是用木活字印刷的。毕昇在发明泥活字之前,也曾经做过木活字试验,但不很成功。今天已经发现有西夏文的木活字印刷品。

比较成功的木活字印书法,一般认为成于元初王桢(一作祯)之手。

王桢是我国古代著名的农学家,他在做安徽旌德县令时,撰写了一部13.6万字的《农书》,当时他命工匠造了3万多个木活字,准备摆印他的《农书》。活字制成后,他先用它们试印了6万多字的《旌德县志》,不到一个月时间就印成了100部。后来他调任江西永丰县令,而当地准备将他的《农书》雕版印行,所以他中止了原先的摆印计划,将他的木活字收贮了起来。据清嘉庆(1796—1820)《旌德县志·职官志》载,王桢在元成宗元贞元年(1295)知旌德,大德四年改知永丰,故不少人认为木活字的创制是在这期间。而据《农书自序》以及所附《造活字印书法》,王桢于元仁宗皇庆二年(1313)知永丰,他用木活字刷印《旌德县志》当在元武宗至大四年(1311)。

木活字的《旌德县志》今已无传本,但流传下来的王桢所撰《造活字印书法》却记录了其木活字印书的基本过程。值得一提的是王桢造轮贮字,造两个转盘,盘面以韵分格编号,排字时,一人按韵喊号,一人就盘取字,颇为灵便。

---

① 翟金生.泥版试印初编[M].泥活字印本.[出版地不详]:翟金生,1844(清道光二十四年).

明代木活字印刷在民间相当盛行，崇祯年间(1628—1644)官方报纸《邸报》也改用木活字印刷。

清代木活字印书已很普遍，最著名的规模最大的木活字印书是乾隆年间摆印的《武英殿聚珍版丛书》。乾隆三十八年开始编纂《四库全书》，从《永乐大典》中辑集佚书，同时广征天下遗籍，选择一部分罕见而又"有裨世道人心及足资考镜者"①，先行雕版印行。当时主持武英殿刻书事务的是四库馆副总裁金简，他考虑到如果刻版，"不惟所用版片浩繁，且逐部刊刻亦需时日……莫若刻枣木活字套版一分，刷印各种书籍，比较刊版，工料省简悬殊"②。奏请乾隆批准后，便仿元代王桢之法，制成25万多个木活字。乾隆认为"活字版"之名不雅训，特赐名"聚珍"。武英殿主持出版的整套丛书统称为《武英殿聚珍版丛书》，其中含最先雕版印刷的4种以及木活字排印的134种。

武英殿聚珍版的木活字比王桢旧法有较大改进，先制作一个个木子，然后刻字，将木活字按部首笔画贮放在12个大字柜里。金简所撰《武英殿聚珍版程式》，与王桢的《造活字印书法》一样，是总结活字印刷方法和经验的重要文献资料。

此后有名的木活字印本，还有乾隆五十六年程伟元萃文书屋排印的《红楼梦》以及一年后再次校订的排印本，分别称为"程甲本"和"程乙本"。

(3) 铜活字

铜活字，一般认为起源于明代，约明孝宗弘治、武宗正德(1506—1521)年间，最著名的出版家有无锡华氏、安氏两家。

华氏一家四代华珵、华燧、华坚、华镜，都从事铜活字印刷。华珵摆印的《渭南文集》，华燧"会通馆"的《宋诸臣奏议》《锦绣万花谷》《百川学海》，华坚"兰雪堂"的《元氏长庆集》《艺文类聚》《蔡中郎集》等都是比较有名的本子。

---

① 乾隆.御制诗四集:卷二十二:题武英殿聚珍版十韵序[M].景印文渊阁四库全书.台北:台湾商务印书馆,1986.

② 金简.钦定武英殿聚珍版程式[M].景印文渊阁四库全书.台北:台湾商务印书馆,1986.

嘉靖年间安国的"桂坡馆",摆印了《正德东光县志》《古今合璧事类备要》,质量更佳。还有一家佚名的"金兰馆",其铜活字本《石湖居士集》《西庵集》,印制精良。

清代铜活字印本,最著名的是雍正四年(1726)至六年内府排印的《古今图书集成》。它是我国现存最大的一部类书,计1万卷,用铜活字排印了60部,印刷精致,纸质优良,装潢富丽,今故宫博物院、国家图书馆还各藏有一部全本。

又有侯官(今福建福州)人林春祺,在道光五年至二十六年,以私人之力耗银20多万两,刻成楷体铜字大小各20余万个,比《古今图书集成》所用铜字多出一倍。他将这套铜活字称为"福田书海",摆印过顾炎武《音论》《诗本音》等书。

(4) 锡、铅活字

元王桢《造活字印书法》提到"近世又有铸锡作字……但上项字样难于使墨,率多印坏,所以不能久行"[①]。说明在王桢造木活字之前,即元初就已经出现了锡活字。

又有一种说法,明代中叶无锡华氏、安氏的铜活字,很可能是铜版锡活字。

铅活字的出现也在明代中期,与铜活字同时,见明陆深《俨山外集》卷八《金台纪闻下》:

> 近时毗陵(今江苏常州——引者)人用铜铅为活字,视板印尤巧便,而布置间讹谬尤易。[②]

其时约明孝宗弘治、武宗正德年间。可惜没有其他文献证据以及实物传本,故也有一种看法认为这属于误读,陆深所指仍为铜活字,但制作时可能加入了铅的成分。

---

① 王桢.农书:卷二十二:造活字印书法[M].景印文渊阁四库全书.台北:台湾商务印书馆,1986.
② 陆深.俨山外集[M].景印文渊阁四库全书.台北:台湾商务印书馆,1986.

第六节　历代刻书状况及特点

雕版印刷始于唐代中期以前,但主要应用于佛经、历书、字书等,唐代晚期才有零星诗赋作品被刊刻。五代虽历经动乱,却有后唐、后晋、后汉、后周四朝七帝 22 年持续刻印九经之举,起初由冯道提议,于后唐长兴三年(932)由国子监开雕,直至后周广顺三年(953)完成。冯道本人历四朝,事十君,在相位 20 余年,自号"长乐老",为世人所鄙,但其倡议并主持刻印九经,开了大规模官刻之先河。后蜀宰相毋昭裔也主持刻印了九经、《文选》《初学记》《白氏六帖》等。可惜的是,唐、五代印刷品传世极罕,所以我们讨论历代刻书的状况及特点,主要围绕宋、辽、金、元、明、清几大阶段来进行。

一　宋代刻书

北宋(960—1127)、南宋(1127—1279),雕版印刷业蓬勃发展,从中央国子监到地方公使库,从私家个人到民间书坊,都持续不断地校刻了大量的图书典籍,而且其中一部分还流传到了今天。下面我们便从官刻、家刻、坊刻几个角度来了解宋代刻书的状况,然后总结它们的特点。

1. 监本

国子监是国家最高的教育机构,兼"掌印经史群书,以备朝廷宣索赐予之用,及出鬻而收其直以上于官"[①]。国子监印书主要是供朝廷使用的,同时也向社会发卖,但是不以赢利为目的,一般只按工本费定书价,且发行面广、发行量大,客观上确实也起到了传播图书、普及文化的良好作用。比如,宋真宗就明示国子监卖书"此固非为利也,政欲文字

---

① 脱脱,等.宋史[M].北京:中华书局,1985:3916.

流布耳"①。

国子监刻书的数量相当可观,这从宋初 40 年书版剧增的状况可见一斑。《宋史·邢昺传》载,真宗景德二年(1005)"上幸国子监阅书库,问昺经版几何? 昺曰:'国初不及四千,今十余万,经、传、正义皆具。臣少从师业儒时,经具有疏者百无一二,盖力不能传写。今板本大备,士庶家皆有之,斯乃儒者逢辰之幸也。'"②据王国维《五代两宋监本考》,北宋、南宋的监本有 187 种,它们遍涉经、史、子、集四部,又以经书、史书、医书为多,如北宋从太宗端拱元年(988)至真宗咸平四年(1001)刻印了十二经;从太宗淳化五年(994)至神宗熙宁五年(1072),刻印了十七史。

监本的质量一般来说是比较好的,因为国子监有能力集中大批人才精加校勘,而且大多请书法名家手写上版,如宋初《五经正义》主要为善楷隶的赵安仁所书。所以常常成为地方翻刻的蓝本,被誉为"京师本"。

2. 公使库本

公使库本是宋代特有的称谓。宋朝制度,各路州军皆给公使钱,作为宴请、馈赠官员赴任或罢官以及进京往来费用。一般认为,公使库是专设的一个类似招待所性质的机构,经营抵当铺、卖加工过的熟药、酿公使酒、刻书等作为补充财源。

近有学者提出不同意见。叶烨、刘学认为宋代地方公使库的职能并不是为官员提供食宿,而是收管公使钱、公使酒等相关财物。公使钱唯有监司或州郡长官有权动用,当他们决定组织刻书时,调动经费并安排公使库予以实施。故"公使库本"实质上就是监司本、州军本的一种。③

公使库刻书数量也不少,今天可考的有二三十种,比较著名的有:

---

① 李焘.续资治通鉴长编[M].北京:中华书局,2004:2082.
② 脱脱,等.宋史[M].北京:中华书局,1985:12798.
③ 叶烨,刘学."公使库本"概念及"公使钱刻书"问题辨析[J].文献,2013(5):8-16.

宋仁宗嘉祐四年苏州公使库王琪补订刊刻王洙所整理的分体编年《杜甫集》，这是杜集的第一个刻本，也是后世杜集之祖本；宋高宗绍兴二年(1132)至三年两浙东路茶盐司公使库刻《资治通鉴》，这是传世《资治通鉴》的唯一宋本；宋孝宗淳熙四年(1177)抚州公使库刻《礼记郑注》，淳熙八年台州公使库刻《荀子》；等等。

公使库有财力聘请地方上的刻工高手，其刻书质量一般也有保障。

3. 家刻

私家刻书，在宋代发展很快，比较为人称道的有：广都费氏刻《资治通鉴》、眉山文中刻《淮海先生文集》、眉山程舍人宅刻《东都事略》、京台岳氏刻《诗品》、建溪蔡梦弼刻《史记集解索引》、建安黄善夫刻《史记集解索引正义》、建安魏仲举刻《昌黎先生文集》、尤袤刻《隶续》、朱熹刻《南轩集》、陆游刻《岑嘉州集》、廖莹中刻"九经"等。

朱熹不仅是著名的理学家，同时还是一位出版家。光宗绍熙二年，他在临漳（今福建漳州）主持刻印了"四经"（《周易》《尚书》《诗经》《左传》）和"四书"（《论语》《孟子》《大学》《中庸》），后来还替好友张栻刻行了《南轩集》。他精心校勘，谨严慎重，既刻书又卖书，一直坚持到晚年。

陆游于孝宗乾道九年(1173)刻印《岑嘉州集》，又于淳熙七年继承先祖陆贽遗志编刻《陆氏续集验方》。而他本人的一系列著作，如《剑南诗稿》《渭南文集》《老学庵笔记》，基本都是由其子陆子遹刊刻的。

廖莹中为贾似道门客，人品不足道，但刻书极用心，其刻"九经"精加校勘，不惜工本。他在度宗咸淳年间(1265—1274)刻印的唐韩愈《昌黎先生集》、柳宗元《河东先生集》，字体在褚（遂良）、柳（公权）之间，秀雅绝伦，称得上精品。

4. 坊刻

宋代的坊刻十分兴盛，有"建宁府黄三八郎书铺""建阳麻沙书坊""临安府尹家书籍铺""临安府棚北睦亲坊南陈宅书籍铺""临安荣六郎书籍铺""建安余氏万卷堂"等众多的名号，其中最著名的当推临安陈起以及建安余氏。

　　陈起,字宗之,号芸居,又自号陈道人,人称陈解元(一说陈解元是其子续芸),工诗,其书坊位于临安府棚北大街睦亲坊南。陈氏刻书分两类:①唐人诗别集,不下50家;②南宋江湖诗人总集。陈起与当时江湖诗人刘克庄、周文璞、许斐、危稹等有很深的私谊,曾陆续分批收集他们的作品,刻印行世,由于"刻非一时,版非一律"[①],故有"江湖集""前集""后集""续集""中兴江湖集""江湖小集"等诸多名目,总数超过100家。这期间还发生了一起"江湖诗案"。江湖诗人曾极写诗触怒了权相史弥远,结果《江湖集》书版被劈毁,曾极被流放千里之外,敖器之、刘克庄、赵师秀被牵连入狱,陈起也被流放数年。陈起死后,其子续芸继续刻书。对江湖诗人作品的保存及流传而言,父子二人均谓有功。

　　另外,与陈起差不多同时稍后,临安府还有另一位刻书的陈道人陈思,他刻过许多资料性汇编之作,如《宝刻丛编》《书小史》《书苑菁华》《海棠谱》《小字录》等。

　　建安余氏是宋代福建地区最著名的刻书世家,刻书地点在建阳县崇化书坊,其印本多在麻沙镇售卖。南宋中期的余仁仲万卷堂刻书最多,有《尚书精义》《春秋公羊经传解诂》《春秋穀梁经传》《王状元集注分类东坡先生诗》等。

5. 刻书特点

(1) 中心

　　若称"三大刻书中心",则指两浙、四川与福建,其刻本分别被称作浙本、蜀本、闽本。另外刻书事业也较繁荣的地区有当时的首都汴京(今河南开封)、江西、湖南等。

(2) 字体

　　浙本宗欧(阳询)体、蜀本宗颜(真卿)体、闽本师柳(公权)体,江西刻本则兼而有之。历代对宋刻本的字体评价很高。

---

① 永瑢,等.四库全书总目[M].北京:中华书局,1965:1701.

(3) 用纸

浙本、蜀本、江西刻本、湖南刻本等大多用的是树皮纸,而闽北盛产竹子,故闽刻多用竹纸。还有一种"公文纸印本",将过期作废的公文簿册拿来在反面印书,可谓废物利用。

(4) 装帧

蝴蝶装和包背装是宋代流行的两大新生装帧形式。原版原装的蝴蝶装、包背装,今天已经非常罕见了,为数有限的宋版书,很多被后人改装为线装的形式。

(5) 避讳

"避尊者讳,避亲者讳"是中国古代的重要礼法。宋代避讳较严,除避当朝皇帝名讳外,还避皇帝祖上名讳;不仅避当字讳,还避同音字讳;写文章的人还要避家讳。反映在宋刻本当中便采用小字注"今上御名",或缺笔、改字等方法避讳。不过要注意,后世翻刻、影刻宋本,往往是连版式、讳字照原样翻雕的,它们因袭了宋讳。

(6) 版式

宋代前期多四周单边;后期则绝大多数是左右双边;书口以白口居多,但闽本例外,半数以上是细黑口;上鱼尾上方多刻刻字字数,中间刻书名、卷次、页码,下鱼尾下方多刻刊工姓名或斋、堂、室名;前期刻书正文多紧接在序文、目录之后不分开,首行"小题"(篇名)在上、"大题"(书名)在下;官刻本多在卷末刻上校勘人衔名;家刻、坊刻多在卷末刻有刊刻者的牌记。

以上是有关宋代刻书的状况及其特点,它对后世产生的影响是不可低估的,元、明、清各代的刻书事业都是在此基础之上,按照既定的路数逐渐扩大发展起来的。

二 辽、金、元刻书

1. 辽国刻书

辽,从公元916年契丹建国起至1125年为金所灭,统治着中国北方,与北宋王朝对峙。辽文化其实受到汉文化很深的渗透,辽国的典制也都奉儒家思想为正统,北宋的许多文籍图书流入辽国,汉字是最主要的传播媒介,契丹文字只有很少的市场。辽国的刻书事业规模不很大,刻书地区主要在燕京(今北京西南)、范阳(今河北涿州),只有极少量的刻本流传至今,这大概与辽国较严的书禁,比如禁止向北宋流传、禁止民间私印文字,有很大的关系。

2. 金国刻书

金是女真族建立的,从公元1115年建国,先后消灭了辽和北宋。它一直占据北方,与南宋对峙,至1234年被南宋联合蒙古消灭。

金国文化受汉文化影响较大,曾设译经所,将大批汉籍翻译成女真文;汉文书籍在社会上广泛流传。金朝也不乏人才,如虞仲文、赵秉文、王若虚、元好问辈,都是饱学之士。金国的刻书事业也有一定的规模,国子监刻书、家刻、坊刻一应齐全,最著名的当属平水地区的坊刻。

平水,是平阳府的别称,在今山西临汾,是全国的刻书中心,当地集中了书轩陈氏、中和轩王宅、李子文、张谦、姬氏、徐氏等众多刻坊或刻主,所刻印的图书通常被人们称为"平水本"。平水之所以成为刻书中心,大概是因为它不当要冲,未经战乱,有一个安定的发展环境,且经济富庶、文化普及,又盛产纸、墨、梨木、枣木等。平水本流传下来的只有《南丰曾子固先生集》(平水早期刻本),金人蔡松年撰、魏道明注《萧闲老人明秀集注》(平水晚期刻本)等数种。其版式特点基本同浙本;字体,早期刻本是欧体,晚期则主颜体;避金讳,但不很严格。

另外有名的"赵城藏"也是金刻本,故又名"金藏",相传是金皇统九年(1149)女尼崔法珍断臂募资雕刻的。原藏山西赵城广胜寺,今残本4813卷藏中国国家图书馆,其字体同平水本。

3. 元代刻书

元代刻书总的来说是因袭南宋。元朝刚建立时,便将南宋府库中的藏版以及书籍照单全收,还招募了一大批江南的工匠,就此奠定其官方刻书业的基础;而各地的家刻、坊刻,由于经营者以及刻字匠大多是宋朝遗民，代代相传，故整个刻书风格与南宋差别不大。

(1) 兴文署本

兴文署是元朝官方设置的主要刻书机构，"掌经籍板及江南学田钱谷"①，主要是刻经、史、子三类图书，颁行天下，并提供朝廷赐书之需。兴文署刻书的数量相当多，一般装潢也比较考究。

(2) 九路十七史本

元成宗大德九年江东建康道肃政廉访司组织下属宁国、太平、信州、集庆、饶州、池州、徽州、广德、铅山九路联合刻印十七史。最先开刻的是宁国路的《后汉书》和太平路的《汉书》，十七史的版式是统一的，一律半页10行，行22字。

(3) 书院刻本

书院刻书，是元代刻书事业的一大特点。元代书院十分兴盛，新建、改建的约二百所。比较有名的有广信书院、梅溪书院、圆沙书院、西湖书院、屏山书院、豫章书院、象山书院等。书院刻书一般来说口碑较好，它们刻印数量大，速度快，而且质量上乘。这是因为书院藏书丰富；有大量的学田赋收作为刻书经费；书院主持人称为"山长"或"洞主""堂长"，多为饱学之士，精于校勘；而广大的书院生徒又是最理想的销售对象；这使书院刻书事业的发展得以保证。清顾炎武《日知录》也总结说："故书院之刻有三善焉：山长无事而勤于校雠，一也；不惜费而工精，二也；版不贮官而易印行，三也。"②

书院本流传下来的有：①成宗大德三年广信书院本《稼轩长短句》；②泰定帝泰定元年(1324)西湖书院本《文献通考》。

(4) 岳氏"九经"

元代民间私人刻书相当繁荣，著名的有岳氏刻"九经"、李璋刻"九经"和"四书"、刘贞刻《大戴礼记》等。

---

① 宋濂，等.元史[M].北京：中华书局，1976：334.
② 顾炎武.日知录集释：卷之十八：监本二十一史[M].上海：上海古籍出版社，2006：1032.

岳氏"九经",因有"相台岳氏刻梓荆谿家塾"的牌记,又称为"相台本九经",过去一直以为是南宋岳珂所刻,所附《相台书塾刊正九经三传沿革例》也是岳珂所撰,而据张政烺考证乃元初义兴(今江苏宜兴)岳氏据廖莹中世彩堂本校正重刊,与岳珂无涉。《中国版刻图录》第1册图版298、299《春秋经传集解》解题,更进一步考出此义兴岳氏乃岳飞九世孙岳浚,《相台书塾刊正九经三传沿革例》是岳氏据南宋咸淳间廖莹中世彩堂《校刻群经总例》增补而成的。

岳浚为刻"九经三传",共用23种本子相对校,其校勘成果便集中在《相台书塾刊正九经三传沿革例》当中。岳刻"九经",明、清两代均有翻刻,原本尚有《春秋经传集解》《周易》《论语》《孟子》《孝经》以及《周礼》残帙,今藏国家图书馆。

(5) 坊刻

元代坊刻数量比宋代要多得多,主要分布在北方平水、南方建宁等地,有张存惠晦明轩、曹氏进德斋、刘君佐翠岩精舍、余志安勤有堂、余氏勤德堂、余氏双桂堂、叶日增广勤书堂等较有名的书坊。元代书坊大量地刊刻举业之书、子书、元曲杂剧,形成一大特色。

(6) 刻书特点

①中心。大都、平水、杭州、建阳构成元代四大刻书中心。

②字体。绝大多数元刻本都是赵(孟頫)体,因赵家居吴兴(今浙江湖州),故又称"吴兴体"。赵孟頫是宋朝宗室,入元后深得元世祖忽必烈宠信,官拜翰林学士承旨,又是当时最优秀的书法大家,故其字体主导了整个元代的书法风貌,元刻本无论官刻私雕,全都亦步亦趋模仿赵字。

元刻本字体上的另一特点是:多简。元朝的国字是国师八思巴制定的蒙古新字,故对汉字使用放松了要求,于是便出现了元刻本多用俗字和简体字的现象。后来明、清坊刻戏曲、小说等也沿袭了这种做法。

③用纸。以竹纸为主,皮纸次之。

④装帧。同宋刻本,流行蝴蝶装、包背装。

⑤避讳。无讳。元朝是蒙古族建国,人名译成汉字均为音译,不大讲究避讳。其讳法只限于避用"全用御名",而元代皇帝的御名为音译

多字长名,实际出现的概率很低,所以元刻本很少能找到避讳的实例。这在历代刻本中是最为独特的。

⑥版式。早期多左右双边,晚期多四周双边;元初多白口,以后绝大多数是黑口,甚至是粗大黑口;喜刻花鱼尾,而且不限于书口处,比如刻在小题上方等。

总之,元刻本最显著的四大特点是八个字:黑口、赵字、无讳、多简。此外,官刻中各路儒学刻书占主体地位,刻书内容以农书为多。

三 明代刻书

有明一代(1368—1644)几近三百年,文籍兴盛,远超前代,据统计现存明文集 2000 余种,杂史 1000 余种,方志 860 种,都比以前唐至元各代的总和还要多,故《明史·艺文志》一改常规,仅仅著录明代之作。与此相应,进入明代,我国雕版印刷达到鼎盛。明代的刻书,其规模之大,数量之巨,也远非前代所能比拟,而且存世的明刻本有相当的数量,不再像宋本元刊那样仅仅是凤毛麟角,所以便于人们对其刻书特点进行较全面、细致的比较和总结。

1. 经厂本

明朝的太监有很大的势力,其机构总称"二十四衙",经厂则是司礼监下属的专门刻印书籍的部门。经厂的规模不小,有各种笺纸匠、裱褙匠、刷印匠、黑墨匠、笔匠、画匠、刊字匠等上千名,由经过内书堂训练粗通文墨的太监们主其事,刻印了大量的经书、诰、律、训、鉴、明代史书、小学书等。经厂刻书大多是奉诏行事,发行量极大,如《御制大诰》几乎是户户有一本;且财力雄厚,故讲究形式,"版式字画,颇为工楷"[①]。而质量上过去一般贬多于褒,当然不可一概而论。

---

① 永瑢,等.四库全书总目[M].北京:中华书局,1965:70.

2. 南北监本

明朝国子监分南北二处,其南京国子监是由元集庆路儒学、明初国子学发展而来的,于太祖洪武十五年(1382)定名;而北京国子监是明成祖迁都北京以后于永乐元年建立的。二监并存,又称"南雍"和"北雍"。南、北监刻书情况各不相同。

南监继承和搜罗了大量的宋元时期的旧版片,比如将南宋绍兴间所刻"眉山七史"的版片,进行修补之后,继续印书。据史书记载,规模较大的修补工作就有7次。世宗嘉靖以前,南监就主要从事这种旧版刷印工作,这以后,才有新刻之书。

北监刻书最多的是在明神宗万历年间,可考的约150种,经、史、子、集四部都有。

国子监刻书实力雄厚,校勘、写刻人员皆系国子监祭酒、监生;内部藏书丰富,且有资金保障。但是南北监本在刻书质量上却有妄加篡改、校对粗疏、脱漏舛误之失,历来评价不高,如顾炎武认为它们"校勘不精,讹舛弥甚,且有不知而妄改者……此则秦火之所未亡,而亡于监刻矣"①,大概是刻书态度不认真的缘故。

3. 藩刻本

明代实行"皇子封亲王"的分封藩王制度,藩王在地方上逐渐形成一股特殊的强大势力,许多藩府养士、藏书、刻书,于是出现了刻印较佳的"藩府本",形成明刻本中一大特色。

诸藩刻书,可考的有300多种,刻书较多的有弋阳王府、蜀藩、楚藩、周藩、宁藩、赵藩。比较有名的有第一个开始刻书的蜀藩,多刻道家养性之书的宁藩,嘉靖以下刻文集最多、"为诸藩之冠"的晋藩。②

---

① 顾炎武.日知录集释:卷之十八:监本二十一史[M].上海:上海古籍出版社,2006:1030-1031.

② 潘承弼,顾延龙.明代版本图录初编:卷四[M].台北:文海出版社,1971.

藩府财力雄厚,藏书丰富,又搜罗了大批的人才,许多藩王具有较高的学识修养,如周藩朱有燉著《诚斋乐府》、郑藩朱载堉著《乐律全书》等。另外,在明代中央集权的高压政策之下,不少藩王还有意将刻书作为明哲保身的韬晦之策。这便使得藩府刻本质量远远超出经厂本、监本,成为明代官刻之最。

4. 书帕本

书帕本盛行于明代,一书一帕或一书二帕都是官员进京作为馈赠礼物使用的。一些私人著述或官方历书如《大统历》以及官藏旧版等,都被地方官吏拿来,动用公款大量刻印、刷印,充作书帕本。这些书帕本的质量在官刻中是最糟糕的,像随意题写书名、著者含混不明、内容杂凑、校勘粗疏、刊工拙劣等情况,非常普遍,故书帕本向来遭人鄙薄。

5. 毛晋刻本

明代私家刻书极盛,著名的如洪楩清平山堂、袁褧嘉趣堂,以及顾起经、闻人诠、范钦、王世贞、李之藻、曹学佺、臧懋循、张溥、胡正言、毛晋等等不下 30 家。而其中汲古阁主人毛晋刻书是最值得称道的,其刻本又称"汲古阁本"。

毛晋(1599—1659),字子晋,常熟(今属江苏)人。性嗜卷轴,广求天下善本,积书至 84000 册,藏于汲古阁、目耕楼。时谚有云"三百六十行生意,不如鬻书与毛氏"①,可见当年书籍交易盛况。毛晋一生刻书可分三个时期:①明天启年间(1621—1627)开始刻书。②崇祯年间刻《十三经注疏》《十七史》《唐人选唐诗八种》《津逮秘书》《元人十种诗》《重修琴川志》《列仙传》《说文解字》《中吴纪闻》《六十种曲》《楚辞章句》《吴郡志》《明僧弘秀集》等大量书籍。③入清以后(1644—1659),修补已刻版片。总计刻书 600 余种,10 万余板,为此毛晋不惜变卖家中良田和当铺。

---

① 叶昌炽.藏书纪事诗:卷三[M].上海:上海古籍出版社,1989:309.

毛晋本人精于校勘,手下还延请招聘了一批专职校勘人员,儒释道者流一应俱全,又有一定数量的印工、刻工、写工,每年专门从江西定造用纸"毛边纸""毛太纸"。毛刻于古籍流传有存亡续绝之功,许多古籍靠毛刻才免于失传。

6. 坊刻本

明代坊刻分布地区更广,主要集中在建阳、苏州、金陵(今江苏南京)、新安(今安徽歙县)、杭州、北京等地,各种名目的书坊数不胜数。建阳坊刻本占了当时福建刻本的绝大多数,人称"麻沙本";苏州书坊刻印了大量的戏曲小说;杭州的书业贸易比较兴盛。

7. 刻书特点

(1) 中心

即前述建阳、苏州、金陵、新安、杭州、北京以及河北大名府。

(2) 用纸

嘉靖以前以皮纸为主,竹纸次之;万历以后以竹纸为主,皮纸次之。

(3) 装帧

明朝中叶以前,流行包背装;中叶以后,盛行线装。

(4) 工艺

印刷技术精工:①活字印刷术进一步发展、普及;②套版印刷应用广泛;③插图本出现;④饾版、拱花技术发明。

(5) 字体及版式

明刻本的版式特点,有前期、中期和后期明显不同的风格:

①明初至正德时期,黑口、赵字、继元。黑口、赵字,本是元刻本的特点,明初刻本完全继承了下来,而且无论官刻私雕,都统一成基本相同的风格。

②嘉靖至万历时期,除司礼监刻本外,其他官私刻书,一变为白口、方字、仿宋。这与当时文学上李梦阳、李攀龙等前后七子大力提倡复古运动有极大关系,整个社会形成一种全面复古的风气,于是文追秦汉、

诗复盛唐，刻书则仿赵宋。这个时期的刻本，不但在内容上翻刻宋元旧籍，而且连版式、字体也亦步亦趋，刻意模仿，故多白口、左右双边、仿宋方字。而后字体渐变成横轻竖重、板滞不灵的匠体字，又称宋体字。

③崇祯时期，白口、长字、有讳。明刻本在第三阶段风格又发生了变化。明初承袭元代，不讲究讳法，至穆宗隆庆（1567—1572）以后，讳法稍严。

总之，明代刻书事业鼎盛，其规模及数量都远超宋元，且印刷工艺已达到很高境界，其风格特点呈现出明显的阶段性变化。不过明刻本又有多讹脱、窜乱旧式、刻意作伪、多冗序等缺失，故历来评价不甚高。

四　清代刻书

清入关以后（1644—1911）的刻书情况，很长一段时间内缺乏深入系统的研究，人们对清刻本的重视程度也不如宋、元、明本，这多半是因为清朝时代靠后的缘故。按中国国家图书馆将乾隆六十年之前的古籍作为善本这一标准来划断，这以后的清刻本都不大有资格跻身善本古籍之列。总的说来，清朝前期刻书较兴盛，尤以康、雍、乾三朝所刻为最多；后期雕版印刷业逐渐走下坡路，特别是石印技术从西方传入之后，雕版更趋没落，刻书地区分布极广，风格趋于整齐划一，地方特色已不明显，但比较而言，北京以及江浙地区的刻书仍旧较多。

1. 武英殿本

武英殿本简称"殿本"，是清代官刻的代表。武英殿造办处属内务府管辖，起初主要负责制造文具、工艺品等，康熙四十四年（1705）才变成内府专职刻书机构，后改名为武英殿修书处。

武英殿在康、雍、乾三朝刻印了大量的图书。康熙朝刻有《御纂朱子全书》《清凉山新志》《清文鉴》《御选四朝诗》等。当时还有一些书是大臣出资出力替武英殿雕刻的，如著名的《全唐诗》，即是康熙四十四年由江宁织造曹寅主持在扬州开局编刻，然后将书版运回北京，由武英殿印行。《佩文韵府》《历代赋汇》《历代题画诗类》《全金诗》《康熙字典》等亦属此类。严格来说，这些并非武英殿刻版的真殿本。

雍正朝除武英殿摆印铜活字本《古今图书集成》外，刻印的书籍还有《御定骈字类编》《大清会典》《御制律历渊源》《御定音韵阐微》等。

乾隆一朝刻书最多，约100种，最著名的是《十三经注疏》和《二十四史》。另外还有一套袖珍本，有《四书五经》《史记》《朱子全书》《初学记》《施注苏诗》等9种，一概冠以"古香斋袖珍"字样。前面已经介绍过的《武英殿聚珍版丛书》134种是武英殿木活字印本，另有4种是刻本，也是乾隆时的本子。

嘉庆朝刻有《全唐文》等。

这以后武英殿刻书逐渐衰落；由于管理不善，加上两次火灾，到清末，所藏书板也几乎毁坏殆尽。武英殿刻书，可考的不下300种，这些书或由皇帝赏赐臣民，或颁行天下允许地方翻刻，或公开发卖给士子，故在社会上流传极广。

2. 监本

清代国子监藏有大量书板，它是国家教育机构，兼事刻书。可考的监本数量不是太多，不过它在修补明代国子监旧板、管理保存监藏书版，包括殿刻版、监刻版等方面做了较多的工作。

3. 官书局本

官书局是清末兴起的地方官府刻书机构，创始于同治（1862—1874），极盛于光绪。在当时雕版印刷式微，而石印、照相制版、铅字排印等新技术逐渐扩大市场的新旧交替的背景下，它扮演了承前启后的重要角色。官书局其实可以说是民国地方官办出版社的前身。

各省官书局中第一个创建的是金陵书局，它于清穆宗同治二年在安庆（今属安徽）开局，起初称江南书局，第二年移往金陵冶城山。当时曾国藩任两江总督，所刻的第一部书是322卷的王夫之《王船山遗书》。后来又刻了《几何原本》《重学》《五种遗规》《十三经单注》《楚辞》《唐人万首绝句选》等。著名学者张文虎、刘毓崧、戴望、刘寿曾等都曾在书局供过职,承担审阅编校之役。

浙江书局自同治六年开局至光绪十一年,共刊刻图书200余种,经、史、子、集四部皆有。在局的著名学者有俞樾、谭献、黄以周等。

崇文书局也是同治六年开局,地址在武昌,当时任湖广总督的是李瀚章,主持书局工作的是张炳坤、胡凤丹。光绪十五年张之洞出任湖广总督,也大力支持崇文书局的发展。崇文书局前后刻印了250余种图书,遍涉四部,流传甚广。

广雅书局建于光绪十二年(一说十三年),设在广州城西北,是当时任两广总督的张之洞捐资开设的,提调官是王秉恩,职员有屠敬山、王仁俊、叶昌炽等学者。广雅书局刻书约300种,其中一套《广雅丛书》就收书159种,内含史书97种。

其他地方书局,还有设在长沙的湖南书局(后改为思贤书局)、扬州的淮南书局、苏州的江苏书局、成都的四川书局、南昌的江西书局、济南的山东书局、太原的浚文书局、天津的直隶书局等等。

各地书局除单独刻书外,有时还进行合作,如金陵、淮南、江苏、浙江、崇文五书局曾联合刻印过《二十四史》,人称"局本二十四史"。它们的版式基本一致:左右双边(仅崇文书局所刻新、旧《五代史》《明史》是四周双边)、白口、单鱼尾,半页12行,行25字。

总的来看,各地官书局刻书还是经、史居多,集部为少;局本保存到今天的为数尚多。

4. 家刻

清代考据学发达,私人藏书极盛,在著名的学者当中,涌现出一批家刻的代表,不下几十人。例如:

周亮工(1612—1672),明末清初人,刻过《王王屋文集》《盛此公遗稿》等,是清代家刻的先驱。

鲍廷博(1728—1814)及其子刊刻《知不足斋丛书》30集,计207种、780卷。

黄丕烈(1763—1825),士礼居主人,考据家,刻过约20种书,尤重精选底本、广校众本。

金山钱氏,世代刻书,如钱熙祚刻《守山阁丛书》、钱培名刻《小万卷楼丛书》。

王先谦(1842—1917),刻有《东华录》及《续录》《群斋读书志》《天禄琳琅书目》《皇清经解续编》《汉书补注》《后汉书集解》等。其中许多是王氏自己的著作。

缪荃孙(1844—1919),艺风堂主人,刻过《云自在龛丛书》《藕香零拾》等,又为盛宣怀校刻《常州先哲遗书》及《续编》等。

叶德辉(1864—1927),号郎园,著名的版本学家,其刻书多达160余种,有很多是目录著作。

罗振玉(1866—1940),号雪堂,文字学家,刻印过《宸翰楼丛书》,还运用印刷新技术影印、石印、排印过许多书籍。

5. 坊刻

清代各地坊刻多如牛毛,比较有名的如南京"李光明庄"、山东东昌府。北京的琉璃厂、隆福寺集中了很多的书肆,除了买卖文房四宝、古画珍玩之外,也刻了不少书籍。

6. 刻书特点

(1) 中心

刻书地区分布全国,中心已不甚明显,不过北京和江浙地区的南京比较集中。

(2) 字体

康熙以后,社会上流行"馆阁体"字,即一种非颜、非柳、非赵的端正楷书,刻书家便风行请书法名家以类似这种馆阁体的楷书写刻上板,一般称为"软体写刻"。嘉庆以后,一般流行的字体变得呆头呆脑,已不复有先前圆润秀美的韵致了。

(3) 用纸

纸张质量精益求精,印纸名目繁多,有罗纹纸、棉纸、竹纸、开化纸、开化榜纸、太史连纸(连史纸)、宣纸、毛边纸、毛太纸、官堆纸、高丽纸、日本皮纸、美浓纸等等。清内府刻书比较讲究,一般采用纸质洁白的开化纸和开化榜纸。乾隆以后的刻本多用太史连纸和毛边纸;同治、光绪年间印书多用毛太纸。但要从质料上分,仍是以竹纸为主,皮纸次之,而且此时的用纸多是混合原料制造成的,已不是先前纯粹的竹纸或皮纸了。

(4) 装帧

线装的形式一统天下。

(5) 避讳

从康熙朝开始实行讳法,而且较前代更加严密,故清刻本有不少讳字。

(6) 版式

版式特点不像前代刻本那么明显,清初与明代风格很接近,多左右双边、白口、双鱼尾,后来也大多袭用。一些刻本增加了书名页,右上小字刻著者姓名,正中刻大字书名,左下小字刻藏板刻印人。

总之,雕版印刷到清代已经过了它的鼎盛期,虽然 267 年持续不断地刻印了众多的书籍,但是风格特点已不明显,成就也平平。随着中国历史上最后一个封建王朝——清朝的寿终正寝,雕版印刷也走到了它的尽头,让位于新兴的各种印刷技术,完成了它在中国印刷史上占据主要地位长达 1200 多年的历史使命。今天只有少数的像江苏扬州广陵书社那样的地方还保存有过去的旧书版(现移至中国雕版印刷博物馆保护收藏),继续印刷一些线装古籍。

清代刻书在内容选择上还有一个明显倾向,就是编纂刻印卷帙浩繁的系列丛书蔚然成风,《中国丛书综录》著录的 2797 种丛书中,绝大多数是清人编刻的。丛书的编刻扩大了许多珍本秘籍的流传,为士人提供了极大的方便。直至今天,各种清代丛书仍旧为我们所经常使用,比如《四库全书》等。

第七节　古籍版本学基本技能

一　版本鉴定

版本鉴定是古籍版本学的重要组成部分之一,我们以前介绍过的历代版本学家莫不以其识别真伪、鉴定优劣的高超水平而著称,即所谓"眼别真赝,心识古今"。而且从我国古籍版本学的发展历史来看,版本学理论相对零散、幼稚些,而版本鉴定这项技能却异常发达,特别是清朝乾嘉学者以及近现代的一些图书版本老专家,往往通过自己几十年与图书打交道的实践以及同行之间互相交流经验,逐渐摸索出成套的版本鉴定方法。在今人的版本学专著中,一般将它们按形式和内容两部分分别归纳,总结出十数条鉴定规律。现在我们择要举例,分述如下。

1. 基本方法举例

(1) 根据牌记鉴定版本

现代出版发行的图书均有版本记录页,其内容包括五项:①书名;②著作者或编辑者或编译者;③出版者、印刷者、发行者;④出版年月、版次、印次、印数;⑤统一书号、定价。古籍中没有正规的版本记录页,却有类似性质的记录刊本年月、出版单位等的牌记。

牌记,俗称书牌子,又叫墨围、碑牌、木记、条记。牌记在书中的位置不确定,可以在内封面、扉页,在序跋后、目录凡例后、校刊人姓名后、音图后、附录后、卷端、卷一末、某卷末、全书末,甚至一书当中会有几块不同的牌记。

牌记的文字一般不长,所反映的有关刻书的情况却多种多样,最常见的是:

①说明出版时间、单位、地点:

元统乙亥余志安刊于勤有书堂。(元刻《国朝名臣事略》)

②反映刻书经过:

　　康熙岁次丙戌中秋日开雕,丁亥立夏日告竣。(清刻《杜韩诗句集韵》)

③反映用纸情况:

　　奉敕用枣木椒纸各造十部。(宋刻《春秋经传集解》)

④反映刻书部数及售价:

　　印一百部,五十分送四方,五十待售,纹银贰钱。(清乾隆活字本《甫里逸诗》)

⑤申明版权:

　　杭城丰乐桥三官巷口李衙刊发,每部纹银八钱。如有翻刻,千里究治。(明万历本《月露音》)

⑥显示版本类别:

　　歙州翟西园自造泥斗板。(清道光翟金生泥活字本《泥版试印初编》)

⑦揭示版本源流:

　　嘉靖甲申孟冬月宗文堂郑氏新刊。

　　此书原系正德乙亥春三月锡山兰雪堂华氏坚/允刚活字铜版印行,今郑氏得之,绣梓重刊行。(以上明《新刊蔡中郎伯喈文集》)

⑧起广告宣传作用:

　　本家今将前后《汉书》精加校正,并写作大字镂板刊行,的无差错。收书英杰,伏望炳察。钱塘王叔边谨咨。(宋王叔边刻《后汉书》)

显然牌记所载的文字简短,但能直接或间接地对我们鉴定版本提供有益的帮助。

利用牌记鉴定版本,须加以警惕的地方有三:①后世翻刻本往往照式刻印原本牌记；②书版易主,牌记便常常被挖改；③一些书贾为牟取暴利,有意作伪,欺蒙世人。例如毛春翔《古书版本常谈·如何鉴别版本》说：

> 五峰阁翻的《东都事略》,也有"眉山程舍人宅刊行,已申上司,不许覆板"两行牌记……此在老眼,一看纸色便知是翻雕,但初学遇此,就不免要被骗了。①

(2) 根据刻工鉴定版本

古书书板上常常镌刻有刻字工匠的姓名,这在当时是继承"物勒工名"②的古风,用以考核劳绩,计算工钱的做法。宋、元刻本除坊刻外,大多在书口下端刻有刻工姓名,上端刻刻字字数；明刻本刻工姓名在书口、序跋后、目录后、牌记中的不一；清刻本前期因惧怕受文字狱牵连,刻工留名的少,中后期逐渐恢复。

刻工工价以明代为例,毛晋刻《十三经注疏》《十七史》,广招刻工,三分银刻一百字,合二十文,是很低廉的。③

利用刻工可以鉴定版本,这是因为一个刻工的生活时代以及生活地域往往局限在一个比较小的范围内,那么在几种不同的书上发现相同的刻工姓名,就可以根据其中已知版刻年代的一种推知其余几种的大致时代及刊刻地点,如冀淑英在《谈谈版刻中的刻工问题》中说：

> 宋刻《剑南诗稿》和《巨鹿东观集》,二书刻工有相同的,应该是同地同时刻本,至少刻书时间相近。《剑南诗稿》的刻工又与公元1175年(南宋淳熙二年)严州州学(浙江严州)刻本《通鉴记事本末》同,并且《景定严州续志》卷四"书籍门"著录有《剑南诗稿》和《巨鹿东观集》,因此,这两书的刻版时间与地点问题也都可以解决了。④

---

① 毛春翔.古书版本常谈[M].上海:中华书局,1962:98.
② 孙希旦.礼记集解:卷十七:月令[M].北京:中华书局,1989:489.
③ 叶德辉.书林清话:卷七:明时刻书工价之廉[M].北京:中华书局,1957:185-186.
④ 冀淑英.谈谈版刻中的刻工问题[J].文物,1959(3):4-10.

这个例子很典型，根据刻工判断，三种书的版刻时间与地点皆同。

但是利用刻工鉴定版本，必须注意五种情况：

①有的刻工从业时间很长或处在朝代交替之际，特别是宋元、元明、明清之际，有许多刻工从前朝进入新朝，由此造成宋末元初的刻书风格难以分辨，明初因袭元末、清初类似明末等状况，鉴定版本时就不能把时限估计得过短，或定死在某一朝代。

②不同地域的刻工可以流动，有时技艺好的工匠也被人出高价请到外地去刻书，所以我们不能机械地认定某地刻工刻的书就一定是某个地区的刻本。

③刻工同名同姓。如南宋庆元六年(1200)《春秋左传正义》同明嘉靖三十四年《类笺王右丞诗集》的刻工当中都出现了"何升"这一名字。

④重修、递修的刻工。古书经过补版再行印刷时，书版上还会加刻补版刻工的姓名，所以要注意区别。

⑤明清影写覆刻宋元本，有时连刻工姓名也照样翻刻，这种情况还相当普遍。

利用刻工姓名帮助鉴定古书版本，最早注意到这一情况的是日本学者长泽规矩也，1934年他在日本书志学会《书志学》第2卷第2号、第4号发表《宋刊本刻工名表初稿》《元刊本刻工名表初稿》。冀淑英在《文物》1959年第3期《谈谈版刻中的刻工问题》中附了《徽州地区刻工》《苏州无锡地区刻工》两表，后又在《文献》1981年第7辑上发表《谈谈明刻本及刻工——附明代中期苏州地区刻工表》(今均收录于2004年北京图书馆出版社《冀淑英文集》中)。王重民《中国善本书提要》附《刻工人名索引》，收600余人；何槐昌《宋元明刻工表》，收6000余人；王肇文《古籍宋元刊工姓名索引》，收录4500人；张振铎《古籍刻工名录》，收录唐五代宋元、明、清刻本刻工1231人。这些都可以利用。

(3)根据讳字鉴定版本

古书当中忌讳直接提到君、父或其他尊者之名，对君、父或尊者之名加以回避的情况称为避讳，因避讳而形成的文字，称讳字。避讳之习始于周，直至1912年1月1日中华民国建立才废除讳法。我们研究利用古书讳字鉴定版本,一般集中在宋代、明末和清初这几段,因为雕版印刷普及、版本大备始于宋,而衰落、终结于清。

两宋讳法尤严,不但要避历朝皇帝名讳,还要避赵氏远祖讳,还避与讳字读音相同相近的字,即避嫌名。元代是蒙古族入主中原,只避全用御名,故有讳法,无讳例。明万历以后避讳稍严。清之避讳自康熙始;雍乾之世,避讳至严,常兴文字大狱;道咸而后,讳例渐宽。要了解中国古代的讳法、讳例、讳字等,可参看陈垣《史讳举例》。

避讳的方法有改字、缺笔、空字、删字等几种,例如:

【改字】"玄"改成"元",避清圣祖康熙"玄烨"的名讳;"胤"改为"允",避清世宗雍正"胤禛"名讳;"弘治"改为"宏治",避清高宗乾隆"弘历"名讳。

【缺笔】宋刻本上常见的如"匡"字缺末笔底横,"胤"缺竖弯钩,"贞"字缺右下末笔,"構"缺末笔一横,"慎"缺右下末笔。

【空字】即空其字不书,或作空围,或曰"某",或小字注"上讳""御名""今上御名"。

【删字】如隋韩擒虎,在唐修《隋书》中只称韩擒,避高祖李渊祖父李虎之讳。

利用讳字鉴定版本的具体做法是:

①将一部古书中的所有讳字,全部查找并记录下来;

②将讳字依时间顺序排列,确定其书讳字的下限,即"某书避讳至某字止";

③再检查下限讳字以下两个皇帝的嫌名是否不加避讳;

④然后才能确定此书避讳至某帝,是其时的刻本。

利用讳字鉴定版本,同样须注意几种情况:

①朝代不同,避讳的宽严有别,方法亦不同;

②同一朝代,官刻避讳较严谨,家刻、坊刻就相对随意些;

③后世翻刻古书,往往照刻原书讳字;一些影刻本、影印本讳字更是与原书一般无二;

④书贾有意作伪,剔除某些字的末笔,或另刻一二页加进晚出的

书中。

(4)根据原书序跋鉴定版本

古书一般都有序跋,一般序在卷首,跋则在卷末。序文大多揭示该书创作或编纂宗旨、内容、体例、价值等等,可以是作者自序,或者请当地官绅、同乡耆旧、同年师友等撰序。跋文大多叙述编纂经过、刊刻情况等,往往是作者身后,由其师友、子侄、门生等编刊遗著后所题写。在通常情况下,序跋的撰作时间往往与该书的刻印时间相差不远,所以可以帮助鉴定版本。

北京大学图书馆藏明王璲《青城山人诗集》,据其孙王铠后序及落款"时正统十二年嘉平望日孙铠谨识",我们可知此书的写作、编辑、刻印的经过,并确定此书为明正统十二年(1447)原刻本。

《中国版刻图录·古三坟书》卷末有沈斐跋文四行:"余家藏此《古三坟书》,而时人罕有识者,恐遂湮没不传于世,乃命刻于婺州学中,以与天下共之。绍兴十七年岁次丁卯五月重五日三衢沈斐书。"[1]遂知此书为宋绍兴十七年婺州州学刻本。

根据原书序跋鉴定版本,需要注意:

①有时序跋撰写年月与实际刊刻年月并不一致,有时甚至相距很远。

②有时一书有数篇序跋,一般以最晚的一篇定其刻版时间。

③有时利用旧版重印时加刻后人所作序文,则不能以后人序定版本年代。如毛春翔《古书版本常谈·如何鉴别版本》谓:

《文苑英华纂要》八十四卷,宋刻,张氏《爱日精庐藏书志》因是书有元赵文《序》,遂定为元刊,其实书中讳字甚多,元人序乃后加,非元刻也。[2]

虽有后加元人序,仍是宋刻本。

④后世翻刻古书往往照样保留原序。

---

[1] 北京图书馆编.中国版刻图录:第2册[M].北京:文物出版社,1961:图版87.
[2] 毛春翔.古书版本常谈[M].上海:中华书局,1962:100.

⑤原书序跋在流传过程中破损失落。

⑥书贾有意抽去原书序跋或挖改所署年代,伪充古本。

毛春翔在《古书版本常谈·如何鉴别版本》中提道:海源阁藏《大戴礼记》,由于卷前佚去"元至正甲午刘真刻于嘉兴路儒学《序》"①,遂被傅增湘误定为宋本。

屈万里、昌彼得《图书板本学要略》卷三"鉴别篇"载,明嘉靖间姚安府刊本《檀弓丛训》,卷末有弘治十五年张志淳跋,书贾剜去"弘"字,另于书中割一"至"字补其缺,变成"至治",欲以充元板。其实至治(1321—1323)仅三年而已。

(5)根据后人题跋识语鉴定版本

明清藏书家常常习惯于在他们所收藏的古书卷首、卷末或前后扉页上写一段文字,或介绍该书的刊刻时代、内容优劣,或叙述收藏源流、得书经过,或记录校勘文字,等等,这就是一般所称的"题跋识语"。由于这些题跋的撰作者往往是博学的目录家、版本家、考据家、藏书家,故这些题识就相当于他们提出的版本鉴定意见,对我们当然有启发借鉴意义。正如谢国桢在《中国善本书提要序》中指出的那样:"故友赵万里先生尝对我说:顾(广圻)批、黄(丕烈)校、鲍(廷博)抄的书籍和他们所著的题识之所以可贵,因为书籍经他们考定版刻的年代,评定真伪和当时获得此书的情况,则此书的源流全部表现出来,给后人读书或校刻书籍以不少的便利。"②而且名家题识往往也提高了书籍本身的价值。

不过即使是名家题识,也有疏漏错谬之处,故不可盲目信从;还要注意辨析书中题识是前人亲笔题写还是后人过录的,以免轻信误断;另外,同样有书贾伪造识语的情况,尤当警惕。

(6)根据藏书印记鉴定版本

古代藏书家还喜欢在自己所藏的图书卷端或卷内钤盖上自己的藏

---

① 毛春翔.古书版本常谈[M].上海:中华书局,1962:100.
② 谢国桢.中国善本书提要序[M]//王重民.中国善本书提要.上海:上海古籍出版社,1983:10.

书印,这些印记也可以帮助我们鉴定版本。

印章的起源很早,而藏书印大概是唐代时出现的。唐王建《宫词》"集贤殿里图书满,点勘头边御印同。真迹进来依数字,别收锁在玉函中。"①说明当时国家藏书已有专门的官方藏书印。

公家藏书印比较有名的,有南宋"缉熙殿图书记"、元代"翰林国史院"、明代"文渊阁"关防、"钦文之玺""广运之宝"、清代"天禄琳琅""天禄继鉴""翰林院""文渊阁宝""文津阁宝"。私家藏章就更数不胜数,如南宋贾似道"秋壑图书"、元赵孟頫"松雪斋"、明毛晋"汲古主人"、清钱谦益"牧斋"、季振宜"季沧苇图书记"、黄丕烈"百宋一廛",等等。

一部古书的版刻年代,肯定要早于它的藏书印主人的时代。古人钤盖印记,一般是从各卷卷首下方往上盖起。通过众多的藏书印记,我们便能理出此书曾经被哪些人士分别收藏过,以及先后的收藏顺序,即理顺一书的递藏关系,然后可以依此查阅各家私人藏书目录、题跋集等有无著录,从而了解前人对此书的鉴定意见。

钤盖有众多名家印记的古书,便会显得身价百倍,所以不免又有利欲熏心的书贾伪造名人藏印炫人眼目,鉴定版本时须注意识别真伪印记。

(7)根据著录鉴定版本

前人各种版本目录、解题目录、题跋目录等,记录了许多有关古书的编纂情况、版本状况、流传渊源、鉴定意见等,对我们今天鉴定版本有多方面的帮助,像《读书敏求记》《四库简明目录标注》以及《中国善本书提要》等,都是历来很受重视的目录书。清代名家藏书目录为数甚多,亦可资利用。

对于一本书的版本价值,可通过前代目录书是否著录来帮助确定。如中国国家图书馆藏南宋大字本苏辙《诗集传》,除了行款、刻工、纸张等皆具宋版特征外,又因为它见于《直斋书录解题》《宋史·艺文志》的著录,故可确定为真宋本。利用著录,还可以识别书贾作伪。

---

① 彭定求,等.全唐诗[M].北京:中华书局,1960:3340.

不过利用前人著录,须注意以下两种情况:

①若前人考证有误,其结论则不可尽信。

②前人为抬高藏书声价,故意将图书版本时代提前。最突出的当数清人陆心源,他将藏书楼命名为"皕宋","自夸有宋本书二百也。然析《百川学海》之各种,强以单本名之",何况其中还有明仿宋本、明初刻似宋本、误元刻为辽金本、宋版明南监印本,"存真去伪,合计不过十之二三",这是一种自欺欺人的做法。①

而像季振宜鉴藏的宋版书、黄丕烈"百宋一廛"的宋版书,则基本上是可信的。

以上所述都是从古书形式特征着手进行版本鉴定,下面我们再举例说明根据书籍内容帮助鉴定版本。

(8) 根据书名鉴定版本

一部书的版刻时代不同,有时书名也会有改变,如汉韩婴《诗外传》,又名《韩诗外传》;唐刘肃《大唐新语》,又名《唐世说新语》;宋叶梦得《岩下放言》,又名《蒙斋笔谈》。这些后改的书名多见于明刻本。

许多古书书名上有特定的标注时代的名词,这些名词发生了变化,往往刻本的时代就与旧本有差异。"国朝""皇朝""昭代""圣宋""皇元""大明""皇清",一般是编著者对其所处时代的敬称;而后世翻刻前代著作,多半是要改变这些称谓的,如《圣宋名贤五百家播芳大全文粹》《圣宋文选》系宋刻,而《宋季三朝政要》《重刻宋朝十将传》,必非宋刻,《皇明英烈传》是明刻,而改称《大明英烈传》或《英烈演义》,则是明以后的版本。

书名既然可以反映刻本时代,故有些书商也利用这点从书名上来做手脚,如哈佛大学燕京图书馆藏有一部《任松乡先生文集》,原定为元刻本,经李致忠考证,发现"任"字系"元"字挖改,实际同中国国家图书馆所藏《元松乡先生文集》是同一版本,为明永乐三年任勉福建刻本。

---

① 叶德辉.书林清话:卷十:近人藏书侈宋刻之陋[M].北京:中华书局,1957:270.

(9) 根据卷数鉴定版本

同一人的作品,因编纂人员不同、地域不同、时代不同,往往表现出内容有多寡、卷数有分合。如宋张耒文集,《武英殿聚珍版丛书》题《柯山集》50卷,明嘉靖郝梁刊本题《文潜集》13卷,清抄本《张右史集》有82卷、65卷、60卷本,四库本为76卷,而在宋时还有汪藻编的《张龙阁集》30卷本、周紫芝所提到的《谯郡先生集》100卷,等等。

又如朱熹《诗集传》,宋刻本20卷,元刻本10卷,明嘉靖吉澄刻本8卷,题《诗经集传》,明嘉靖崇正堂本《诗经集注》又恢复成20卷。可见不同时代的版本,卷数便会有参差。而我们则可以根据卷数的差异初步判断大概属于哪一版本系统,如《水浒传》有文繁事简的120回本,有文简事繁的100回本,还有被金圣叹腰斩的70回本,显然分属不同的版本系统。

(10) 根据卷前目录鉴定版本

古书原刊与后世翻刻本,其目录文字有时会产生细微差异,如一本同题诗有"二首""三首"字样,而一本无;一本组诗只有一级题,而另一本还列出二级题细目;一本长诗录全题,一本则予缩写;有时两本诗题次序前后倒置;等等。这些目录异文在一定程度上代表了不同版本的特征,预先了解掌握它们,便能够帮助鉴定版本。

(11) 根据体例鉴定版本

古书版本时代不同,其编纂体例也会有改变,最常见的是经部书,其经、注、疏或分或合。如《春秋公羊经传何休解诂》12卷、《释文》1卷,北宋刊本,释文附于经传后;南宋刻本,释文则散入逐条注下。

(12) 根据衔名、尊称、谥号鉴定版本

古代官修书常常开列纂修官姓名,其姓名前面便冠有他们当时任官的职衔,这些结衔便可反映成书或刊版年代。如南宋绍熙两浙东路茶盐司刻本《礼记正义》,其卷末有参校官、校正官衔名共11行,其中主持刻印的黄唐结衔是"朝请郎提举两浙东路常平茶盐司公事",而黄唐提举两浙东路茶盐司可考知是南宋光宗绍熙二年,故此书的刻印时间当是绍熙二年以后;又据此书黄唐亲笔题跋作于绍熙壬子(三年),便可确认此为绍熙三年所刻。

中国古代帝王、皇族、大臣死后,依其生前事迹由礼官议定谥号;另外还有"私谥",是士大夫卒后由其亲旧门生故吏为其拟立的。如苏轼卒于北宋徽宗建中靖国元年(1101),其身份是刚赦还的逐臣,为其平反昭雪追加谥号已是南宋孝宗隆兴(1163—1164)初的事情了,故但凡称为《苏文忠公文集》的,就知其不会是早于孝宗时的刻本。

(13)根据书中所涉人物鉴定版本

书中所涉人物包括此书的编纂者、校刻者、作序者以及书中出现的人名。如王重民《中国善本书提要·括苍二子》提要云:

> 卷端有《刻括苍二子》序,云"二先生之书……合梓以传者,则罗源令杨君意也"……卷内题"郡后学文林郎杨瑞校梓"……考《罗源县志》,瑞知县事在万历三年(1575),则是书盖刻于闽,时为万历三年与九年之间也。《北京图书馆善本书目》题"明正德刻本(1506—1521)",误。①

又如中国国家图书馆藏本《颜懋价日记》稿本,原定为"颜修来日记"。颜修来(1640—1686),卒于康熙二十五年,而稿本中屡次出现"纪晓岚"(1724—1805),即乾隆朝《四库全书》总纂官纪昀,显然矛盾。后经李致忠结合《颜氏家藏尺牍》等考证,原来此稿系颜修来之侄孙颜懋价的日记,于是问题涣然冰释。

(14)根据书中所涉年号鉴定版本

一部《家礼集说》,从各方面形式特征观察,颇似元末风格,后细审文中有"宣德几年某月甲子朔"的字样,乃定为明初宣德刻本。②

(15)根据书中所涉史实鉴定版本

如王重民《中国善本书提要》鉴定旧题宋朱彧《萍洲可谈》(谢国桢藏缪荃孙批校本)系无名氏宋人伪托之作,即运用了此法:

---

① 王重民.中国善本书提要[M].上海:上海古籍出版社,1983:320.
② 魏隐儒,王金雨.古籍版本鉴定丛谈[M].北京:印刷工业出版社,1984:151.

卷端有无或（朱或字）自序，首句云"嘉祐五年，馀解绍倅归"，馀当为余字之误。考《宋史》卷三百四十七，无惑父服，熙宁间始成进士，则嘉祐五年（1060），服仅二十上下，无惑或尚未出世，焉得有"解绍倅归"之事？及检阅全书，如记李易安卒后事，则又觉太晚，（自嘉祐五年至易安之卒约近百年）而最末一条，记宝祐四年（1256）事，自著书至记事所止，相距约二百年，为必无可能之事，遂不得不疑其伪作矣。①

一般书籍"记事所止"的时间往往与此书成书、刻印时间相去不远，所以鉴定版本的人非常注意这一点。

（16）根据书中所涉地名鉴定版本

中国古代地理沿革，带有鲜明的时代特征，如北京就有燕或蓟、幽州、中都或析津、大都、北平府、顺天府、直隶顺天府、北平、北京一系列的名称变迁。另外像北宋的杭州，南宋成为临安府等等，不胜枚举。

根据地名变迁，可定版本时代。如前面提到过1944年成都出土的唐刻本《陀罗尼经咒》，版框外镌有"（成都府）成都县□龙池坊□□□近下□□印卖咒本"一行，而成都原称蜀郡，其改称"成都府"在唐肃宗至德二年，故推知此经咒板行当在是年以后。②

又清钱大昕《潜研堂文集》卷二五《宝刻类编序》：

《宝刻类编》，不著撰人姓名……考其编次，始周、秦，讫唐、五代，其为宋人所撰无疑。宋宝庆初，避理宗（赵昀——引者）嫌名，改江南西路之筠州为瑞州。此编载碑刻所在有云瑞州者，又知其为宋末人也。③

（17）根据书中所涉官署名、官名鉴定版本

中国古代官制，代有更迭，加上避讳等原因，名称时有变化，而了解和熟悉历代官制，对鉴定版本多有裨益。

---

① 王重民.中国善本书提要[M].上海：上海古籍出版社，1983：390.
② 北京图书馆编.中国版刻图录：第1册[M].北京：文物出版社，1961：图版1解题.
③ 钱大昕.潜研堂文集[M].南京：凤凰出版社，2016：381.

如唐代三省之一尚书省长官尚书令是宰相,唐太宗登基后改尚书令为尚书左右仆射;宋代尚书令是虚衔,不负责实际事务;明、清则取消尚书省,政务分归吏、户、礼、兵、刑、工六部尚书。又如唐地方州郡长官称太守,至宋则改为知州、知府或知军。又如北宋制置使等属下的勾当公事,因避高宗赵构讳,南宋初便改为干办公事。

中国国家图书馆藏清抄本《御制北调宫词乐谱》,原定为"乾隆四十七年升平署抄本",而查考清升平署原始档案可得知,清道光七年二月六日有旨将南府改为升平署,故此本传抄年代遂改定在道光七年以后。

(18)根据校勘鉴定版本

通过用另一相同或相关的本子进行比勘,找出它们从版式特征到内容文字的相同或差异,从而判断它们的版本归属,这是版本鉴定中不那么直接,有一定难度,但又是最科学、最可靠的一种方法。校勘对版本鉴定的作用是多方面的:

①校勘可以别优劣。

傅增湘《藏园群书经眼录》卷一明嘉靖十八年薛来芙蓉泉书屋刊本《韩诗外传》按语云:

> 此书通津草堂所刻最称善本,刊手亦最精。然余曾临黄荛圃校元本,则通津本误字最多,而此本乃往往与元本合。乃知古书非比勘不知其优劣,未可据耳食为定论也。①

②校勘可以判源流。

钱曾《读书敏求记》卷二"韩谔《岁华纪丽》七卷"云:

> 此是旧钞,卷中阙字数行,又失去末叶,无从补入。后见章丘李中麓藏宋刻本,脱落正同,知是此本之祖。盖因岁久,墨渝纸敝,字迹不可扪揣,故钞本仍之耳。②

③校勘可以辨真伪。

---

① 傅增湘.藏园群书经眼录:第1册[M].北京:中华书局,1983:33-34.
② 钱曾.藏园批注读书敏求记校证[M].北京:中华书局,2012:159-160.

施廷镛《中国古籍版本概要》云：

> 有书估以《振雅云编》来售，骤见之，是一部从未见著录的丛书，亟欲收之……按它总目所列各书，均见于《百川学海》而字体又似明弘治十四年无锡华珵仿宋刻本，经检书相对，乃知系华刻《百川学海》的残本。若不细加审察，则受其欺骗了。①

④校勘可以纠正前人著录之误。

瞿冕良《版刻质疑·行款》云：

> 尹家书籍铺刻徐度《却扫编》，《艺风藏书续记》（缪荃孙著——引者）卷二注十行十八字，然《古书丛刊》影印本乃九行十八字，吾于是知缪氏之误。②

校勘的功用，在本书"校勘学"章有更全面、更详尽的说明，这里仅举其要，提出与版本学相关的几点，不再铺陈。

(19) 根据综合考辨鉴定版本

以上我们分别列举了从形式上、从内容上，或从形式和内容的结合上鉴定版本的18种方法，不过这些方法并非只能孤立使用，而且往往古籍本身情况复杂，任何一种鉴定方法都有它自身的局限，所以从理论上我们可以总结出可数的几种方法，而在实践中常常要将各种方法综合加以运用，才能使最后得出的判断更加全面、更加合理、更加确凿可信。正如毛春翔《古书版本常谈·如何鉴别版本》所指出的那样：

> 鉴别宋刻，我始终认为要每一特点都要注意到，一点对了，再看另一点，另一点对了，更看其他各点，各点都对头，再参考名家书跋，才能作出最后决定。……字体刀法纸张墨色都对了，再看板式行款；又都对了，再看前后序跋，及有无牌记，或校勘衔名，有无前人藏书印记等等。这样一步一步的审阅之后，再参考前人书目题

---

① 施廷镛.中国古籍版本概要[M].天津：天津古籍出版社，1987：126.
② 瞿冕良.版刻质疑[M].济南：齐鲁书社，1987：84.

跋,乃下断语,大概不会错了。①

鉴别宋刻如此,鉴别元、明、清刻本也应如此。所以鉴定版本要切忌孤证,只见一点,不及其余,就难以得出正确的结论。通过综合考辨鉴定版本,这个道理想必大家很容易明白,故不再更举他例。

以上我们将版本鉴定的具体方法归纳为19种,仅仅是举其主要方法而言,并不意味着只有这19种,比如像我们在前面介绍历代刻书特点时指出的,宋、元、明、清刻本在边栏、行款、书口、用纸、装帧、字体等方面的特征,在鉴定版本时也十分重要。

2. 活字印本的鉴别

前面提到的鉴定刻本19种方法,其中有一些也同样适用于活字印本的鉴别,诸如根据牌记、原书序跋、后人题跋识语、著录等。不过鉴定刻本,我们强调的是通过书籍外部形式以及内容文字判断其版刻时代;而鉴别活字印本,我们则侧重于从活字本本身的形式特征入手,将活字印本同刻本区分清楚。具体的方法有5种:

(1)根据边栏界行衔接紧密与否判断

雕版的栏线和界行都是事先在一整块木板上雕刻出来的,所以其刷印的效果表现在四角衔接处、条条界行与上下边栏衔接处浑然一体,不留丝毫缝隙。而活字摆印是一个一个单字临时检排,每行文字之间用木(或竹或金属)条卡紧,并充界行使用;排满一版,四周加围木(或竹或金属)条,充作边框栏线。因此活字印本在边框的四角衔接处以及界行与上下栏线的衔接处连接不甚紧密,会出现大小不等的空隙;而且行格之间的距离因木条卡得有紧有松,故有时宽窄不等;另外,版心鱼尾亦出于拼排,所以与左右行线之间也会有空隙。

边栏界行衔接不紧密,几乎是所有活字印本的共同特点,但是有一例外,即武英殿聚珍版,它系木活字印书,却采取了套格的形式:

---

① 毛春翔.古书版本常谈[M].上海:中华书局,1962:98-99.

用梨木版，每块面宽七寸七分，长五寸九分八厘，与槽版里口画一，四周放宽半分为边，按现行书籍式样，每幅刻十八行格线，每行宽四分，版心亦宽四分，即将应摆之书名、卷数、页数暨校对姓名，先另行刊就，临时酌嵌版心。①

即先在木板上刻出栏线和界行，作为套格；然后将书名、卷数、页数、校刊者姓名等文字嵌入套格版心，先行刷印；再将正文文字排在板槽内，以印好的套格覆于板槽上进行刷印。所以《武英殿聚珍版丛书》的边栏、界行以及版心鱼尾与左右行线之间衔接处没有缝隙，有时虽因套印不慎，正文与栏线、界行会有重叠现象，仍不失为木活字印本中较为特殊的一种。

(2) 根据行字特点鉴别

①活字本字行排列不甚整齐，会有左右弯曲，甚至倒字、卧字现象。这是因为活字捡排不可能一个一个对得很整齐，有时不慎排倒，而试刷时又未被发现校正；或者是因为活版未卡紧，在刷印过程中活字松动而打横甚至倒置。如清雍正三年武水陈唐重订木活字排印本宋陈师道《后山居士诗集》6卷、《逸诗》5卷、《诗余》1卷，排版整齐匀平，无倾斜歪扭之感，但其初印本卷二第3页第3行《次韵苏公西湖徙鱼三首》其三"鉼悬罾间终一碎"的"碎"字以及卷六第9页末行末字"天"，均被排倒；而后来的校订重印本，"碎""天"二倒字即被纠正。

而雕版是在整块木板上一气雕刻而成，故字行排列整齐，绝无横字、倒字现象。

②活字本各个单字大小不一，笔画粗细也不均匀。这是因为活字每字单刻、成于众手，故不可能做到整齐划一。即使是同样的字，备捡的活字也不止一个，它们之间也不完全一样。而雕版是统一写样、整版雕刻，一版文字出自一人之手，故字体大小、笔画粗细比较规律。

③活字本单字之间笔画绝无交叉。因为活字版是临时将单字捡排

---

① 金简.钦定武英殿聚珍版程式[M].景印文渊阁四库全书.台北:台湾商务印书馆，1986.

汇聚而成，故字与字之间界限分明，各自独立。而雕印本每一页都是写稿上版然后开雕，方块汉字竖行书写，就讲究字体结构匀称、版面布局美观大方，所以上下文字之间撇、捺、竖、钩等笔画常有互相穿插，给人一种笔走龙蛇、连贯而下的感觉。

(3) **根据有无断板迹象鉴别**

断板是雕版印刷特有的现象。雕印古书，一般选择梨木、枣木等较硬的木料，刻出来笔画清晰，且耐磨损，不过每次刷印敷墨，书板便吃水受潮，印毕收贮，又逐渐风干而抽缩，如果书版刻成太久，或经过多次反复刷印，或因保管不善，常年风吹日晒等，都会使书板发生断裂。这种有裂痕的书板再拿来刷印，裂痕处无法着墨，于是印出的书叶就会出现不着墨的白道道，即所谓"断板"。而活字印刷，其书板都是在刷印之前临时捡排组合而成，印完便拆散，再印再捡排，所以绝对不会有这种"断板"现象。

尤其在鉴别活字本与影刻活字本的时候，断板现象更是有力的证据。

《古籍版本鉴定丛谈》第八章"活字本的鉴定"举明影刻华坚兰雪堂活字本《蔡中郎集》为例：

> 刻印、字体、版式、行格一仍其旧，惟书口"兰雪堂"三字未刻，仅在卷六第十叶版心上端刻"兰雪堂"三字，版心下端刻一"庆"字，书尾目后之"锡山兰雪堂华坚允刚活字铜版印行"牌记二行未刻，书中有断板处。①

可见影刻活字本与活字本的差别极其细微，不加审辨，便易混淆。不过影刻活字印本传世较少。

(4) **根据版面长短齐整与否判断**

活字排版是根据规定的行款现行捡排，加围栏线，所以活字印本版面长短一律，上下栏线整齐划一。而雕版印的书板，起初版面是整齐

---

① 魏隐儒，王金雨.古籍版本鉴定丛谈[M].北京：印刷工业出版社，1984：128.

的,但是由于各板木料质地不完全一样,刷印之后收贮,时间一长,产生热胀冷缩,再行刷印,版面就可能出现长短参差、上下栏线高低不齐的现象,所以一般古书装订时都是只要求齐下栏而不齐上栏。但是清朝进呈朝廷的书籍要求格外严格,故常常临时采用烘煮之法使书板缩短或伸长以求上下栏线整齐,结果使得许多书板的寿命大为缩短。

(5)根据墨色浓淡均匀与否判断

活字本字与字墨色浓淡不均,行格界线亦时有时无。这是因为活字本各个捡排的单字不可能高低完全相平,而其充当栏线的木(竹或金属)条在卡紧时也会弯曲变形,所以尽管刷印前印工试图用平板压平,但版面栏线与栏线、栏线与活字、活字与活字之间多多少少有凹进凸出。这样刷印出来的书页,凸出的地方墨色重,凹进的地方墨色轻,甚至有的地方不着墨,于是出现墨色不均、笔画断续、行格似有似无的现象。而雕版印书是在刮平的整块木板上镌刻,所以无论边栏界行还是文字,整版表面非常平整。这样刷印出来的书页,墨色浓淡均匀,行格也清清楚楚。例如清乾嘉间省园仿宋体活字本宋范祖禹《帝学》8卷,摆印精良,绝似雕版,但是栏线处多未着墨,且边栏四角有缝隙,实系活字版。

另外,由于活字质料不同,活字本之间也有区别。木活字吸墨性强、墨色重,而金属活字吸墨性弱、墨色淡;木活字硬度小,印刷所形成的纸痕不明显,而金属活字硬度大,纸痕较明显。

3. 写本的鉴别

写本的历史远比刻本、活字本长,先秦的简策、帛书,实属早期形态的写本,不过,传世的宋元以前的写本可谓凤毛麟角,所以我们所讨论的鉴定对象一般指明、清写本。写本又分稿本、抄本,稿本系著作原稿,校勘价值极高。施廷镛曾总结抄本的可贵之处,"不在它是抄本,而在它不同于常本,须具有几项要素":一、名人手抄;二、经名手校正;三、异文较刻本为佳;四、抄本所缺之字句反足以证明刻本中文字有非撰者原文;五、刊本久佚,仅存抄本;六、有名人手跋或收藏印记。①

　　传世稿本数量毕竟有限,最常见的还是各种抄本。抄本可按时代分为唐宋元写本、明清抄本,民国以后的称"新抄本",难以确定时代的统称"旧抄本",覆纸影写刻本的称"影抄本",书法工致的称"精抄本",等等。

　　鉴定写本,除了运用和鉴定刻本相通的基本方法以外,还有两条特殊途径:

　　辨析书法。写本书体有鲜明的时代特色,如明抄本、清初抄本、康雍乾时期馆阁体抄本等的区别是很明显的;写本书体又有分明的个人风格特点,所以尽量熟悉名家手迹,无疑对鉴别写本十分有利。

　　辨析用纸。明清名家抄本大多喜用固定格式的纸张,熟悉它们的名号以及用纸特点,是进行辨别鉴定的捷径。而这方面内容清叶德辉《书林清话》卷一〇《明以来之钞本》作有归纳,钱基博《版本通义·余记第四》以及曹之《中国古籍版本学》第三编第三章(第二版在第十三章)又有补充,亦可参陈国庆《古籍版本浅说》所列明清藏书家抄本特征表格。例如:

　　明代山阴祁承㸁(尔光)澹生堂抄本,用蓝格纸,版心有"澹生堂抄本"五字。

　　常熟毛晋(子晋)汲古阁抄本,用墨格,或不印格纸,版心有"汲古阁"三字,格栏外有"毛氏正本汲古阁藏"八字。

　　常熟钱谦益(牧斋)绛云楼抄本,用墨格、绿格纸,版心有"绛云楼"三字。

　　清代常熟钱曾(遵王)抄本,用墨格纸,格栏外有"虞山钱遵王述古堂藏书"十字。

　　秀水曹溶(洁躬)抄本,版心有"攜李曹氏倦圃藏书"八字。

　　昆山徐乾学(字原一,号健庵)抄本,版心有"传是楼"三字。

　　秀水朱彝尊(字锡鬯,号竹垞,室名潜采堂)抄本,用无格毛太纸。

---

① 施廷镛.中国古籍版本概要[M].天津:天津古籍出版社,1987:98.

吴县惠栋(定宇)抄本,格栏外有"红豆斋藏书钞本"七字。

仁和赵昱(功千)抄本,栏外有"小山堂钞本"五字,版心有"小山堂"三字。

歙县鲍廷博(以文)抄本,用无格毛太纸,版心有"知不足斋正本"六字。

吴县黄丕烈(字绍武,号荛圃,室名士礼居、百宋一廛)抄本,用墨格纸。

独山莫友芝(字子偲、号郘亭)抄本,用无格或绿格纸,栏外刻"影山草堂"四字。

江阴缪荃孙(字筱珊,号艺风)抄本,用墨格纸,书口刻"艺风堂"三字。

以上介绍了鉴定活字印本以及写本的主要方法,而在实际运用中各种方法(包括前面介绍的鉴定刻本的 19 种方法)都不是孤立的。除了借鉴前人总结的丰富经验,综合考虑各种版本特征而外,反复揣摩,长期实践,才是真正掌握版本鉴定技能的必由之路。

二 版本考订

版本学基本技能的第二个方面,是与整理古籍密切相关的版本考订。

1. 意义

版本考订是整理点校古籍的基础环节,同时也是关键环节。版本考订一般分两步走,首先是搜罗众本,分析版本源流;然后是以此分析为基础,分别归纳出版本的不同系统,使得众本皆有系属。这样考订的直接目的,就在于辨析清楚古籍版本的优劣,帮助确定以善本、古本为底本,帮助选择有代表性的重要本子做参校本,从而确保整理点校出来的古籍文字内容完善可靠,其校勘质量上乘。

古籍校勘的根本原则在于"存真复原",善本、足本、古本因其文字完善、时代靠前,故更接近于古书成书时的面貌,底本选择确当,可以删省大量校记,起到事半功倍的效果;参校本则是用来和底本做全面或部分比勘的本子,应当是其他系统本子的祖本或有代表性的本子。而帮助确定底本、选择参校本,就离不开版本的考订。下面分别举例说明怎样分析版本源流、归纳版本系统来进行具体的版本考订。

2. 怎样分析版本源流、归纳版本系统

分析版本源流,须分几大必不可少的步骤:

(1) 调查古书结集成书状况

了解一部古书最初的编辑刻印情况,包括编纂者、书名、卷数、诗文存佚情况、诗文数量、何人题序、是抄藏于家还是刻印行世等等,可以查阅几方面的文献,如史传、同时人作序、自序、作者本人所撰进书表、公私目录、后人题跋等等。

①史传。

古书作者比较有名,正史有传或有完整的行状、墓志铭、神道碑铭等传世,往往在这些传记资料的末尾会提到有关作者文集编刻的情况。

这些材料一般出自传主生前友好或门生故吏,除了不免有些谀墓之辞外,基本上还是翔实可信的第一手材料,而且正史本传往往就是依据它们撰成的。例如宋朝欧阳修,一生撰著甚富,韩琦所撰《欧阳公墓志铭》(《安阳集》卷五〇)以及苏辙所撰《欧阳文忠公神道碑》(《栾城后集》卷二三)都提到他"凡为《易童子问》三卷、《诗本义》十四卷、《唐本纪表志》七十五卷、《五代史》七十四卷、《居士集》五十卷《外集》若干卷、《归荣集》一卷、《外制集》三卷、《内制集》八卷、《奏议集》十八卷、《四六集》七卷、《集古录跋尾》十卷、杂著述十九卷"[①]。除掉两部独立的史书《新唐书》《新五代史》,其余便构成《文忠集》总计153卷的内容。它们反映了欧阳修著述的整个情况。

②他人序。

例如欧阳修撰《居士集》,苏轼为之作序:

---

① 苏辙.苏辙集[M].北京:中华书局,2001:1136.

> 予得其诗文七百六十六篇于其子棐,乃次而论之曰:"欧阳子论大道似韩愈,论事似陆贽,记事似司马迁,诗赋似李白。此非余言也,天下之言也。"①

由此知苏轼从欧阳棐处所见欧阳修诗文集所收录作品为 766 篇,而且欧之诗文当时在社会上评价很高。

③作者自序或进书表。

例如宋王禹偁《小畜集序》:

> 咸平二年守本官知齐安郡,年四十有六,发白目昏,居常多病,大惧没世而名不称矣。因阅平生所为文,散失焚弃之外,类而第之,得三十卷。将名其集,以《周易》筮之,遇《乾》☰(乾下乾上)之《小畜》☰(乾下巽上)。《乾》之《象》曰:"君子以自强不息。"是禹偁修辞立诚,守道行己之义也。《小畜》之《象》曰:"风行天上,小畜,君子以懿文德。"说者曰:"未能行其施,故可懿文而已。"是禹偁位不能行道,文可以饰身也,集曰《小畜》,不其然乎?
> 咸平三年十二月晦日,太原王禹偁序。②

由此知其集为作者手自编定,计 30 卷,成于真宗咸平三年,且得名有由来。

④公私目录。

例如《直斋书录解题》卷一七著录梅尧臣《宛陵集》60 卷、《外集》10 卷,提要云:

> 凡五十九卷为诗,他文赋才一卷而已。谢景初所集,欧公为之序。《外集》者,吴郡宋绩臣所序。③

由此知梅尧臣集绝大部分为诗,乃谢景初所编;且正集、外集分别有欧阳修、宋绩臣作序。

---

① 苏轼.六一居士集叙[M]//苏轼文集.北京:中华书局,1986:316.
② 王禹偁.小畜集[M]//四部丛刊初编.上海:上海商务印书馆,1929:卷首.
③ 陈振孙.直斋书录解题[M].上海:上海古籍出版社,1987:494.

(2) 查考古书历代流传情况

这项工作主要是通过遍查历代公私书目、题跋集的著录以及有关题跋等来着手进行。例如张咏《乖崖集》，初由其弟张诜编集，门生钱易刊行于蜀，历代不废，且有增订重编：

> 宋晁公武《郡斋读书志》卷一九："《张乖崖集》十卷……钱易所撰墓志、李畋所纂语录附于后。"①
>
> 宋郑樵《通志·艺文略》："《张乖崖集》一卷。"②
>
> 宋尤袤《遂初堂书目》："《张乖崖集》。"③
>
> 宋陈振孙《直斋书录解题》卷一七："《乖崖集》十二卷、《附录》一卷……钱希白（钱易——引者）为《墓志》、韩魏公（韩琦——引者）为《神道碑》。近时郭森卿宰崇阳刻。此集旧本十卷，今增广，并《语录》为十二卷。"④
>
> 元脱脱《宋史·艺文志》："《张咏集》十卷。"⑤
>
> 元马端临《文献通考·经籍考》："《张乖崖集》十卷。"⑥
>
> 明焦竑《国史经籍志》："《张咏集》十二卷。"⑦

至清代，《张咏集》抄本日众，皆为增订之十二卷本，各私家目录均有著录，如清孙星衍《孙氏祠堂书目》内编卷四、清瞿镛《铁琴铜剑楼藏书目录》卷二〇各著录一旧写本；清丁丙《善本书室藏书志》卷二六著录明祁氏澹生堂抄本、清鸣野山房抄本；清莫友芝《邵亭知见传本书目》卷一三著录昭文张氏抄本；等等。⑧

著录版本比较全备的要数清邵懿辰撰，邵章续录的《增订四库简明

---

① 晁公武.郡斋读书志校证[M].上海:上海古籍出版社,1990:968.
② 郑樵.通志二十略[M].北京:中华书局,1995:1774.
③ 尤袤.遂初堂书目[M].北京:中华书局,1985:30.
④ 陈振孙.直斋书录解题[M].上海:上海古籍出版社,1987:490.
⑤ 脱脱,等.元史[M].北京:中华书局,1985:5360.
⑥ 马端临.文献通考[M].北京:中华书局,2011:6389.
⑦ 焦竑.国史经籍志[M].上海:商务印书馆,1939:267.
⑧ 王岚.张咏集版本考[C]//北京大学中国古文献研究中心.北京大学中国古文献研究中心集刊 2.北京:燕山出版社,2001:239.

目录标注》,《张咏集》有路抄本、四库本、宋龚氏刊本、许氏旧抄旧校本、孙诒让家抄校本、影宋本、昭文张氏旧抄本、澹生堂抄本、鸣野山房抄本、光绪壬午莫氏仿宋本等十余种本子,集中反映了当时流行的本子以及私家所藏。

像这样从宋代到清代,将比较重要的官私目录一条线捋下来,基本上就能弄清楚《张咏集》历代流传过程中有无散佚、增订、重刻等变化。

了解了一部古书的结集成书状况以及历代流传情况,这些都属于它已经成为过去的"历史"部分,接下来我们需要弄清的便是它的现状,即现存各版本的情况。

（3）查考古书目前传本情况

这主要也是通过有关目录的查找来进行,"有关目录"分两类,一种是全国通用目录,一种是地方馆藏目录。

①通用目录。

此类目录为数不很多,但实用性很强。如果需要查考的古书是善本,那么可以利用《中国古籍善本书目》(中国古籍善本书目编辑委员会编,上海古籍出版社1996年),了解一部古书今天还有哪些善本存世,它们的刻版时代,是完本还是残本,今天收藏在何处,等等。

如果需要查考的古书只是普通古籍,那么现在新编的《中国古籍总目》亦已问世(中国古籍总目编纂委员会编,中华书局、上海古籍出版社2012年联合出版),著录古籍约20万种,还包括中国港澳台地区以及日本、韩国、北美、西欧等地图书馆收藏的中国古籍稀见品种。

如果需要查考古书有哪些通行的丛书本,这些丛书本哪些图书馆有收藏,利用《中国丛书综录》(上海图书馆编,上海古籍出版社1986年)一套三册,便可以方便地找到你想要的答案。

如果需要查考的古书系地方志,那么有《中国地方志联合目录》(中科院北京天文台编,中华书局1985年)可供利用,同一种方志有多少种不同朝代的纂修本、递修本,哪些藏书单位目前有收藏,也能一目了然。

②馆藏目录。

这部分目录包括馆藏善本以及普通古籍,反映各大中型图书馆的实际收藏情况,无疑各具特色。现在许多藏书单位将善本目录或古籍目录陆续整理出版,如《北京大学图书馆藏古籍善本书目》(北京大学图书馆编,北京大学出版社1999年)等,还开发了电子书目检索,均可资利用。

如果待查考的古书是宋代别集,则可以利用《现存宋人别集版本目录》(四川大学古籍整理研究所编,巴蜀书社1990年),只需一册在手,任何一家宋人别集现存版本、藏所便了如指掌,可谓广惠士林之一大功德。其他朝代的其他种类的古书,若都有这种详尽的专门的版本目录,无疑会为不同的研究者提供极大的方便,所以我们希望这类版本目录的整理编纂越多越好。

(4) 查考并记录目前重要传本的主要特征

通查过目录,了解了一部古书的众多版本都收藏在哪些藏书单位以后,还要尽量广泛地去查阅这些不同的版本。把一部古书的所有版本搜罗齐全,在传世版本很少的情况下是可以做到的,但对大多数传本众多的古书而言就相当困难,这时就需要选择重点。

初查目录,就可以根据其卷数以及版刻时代的简单著录将所存版本作一分类,然后根据刻本时代先后、藏所地区远近、方便查阅的程度,确定一部分必须过目的本子,同时便剔除掉了一批重复的或晚出的等等没有必要查阅的本子。

通过直接或间接的办法,借阅这一部分必须过目的版本,然后将有关情况摘要记录下来,包括藏所书号、书籍全名、卷数、牌记、行款、原序、目录篇卷、藏家印鉴、前人题记、跋语、有无名人校记、完整残缺补配情况等等。这样一部古书的各重要传本的基本资料便掌握在手了。这部分工作的难度在于借阅不易、搜全不易,另外摘录时要注意抓住要点,突出反映该版本的主要特色。

掌握了上述四方面的基本资料,接下去的版本源流辨析便有了可靠的基础。

(5) 分析版本源流

各种古书版本情况不一,辨析其源流有繁有简,有难有易,而且

一般说来需要花不少考辨梳析的功夫,具体需要弄清楚几大关键问题:

①一部古书众多传本共有几种不同的编卷,可先做分类。

②有无宋元旧刊存世?现藏何地?它们是否初刻本?即查清一书最早的原刊本是否存世。

③古书在历代传流过程中,有过哪几次重印、重刻、重修之举?有关的刻本、印本,今天收藏何处?

④各传本(包括刻本、抄本)是源自初刻本,还是从后世的重印、重刻、重修本中脱胎而来?

⑤是否有渊源不明、无法属系的特殊本子?

要寻找上述答案,除了查考前面介绍过的各种目录记载、古书牌记、原序、重修重刻序跋、前人题记之外,很重要的一条是必须进行具体的文字比勘,从篇卷编次、错倒、衍脱、正文异文优劣等古书内容特征来辨析或印证各传本的相互关系,从而确定属系。这里的文字比勘并不要求从头至尾地全面对校,而是有选择地针对一部古书众传本之间有差异的那部分入手,而这些"差异之处"则需要我们在查阅众本的过程中自己去发现、归纳、总结,并没有谁能在事先得到明示,所以取决于整理者有无敏锐的分析判断力,这能够反映出一个人的考据功力。

这些问题解决以后,下一步要做的则是在前面经过梳析清理的众多版本材料的基础上,按照我们初步得出的答案,做一总结归纳,同时进一步加以分析、验证和调整,即归纳版本系统。

(6)归纳版本系统

纷繁复杂的众多版本,逐渐梳理出较清晰的眉目之后,归纳其版本系统才不显得那么困难。其步骤如下:

①确定一部古书的众多传本,共分几大系统。

②确定各大系统的祖本。

③将其余众本按时代先后分别属系于相应系统的祖本之下。

④将渊源未明、无法归属的特殊本子单列,并加按语说明。

几道程序看似简单,而进行具体的分析、归纳,并力图合理、科学,里面包含了繁难的考证过程,古文献学的目录、校勘、版本、考据诸学的内容,都综合在这里面。它并非一种机械操作,所以不是一两句话就能说清楚的。其中确定几大系统与各自的领本非常关键,可谓"一着不慎,全盘皆输",故不可不慎。

如不同系统的区分,一般是根据分卷编次上的差异,原刊本自然代表主要的一大系统,跟原刊本编次迥异,比如某古人别集,一为分类,一为编年,显然另外形成一新的系统;如果后出的本子是对原刊本做了较大的增订、补充因而卷数有扩大的,亦是别一系统;但如果后出的本子对原刊本未做任何增删,仅仅是卷数上有分有合,则仍属原刊本系统,不当另立。

又如确定各大系统的祖本,又称领本,指领导某一系统众版本的最早的本子,它或者是原刊本,或者是从原刊本直接改造而来的本子。对于古籍的校勘整理来说,各大系统的祖本,是必须选择来与底本做全面文字比勘的"主要参校本",故祖本择定,则"提纲挈领",它直接关系到以后的校勘质量,重要性不言而喻。

3. 版本考订成果的几种表达形式

分析清楚版本源流,归纳总结出版本系统之后,其考订成果可以用五种方式加以表达:

(1) 提要式

将版本考订成果用一段文字加以概括说明,称为提要式表达法,前人的题跋集以及新近点校或影印出版古籍的出版说明均属此类。其特点是言简意赅,只点明渊源所自,不铺陈考证过程以及罗列材料,是目前普遍通行的版本考订方式,尤其适用于版本系统简单的古籍。如1957年中华书局出版《书林清话》卷前的"出版者说明"。

(2) 附录式

将有关版本考订的各种文献资料加以收集汇总编排,作为一书的附录,这也是整理专书古籍常用的版本考订方式。附录的内容包括历代目录书的著录、前人题跋、各传本所收序跋等等。

如果一书版本复杂、材料繁复的，一般采取"选录"，即择要而录的做法。如1979年中华书局出版的《柳宗元集》。

如果可考的材料不多，则往往采取"通录"，即搜罗齐全的做法，提供原始材料，供读者分析辨别。如1976年上海人民出版社出版的《贾谊集》，附录了历代著录以及各本序跋。

以上两种方式还常常兼而用之，既有前言说明，又有书后附录，相辅相成。如1993年上海古籍出版社《嘉祐集笺注》，既有"前言"，又附录了"苏洵传记资料""苏洵评论资料""苏老泉非苏洵号""苏洵年表"四项内容。

(3) 图表式

图表式是比较科学、比较形象的一种版本考订的表达方式，且越来越多地被研究者选择采用。理由很简单，古书版本系统有别，渊源有自，就好像家族繁衍可以理出谱系，又好像参天大树可以分清主干和枝叶一样，所以版本源流及其系统用图示法简洁明晰，一目了然，可以省去许多篇幅的说明文字。如《张咏集版本源流图》(见图2-12)：

(4) 论文式

即将整个版本考订的过程演绎归纳成"版本考"一类的专文。"版本考"的主要特点是容量比较大，它能够罗列有关的原始材料，例如引用历代公私书目、题跋的材料，理清古书的历代流传；将现存重要版本的面貌特征，从书名、卷数、藏所、牌记、行款、印鉴、序跋、题记、细目到异文特点，一一详尽介绍；引用旧籍记载以及前人题跋原文，分析绅绎各本之间的嬗递承传，对整个考证过程的叙述曲尽其详；等等。故"版本考"适用于版本比较复杂、不经过曲折的文献考证就不易理清渊源、甄别属系的古籍。

它既有别于提要式考订的"有论无据"，又有别于附录式考订的"有据无论"，它能比较全面地反映版本情况，展开详尽论证，可谓"有据有论"；而且它在理清了版本源流、归纳出了版本系统之后，往往将结果化成一张简明的图表作为附录，即引进图表式考订法，为整篇论文压轴点

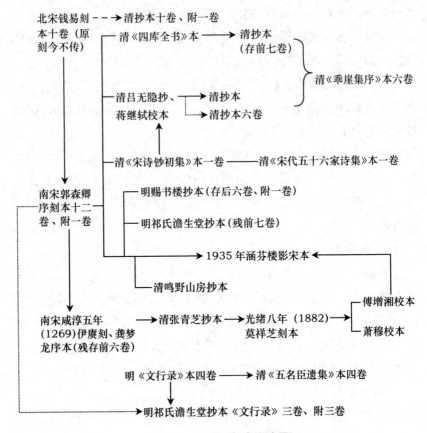

图 2-12 张咏集版本源流图

睛。所以论文是考据色彩较浓、学术价值较高,并越来越多地被研究者所采用的一种版本考订的方式。

有关版本考订的论文,单篇发表的越来越多,也有附录在新版古籍正文之后的。如《高适集校注》(孙钦善校注,上海古籍出版社 1984 年)附《高适集版本考》。

(5)专著式

专著式比论文式更进了一步,不过前提条件是一部古籍的版本问题繁复到可以从多角度、多层面进行剖析,从而结集成一部专书,所以它的数量较少。如蒋星煜《明刊本西厢记研究》(中国戏剧出版社 1982 年),收录其围绕各种明刊本《西厢记》所考证的 20 篇论文。

以上五种方式,繁简深浅不一,各有针对性,在古籍整理实践中采用其中一种或综合几种方式进行有关版本的考订,必须根据每一部古籍具体的版本情况以及整理要求而定,无须强求一律。

三 版本鉴定与版本考订的辩证关系

以上两部分我们介绍了版本学两种基本技能——版本鉴定与版本考订的有关方法,并已分别举例说明,而这两者之间是既相区别又有联系的。

1. 目的不同

版本鉴定是为了确定各种版本的类别,属于何时何地的版本;而版本考订是为了理清一部古书的流传渊源,按照不同的系统分别加以归纳统系。

2. 方法不同

版本鉴定主要以实物为依据,依靠实践经验进行摸索判断,即版本鉴定离不开实践;而版本考订除了依据实物,更多的还需根据大量的文献资料,综合目录、校勘、版本、文献考据知识及方法,来进行辨析、推理、论证,即考据色彩浓厚。

3. 二者之间又有机联系

版本鉴定为版本考订的基础,只有完成了对各种传本的鉴定,才有可能根据鉴定结果理顺版本源流;版本考订的结果反过来又可以帮助鉴定某一具体的版本属于哪一系统,或验证已经做出的鉴定结论。

有关版本学基本技能,我们就简单介绍这些。前人的经验很宝贵,却是静止在书本上的东西,要真正领会掌握,只有通过反复不断地实践积累。而且版本鉴定与版本考订这些基本技能,也必须针对每一种古籍的具体情况来加以选择运用、综合发挥。

参考文献

李致忠.古书版本学概论[M].北京:书目文献出版社,1990.
曹之.中国古籍版本学[M].武汉:武汉大学出版社,1992.
程千帆,徐有富.校雠广义:版本编[M].济南:齐鲁书社,1991.
毛春翔.古书版本常谈[M].上海:中华书局,1962.
陈国庆.古籍版本浅说[M].沈阳:辽宁人民出版社,1957.
张秀民.中国印刷术的发明及其影响[M].北京:人民出版社,1958.
魏隐儒,王金雨.古籍版本鉴定丛谈[M].北京:印刷工业出版社,1984.
魏隐儒.中国古籍印刷史[M].北京:印刷工业出版社,1988.
严佐之.古籍版本学概论[M].上海:华东师范大学出版社,1989.
叶德辉.书林清话[M].北京:中华书局,1957.
陈正宏,梁颖.古籍印本鉴定概说[M].上海:上海辞书出版社,2005.
中国国家图书馆.中国古代书籍史展览[Z].1985.

(王岚撰,王凯勋绘图)

第三章 古籍目录学

第一节 目录与目录学

一 "目录"名称的由来

现代意义的"目录",一般只记书名或篇名,但它最早的含义和现在是不一样的。这个词的最早记载见于西汉刘向、刘歆父子所编的《别录》和《七略》,不过这两本书都早已亡佚,现在只能见到清代人的辑佚本。① 我们现在只能通过在这两部书亡佚之前前人的记载或引录来了解其中内容。《文选》卷三八有南朝梁任昉《为范使兴作求立太宰碑表》,唐代李善为其作注时引刘歆《七略》中语:"《尚书》有青丝编目录。"②(用青丝编起来,写在竹简上的《尚书》的目录。)这至少说明"目录"一词在刘向时已经有了。另外,《文选》卷二二中有王康琚《反招隐诗》一首,李善注引刘向《别录》中语:"刘向《列子目录》曰:'至于《力命》篇,一推分命。'"③这是评论《列子》的话。这就告诉我们刘向"目录"的含义包括了篇名和提要(叙)。我们可以断定"目录"的本义是指一部书的篇名和叙,后来其本义逐渐发生了变化,现在人们理解的"目录"只包括书目或篇目了,目录、序言、提要成为各自独立的部分。这是历史长

---

① 如清洪颐煊《经典集林》、清严可均《全上古三代秦汉三国六朝文》中的汉文部分、清马国翰《玉函山房辑佚书》、清姚振宗《师石山房丛书》等。《七略》的基本内容保存在东汉班固的《汉书·艺文志》中。
② 严可均.全上古三代秦汉三国六朝文[M].北京:中华书局,1958:352.
③ 萧统.文选[M].北京:中华书局,1977:311.

期发展的结果。而且原来的篇目提要是附在书后的,现在都移到书前了。目录书被收入目录,最早见于《隋书·经籍志》的史部簿录类,主要是南北朝时的目录书,也收了《别录》《七略》。后晋刘昫的《旧唐书·经籍志》在史部设"目录类",从此"目录"的名称历代相沿不改。

二　目录学的形成及意义

一般认为我国的目录之学开启自西汉刘向、歆父子。他们是汉成帝时人。当时中央政府向全国搜集书籍,派陈农搜集天下遗书,搜集来的书籍"书缺简脱""积如丘山",刘向奉诏校书,与任宏、尹咸、李柱国等分工合作,刘向总领其事,刘歆佐之。他们对每部书整理校定之后,刘向就在书后写一篇叙录,使读者了解成书的经过,并叙述作者的生平、思想、学术源流,判断此书的价值等。后来,刘向又把它们集中在一起,成为《别录》。它是我国第一部系统的图书提要。刘歆的《七略》是根据《别录》"撮其旨要"编成的。它的6大类都有大序,38个小类中33个有小序,全书又有总序。它不但建立了我国最早的图书分类体系,还首创了为每一类撰写小序的方式,使人们能够由目录而了解学术源流,成为中国古代目录著作的楷模,所以,"刘向、刘歆是中国古代目录学的开创者和奠基人"[1]。

北宋初,王洙与苏颂在一起谈论政事,他的儿子王钦臣在一旁侍奉,王洙令王钦臣翻检书史,并对苏颂说:"此儿有目录之学。"[2]可见当时已有"目录之学"的说法。

南宋著名史学家、目录学家郑樵在他的《通志·校雠略》中详细地阐述了他对于目录编纂、分类、求书、体例等方面的目录学思想,并把其理论通过其《通志》的《艺文略》《金石略》《图谱略》加以实践,对后世产生了很大的影响。所以有学者认为,"目录学形成于宋代"[3]。

---

[1] 高路明.古籍目录与中国古代学术研究[M].南京:江苏古籍出版社,1997:71.
[2] 苏颂.苏魏公文集:附录一:丞相魏公谭训:卷四[M].北京:中华书局,1988:1141.
[3] 周少川.古籍目录学[M].郑州:中州古籍出版社,1996:7.

清代学者非常重视目录学,著名史学家王鸣盛就说:"目录之学,学中第一紧要事,必从此问途,方能得其门而入。"他又说:"凡读书,最切要者目录之学。目录明,方可读书;不明,终是乱读。"①

近现代学者如余嘉锡、姚名达等都对目录学的意义做出了阐释。余嘉锡认为:"盖吾国从来之目录学,其意义皆在'辨章学术,考镜源流',所由与藏书之簿籍、自名鉴赏、图书馆之编目仅便检查者异也。""虽自《通志·艺文略》目录一家已分四类,继此枝分歧出,派别斯繁,不能尽限以一例,而要以能叙学术源流者为正宗,昔人论之甚详。此即从来目录学之意义也。"②姚名达说:"目录学者,将群书部次甲乙,条别异同,推阐大义,疏通伦类,将以辨章学术,考镜源流,欲人即类求书,因书究学之专门学术也。"③汪辟疆则综合诸说,概括目录学的界义为四,即"纲纪群籍簿属甲乙之学""辨章学术剖析源流之学""鉴别旧椠雠校异同之学""提要钩元,治学涉径之学"④。王欣夫也认为"目录学应该包括这四种界义,才得全面"⑤。

第二节 古籍目录的功用

一 指点读书治学的门径

如前所述,清代学者十分重视目录学在读书治学中的作用,把其作为读书治学的门径。除了王鸣盛的相关论述外,清代学者金榜也说过:"不通《汉·艺文志》,不可以读天下书。《艺文志》者,学问之眉目,著述之门户也。"⑥如果我们不了解历代的目录书,就不可能全面系统地了

---

① 王鸣盛.十七史商榷[M].北京:中华书局,2010;1;69.
② 余嘉锡.目录学发微:卷一:目录学之意义及其功用[M]//余嘉锡说文献学.上海:上海古籍出版社,2001:15-16;5.
③ 姚名达.中国目录学史[M].上海:上海书店,1984:8.
④ 汪辟疆.目录学研究[M].上海:商务印书馆,1934:1-3.
⑤ 王欣夫.王欣夫说文献学[M].上海:上海古籍出版社,2000:12.
⑥ 王鸣盛.十七史商榷[M].北京:中华书局,2010:245.

解古今人物的著述情况和研究情况,在浩如烟海的图书资料面前,就会望洋兴叹,不知从何处入手,也不会很好地了解哪些是我们急需读的书,哪些是我们必须掌握的资料。只有很好地了解了古籍目录学,才能很快找到对我们最有帮助的书去读,才能充分掌握和利用自己的研究所需的资料,在了解前人研究的基础上,找到自己最恰当的切入点,从而避免重复劳动,也会少走弯路。比如清代张之洞的《书目答问》,就是一部指导读书治学的举要目录,它时常在一种书或一类书后附上简洁的按语,涉及对书的用途、版本等的说明和评价,起到指示门径的作用。如在《十三经注疏》下注:"阮本最于学者有益……四川书坊翻刻阮本,讹谬太多,不可读。"[①]在朱骏声《说文通训定声》下注:"甚便初学。"[②]都指示了读书门径,给读者以启示。它所著录的版本都是经过斟酌的,对读书和掌握古籍很有参考价值。书后还附有《国朝著述诸家姓名略》,按不同学者分成不同学科类别,对了解清代学术源流等也很有参考价值。很多著名学者最初都从此书中受益,如陈垣、余嘉锡等。又如,中国的一些珍本古籍虽然国内已经佚失不存,但还有不少保存在世界各地的各类图书馆及收藏机构中,我们要想了解其情况并在研究中加以利用,首先就需要利用其所编的汉籍书目,否则我们就很难知道其具体情况,更别提研究利用了。

二 考察学术源流的演变

"辨章学术,考镜源流",是中国古籍目录学的优良传统,古籍目录通过它的分类、序及提要,反映了各种学术兴衰演变的过程,一家一派的学术,师承授受关系,通过目录使学术源流的发展清晰可辨。如《汉书·艺文志》最前面有总序,六大类后各有大序,各小类书名后又有小序,从小序可以联系小类,从小类可以联系大类。这样把目录学和学术史联系在一起,可以使人了解学术的派别源流、授受关系。《隋书·经

---

① 张之洞.增订书目答问补正[M].北京:中华书局,2011:1.
② 同上 104-105.

籍志》和《汉书·艺文志》相同，也有总序、大序、小序，总序置于全篇之首，经史子集四部，有四篇大序，置于每一部的最后，而各小类后也都有一篇小序，述其学术源流。如《隋书·经籍志》经部诗类小序云：

> 诗者，所以导达心灵、歌咏情志者也。故曰："在心为志，发言为诗。"……孔子删《诗》，上采商，下取鲁，凡三百篇。至秦，独以为讽诵，不灭。汉初，有鲁人申公，受《诗》于浮丘伯，作诂训，是为《鲁诗》。齐人辕固生亦传《诗》，是为《齐诗》。燕人韩婴亦传《诗》，是为《韩诗》。终于后汉，三家并立。汉初又有赵人毛苌善《诗》，自云子夏所传，作《诂训传》，是为"《毛诗》古学"，而未得立。后汉有九江谢曼卿，善《毛诗》，又为之训。东海卫敬仲，受学于曼卿。先儒相承，谓之《毛诗》。《序》，子夏所创，毛公及敬仲又加润益。郑众、贾逵、马融，并作《毛诗传》，郑玄作《毛诗笺》。《齐诗》，魏代已亡；《鲁诗》亡于西晋；《韩诗》虽存，无传之者。唯《毛诗郑笺》，至今独立。又有《業诗》，奉朝请業遵所注，立义多异，世所不行。①

对于《诗经》在唐以前的学术源流及师承授受关系及各派的兴衰做了详细的叙述。《四库全书总目》经、史、子、集四部皆有总叙，各类也皆有小序，这些大小序对于我们了解学术的发展演变，辨明学术源流，有着非常重要的价值。

三 了解书籍的内容，查找所需图书

古籍目录通过它特有的形式，著录各类学术典籍，为人们了解、检阅图书提供便利。古籍目录记载了历代书籍的情况，包括作者的生平、书籍的卷数、内容、体例、版本、流传、真伪的考辨以及对书籍内容与作者的评价等。如《汉书·艺文志》的小注、《隋书·经籍志》的附注、《直斋书录解题》的解题等等，其中有很多他书所没有的重要资料，可以补他书之缺或纠他书之误。特别是其中所记载的书籍有的今天已经亡

---

① 魏徵,令狐德棻.隋书[M].北京:中华书局,1973:918.

佚,我们借助于目录及提要,能够了解它的大致内容及体例。如《汉书·艺文志》诸子略儒家类"《晏子》八篇"下注:"名婴,谥平仲,相齐景公,孔子称善与人交,有《列传》。""《子思》二十三篇"下注:"名伋,孔子孙,为鲁缪公师。""《周政》六篇"下注:"周时法度政教。""《公孙固》一篇"下注:"十八章,齐闵王失国,问之,固因为陈古今成败也。"①又如《隋书·经籍志》史部"《史要》十卷"下附注:"汉桂阳太守卫飒撰。约《史记》要言,以类相从。"②子部"《尹文子》二卷"下附注:"尹文,周之处士,游齐稷下。"③又如《直斋书录解题》卷二〇诗集类下载:"《浯溪集》二十一卷,僧显万撰。洪景卢作序。前二卷为赋,余皆诗也。"④僧显万《浯溪集》今已不存,我们借此解题可以了解到它的一些情况。而《四库全书总目》参考了历代提要目录,吸取其长处,为收入《四库全书》及未收入《四库全书》而作为存目的图书共 10254 种图书皆撰写了提要,"每书先列作者之爵里以论世知人,次考本书之得失,权众说之异同,以及文字增删、篇帙分合,皆详为订辨,巨细不遗。而人品学术之醇疵,国纪朝章之法戒,亦未尝不各昭彰瘅,用著劝惩"⑤。虽然其有时对一些人的批评议论带有个人偏见,有失公允,但它仍然对我们今天了解很多古籍有重要的参考价值和指导作用。如其史部传记类存目三载:

> 《伊洛渊源续录》六卷,浙江巡抚采进本。明谢铎撰。铎有《赤城论谏录》,已著录。是书所录,凡二十一人。盖继朱子《伊洛渊源录》而作,以朱子为宗主。始于罗从彦、李侗,朱子之学所自来也。佐以张栻、吕祖谦,朱子友也。自黄榦而下,终于何基、王柏,皆传朱子之学者也。然所载张栻等七人,则全录《宋史·道学传》;吕祖谦等七人,则全录《宋史·儒林传》;李侗等六人,略采行状、志铭、遗事;其辅广一人,则但载姓名里居,仅数十字而止,尤为疏略。

---

① 班固.汉书[M].北京:中华书局,1962:1723-1725.
② 魏徵,令狐德棻.隋书[M].北京:中华书局,1973:961.
③ 同上 1004.
④ 陈振孙.直斋书录解题[M].上海:上海古籍出版社,1987:612.
⑤ 永瑢,等.四库全书总目[M].北京:中华书局,1965:卷首凡例17-18.

> 按：广即世所称庆源辅氏，《明一统志》载其始末甚详，铎偶未考耳。《明史》铎本传载其为南京国子监祭酒时，上言六事，其三曰"正祀典"，乃请进宋儒杨时而退吴澄，为礼部尚书傅瀚所持，仅进时而澄祀如故。夫澄之学虽曰未醇，然较受蔡京之荐者则有间矣。铎欲以易澄，盖以道南一脉之故，而曲讳其出处也。然则是《录》之作，其亦不出门户之见矣。①

这对我们了解明代谢铎其人其书有很重要的参考价值。所以通过古籍目录可以了解各类古籍的大概情况及其性质、作用，然后可以决定取舍，选择我们所需要的图书。

四 考察书籍的源流，辨别书籍的真伪

通过考查历代官修、史志及私人藏书目，我们也可以了解某一部古籍在历代的刊刻、流传、存佚、完缺、真伪等情况。比如元代理学家许衡的著作，根据文献记载，元代就已经刊刻，名曰《鲁斋遗书》；又明《文渊阁书目》、清黄虞稷《千顷堂书目》及《天禄琳琅书目后编》皆有著录，说明明、清时期此书皆流传存世，但元刻本今已不可见，现在只能见到明、清刊本。另外，明代还编刻了《鲁斋全书》《鲁斋先生集》等许衡著作，一直流传至今。而明代《文渊阁书目》《内阁藏书目录》、焦竑《国史经籍志》、黄虞稷《千顷堂书目》等目录又著录有许衡《许文正公大全集》《孝经直说》《大学鲁斋诗解》《许鲁斋大学要略遗书》等著作，今皆未见。《文渊阁书目》卷九日字号第三厨文集类有"许文正公集一部三册，全。塾本二册"②；《内阁藏书目录》卷三集部有"许文正公大全集二册，全。元许衡著，凡三十卷"③的著录；《文渊阁书目》卷三玄字号第一厨诸经总类有"许鲁斋孝经直说一部一册，阙"④的著录，说明了当时这两种书的完缺情况。有些书目还提示、注明一些古籍的真伪情况，可以作为我

---

① 永瑢，等.四库全书总目[M].北京:中华书局,1965:549.
② 冯惠民,李万健.明代书目题跋丛刊:上册[M].北京:书目文献出版社,1994:94.
③ 同上 511.
④ 同上 35.

们辨别古籍真伪的重要参考。如《汉书·艺文志》诸子略小说家类"《伊尹说》二十七篇"下注:"其语浅薄,似依托也。""《务成子》十一篇"下注:"称尧问,非古语。""《天乙》三篇"下注:"天乙谓汤,其言非殷时,皆依托也。"①另外,如果我们想了解某部古籍的现存版本、收藏情况,也可以通过利用一些记载版本的目录,如《中国古籍善本书目》《中国丛书综录》以及各大院校、国内外各图书馆的馆藏目录等。余嘉锡在他的《目录学发微》一书中曾总结了目录学在考辨古籍中的六种功用:一曰以目录著录之有无断书之真伪;二曰用目录书考古书篇目之分合;三曰以目录书著录之部次定古书之性质;四曰因目录访求阙佚;五曰以目录考亡佚之书;六曰以目录书所载姓名、卷数考古书之真伪。② 可见目录在考辨古籍中的重要作用。

第三节 古籍目录分类及演变

一 《七略》与六分法

《七略》可以说是中国历史上第一部分类的综合目录。汉成帝河平三年(前26),派陈农搜求天下遗书,使国家的藏书更加集中、充实。同时命令刘向校理国家藏书,刘歆也和他父亲一起整理图书。刘向死后,刘歆继承父业,"集六艺群书,种别为《七略》"③。这七略是:辑略、六艺略、诸子略、诗赋略、兵书略、术数略、方技略。其中辑略是一书的总要,是综述学术源流的绪论,分类实际上是六略。当时刘向和其他人分工整理,他自己负责校经传、诗赋、诸子三大类,步兵校尉任宏校兵书类,太史令尹咸校术数类,侍医李柱国校方技类。说明当时已经分类了。为了从学术体系反映群书,依照书的内容性质,刘向、刘歆又把6大类

---

① 班固.汉书[M].北京:中华书局,1962:1744.
② 余嘉锡.目录学发微:卷一:目录学之意义及其功用[M]//余嘉锡说文献学.上海:上海古籍出版社,2001:16-17.
③ 班固.汉书[M].北京:中华书局,1962:1967.

分为 38 小类(见表 3-1):

表 3-1 《七略》分类表

大 类	小 类	种数(种)
六艺略	易、书、诗、礼、乐、春秋、论语、孝经、小学	9
诸子略	儒、道、阴阳、法、名、墨、纵横、杂、农、小说	10
诗赋略	屈原赋之属、陆贾赋之属、孙卿赋之属、杂赋、歌诗	5
兵书略	兵权谋、兵形势、兵阴阳、兵技巧	4
术数略	天文、历谱、五行、蓍龟、杂占、形法	6
方技略	医经、经方、房中、神仙	4

《七略》的分类体现了当时的学术特点。汉武帝"废黜百家,独尊儒术",其影响深入到思想领域,儒家思想占主导地位,必然对目录学产生影响。《七略》的分类把六艺略放在首位,"六艺"也就是儒家的"六经"(《易》《书》《诗》《礼》《乐》《春秋》),《论语》《孝经》虽然不是"六经"的本体,但《论语》是圣人微言,是发挥"六经"的精蕴之作,汉代统治阶级非常重视孝,认为它是天之经,地之义,民之行,是封建伦理道德的核心和标准。在家要孝敬父母,在社会上对君王要忠孝。孝道是封建道德的本源,所以被列入经类。《论语》《孝经》和"六经"是相表里、相羽翼、相辅相成的关系。小学即识字,学"六经",要先通文字,才能读"六经",故小学是读经入门的途径,故附在"六经"、《论语》《孝经》之后。

诸子略包括了中国古代哲学、政治、经济、法律等方面的书。刘向、歆认为,儒家的学术思想是"游文于六经之中,留意于仁义之际,祖述尧舜,宪章文武,宗师仲尼,以重其言,于道最为高"[①]。对于其他诸子学派,刘向、歆认为它们是"六经之支与流裔"[②],虽然各家的学术观点各不相同,但就如水与火,相灭相生,相辅相成,殊途同归。如果以"六经"

---

① 班固.汉书[M].北京:中华书局,1962:1728.
② 同上 1746.

为指导,吸收各家的长处,就可以"通万方之略"①,也同样能治理好国家。刘氏父子的意见比较客观地反映了先秦时各家的学术状况。"小说家"被认为是不入流的,所以是"九流十家"。"诸子十家,其可观者九家而已。"②

赋是汉代特别发达的一种文体,汉武帝时曾设立乐府,采集歌谣,所以诗赋单列一略,并仅次于诸子略。

在战争频繁的年代,军事学对于巩固封建政权很有作用,春秋战国以来此类书也较多,所以列于术数、方技二略之前。术数略包括了天文、历法、占卜星相方面的书,方技略是有关医药卫生方面的书。这三类书目反映了当时军事学、自然科学和应用科学方面的成就。从其分类也可看出古人的思维方法和认识水平,是科学和迷信相结合的。

《七略》比较全面恰当地概括了先秦到西汉的学术概况,体现了当时科学文化发展的水平,反映了封建统治阶级对图书的看法。更重要的是奠定了整个封建社会图书分类法的基础。因为是初创,它并非完美无缺,也有分类失当之处。它没有史部,史部书籍附在六艺略的《春秋》之后,因为当时史部书籍数量较少,不能单独成一大类,这是历史客观原因,但一些书的归属由此而不是那么合理了。如《高祖传》13篇、《孝文传》11篇,都归入了诸子略儒家类,是不合适的。它们都没有流传下来。据《汉书·艺文志》班固注讲,《高祖传》是"高祖与大臣述古语及诏策也",《孝文传》是"文帝所称及诏策"。③ 它们都应该列入史部诏令类。

二 四部分类法的产生

图书分类法反映了一个时代学术发展的情况,它不可能一成不变。魏晋南北朝图书分类的复杂情况是,两汉六部分类已不适应新的情况,

---

① 班固.汉书[M].北京:中华书局,1962:1746.
② 同上.
③ 同上 1726.

有的在创新,有的守旧,有的折中,逐步奠定了四部分类法的基础。经学方面,"自武帝立五经博士,开弟子员,设科射策,劝以官禄,讫于元始,百有余年,传业者浸盛,支叶蕃滋,一经说至百余万言,大师众至千余人,盖禄利之路然也"①,这样就促进了经学的发展和昌盛。相对来说,诸子就没有这些条件,儒家思想也不容许其发展,处于被压制的状态,这样,诸子的衰微就是必然的。史学在魏晋南北朝时发展很快,历史书籍已具备多种形式、体裁,兴起了注史之学,如音义、集解、集注之类,像《三国志》的裴松之注等。文学也很兴盛,《七略》只有诗赋略,没有文集类,个人的文集是作为一家之言收入诸子略中的。这一方面和文学发展有关,另一方面也和古人注重一家之言的观点有关。诗赋是有韵之文,与六艺、诸子不同,所以独立为类。东汉时已出现"文章"的概念,《后汉书》在《儒林传》外又立了《文苑传》,这说明文学与儒学有了区别,也说明文学开始有了独立的地位。南朝梁萧统在《文选·序》中认为,经史诸子都是以立意纪事为本,不属于辞章之作,只有符合"赞论之综辑辞采,序述之错比文华,事出于沉思,义归乎翰藻"②的文章才能收入《文选》,善用比喻典故,讲究对偶、音律,辞藻精巧华丽的文章才符合其标准。萧统试图把文学和经学、史学、诸子区分开来,从中我们可以看出文学与经、史、子已经有了区别和界限,文学已经有了独立的地位,开始了独立的发展。这在目录学上必然也有所反映。另外,西汉末东汉初佛教开始传入,至魏晋南北朝时逐渐兴盛。中国本土的道教也开始发展,在魏晋南北朝时期也非常活跃。史学、文学的发展,佛教、道教的兴起,使得当时的书籍无论是种类还是数量都有显著增加,出现了很多以前没有的东西。由于学术的兴衰发展,为目录学上图书的分类法提出了新的课题,旧的分类法必须做出相应的改变,才能适应学术的发展,在这样的情况下,四部分类法开始产生。梁阮孝绪《七录序》说:"魏晋之世,文籍逾广,皆藏在秘书中外三阁。魏秘书郎郑默删定旧文,

---

① 班固.汉书[M].北京:中华书局,1962:3620.
② 萧统.文选[M].北京:中华书局,1977:序2.

时之论者谓为朱紫有别。晋领秘书监荀勖,因魏《中经》,更著《新簿》,虽分为十有余卷,而总以四部别之。"①《隋书·经籍志序》说:"魏秘书郎郑默,始制《中经》,秘书监荀勖,又因《中经》,更著《新簿》,分为四部,总括群书。"②可见荀勖是在郑默《中经》的基础上,创立了四部分类法,编了《晋中经簿》(又称《中经新簿》)14卷,改《七略》六分法为四部分类法(见图3-1):

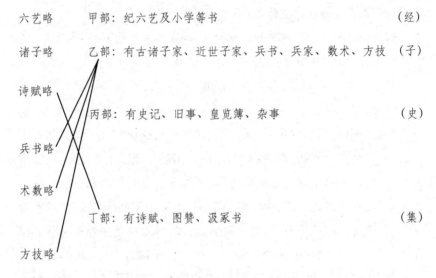

图 3-1 《七略》六分法与四部分类法对照图

《晋中经簿》唐以后也不见了,从《隋书·经籍志序》中可看出其大致内容,其将《七略》中的方技、术数、兵书、诸子归为乙部③,六艺略中《春秋》后所附的部分归为丙部。可以看出,《晋中经簿》将方技、术数、兵书三大类退为乙部中的小类了,并另立了一个丙部,适应了当时的需要,是完全正确而必要的。从此史部书籍的发展,在目录中有了反映。把兵书、术数、方技与诸子合为一部的做法,开了后世子部先例。当时

---

① 严可均.全上古三代秦汉三国六朝文[M].北京:中华书局,1958:3345.
② 魏徵,令狐德棻.隋书[M].北京:中华书局,1973:906.
③ 余嘉锡认为:"四部中皆无方伎,盖已统于术数之中。"今从.余嘉锡.目录学发微:卷四:目录类例之沿革[M]//余嘉锡说文献学.上海:上海古籍出版社,2001:137.

荀勖并没有给这四类起名,只以甲、乙、丙、丁区分四部,实际上相当于后世的经、子、史、集。荀勖的四部分类也有不可理解之处,如把《皇览》(类书)列入史部中,在集部的最后列了汲冢书①,它们与史、集两类书的性质不合。

荀勖的《晋中经簿》创立了四部分类法,但其次序是东晋李充创立的。《晋中经簿》完成后的十余年,中国北部匈奴族刘聪攻陷了洛阳,荀勖、张华等整理过的图书被焚,直到东晋初才开始重新搜集图书,并由李充整理编目。他根据政府积聚到的 3014 卷图书,"以类相从,分作四部"②,把荀勖四部之法中乙、丙部的图书更换了位置,甲部收经书,乙部收史书,丙部收诸子,丁部收诗赋,变经、子、史、集为经、史、子、集,以经、史、子、集为次序的分类法就从此一定而不可移易,"秘阁以为永制"③,"自尔因循,无所变革"④。

三 "四分""五分""七分"法并行

如前所述,自从荀勖、李充创立了四部分类法,它就占据了官方图书分类的主导地位,官修目录大都使用四部分类法。但同时也有不为"四分"法所拘的其他分类法的出现,如南朝梁刘孝标、祖暅等的《文德殿书目》,在甲、乙、丙、丁四部之外,把术数单列一部,这就是所谓的"五部目录"。而四部分类法的兴起,虽使《七略》分类法逐渐衰微,但它并没有灭亡,从晋到隋,也出现了像王俭的《七志》、阮孝绪的《七录》等目录中所采用的七分法,它们都上承《七略》,并有所改进。这样就出现了"五分""七分"和"四分"法并行的趋势。

王俭(452—489)任南朝宋的秘书丞,曾广泛接触公私藏书,并校勘古籍,参加政府的编目工作,他曾经依照四部分类法编成《元徽四部书

---

① 晋武帝太康二年(281),汲郡(在今河南省北部)人不准盗发战国时期魏襄王(一说是魏安釐王)的墓时发掘出的一批竹简,包括经、史等各类典籍。
② 房玄龄,等.晋书[M].北京:中华书局,1974:2391.
③ 同上。
④ 魏徵,令狐德棻.隋书[M].北京:中华书局,1973:906.

目》,但认为有些书不好归类,就依照《七略》,参考《晋中经簿》,编了《七志》。据《隋书·经籍志》记载,《七志》的分类如表3-2:

表3-2 《七志》分类表

序号	类别	内容	备注
1	经典志	纪六艺、小学、史记、杂传	《七略》的六艺略
2	诸子志	纪今古诸子	《七略》的诸子略
3	文翰志	纪诗赋	《七略》的诗赋略,改为文翰
4	军书志	纪兵书	《七略》的兵书略,改为军书
5	阴阳志	纪阴阳图纬	《七略》的术数略,改为阴阳
6	术艺志	纪方技	《七略》的方技略,改为术艺
7	图谱志	纪地域及图书	新增
8	附道经录		
9	附佛经录		

《七志》一书早已亡佚,其详细内容无从考查。但通过《隋书·经籍志序》以及《七录序》的记载,可以了解其大致情况。它独创了图谱志,把道经、佛经附于篇末,这是它和以前的目录不同的地方。但王俭生活的年代处于史书繁荣的阶段,他却仍把史书列入经典志中,可看出他思想保守的一面。《七志》名为"七",实为九类;把道经、佛经附于书后,说明当时此类书籍已有相当数量,将二经作为附录,是为了模仿《七略》以成七数。

阮孝绪(479—536),字士宗,尉氏(今属河南)人。生于刘宋末年,卒于梁大同二年(536)。他博学多识,著述宏富,从事目录事业主要在梁普通年间(520—527)。《七录序》自述他对"遗文隐记,颇好搜集,凡自宋齐已来,王公搢绅之馆,苟能蓄聚坟籍,必思致其名簿。凡在所遇,若见若闻,校之官目,多所遗漏。遂总集众家,更为新录"[1]。他搜集宋、齐以来各家藏书目,并与官修目录参校,总集众家,编成《七录》。其

---

[1] 严可均.全上古三代秦汉三国六朝文[M].北京:中华书局,1958:3346.

分类如表3-3：

表3-3 《七录》分类表

大类	小类	备注
经典录	易、书、诗、礼、乐、春秋、论语、孝经、小学	和《七略》的六艺略完全相同，为内篇第一
纪传录	国史、注历、旧事、职官、仪典、法制、伪史、杂传、鬼神、土地、谱状、簿录	内篇第二
子兵录	儒、道、阴阳、法、名、墨、纵横、杂、农、小说、兵	把兵书和诸子合在一起，为内篇第三
文集录	楚辞、别集、总集、杂文	内篇第四
术技录	天文、纬谶、历算、五行、卜筮、杂占、刑法、医经、经方、杂艺	内篇第五
佛法录	戒律、禅定、智慧、疑似、论记	外篇第一
仙道录	经戒、服饵、房中、符图	外篇第二

《七录》共分7大类，55小类，著录书籍6288种，44526卷。

阮孝绪在《七录序》中说：

> 今所撰《七录》，斟酌王、刘。王以六艺之称，不足标牓经目，改为经典，今则从之。故序经典录为内篇第一。刘、王并以众史合于春秋，刘氏之世，史书甚寡，附见春秋，诚得其例。今众家记传，倍于经典，犹从此志，实为繁芜。且《七略》诗赋，不从六艺诗部，盖由其书既多，所以别为一略。今依拟斯例，分出众史。序记传录为内篇第二。诸子之称，刘、王并同。又刘有兵书略，王以兵字浅薄，军言深广，故改兵为军。窃谓古有兵革、兵戎、治兵、用兵之言，斯则武事之总名也，所以还改军从兵。兵书既少，不足别录，今附于子末，总以子兵为称。故序子兵录为内篇第三。王以诗赋之名，不兼余制，故改为文翰。窃以顷世文词，总谓之集，变翰为集，于名尤显。故序文集录为内篇第四。王以数术之称，有繁杂之嫌，故改为阴阳；方技之言，事无典据，又改为艺术。窃以阴阳偏有所系，不如数术之该通；术艺则滥六艺与数术，不逮方伎之要显：故还依刘氏，各守本名。但房中、神仙，既入仙道，医经、经方，不足别创。故合

术伎之称，以名一录，为内篇第五。王氏图谱一志，刘略所无；刘数术中虽有历谱，而与今谱有异。窃以图画之篇，宜从所图为部，故随其名题，各附本录。谱既注记之类，宜与史体相参，故载于记传之末。自斯已上，皆内篇也。释氏之教，实被中土。讲说讽味，方轨孔籍。王氏虽载于篇，而不在《志》限，即理求事，未是所安。故序佛法录为外篇第一。仙道之书，由来尚矣。刘氏神仙，陈于方伎之末；王氏道经，书于《七志》之外。今合序仙道录为外篇第二。王则先道而后佛，今则先佛而后道。盖所宗有不同，亦由其教有浅深也。凡内外两篇，合为《七录》。①

对其分类的理由和体制做了详尽的说明。阮孝绪的分类法参考了刘歆《七略》和王俭《七志》而自定新例，对后世影响很大，在我国古籍分类史上有承前启后的作用。其经典录和六艺略相同；兵附于子后成子兵录；术技录合《七略》的术数、方技；纪传录在此之前有的入经部（如刘歆《七略》、王俭《七志》中对史书的处理），有的设史为专部（如荀勖等所采用的四部分类法），没有固定，到阮孝绪时史部专立才算确定下来，不但史部离经而独立，而且有了细目的厘定。文集录一类，在《七录》之前或称诗赋，或称文翰，到阮孝绪时才成为定称。佛、道两类书籍，王俭虽列在《七志》之末，却不在《七志》之限，只是作为附录。阮孝绪把佛、道两类书籍列为外篇，使其有了固定的位置，又和其他类有区别，比王俭处理得好。阮孝绪认为佛深道浅，把佛列于前，可能和梁武帝大兴佛教有关。

六朝时的官修目录，大都是以四部分类。但也有如《文德殿书目》在甲、乙、丙、丁四部之外，把术数单列一部的"五分法"，从整体上看，阮孝绪所分的七类，其实就是经、史、子、集、术数、佛、道，可以说是综合了《七略》《七志》及《文德殿书目》的类别。《七录》的分类为后来走向正统地位的四部分类法提供了重要的参考，创造了条件，在我国图书分类史上起到了承前启后的桥梁作用。宋尤袤在《遂初堂书目》中著录了《七

---

① 严可均.全上古三代秦汉三国六朝文[M].北京：中华书局，1958：3345-3346. "记传"当为"纪传"。——编者

录》,说明南宋时此书还没遗失。《七录》遗失于何时,无法考知,所幸的是阮孝绪的《七录序》流传至今,使我们得以从中了解其大致情况、分类缘由、体制等。

四 四分法正统地位的确立

唐初修《隋书·经籍志》,把群书分为经、史、子、集四部,集部后附有道经、佛经,但不在四部之内,实际上是六大类。它参考并吸收了自汉代以来的目录学的成就与学术思想,参考了《七略》《七志》《七录》的经验,根据隋代存留的国家藏书,在隋代藏书目录的基础上加以改进而编成。《隋书·经籍志》的分类如表3-4:

表3-4 《隋书·经籍志》分类表

大类	小 类	备 注
经部	易、书、诗、礼、乐、春秋、孝经、论语(孔丛、家语、尔雅诸书、五经总义)、谶纬之书、小学	《隋书·经籍志》:"班固列六艺为九种,或以纬书解经,合为十种。"①
史部	正史、古史、杂史、霸史、起居注、旧事、职官、仪注、刑法、杂传、地理、谱系、簿录	《隋书·经籍志》:"班固以史记附春秋,今开其事类,凡十三种,别为史部。"②
子部	儒、道、法、名、墨、纵横、杂、农、小说、兵、天文、历数、五行、医方	《隋书·经籍志》:"《汉书》有诸子、兵书、数术、方伎之略,今合而叙之,为十四种,谓之子部。"③
集部	楚辞、别集、总集	《隋书·经籍志》:"班固有《诗赋略》,凡五种,今引而伸之,合为三种,谓之集部。"④
附道经	经戒、饵服、房中、符箓	
附佛经	大乘经、小乘经、杂经、杂疑经、大乘律、小乘律、杂律、大乘论、小乘论、杂论、记	

---

① 魏徵,令狐德棻.隋书[M].北京:中华书局,1973:948.
② 同上 993.
③ 同上 1051.
④ 同上 1091.

附道、佛经是仿王俭的《七志》,附于四部书后,只列了小的类目、书籍数量而没有列书名。若不算道、佛两类,《隋书·经籍志》的分类为4大类40小类。之所以附道、佛类于书后,只列类名、数量而不列书名,是因为在隋朝,佛道书籍专有书目记载。到了《旧唐书·经籍志》《新唐书·艺文志》,都把道、佛书籍归入子部道家类。《隋书·经籍志》确定的四部分类法成为后世目录学家的标准,处于正统地位。以后各朝无论官修的政府藏书目录、史志目录,还是私修的私人藏书目录,绝大部分都遵循四部分类法。但四分法也有混淆不清的地方,如史部的杂史、野史笔记和子部的小说就难以分清。正因为其有缺陷,从其产生之日起,伴随着四部分类法的代代因袭,其他分类法的产生也是历代不绝的。如北宋李淑的《邯郸书目》,在经、史、子、集后还有艺术志、道书志、书志、画志,共分8大类。此书目已佚,只能从前人的记载中了解其大略。南宋郑樵的《通志·艺文略》分群书为12大类,即经、礼、乐、小学、史、诸子、天文、五行、艺术、医方、类书、文。清代学者孙星衍的《孙氏祠堂书目》,虽在《四库全书总目》编成以后编纂,也突破了四分法,将图书分为12类:经学、小学、诸子、天文、地理、医律、史学、金石、类书、词赋、书画、说部(即小说)。清光绪初年张之洞的《书目答问》,在四部之外又增丛书目,成为五分法。

第四节　古籍目录编制简况

一　《汉书·艺文志》

《汉书·艺文志》是《汉书》的一个组成部分,东汉初班固在中央政府藏书库东观、仁寿阁等处编《汉书》,同时对藏书库的新旧藏书进行整理编目,基本上依据《七略》,个别地方做了修正,编成了《汉书·艺文志》。《隋书·经籍志序》说:"光武中兴,笃好文雅;明、章继轨,尤重经术。四方鸿生钜儒,负帙自远而至者,不可胜算。石室、兰台,弥以充积。又于东观及仁寿阁集新书,校书郎班固、傅毅等典掌焉。并依《七略》而为书部,固又编之,以为《汉书·艺文志》。"①"艺文志"的名称是班固首创的,"艺"指"六艺",即六经,代表儒家经典;"文"指"文学",它包括了哲学、历史、文学等各个学术领域;"志"是《汉书》的一种体例,《汉书》共有十志,如《礼乐志》《食货志》《地理志》等,《艺文志》是十志之一。自从班固首创了在正史中修《艺文志》这一体例,后代修史者相沿不绝。历代的史书,无论是官修还是私修,一般都要修《艺文志》(或称《经籍志》),当时未修的,也有后人补修。《艺文志》自班固始,成为史书的组成部分,与史书一同流传。"史志目录"也自此成为我国古籍目录中重要的一支,成为记载我国历代藏书情况的重要组成部分。

班固依据《七略》修《汉书·艺文志》,他对《七略》做了以下改动:一是把《辑略》拆开,重新编排。《七略》中的《辑略》包括全书的总序、分述6大类的大序以及说明33小类的小序。班固把总序放在《艺文志》的最前边,大序放在每一大类的最后,小序放在每一小类的书名后。人们在使用这个书目时,可以从小序联系小类,从小类联系大类,这样就把目录学和学术史融为一体,使人们在使用目录时同时了解学术源流。二是将《七略》中对各书的解题作为小注附于书目之下,作为对书目的必要说明。如"《宓子》十六篇"下注:"名不齐,字子贱,孔子弟子。"②这些小注对了解作者、书籍等情况都是有帮助的。三是对《七略》原有书目、篇章有出入的改动,必定要注明。对于新增加的《七略》原来没有的书,注明"入"若干篇;对《七略》重复著录的书目、篇章,班固将其删去的,注明"省"若干篇;从某类提出,入某类的,则分别注明"出"若干篇,"入"若干篇。如《六艺略》书类:"凡《书》九家,四百一十二篇。(入刘向《稽疑》一篇。)"颜师古注:"此凡言入者,唯《七略》外班氏新入之也。"春秋类后注曰:"省《太史公》四篇。"小学类后注:"入扬雄、杜林二家二篇。"《兵书略》兵权谋类后注:"省《伊尹》《太公》《管子》……二百五十九

---

① 魏徵,令狐德棻.隋书[M].北京:中华书局,1973:906.
② 班固.汉书[M].北京:中华书局,1962:1724.

种,出《司马法》入礼也。"又《六艺略》礼类:"入《司马法》一家,百五十五篇。"①班固用这种"出""入""省"的方式,对《七略》的著录作了调整,同时也保留了《七略》的面貌。《七略》亡佚,它得以借《汉书》而保留了基本面目,《汉书·艺文志》成为我国现存最早的一部综合性图书目录。

后代研究《汉书·艺文志》的人很多,著名的有宋王应麟,著有《汉书艺文志考证》,清姚振宗,著有《汉书艺文志拾补》《汉书艺文志条理》,皆收入《二十五史补编》中。中华书局1983年出版《汉书艺文志注释汇编》(陈国庆编),收集古代、现代学者对《汉书·艺文志》的注释、考证资料,可以参考。了解先秦到西汉的学术情况、藏书情况,《汉书·艺文志》就是最好的参考资料。

二 《隋书·经籍志》

唐初编五代史(梁、陈、北齐、北周、隋),先完成了本纪、列传,后又续修五代史志。五代史志共10篇,后来并入《隋书》。其中的《经籍志》成于魏徵之手,反映了南北朝以及隋代的图书著录情况。它是以隋炀帝大业年间(605—618)修订的《隋大业正御书目录》及留存下来的隋代藏书为基础修成的。它以《隋大业正御书目录》为依据,加以删改、修正,凡旧录所取,作者认为是"文义浅俗无益教理"的书,"并删去之",不予著录;其旧录所遗之书,作者认为是"辞义可采,有所弘益"的,则将其收入目录。② 可见其著录标准,完全凭主观意志,因此疏漏颇多。在编纂《隋书·经籍志》时,作者参考了汉以来的目录,特别是南北朝时期的目录。它并不仅限于著录现存的隋代藏书,还通过在书目后作注的方式,反映出自东汉以来同类书籍的留存情况。即作者参考了其他目录的内容,将前代典籍的著录情况简化为注文,依其类别相同或相近,附于书目之后,也就是《隋书·经籍志序》中所谓"离其疏远,合其近密,约

---

① 班固.汉书[M].北京:中华书局,1962:1706;1715;1720;1757;1710.
② 魏徵,令狐德棻.隋书[M].北京:中华书局,1973:908.

文绪义……各列本条之下"①的具体做法。如经部易类"《周易》八卷"下注："汉曲台长孟喜章句，残缺。梁十卷。又有汉单父长费直注《周易》四卷，亡。"又经部诗类"《韩诗外传》十卷"下注："梁有《韩诗谱》二卷，《诗神泉》一卷，汉有道征士赵晔撰，亡。"又史部正史类"《汉书缵》十八卷"下注："范晔撰。梁有萧子显《后汉书》一百卷，王韶《后汉林》二百卷，韦阐《后汉音》二卷，亡。""《吴纪》九卷"下注："晋太学博士环济撰。晋有张勃《吴录》三十卷，亡。"②但它对于大多数的前代典籍的著录并不注明其出自哪一部目录，只是将其列在隋代藏书后面，注明卷数、作者、亡佚情况等。《隋书·经籍志》虽主要反映的是隋代的藏书情况，但它通过附注的方法，也反映了南北朝，主要是梁代书籍的情况，这就使得它具有双重意义，也是它与其他目录不同的地方。它是总结我国中古时期所存书籍的一部全国综合性图书目录，其重要意义可以和《汉书·艺文志》相比，其参考价值、使用价值在某些方面超过了《汉书·艺文志》，是我国现存第二部最古老的图书综合目录。它也有总序、大序、小序。从它往下，历代的史志目录就没有小序了，这也是它受后人推重的重要原因。研究《隋书·经籍志》的著名学者有清代的章宗源、姚振宗，他们都撰有《隋书经籍志考证》，收入《二十五史补编》中。

三 《旧唐书·经籍志》与《新唐书·艺文志》

唐初国家安定，经济繁荣，重视文化事业，继续搜集、整理图书，于开元初期开始校书编目工作，先后有26位专家、学者参加，于开元九年编成了《群书四部录》200卷。按四部分类，有总序、类序，每部书都有解题，成为《七略》以后、宋代以前，唯一的一部官修解题目录。此书编成不久，曾参与修撰工作的毋煚对其不满，提出了批评意见，经过修改，编成《古今书录》40卷。《旧唐书·经籍志》又是根据《古今书录》编成的。《古今书录》以经、史、子、集四部分类，本有小序及提要，《旧唐书·

---

① 魏徵,令狐德棻.隋书[M].北京:中华书局,1973:908.
② 同上909;916;954-955;955.

经籍志》嫌其卷轴繁多,删去小序和提要,仅留存其书目,故《旧唐书·经籍志》只有上、下两卷。《古今书录》收书只到唐开元年间,《旧唐书·经籍志》也同此。它把开元以后所出的著作,附于《旧唐书》中著书人的传记中。这样,开元以后典籍的著录情况就成为空白。开元以后到唐灭亡,还有160多年的历史,《旧唐书·经籍志》的这种著录方式,是不符合史志目录著录的要求的。但从另一方面来看,《旧唐书·经籍志》的这种做法,反倒保留了《古今书录》的大致面貌。欧阳修在编《新唐书·艺文志》时纠正了它的缺陷,仍以《古今书录》为基础,还参考了《古今书录》之后修成的唐代另一目录《开元四库书目》40卷。对《旧唐书·经籍志》所未收的开元以前的书籍有所增补,增加了开元以后的唐人著作共27127卷。总的来说是增加了不少,但也有少数书籍《经籍志》著录了,《艺文志》没有著录。《艺文志》在书目后还适当增加了一些注语,对书籍的内容、作者等情况加以说明。这些小注实际上起到了提要的作用。如经部春秋类"高重《春秋纂要》四十卷"下注:"字文明,士廉五代孙,文宗时翰林侍讲学士。帝好《左氏春秋》,命重分诸国各为书,别名《经传要略》。历国子祭酒。"又经部小学类"武后《字海》一百卷"下注:"凡武后所著书,皆元万顷、范履冰、苗神客、周思茂、胡楚宾、卫业等撰。"又史部仪注类"《大唐仪礼》一百卷"下注:"长孙无忌、房玄龄、魏徵、李百药、颜师古、令狐德棻、孔颖达、于志宁等撰。《吉礼》六十篇,《宾礼》四篇,《军礼》二十篇,《嘉礼》四十二篇,《凶礼》六篇,《国恤》五篇,总一百三十篇。贞观十一年上。"[1]这些注文字数或多或少,没有限制,也不是每书必注,主要根据书籍所涉及的内容而定,灵活多样。这些注语对于我们了解书籍的相关情况有非常重要的价值。《旧唐书·经籍志》和《新唐书·艺文志》是我国历史上现存的第三部和第四部全国综合性图书目录,是了解唐代藏书情况最重要的目录。1956年,商务印书馆出了合订本,对照排列,叫《唐书经籍艺文合志》,为同时查阅这两部目录提供了方便。

---

[1] 欧阳修,宋祁. 新唐书[M]. 北京:中华书局,1975:1440;1450;1491.

四　宋代的几部重要目录

唐五代由于长年战乱,图书也遭到了严重的散失。宋初在恢复经济的同时,太祖、太宗、仁宗等朝都特别注意广泛搜集图书。雕版印刷术的广泛应用使图书数量大增,促进了书籍的流通,无论是政府还是民间都纷纷藏书,这样也促进了目录学的发展,官私目录相继出现,其编制也进入成熟阶段,使宋代成为我国目录学史上的一个重要时期。

1.《崇文总目》

宋仁宗景祐元年(1034),在政府藏书的基础上,开始编目工作。参加的有王尧臣、聂冠卿、郭稹、吕公绰、王洙、欧阳修、张观、李淑、宋祁等人。他们仿照唐朝《群书四部录》的体例,在庆历元年编成了《崇文总目》66 卷,序录 1 卷。按经、史、子、集四部分类,再分为 45 小类,每类有序,每部书都有提要。① 著录图书 30669 卷。它在宋代及其以后的公私藏书目中产生了很大的影响,起到了示范的作用。但此书在元代初期已没有完整的本子,在明清两代只有简单的目录流传,只录书名,没有提要。清代修《四库全书》时,从《永乐大典》中辑出 12 卷;嘉庆四年,钱侗等人又以家藏范氏天一阁抄本为基础,从欧阳修《欧阳文忠公集》、王应麟《玉海》、马端临《文献通考》以及《郡斋读书志》《直斋书录解题》等书中,辑成《崇文总目辑释》5 卷,补遗 1 卷,恢复了一些序录、提要和原文,据此可以略窥《崇文总目》之原貌,在《丛书集成初编》《粤雅堂丛书》《后知不足斋丛书》等书中可以看到。

2.《中兴馆阁书目》及《中兴馆阁续书目》

《中兴馆阁书目》是南宋孝宗淳熙五年由秘书监陈骙所编成,70

---

① 关于《崇文总目》的卷数及分类,文献记载有不同,如晁公武《郡斋读书志》卷九、马端临《文献通考·经籍考》卷三四皆谓 64 卷;晁公武《郡斋读书志》卷九谓分 46 类,亦为《文献通考·经籍考》所引。晁公武.郡斋读书志校证[M].上海:上海古籍出版社,1990:402.马端临.文献通考[M].上海:华东师范大学出版社,1985:813.

卷,序例 1 卷。全书分 52 类,著录书籍 44486 卷,比《崇文总目》所著录的书籍多出 13817 卷。宁宗嘉定十三年(1220),政府藏书又有增加,秘书丞张攀奉诏编《中兴馆阁续书目》30 卷,著录淳熙后所得书 14943 卷。这两部书体例都仿《崇文总目》,每部书下有解题,但其质量不如《崇文总目》,编定时比较草率。这两部目录在当时曾与《崇文总目》并行,后皆散佚。现在可见到后人的辑本,有近人赵士炜的《中兴馆阁书目辑考》5 卷,《中兴馆阁续书目辑考》1 卷,1933 年北平图书馆出版。

3.《宋史·艺文志》

元代编,是根据宋代的国史艺文志而编成的。宋代有修国史的习惯,隔几代就修一次,故也修《艺文志》,根据各个时期的官修或库藏目录而修成。《宋史·艺文志》主要根据自宋太祖至宋宁宗时期的四部《国史艺文志》删并而成。第一部是《三朝国史艺文志》,吕夷简等修,包括太祖、太宗、真宗三朝。第二部是《两朝国史艺文志》,包括仁宗、英宗两朝。第三部是《四朝国史艺文志》,孝宗淳熙年间李焘臣编撰,包括北宋神宗、哲宗、徽宗、钦宗四朝。第四部是《中兴四朝国史艺文志》,包括南宋高宗、孝宗、光宗、宁宗四朝。宋人所修的四部《国史艺文志》,止于宁宗嘉定年间,对于嘉定以后的宋代政府藏书,《宋史·艺文志》做了增补,并按四部分类法排列这些书目。凡是增加的书目,都在每一类后面注明:某书以下不著录若干部,若干卷,以区别其不是根据宋《国史艺文志》,而是后来增补的。《宋史·艺文志》著录宋代历朝典籍 9819 部,119972 卷。在修《宋史·艺文志》的过程中,由于修史者的疏忽和浅陋,使其出现不少重复颠倒、纰缪之处,故《四库全书总目》评其"纰漏颠倒,瑕隙百出,于诸史志中最为丛脞"[①]。不过,对于我们了解宋代的书籍等情况,它还是有价值的。在历代的史志目录中,《宋史·艺文志》是最后一部著录当代藏书的史志目录。1957 年,商务印书馆出版了《宋史艺文志·补·附编》,包

[①] 永瑢,等.四库全书总目[M].北京:中华书局,1965:728.

括三部分:第一部分是《宋史艺文志》,脱脱等修。第二部分《宋史艺文志补》,黄虞稷、倪灿撰,卢文弨订。第三部分是《宋史艺文志附编》,这部分又包括:①赵士炜辑考的《中兴馆阁书目》及《中兴馆阁续书目》;②赵士炜辑的《中兴国史艺文志》;③清徐松辑的《四库阙书目》;④《秘书省续编四库阙书目》。① 商务印书馆把这些目录都收在一起而出版《宋史艺文志·补·附编》,甚便读者与研究者利用。

4.《郡斋读书志》

南宋晁公武(约1105—1180)编。晁公武,字子止,澶州清丰(今属河南)人,世居汴京昭德坊,人称昭德先生。他出生于文人世家,家中藏书很多。后因兵火战乱,书多损失。靖康末,他随父亲避金兵入侵之乱入四川。绍兴年间举进士第。他曾任四川转运使井度的属官,井度家多藏书,他把自己的藏书全部送给了晁公武,晁公武连同自己的藏书,去其重复,得书2万多卷,他对这些书进行校雠,为每一部书写了提要,编成《郡斋读书志》。此时他正在荣州(今四川荣县)太守(郡守)任上,故称《郡斋读书志》。它共著录图书24500多卷,分经、史、子、集四部,再分为45小类,有总序、大序和小序(45小类中,25类有小序,其小序在该类第一部书的解题之中)。② 它是我国现存最早的、具有解题的私人藏书目录。《郡斋读书志》的解题很有价值,或考证篇章次序,叙述作者经历,或议论一书要旨,探讨学术源流,简明扼要,形式不拘。它所著录的书籍后来很多都亡佚了,但通过这些解题,可以知道这些书的大概内容,这对古籍整理工作很重要。它有

---

① 《宋史艺文志补》乃卢文弨主要根据黄虞稷的私人藏书目《千顷堂书目》中所附南宋人著作辑刻而成,补《宋史·艺文志》中所阙的南宋人著作。《四库阙书目》乃南宋绍兴年间秘书省为访求政府藏书库所阙之书而颁布的书目,已佚,清徐松从《永乐大典》中辑出。《秘书省续编四库阙书目》乃南宋绍兴中改定,清叶德辉用丁氏迟云楼钞本,参宋代官私书目做了考订。脱脱,黄虞稷,倪灿,等.宋史艺文志·补·附编[M].上海:商务印书馆,1957:出版说明3-6.

② 此为衢本情况。袁本《前志》分43类,9个类目前有小序。晁公武.郡斋读书志校证[M].上海:上海古籍出版社,1990:前言2-3.

两种版本传世,即袁本和衢本,内容互有不同。袁本乃理宗淳祐十年(1250)刻于袁州(今江西宜春),是赵希弁奉宜春郡守黎安朝之命,据晁公武门人杜鹏举所刻、晁公武所编的4卷本加以增补,以及赵希弁本人所编《读书附志》一卷、《读书后志》二卷、《二本考异》一卷合刻而成。衢本20卷,是晁公武门人姚应绩所编,理宗淳祐九年,信安郡守游钧在衢州(今浙江衢州市)所刻。《四库全书》中所收即袁本。又有上海涵芬楼影印故宫博物院所藏宋淳祐年间袁州刻本,见《四部丛刊三编》。衢本有光绪十一年长沙刊本,清王先谦校定。1987年,现代出版社出版了许逸民、常振国编《中国历代书目丛刊》,将此二本同时收入。

5.《直斋书录解题》

南宋陈振孙(1179—1262)[①]编。陈振孙,字伯玉,号直斋,安吉(今浙江安吉县)人。他曾在江西、福建、浙江等地做过多年地方官,搜购、抄录当地藏书家的书,加上自家的丰富藏书,共有51180余卷,仿照《郡斋读书志》,编成《直斋书录解题》。全书分为53小类,并没有标明经、史、子、集之名,但仍按经、史、子、集顺序排列。每部书有解题。它没有总序,在53小类中,只有语孟、小学、起居注、时令、农家、阴阳家、音乐、诗集、章奏9类有小序。和《郡斋读书志》相似,它著录的书很多都亡佚了,它的解题对了解那些书的情况起到了很大作用。《直斋书录解题》原本56卷,基本上是一类一卷,因别集类为上中下三卷、诗集类为上下二卷,故合为56卷。这部目录流传很少,后来亡佚了,现流传的22卷本,是乾隆年间修《四库全书》时从《永乐大典》中辑出的。原本于解题后间或附有"随斋批注",起到了拾遗补阙的作用。清沈叔埏、钱泰吉等认为作者是元代的程棨,字仪甫,号"随斋"。《直斋书录解题》全面反映了南宋以前的藏书,收书量超过了官修目录《中兴馆阁书目》著录图书的总数。《四库全书总目》在提

---

① 何广棪.陈振孙生卒年新考[J].文献,2001(1):158-161.

到本书的参考价值时写道:"古书之不传于今者,得藉是以求其崖略;其传于今者,得藉是以辨其真伪,核其异同,亦考证之所必资,不可废也。"①这是很中肯的评价。1987年,上海古籍出版社出版了由徐小蛮、顾美华点校的《直斋书录解题》,可参考。

6.《通志·艺文略》

郑樵(1104—1162),字渔仲,莆田(今属福建)人。由于长期在家乡夹漈山读书,故学者称夹漈先生。他是宋代著名的史学家和目录学家。南宋初年,他撰《通志》200卷,其中的20略是其精华,《艺文略》是其中的一略。《艺文略》《校雠略》等,体现了他在目录学方面的思想和成就。他提出了"即类以求""旁类以求""因地以求""因家以求""求之公""求之私""因人以求""因代以求"②等八种搜集图书的方法,认为书籍之所以丢失,是因为分类时没有注意学术源流,主张通过分类体现学术源流,他在编书时也尽量按此去做。他根据自己搜集的图书,编了《群书会记》,即《艺文略》的初稿。他说:"观《群书会记》,则知樵之《艺文志》异乎诸史之《艺文》。"③其异乎诸史之艺文的主要之处,在于它不是记一代藏书、一朝著作,而是"纪百代之有无","广古今而无遗"④,既记现存的书,也记历代散佚亡缺的书,不仅记书籍,也记图谱,为的是后世求书有所根据,学术源流有所考查。但因为《通志·艺文略》对存、佚书都加以著录,因而不能依此判别某书在当时是否存在。他提出了"欲明书者,在于明类例"⑤的主张,从当时图书的实际情况出发,不因袭旧法,创立了经、礼、乐、小学、史、诸子、星数、五行、艺术、医方、类书、文"总十二类,百家,四百二十二种"⑥的

---

① 永瑢,等.四库全书总目[M].北京:中华书局,1965:730.
② 郑樵.通志二十略[M].北京:中华书局,1995:1813.
③ 郑樵.上宰相书[M]//曾枣庄,刘琳.全宋文.上海:上海辞书出版社,2006:42.
④ 郑樵.通志二十略[M].北京:中华书局,1995:1806;1807.
⑤ 同上1804.
⑥ 同上1805.对所述家、种的数目,学者有不同的计算结果。来新夏核计为12类82家430种。来新夏.古典目录学[M].北京:中华书局,1991:225.

分类体系,对后世影响很大。

7.《文献通考·经籍考》

马端临(1254—1334)①,字贵与,号竹村②,饶州乐平(今属江西)人。他一生大部分时间,是隐居家乡著书度过的。他用了20多年的时间,在唐杜佑《通典》的基础上,进行调整、扩充,写成了《文献通考》348卷,分为24门。《经籍考》是其中的一个门类,共有76卷。它在体例上的特点是以辑录为主,其分类依四部分类法,经部13类,史部14类,子部22类,集部6类。子目的设置归属,参考汉、隋、唐、宋四代官修、私修目录的分类,斟酌优劣,择善而从。如对以往目录的分类有所调整,则附有按语说明其理由。《经籍考》全书有总序,每一子目有小序。与一般目录的总序、小序不同的是,它们不是由马端临撰写的,而是从各种典籍中辑录而成的。小序置于每一类之首,小序后面,是汉、隋、唐、宋四代史志目录对这一类典籍著录的数量的统计,然后依年代先后排列书目,每一书目都有解题,解题也是从各种书籍中搜集而成的。它所采用的提要目录,主要依据《郡斋读书志》(衢本)与《直斋书录解题》,旁搜史传、文集、杂说、诗话等各种典籍,凡涉及著作之本末、流传之真伪、文理之纯驳者,俱辑录为提要,列于书目之下。这比一个人写的提要更有价值,为读者提供了方便。每一部书下不限于著录一个人的评价,而是把许多人的评论资料收集在一起,保存了大量的典籍资料。这种辑录体的编纂方法,对后世影响很大,清代朱彝尊的《经义考》以及谢启昆的《小学考》均仿照其体例编成。

五 明代的几部目录

元、明在目录编制方面没有显著的成就。元代也有聚书、刻书之举,但无目录流传下来。以下就明代的几部目录做简单的介绍。

---

① 连凡.《文献通考·经籍考》研究:导论[M].武汉:武汉大学出版社,2018:1.
② 同上.

1.《文渊阁书目》

明初曾经进行搜集图书的工作,藏书达到近百万卷。明英宗正统六年,杨士奇(1365—1444)等人编成了《文渊阁书目》。它不分经、史、子、集,而将藏书"以《千字文》排次,自'天'字至'往'字,凡得二十号,五十橱"①,对书籍的著录有册数而无卷数,多不著撰人姓氏。其编纂的目的,只是为了登记内阁的藏书,所以多不记录作者姓名、时代、书籍卷数、内容等。但是因为很多书后来丢失了,也还可以从《文渊阁书目》中看到一些情况。它共著录图书 7256 部,42600 多册②,《四库全书总目》在《文渊阁书目》提要中谓:"今以《永乐大典》对勘,其所收之书,世无传本者,往往见于此目,亦可知其储庋之富……亦考古所不废也。"③但从目录编制上说,它不能算是好的目录。

2.《新定内阁藏书目录》

它是明神宗万历三十三年,中书舍人张萱(1557—1641)④等人奉命校理内阁藏书时所撰。它的分类亦不守四部成规,分为 8 卷 18 部:第一卷,圣制、典制;第二卷,经、史、子;第三卷,集部;第四卷,总集、类书、金石、图经;第五卷,乐律、字学、理学、奏疏;第六卷,传记、技艺;第七卷,志乘;第八卷,杂部。著录书名,作者,书籍的全、缺,有的书注明卷数,有些书间或加有解题。虽然文字简略,体例也不够完善,但比《文渊阁书目》有所改进。

3.《国史经籍志》

明焦竑(1541—1620)⑤所撰。焦竑,字弱侯,号澹园,南京(今江苏

---

① 永瑢,等.四库全书总目[M].北京:中华书局,1965:731.
② 周少川.古籍目录学[M].郑州:中州古籍出版社,1996:158.
③ 同上.
④ 范凤书.中国私家藏书史[M].郑州:大象出版社,2001:179.
⑤ 来新夏.古典目录学[M].北京:中华书局,2018:212.

南京)人。明神宗万历年间,大学士陈于陛建议修国史,由焦竑负责。焦竑先编成了《经籍志》5卷,附录1卷。它仿照《文渊阁书目》的体例,首列"制书"类,专收明朝历代皇帝的训诰、著作以及臣下奉皇帝之命所撰之书,余分经、史、子、集四部,在每部中又分了很多小类,小类下再分子目,每一小类后又有小序。焦竑在"类例不立则书亡"①的思想指导下,特别注重分类,这点他深受郑樵的影响。附录一卷,内容是纠谬,焦竑对他认为前代一些书目如《汉书·艺文志》《隋书·经籍志》《新唐书·艺文志》《唐四库书目》《宋史·艺文志》《崇文总目》《通志·艺文略》《郡斋读书志》《文献通考·经籍考》中分类错误的地方加以纠正。《国史经籍志》所收录图书,有些是根据旧目录而来的,不以明代藏书为限,不问存佚,通记古今。这就使其目录存在一些缺点,且遗漏颇多。故《四库全书总目》对焦竑本人及其书多所讥评,将其著书多列入存目,并评论《国史经籍志》说:"顾其书丛抄旧目,无所考核,不论存亡,率尔滥载。古来目录,唯是书最不足凭。"又讥讽焦竑说:"世以竑负博物之名,莫之敢诘,往往贻误后生。"②但《国史经籍志》颇为清代学者所推重,钱大昕撰《补元史艺文志》,自称从此书采获甚多,章学诚在《校雠通义》中也称其"整齐有法"③。其在分类方面所做的努力,对后人也有参考价值。不过《四库全书总目》指出《国史经籍志》"丛抄旧目,无所考核,不论存亡"的毛病却是准确的。清宋定国、谢星缠曾合编《国史经籍志补》,以增补其所遗漏。

4.《千顷堂书目》

黄虞稷(1629—1691)编。他字俞邰,晋江(今属福建泉州)人。随其父家居江宁(今江苏南京),乃明末清初人。其家富藏书,父亲黄居中在世时,家中就有《千顷斋藏书目录》6卷,后经黄虞稷在家中藏书的基

---

① 焦竑.澹园集[M].北京:中华书局,1999:310.
② 永瑢,等.四库全书总目[M].北京:中华书局,1965:744.
③ 章学诚.文史通义校注:附校雠通义[M].北京:中华书局,1985:1009.

础上加以增益,以《千顷斋藏书目录》为基础,增修成《千顷堂书目》32卷,按经、史、子、集四部分类,经部又分11类,史部18类,子部12类,集部8类。其小类的划分,有得有失,如经部"既以'四书'为一类,又以'论语''孟子'各为一类,又以说《大学》《中庸》者入于'三礼类'中",虽欲"略存古例",但"明人所说《大学》《中庸》皆为《四书》而解,非为《礼记》而解;即《论语》《孟子》亦因《四书》而说,非若古人之别为一经,专门授受",故《四库全书总目》认为"其分合殊为不当"。① 其集部别集类以科第序次排列,没有科第年代者则酌情附于各朝之末,故《四库全书总目》认为其"视唐宋二志之糅乱,特为清晰,体例可云最善"②。全书无总序、大序、小序,但作者认为必要时,在个别小类的类目下加注,来说明立类的缘由、本类的内容及收书范围。如集部"制举类"类目下注云:"自宋熙宁用荆舒之制,以经义试士,其后或用或否,惟明遵行不废,遂为一代之制。三百年来,程士之文与士之自课者,庞杂不胜录也。然而典制所在,未可废也。缘《通考》录擢犀、擢象之类,载程式之文二三种,以见一代之制,而二三场之著者,亦附见焉。"③又如子部"杂家类"类目下注云:"前代《艺文志》列名、法诸家,后代沿之,然寥寥无几,备数而已,今削之,总名之曰杂家。"④《千顷堂书目》书名下虽无解题,但在很多书名下都加有小注,说明作者的生平事迹、书籍内容及存缺等情况,内容不拘一格,十分丰富,起到了解题的一些作用,颇有价值。如子部杂家类"解延年《物类集说》三十四卷又《策学指归》□卷"下注:"字世化,山东栖霞人。正统己未进士,顺庆府知府。"⑤又"罗虞臣《原子》八卷"下注:"字熙载,广东顺德人,嘉靖己丑进士。官吏部主事,坐列东山狱,杖黜。叶春及称其文上追两汉,下揖六朝,方驾作者。其于礼、乐,

---

① 永瑢,等.四库全书总目[M].北京:中华书局,1965:732.
② 同上.
③ 黄虞稷.千顷堂书目[M].上海:上海古籍出版社,1990:784.
④ 同上 323.
⑤ 同上.

援据古今,拟议尤确。"①《千顷堂书目》主要收录明代人的著作,开了著录一代著述的先例,但在每一类明代人著作的后面,又补收了宋、辽、金、元时期的同类著作。很多已亡佚的宋、辽、金、元人的著作,通过此目得以窥见其大致内容,如经部"三礼类"补元代许衡《大学鲁斋诗解》一卷,下注:"每《大学》一义,赋七言绝句解之。"②许衡《大学鲁斋诗解》一书早已亡佚,我们通过此目及其注释可以了解此书和它的大致内容。《千顷堂书目》是考查明代典籍的重要目录,也是补充、了解宋、辽、金、元四代典籍的重要目录。同时它也开了清代补作历代《艺文志》的风气之先河。

5.《明史·艺文志》

清康熙十八年,黄虞稷经人举荐,进入明史馆,主要依据《千顷堂书目》,撰成《明史·艺文志稿》,以收明人著作为主,兼补宋、辽、金、元人著作。清代修《明史·艺文志》时,是以黄虞稷的《明史·艺文志稿》为底本,由张廷玉挂名编订的。《明史·艺文志》和前代不同的地方,就是只著录明代人的著作。这是因为在修《明史·艺文志》时,明代的《文渊阁书目》等都不足为凭,没有一个"著一代之所有"③的合适书目作为依据;而且由于自宋代以来,出版业发达,书籍越来越多,如果仍然采用前代史志目录的做法,"录古今之书……著一代之所有"④,那么《艺文志》的篇幅,不但要超过前代《艺文志》,就是在《明史》中,也会显得所占比例过大而使全书失去平衡。故其只著录本朝人的著作,是势所必然。明史馆总纂修官王鸿绪,在黄虞稷《明史·艺文志稿》的基础上做了删改,删去了黄虞稷所补的宋、辽、金、元人的著作,把原稿中"幽辟不传与

---

① 黄虞稷.千顷堂书目[M].上海:上海古籍出版社,1990:325.
② 同上 48.
③ 倪灿.明史艺文志序[M]//黄虞稷.千顷堂书目:附录.上海:上海古籍出版社,1990:804.
④ 同上.

无卷帙氏里可考者"①，也都删去了。又依据《经义考》，对经部的《易》《诗》《书》等类做了补充、修正。后来张廷玉所进呈的《明史·艺文志》，基本上是王鸿绪删改过的黄虞稷的《明史·艺文志稿》，张廷玉等对其并没有大的改动。但王鸿绪的删改使《明史·艺文志》的价值降低了，后人在探求明人著述时，往往采用黄虞稷的《千顷堂书目》而不大用《明史·艺文志》。商务印书馆出版了《明史艺文志·补编·附编》，把许多与明代书籍有关的目录收集在一起。其中补编部分包括清傅维鳞编的《明书·经籍志》、明王圻辑录的《续文献通考·经籍考》、清乾隆年间官修的《钦定续文献通考·经籍考》；附编部分包括焦竑编的《国史经籍志》，清宋定国、谢星缠合编的《国史经籍志补》。

六 《四库全书》与《四库全书总目》

清乾隆年间所修的《四库全书》，是我国文化史上光辉的一页，同时所修的《四库全书总目》，是目录学上的重要著作。

《四库全书总目》是伴随着《四库全书》的编修而产生的。随着清政权的日趋稳定，清政府开始对文化典籍进行大规模的搜集整理工作。康熙时就编了我国现存最大的一部类书《古今图书集成》10000卷。乾隆皇帝为了显示其太平盛世，稽古佑文，同时也想借征书之名，对天下书籍进行一次彻底的清查，销毁所谓语涉违碍的图书，以泯灭汉族人民的民族意识以及民主思想，于乾隆三十七年下令大规模地搜集天下遗书，三十八年，设立四库全书馆，开始编修《四库全书》。当时从各地搜集来的各类图书都汇聚到四库全书馆。这些书籍的来源有四种：①政府固有藏书。分为敕撰本和内府本。敕撰本指清初至乾隆时，臣下按皇帝的旨意所编纂的书。皇帝日常居住、休息的地方叫大内，也叫内廷，这些地方都备有藏书，供皇帝随时阅览，自这些地方所取的藏书，就叫内府本。②公私进呈的遗书。分为各省采进本、私人进献本、通行本

---

① 杭世骏.黄氏书录序[M]//黄虞稷.千顷堂书目：附录.上海：上海古籍出版社，1990：797.

三种。各省督抚学政,在本省所采之书,送入四库馆备用的,称为各省采进本。藏书家将家藏之书送馆备用的,称为私人进献本。将社会上流行的书籍采入四库馆备用的,称为通行本。③从《永乐大典》辑出的书,称为《永乐大典》本。④临时编纂加入的书,是奉皇帝之命编纂的,也称为敕撰本。《四库全书》总纂修官是纪昀、陆锡熊,纪昀在四库馆13年,全书体例由他而定。清代很多知名学者如戴震、邵晋涵、周永年等都参加了编纂《四库全书》的工作,前后参加编纂的有360人。各纂修官把每书不同的版本加以校对核定,简述作者经历,写出提要,并分别注明应刻、应抄、应入存目等意见。清政府认为:凡是有益于世道人心的书,将其抄入《四库全书》,同时刻印,使其流传天下,叫应刻之书;有实用价值的书,只抄入《四库全书》,不再刻印,叫应抄之书;虽然有价值,但有俚俗浅陋、讹谬之处的书,就不抄入《四库全书》,仅将其书名保留于《四库全书总目》中,并为其撰写提要,这就是存目之书。乾隆四十七年,《四库全书》的前四份陆续抄成。《四库全书》共收书3457种,79070卷。每部《四库全书》装订成36000册。① 先抄成的四份《四库全书》分别收藏在故宫的文渊阁、盛京(今辽宁沈阳)的文溯阁、圆明园的文源阁、热河(今河北承德)的文津阁。因其都收藏于北方的皇宫或行宫中,所以又被称为内廷四阁、内四阁,又简称为"北四阁"。后来又续抄了三份,于乾隆五十二年完成,分藏于江苏扬州大观堂的文汇阁、江苏镇江金山寺的文宗阁、浙江杭州圣因寺的文澜阁。因其地处江南,故又称"南三阁"。这七份《四库全书》是正本。此外还有一份副本,是《四库全书》的底本,收藏在翰林院。故宫文渊阁所藏,现在藏于台北故宫博物院;沈阳故宫文溯阁的一份,1966年移存甘肃省图书馆;圆明园文

---

① 高路明.古籍目录与中国古代学术研究[M].南京:江苏古籍出版社,1997:189. 关于《四库全书》的种、卷、册数,有不同说法,如中华书局1965年版《四库全书总目》的出版说明中谓收书3461种,79309卷;任继愈主编《中国藏书楼》中编"中国藏书楼发展史"认为,"所谓三万六千册者,盖举其整数而言","1930年,图书馆人员根据《四库全书总目》,对文渊阁《四库全书》进行清点,统计阁书3459种,36078册,6144函"。任继愈.中国藏书楼[M].沈阳:辽宁人民出版社,2001:1340-1341.

源阁所藏的《四库全书》,在 1860 年英法联军火烧圆明园时被焚;热河避暑山庄文津阁所藏的一份,现收藏于国家图书馆。藏于江苏扬州、镇江的文汇、文宗阁的两份《四库全书》,在清代咸丰年间(1851—1861)太平军与清军的混战中,被焚毁;浙江杭州文澜阁所藏的《四库全书》,经散失抄补,现存于浙江省图书馆。副本经过咸丰十年英法联军进入北京和光绪二十六年八国联军侵入北京两次劫难,损失惨重,有的被焚,有的被带到国外,也有的流落民间。《四库全书》从搜集到完成经过了 20 余年的时间,清统治者对全国的书籍进行了大清查,实际上是寓毁于征。对于有违碍的书,把书版、印本全部销毁的,叫全毁;仅把有违碍的部分抽出销毁的,叫抽毁。他们对石刻、拓本也不放过,还把销毁的书印成禁书目录,散发到全国,进行彻底追查。据陈乃乾《索引式的禁书总录》统计,全毁书有 2453 种,抽毁书有 402 种,共 2855 种,毁的和《四库全书》所收的差不多。对于书中的词句、语言有违碍的,收入时也加以涂改、删削。

在编纂《四库全书》的过程中,四库馆臣为每一部书都写了提要,附在书中,又把这些提要收集起来,编辑成册,成为《四库全书总目》。《四库全书总目》正式著录的图书数量和《四库全书》所收的书是相等的,但附有存目书 6793 种,93551 卷。《四库全书总目》共有书籍 10254 种,172860 卷,[①]成为空前巨大的图书总目录。它以经、史、子、集四部分类法类分全书,经部 10 类,史部 15 类,子部 14 类,集部 5 类,共 44 小类。4 大类前有总序,44 小类前也各有小序,间或于子目之末或提要之末附加按语,以补充未尽之义。整个分类体系周密完整,条理分明,眉目清晰。它参考了历代提要目录,吸取其长处,制定了编写提要的方式方法:每书"先列作者之爵里以论世知人,次考本书之得失,权众说之异同,以及文字增删、篇帙分合,皆详为订辨,巨细不遗。而人品学术之醇疵,国纪朝章之法戒,亦未尝不各昭彰瘅,用著劝惩"[②]。《四库全书总

---

① 永瑢,等.四库全书总目[M].北京:中华书局,1965:出版说明 3.
② 同上卷首凡例 17-18.

目》通过总序、小序、按语及提要,辨章学术,考镜源流,对书籍进行评价,实际上是对中国古代的学术典籍做了一次总结,通过它,我们可以了解中国古代社会学术的发展、演变,了解清代的学术水平及学术观点。同时,它也是我们了解古籍、利用古籍的重要参考依据。但由于成于众手等各种原因,《四库全书总目》中也存在着不少疏漏与缺失,从它问世至今,研究者非常多,为其匡谬补正的书籍及文章不断出现,像余嘉锡的《四库提要辨证》、胡玉缙的《四库全书总目提要补正》、李裕民《四库提要订误》、崔富章《四库提要补正》等,都是我们阅读《四库全书总目》所应备的重要参考书。

另外,记载清代著述的目录还有孙殿起编的《贩书偶记》及《贩书偶记续编》,相当于《四库全书总目》的续编。孙殿起把他亲眼见到和经手的书进行著录,凡对《四库全书总目》已著录的书一般不录,版本、卷数不同的才著录。其所收绝大部分是清代的著作,也有少数明代的小说和辛亥革命至抗战前(止于1935年)的有关古代文化的著作。《贩书偶记》大体按《四库全书总目》的体例编排,1932年初次刊行。《贩书偶记》出版后,孙殿起又积累了6000余条有关古籍的资料,由其助手雷梦水加以整理,定名为《贩书偶记续编》,上海古籍出版社1980年出版。《贩书偶记》及《贩书偶记续编》,起到了《清史稿·艺文志》的作用。

第五节 古籍目录的主要类型

我国古代有丰富的目录书籍,这些目录书籍按照其编制目的、功用、内容、性质可分为不同的类型。

一 从编制目的、功用上区分

1. 国家书目

国家书目是由政府主持,在国家藏书基础上编成的。从汉至清,历代王朝几乎都进行搜集天下遗书、整理编目的工作,国家书目往往反映了一个朝代的藏书与著述情况,也是记载当时书籍状况的较丰富、较全面的资料,但由于成于众手,也有疏漏之处。国家书目以汉刘向、刘歆编《别录》(已佚)、《七略》(已佚)为最早,后来历代效仿汉代,西晋有荀勖《晋中经簿》(已佚),东晋有李充《晋元帝四部书目》(已佚),隋有《大业正御书目录》(已佚),唐有《群书四部录》(已佚),宋有《崇文总目》(已佚,有辑本)、《中兴馆阁书目》及《中兴馆阁续书目》(有辑本),明有《文渊阁书目》(存),清有《四库全书总目》(存)。可见,这些国家书目大部分都亡佚了,只有少数现存。

2. 史志目录

史志目录是历代史官在修史书时,将这一代的图书情况记录下来成为史书的一部分,随史书一起流传下来的目录。班固首创《汉书·艺文志》,之后每代继之不绝,如《隋书·经籍志》《旧唐书·经籍志》《新唐书·艺文志》《宋史·艺文志》《明史·艺文志》《清史稿·艺文志》[①]。由于在二十六史中[②],只有以上七部有《艺文志》或《经籍志》,其他史缺,因此清代以来很多学者纷纷进行了补志的工作。他们从史书传记、文集、其他各种目录等各方面资料中广泛搜集,逐步将原先各史所缺的《艺文志》都补齐了。如侯康《补后汉书艺文志》《补三国艺文志》,文廷式《补晋书艺文志》,徐崇《补南北史艺文志》,顾櫰三《补五代史艺文志》,王仁俊《西夏艺文志》,黄虞稷、倪灿《宋史艺文志补》《补辽金元艺文志》(卢文弨订),钱大昕《补元史艺文志》。而且同一部史书往往有多人为其补志,如为《后汉书》补艺文志的还有钱大昭《补续汉书艺文志》、

[①] 《清史稿》是民国初年(1914—1927)设馆编的,参加编写的人很多,完稿后没有校对就印刷了,其本身质量不太好,其《艺文志》有章钰、吴士鉴原稿,后来经朱师辙加工,沿用《明史·艺文志》的断代体例,只收清代人著作。它有很多不妥之处,受到非议,质量很差,但作为反映清代著述情况和著录情况的目录,它还是有一定参考价值的。

[②] 二十六史:《史记》《汉书》《后汉书》《三国志》《晋书》《宋书》《南齐书》《梁书》《陈书》《后魏书》《北齐书》《周书》《隋书》《南史》《北史》《新唐书》《新五代史》(以上十七史)、《宋史》《辽史》《金史》《元史》(以上二十一史)、《明史》《旧唐书》《旧五代史》(以上二十四史),加上《新元史》《清史稿》,为二十六史。

姚振宗《后汉艺文志》、顾櫰三《补后汉书艺文志》、曾朴《补后汉书艺文志》等；补《晋书艺文志》的还有秦荣光《补晋书艺文志》、吴士鉴《补晋书经籍志》等；补辽、金、元史艺文志的还有厉鹗《补辽史经籍志》、杨复吉《补辽史经籍志》、黄任恒《补辽史经籍志》、缪荃孙《辽史艺文志》、龚显曾《金史艺文志补录》、郑文焯《金史补艺文志》、孙德谦《金史艺文略》、张锦云《元史艺文志补》等。所补之《艺文志》或《经籍志》大都收在《二十五史补编》中。这些补作的《艺文志》或《经籍志》所著录的只限于一个朝代的著述，这与大多数正史目录著录一代典藏（包括本代和其前代人的著述）不同。补志与史书中原有的《艺文志》或《经籍志》连在一起，成为一套完整的史志目录，为我们了解历代的藏书、著述以及古籍的流传、分合、存佚等情况提供了重要的依据。特别是在历代国家书目大部分都亡佚之后，史志目录就显得更重要、更珍贵了。

3. 私藏目录

私藏目录是指根据私人藏书所编的目录。私藏目录是伴随着私人藏书的兴起而产生的。大约在春秋战国时期，就有了私人藏书。有学者认为孔子"是中国第一代的私人藏书家"[①]。另外像惠施、墨子、苏秦等人，也是私人藏书家的早期代表。如《庄子·天下》有"惠施多方，其书五车"[②]之语；葛洪《抱朴子》外篇卷三《勖学》云"墨翟大贤，载文盈车"[③]；《战国策·秦策一》卷三云："（苏秦）去秦而归，嬴縢履蹻，负书担橐，形容枯槁，面目犁黑，状有归色。归至家，妻不下纴，嫂不为炊，父母不与言……乃夜发书，陈箧数十，得《太公阴符》之谋，伏而诵之，简练以

---

① 他引用了多种文献，如《史记》卷四七《孔子世家》："孔子以诗、书、礼、乐教，弟子盖三千焉，身通六艺者七十有二人。"又《春秋公羊传·隐公元年》："昔孔子受端门之命，制春秋之义，使子夏等十四人求《周史记》，得百二十国宝书。"又孔颖达《尚书序》正义："《尚书纬》云：孔子求书，得黄帝玄孙帝魁之书，迄于秦穆公，凡三千二百四十篇，断远取近，定可以为世法者百二十篇，以百二篇为《尚书》，十八篇为《中候》。"范凤书.中国私家藏书史[M].郑州：大象出版社，2001：2-3.

② 王先谦.庄子集解[M].北京：中华书局，1987：296.

③ 葛洪.抱朴子外篇校笺[M].北京：中华书局，1991：127.

为《揣》《摩》。读书欲睡,引锥自刺其股,血流至足。"①写苏秦利用家中藏书,发奋苦读的情况。又《史记》卷一五《六国年表》载:"秦既得意,烧天下《诗》《书》,诸侯史记尤甚,为其有所刺讽也。《诗》《书》所以复见者,多藏人家,而史记独藏周室,以故灭。"②可见秦始皇焚书时,私人藏书已很普遍。但总的来说,此时私人藏书的规模还比较小,藏书多以车、箧计,藏书形式也比较简陋,似无专门的藏书建筑。

汉代,私人求书藏书的风气已经盛行,出现了民间书肆及以抄书为业的"佣书"人。皇帝开始以赐书的形式褒奖臣属,如蔡邕即曾得朝廷赐书4000余卷。朝廷赐书由此也成为私家藏书的一个来源和一大特色。此时也出现了藏书可富比朝廷的私人藏书家,如《汉书》卷五三《河间献王刘德传》载:"河间献王德……修学好古,实事求是。从民得善书,必为好写与之,留其真,加金帛赐以招之。繇是四方道术之人不远千里,或有先祖旧书,多奉以奏献王者,故得书多,与汉朝等。"③不难想象,像河间献王刘德、淮南王刘安等人的家里已设有专门的藏书楼以放置藏书。

私人藏书的增多、规模的扩大,使得统辖、记录、管理这些藏书的目录的出现成为必然。我国最早的私人藏书目录的编写,当始于南朝梁任昉。④《梁书》卷一四《任昉传》云:"昉坟籍无所不见,家虽贫,聚书至万余卷,率多异本。昉卒后,高祖使学士贺纵共沈约勘其书目,官所无者,就昉家取之。"⑤又阮孝绪《七录序》云:"凡自宋齐已来,王公搢绅之馆,苟能蓄聚坟籍,必思致其名簿。"⑥这里所说的"名簿",就是指目录,

---

① 何建章.战国策注释[M].北京:中华书局,1990:75.
② 司马迁.史记[M].北京:中华书局,1982:686.
③ 班固.汉书[M].北京:中华书局,1962:2410.
④ 来新夏《古典目录学》第33页认为始于南朝宋王俭的《七志》和梁阮孝绪的《七录》,但高路明《古籍目录与中国古代学术研究》第290页认为"南朝宋王俭、梁阮孝绪,都曾以私人之力编撰目录,但他们的根据不是自己的藏书,而是政府的藏书目录以及官绅之家的藏书目录。"今从高说。
⑤ 姚思廉.梁书[M].北京:中华书局,1973:254.
⑥ 严可均.全上古三代秦汉三国六朝文[M].北京:中华书局,1958:3346.

可见南朝藏书家多有目录。

唐代繁荣兴盛,经济发达,私家藏书进一步发展,据范凤书统计,唐藏书家有 60 人。见于文献记载的藏书目录有三家,即吴竞《西斋书目》1 卷,蒋彧《新集书目》1 卷,杜信《东斋籍》(一作《东斋集籍》)20 卷。① 但这些书目都已亡佚。

宋代雕版印刷术的发展促进了书籍的流通,私人藏书有了很大的发展,据范氏统计,藏书达万卷以上的藏书家有 214 人,约占宋代藏书家总数的三分之一。这些藏书家有的著有书目,有的未编目录,有书目的也大都亡佚。但宋代许多藏书家同时又是优秀的目录学家,他们不但在私人藏书量上远远超过了前代,在目录编纂上,也具有较高的水平。现存宋代私藏书目主要有三家,即晁公武《郡斋读书志》、陈振孙《直斋书录解题》、尤袤《遂初堂书目》。前两种我们已经做过介绍,现在介绍一下《遂初堂书目》。

《遂初堂书目》1 卷,尤袤撰。

尤袤(1127—1194)字延之,号遂初居士,无锡(今属江苏)人,高宗绍兴十八年进士,官至礼部尚书。他是一位勤读勤抄、对图书有特殊爱好的藏书家。杨万里《遂初堂书目序》曰:"延之于书靡不观,观书靡不记。每公退则闭户谢客,日记手抄若干古书。其子弟及诸女亦抄书。一日谓予曰:'吾所抄书,今若干卷,将汇而目之,饥读之以当肉,寒读之以当裘,孤寂而读之以当友朋,幽忧而读之以当金石琴瑟也。'"②陈振孙《直斋书录解题》也讲到他"藏书至多,法书尤富。尝烬于火,今其存亡几矣"③。尤袤晚年编成《遂初堂书目》,仅记书名,不撰解题,但间或记载一书的不同版本,如旧监本、旧杭本及新杭本(以时代划分);杭本、越本、江西本、湖北本、池州本、吉州本等(以刻书地域划分);监本、家刻本、官刻本等(以刻书机构划分);川大字本、川小字本等(以刻版行款划

---

① 欧阳修,宋祁. 新唐书:卷五十八:艺文二[M]. 北京:中华书局,1975:1453-1508. 郑樵. 通志二十略[M]. 北京:中华书局,1995:1595.
② 马端临. 文献通考:经籍考三十四[M]. 北京:中华书局,2011:5881-5882.
③ 陈振孙. 直斋书录解题[M]. 上海:上海古籍出版社,1987:236.

分);宋本、高丽本等(以国别划分)。所记仅限经总、正史、杂史等类。虽然有些简略,但是他开了版本目录专著的先例,对后世致力版本著录与版本研究贡献尤大。

《遂初堂书目》虽未标经、史、子、集四部之名,但实际上还是按四部分类法排列群书的。经部分9类,史部分18类,子部分12类,集部分5类,共44小类。它在分类上也有创新,如经部设立"经总"一类,收综合类经书;史部增设国史、本朝杂史、本朝故事、本朝杂传四类,使当代史的地位显得非常突出。子部创立了"谱录"类,受到了《四库全书总目》的好评:"其子部别立谱录一门,以收香谱、石谱、蟹录之无类可附者,为例最善。"[①]另外它还取消、合并了以往书目中所有的一些类目,如经部取消了《孝经》《孟子》等类,并入《论语》类;史部取消岁时类,入农家类;子部把"法""名""墨""纵横"四类并入"杂家"一类;等等。它的分类是适应当时学术思想的发展变化以及书籍发展的客观情况的,对后世也产生了一定的影响。

元代的目录事业较之宋代大有逊色,只是一个缓慢发展、过渡阶段。据范凤书《中国私家藏书史》统计,元代私家藏书目录有王恽《王氏藏书目录》、庄肃《庄氏藏书目录》《蓼塘书目》、岳德敏《岳德敏书目》、张思明《共山书院藏书目录》、袁桷《袁氏旧/新书目》、林静《愚斋家藏书目》、黄方子《东家书目》、陆友《陆氏藏书目录》九种,但因全部失传,亦不详其编制。

明代私人藏书风气很盛,出现了很多大藏书家。据范氏统计,明一代藏书家,多达897人,收藏万卷以上的有231人,10万卷以上的藏书家也大有人在,如祁承㸁、毛晋等。这些藏书家中有不少都编制了藏书目录,计167种,其中又确知有刻印本或抄本流传于世的有48种。现择其著名者予以简单介绍。

《百川书志》20卷,高儒撰。

高儒,字子醇,号百川子,涿州(今属河北)人。他的父亲高荣曾任

---

① 永瑢,等.四库全书总目[M].北京:中华书局,1965:730.

尚宝丞,后转锦衣卫,积阶至镇国将军。他承父荫,亦致身武行。但他家两代皆喜藏书,家藏近万卷。他十分重视藏书的编目工作,认为"书无目,犹兵无统驭,政无教令,聚散无稽矣",于是经过"六年考索,三易成编,损益古志,大分四部,细列九十三门,裁订二十卷"①,在嘉靖十九年撰成《百川书志》,收书2000多种,以四部分类,类下列93门。其中经部16门,史部21门,子部30门,集部26门。这个目录有两个显著特点。其一是对所著录的书籍大都撰有提要,介绍作者情况、书籍内容、著述缘起、校勘得失及学术评论等。如《使琉球录》提要云:"皇朝给事中陈侃、行人高澄使琉球所录。前载制谕、祭文、赍物,次载日记道途、山川、风俗、人物之实,起居、日用、饮食之细,耳目亲及者备录之。考证诸书夷语,附于卷末。"②其二是在史部的小类中收录了戏曲、小说、演义、传奇等文学作品,为古典文学的研究提供了重要的参考资料。如卷五史部传记类收录了李公佐《谢小娥传》、蒋防《霍小玉传》等短篇小说;卷六野史类收录了《三国志通俗演义》《忠义水浒传》两部长篇小说,外史类著录了《玉箫女两世姻缘杂剧》《关云长义勇辞金传奇》等戏曲作品。另外,在卷一八集部词曲类专记元、明词曲,多记元、明人著作也是《百川书志》的优点。其缺点是分类不够精确,著录次序也较紊乱。清代目录学家周中孚《郑堂读书记》卷三二曾评其失曰:"以道学编入经志,以传奇为外史,琐语为小史,俱编入史志,可乎?儒家外别分德行、崇正二家,亦太丛杂不伦矣。"③书目文献出版社 1993 年出版的《明代书目题跋丛刊》中收有此书目。

《晁氏宝文堂书目》3 卷,晁瑮撰。

晁瑮(1507—1560)④,字君石,号春陵,开州(今河南濮阳)人。嘉

---

① 高儒.百川书志序[M]//高儒,周弘祖.百川书志;古今书刻.上海:上海古籍出版社,1957:2-3.
② 高儒.百川书志:卷四[M]//高儒,周弘祖.百川书志;古今书刻.上海:上海古籍出版社,1957:54-55.
③ 周中孚.郑堂读书记[M].上海:上海书店出版社,2009:483.
④ 晁瑮生卒年据张剑,王义印.《宝文堂书目》作者晁瑮、晁东吴行年考[J].文史,2007(3):217;224.

靖二十年进士,官至国子监司业。与其子晁东吴(1532—1554)皆喜藏书,并合撰成《晁氏宝文堂书目》,著录图书 7000 多种,分上、中、下 3 卷。"此本以'御制'为首,上卷分总经、五经、四书、性理、史、子、文集、诗词等十二目,中卷分类书、子杂、乐府、四六、经济、举业等六目,下卷分韵书、政书、兵书、刑书、阴阳、医书、农圃、艺谱、算法、图志、年谱、姓氏、佛藏、道藏、法帖等十五目。"①此书目主要有以下三个特点:一是打破了传统的经史子集四部分类法的次序,把全书分为 33 类,在书目编撰上做了一次有益的尝试。二是在中卷的子杂类和乐府类中,著录了元明话本、小说、杂剧和传奇,为研究古典文学史者提供了重要的参考资料。三是在所著录的书的下端,记有版刻地点、时间、人员以及册次、纸质、批注者、残缺、错讹情况等,这就为了解明代版刻源流等情况提供了重要参考。《明代书目题跋丛刊》中收有此目录。

《世善堂藏书目录》2 卷,陈第编。

陈第(1541—1617),字季立,号一斋,福建连江人。出身于读书之家,喜欢阅读、收藏图书,广览博究,探索学问。曾参加抗倭民族英雄戚继光的部队,勇敢善战,屡立战功。在军中他也尽力搜访、购买图书,被誉为"儒将"。后辞官回乡,筑"倦游庐"为居所,其中另辟一室,起名"世善堂",作为藏书室,在其中潜心读书治学,并继续大力收藏图书。他称自己"性无他嗜,惟书是癖"②。他广藏博览,钻研学问,著述颇丰,有《尚书疏衍》《屈宋古音义》《毛诗古音考》《五岳游草》《一斋诗集》等多种著作,尤其在古音韵的研究上成就突出,受到后来的音韵学者的称誉。万历四十四年,即他去世的前一年,亲自编定了《世善堂藏书目录》。此目录的分类也与传统的四部分类法有所不同。如在经、史、子、集四部分类法的基础上增设了"四书""各家"两部,成为 6 大类 63 小类;在史部增设了"学堂鉴选""明朝纪载""训诫书""四译载记""类编"等许多类

---

① 古典文学出版社辑. 晁氏宝文堂书目叙录[M]//晁瑮,徐𤊹. 晁氏宝文堂书目;徐氏红雨楼书目. 上海:古典文学出版社,1957:239.
② 陈第. 世善堂藏书目录题词[M]//世善堂藏书目录. 上海:商务印书馆,1937:1.

目;把"金石法帖"和"字学"归入集部,又在集部独创"帝王文集""缁流集"等类。此目录虽然在传统的四分法上有所突破,但其六分法也存在一些问题,如把"金石法帖""字学"类归入集部,就不太妥当;而在集部设置"帝王文集""历代大臣将相文集",反映了"君为臣纲""帝王将相创造历史"的封建正统思想。这部书目后来经过了陈第子孙的增益,所增之一些书籍,是抄自《文献通考·经籍考》及某种福建地方目录,在使用时,应注意分辨。① 有抄本及《知不足斋丛书》刻本传世。

《赵定宇书目》,赵用贤撰。

赵用贤(1535—1596),字汝师,号定宇,常熟(今属江苏)人。隆庆五年进士,官至吏部侍郎。他喜欢收藏、校勘、刻印图书,家藏丰富,有不少善本。此书目是他根据自己的藏书所编成的,但只是一个图书登录簿,分29类,收书3300多种,类列极不精密,排次也无规律,不过它所著录的内容有的很有价值。如著名的笔记小说丛书《稗统》久佚,内容不为后人所知,此目则载有《稗统》的编辑收藏者,其244册的详目,并有《稗统后编》《稗统续编》的目录,为研究文学史之珍贵资料。1957年古典文学出版社曾将此目录影印出版,《明代书目题跋丛刊》中也收有此目录。

《脉望馆书目》8卷,赵琦美撰。

赵琦美(1563—1624),原名开美,字仲朗,号玄度,一字如白,号清常道人,赵用贤长子。以父荫官,累迁至刑部郎中。他继承了父亲的藏书事业,成绩和声誉甚至超过其父。他还利用丰富的藏书进行研究工作,撰写了不少著作,其中《脉望馆书目》即是重要的目录学著作。它著录图书近5000种,20000多册。它是按《千字文》的顺序排列图书的,从"天"字至"吕"字共排30号,每字后标明类目名称,如"天字号经类一""地字号经类二"等。此目录的特点是著录的俗文学图书较多,如收录《古今杂剧》200多种,小说180多种;②另外,在"暑"字号子类下,设

---

① 来新夏.古典目录学[M].北京:中华书局,1991:249-250.
② 任继愈.中国藏书楼[M].沈阳:辽宁人民出版社,2001:1068.

有"大西人著述"小类,登录了《几何原本》《泰西水法》等7种西方传教士译著的书籍,这是值得注意的内容。

《澹生堂藏书目》14卷,祁承爜撰。

祁承爜(1563—1628),字尔光,号夷度、旷翁,山阴(今浙江绍兴)人。万历三十二年进士。宦游山东、江苏、安徽、河南等省,官至江西布政使司右参政。他是明末著名的藏书家、目录学家,曾穷搜博采,聚书十万余卷,撰有《澹生堂藏书训约》《庚申整书小记》等著作,阐发其目录学思想,并在其《澹生堂藏书目》中实践之。它虽未标经史子集之名,实际上还是以四部为纲,共分46类:经部11类,史部15类,子部13类,集部7类。类下又有196个子目。类目多有新意,如创设丛书一类,多为后来的书目所继承。书目后附有《庚申整书略例》,阐述了他的因、益、互、通的分类方法:因袭四部分类法;对旧的四部分类法进行改造和发展,适当增加细目;把内容涉及各类的图书,互见于各类之中;把丛书中的不同类著作析出,归于四部各类中,以一书而通四部。其观点对后世影响很大。《明代书目题跋丛刊》中收有《澹生堂藏书目》。

《徐氏家藏书目》7卷,《徐氏红雨楼书目》4卷,徐𤊹撰。

徐𤊹(1570—1643)[①],字惟起,更字兴公,闽县(今福建福州)人。他布衣不仕,终生搜罗典籍,探讨艺文,潜心著述,以读书为乐。经他尽力搜求、抄录,"积之十年,合先君子、先伯兄所储,可盈五万三千余卷,存之小楼,堆床充栋,颇有甲乙次第,铅椠暇日,遂仿郑氏《艺文略》、马氏《经籍考》之例,分经史子集四部,部分众类,著为书目四卷,以备稽览"[②]。徐氏藏书目现有《徐氏家藏书目》7卷和《徐氏红雨楼书目》4卷两种版本流传。这两种传本不仅卷数不同,其中所著录书籍数量、名称、类名、编排顺序等也有异。二本皆按经、史、子、集四部分类。据《徐氏家藏书目》,经部再分易、书、诗、礼、月令、春秋、学庸、论语、孟子、孝

---

① 马泰来.整理说明[M]//徐𤊹.新辑红雨楼题记;徐氏家藏书目.上海:上海古籍出版社,2014:9.

② 周祖谟.明史文苑传笺证[M].南京:凤凰出版社,2012:792.

经、尔雅、总经、乐13类,史部分正史、旁史、本朝史、人物、人物传、名贤传记、姓氏、族谱、年谱、科目、家训、方舆、总志、福建省、北直隶、南直隶、浙江省、江西省、湖广省、山东省、河南省、四川省、广东省、广西省、陕西省、山西省、云贵二省、边海、外夷、各省杂志、各省题咏31类,子部分诸子、子、道、释、兵、卜筮、地理、医、农圃、器用、艺术、汇书、韵、字书、画、小说、传奇18类,集部分总集、总诗、词调、诗话、启劄、四六、连珠、家集、别集9类。惟《徐氏红雨楼书目》史部"总志"类后,以"分省"类名代替《徐氏家藏书目》之用"福建省"至"云贵二省"14种具体的省名作为类名,各省书目连排而无分隔,故《徐氏红雨楼书目》史部分为18类。其分类只是根据家藏图书实际情况而定,故并不一定科学。其子部传奇类收元明杂剧和传奇140种①,这是其价值和特点之一。二本最大的不同之处是集部的一些分类和内容,4卷本集部分为:集类、唐、宋诗、元诸家姓氏、明初诸家姓氏、明集诸家姓氏、明诗选姓氏、总集、总诗、词调、诗话、启劄、四六、连珠、家集15类。其中的宋诗、元诸家姓氏、明初诸家姓氏、明集诸家姓氏、明诗选姓氏五部分内容,与7卷本集部的著录内容有很大差别,经笔者查考发现,它出自明曹学佺所编《石仓十二代诗选》之《石仓宋诗选》《石仓元诗选》《石仓明诗选》中所选诗人名目及他书内容②,故4卷本原先可能是一个残本,缺失宋、元、明诗文集部分,后人就以曹学佺《石仓十二代诗选》中宋、元、明部分所收录的诗人、诗集目录及他书中的内容来填补缺失。笔者认同马泰来的观点,"七卷本《书目》虽已佚福建及北直隶明人文集部分,但为原本"③。而7卷本集部别集类是按朝代先后次序著录历代文人诗文集,其卷七按地域分类著录明人著作,分为南京、浙江、江西、湖广、直隶、河南、陕西、山东、山西、四川、广东、广西、云南、贵州等14个地区,有些地区如南京、浙江、江西、湖广、广东下再按府著录。如广东下有广州府、

---

① 七卷本《徐氏家藏书目》收139种。
② 许红霞.《徐氏红雨楼书目》集部悬疑内容考述[J].文史,2017(2):263-276.
③ 马泰来.整理说明[M]//徐𤊹.新辑红雨楼题记;徐氏家藏书目.上海:上海古籍出版社,2014:196.

惠州府、高州府、琼州府、潮州府等。对每一人物的著录首先是：人物姓名＋集名＋卷数，然后另行简要介绍人物的字号、籍贯及生平履历。其对人物的介绍有些要比 4 卷本"明诗选姓氏"部分详细，有的多达 120 余字，共著录 1011 人，虽缺福建及北直隶作者文集，但所收明代集目较多，很多是世所不经见者，为研究明人各方面情况提供了丰富的资料。其书目编成于万历三十年，其后随着撰者家藏的增加，书目也不断补充，所收书一直延续到南明。1957 年上海古典文学出版社根据传抄本排印出版了 4 卷本，即《徐氏红雨楼书目》，2005 年 11 月上海古籍出版社据此本影印出版，见《中国历代书目题跋丛书》。此丛书第 4 辑，收录了 7 卷本《徐氏家藏书目》。

清代私家藏书进入鼎盛时期，据范氏统计，确有文献记载有藏书事实者计 2082 人，超过了前此历代藏书家的总和，收藏万卷以上的藏书家有 543 人，编有私家藏书目录的计 670 种，流传存世者约 350 种，是一笔可贵的目录学遗产。其中黄虞稷的《千顷堂书目》、钱曾的《读书敏求记》《述古堂书目》《也是园藏书目》、徐乾学的《传是楼书目》、孙星衍的《孙氏祠堂书目》、张金吾的《爱日精庐藏书志》及《续志》、张之洞的《书目答问》、吴寿旸的《拜经楼藏书题跋记》、黄丕烈的《荛圃藏书题识》、瞿镛的《铁琴铜剑楼藏书目录》、杨绍和的《楹书隅录》、陆心源的《皕宋楼藏书志》、丁丙的《善本书室藏书志》等，都是传世而著名的。

《也是园藏书目》《述古堂书目》《读书敏求记》，钱曾撰。

钱曾(1629—1701)，字遵王，号也是翁，虞山(今江苏常熟)人。其父钱裔肃(1588—1646)，字嗣美，万历四十三年举人。喜好收藏图书。钱曾 17 岁继承了其父的藏书，后又帮助其族祖钱谦益收集、整理、校勘书籍，并得到绛云楼烬后余藏。他自己也一生未仕，倾竭家资，辛勤收藏。他注重搜求善本，所藏宋元旧刻、旧抄非常丰富，并精于版本研究，为版本目录学做出了重要贡献。他根据自己的丰富藏书编成《也是园藏书目》《述古堂书目》《读书敏求记》三种书目，这三种书目虽然详略、体例各异，但又各有专工，各得其用。《也是园藏书目》10 卷，收书 3800 余种，分为经、史、明史、子、集、三藏、道藏、戏曲小说等 8 部 148 类，仅记书名、卷数,较简略,实为稽查藏书而用的图书登录簿。《述古堂书目》4卷,比前目略详,在书名、卷数外,兼记册数及版本,收录图书2200余种,直接分为78部。《读书敏求记》4卷,是一部善本目录,著录图书634种,分为46门,虽未标经、史、子、集之名,实际上是按四部法分类的。这些图书是钱曾藏书的精华,也是中国版本目录学的上乘之作。每书均著录书名、作者、卷数,并撰写提要。其提要注重版本记录和考订,标明书之次第完缺、古今异同、成书情况、传递源流,并兼及作者、作品的评论。钱曾对版本有精深的研究,但对于涉及书籍的分类、真伪、著者、学术思想等方面的事情,他往往出错,《四库全书总目提要》就指出其《读书敏求记》《述古堂书目》中分类等方面过失多处,并说:"曾号多见古书,而荒谬至此,真不可解之事矣。"①但钱曾是著名的鉴定版本的专家,他的《读书敏求记》作为版本目录著作历来受到研究版本、目录的学者所重视,在目录学发展史上,产生了重要影响。《四库全书总目》也说:"然其述授受之源流,究缮刻之同异,见闻既博,辨别尤精,但以版本而论,亦可谓之赏鉴家矣。"②《也是园藏书目》有清宣统二年(1910)罗氏刻本,收《玉简斋丛书》中;《述古堂书目》有道光三十年伍氏刻本,收《粤雅堂丛书》中;《读书敏求记》雍正四年吴兴赵孟升刊本,流传不广,乾隆十年嘉兴沈尚杰重刻本较通行。管庭芬、章钰的《读书敏求记校正》,有1926年长州章氏四当斋刊本。1984年书目文献出版社出版了丁瑜点校的《读书敏求记》。上海古典文学出版社1958年曾出版瞿凤起编的《虞山钱遵王藏书目录汇编》,上海古籍出版社2005年11月又影印出版,见《中国历代书目题跋丛书》。

《传是楼书目》4卷,徐乾学撰。

徐乾学(1631—1694),字原一,号健庵,昆山(今属江苏)人。康熙九年进士。授翰林院编修,迁内阁学士、礼部侍郎,官至刑部尚书。曾担任《明史》总裁官。著有《读礼通考》《憺园集》《词馆集》等著作。他一

---

① 永瑢,等.四库全书总目[M].北京:中华书局,1965:745.
② 同上.

生致力于藏书,建传是楼以储之,并对所藏书进行整理,编成了《传是楼书目》4卷、《传是楼宋元本书目》1卷,合计著录图书4000余种。《传是楼书目》按四部为序,各部之下,再分小类,分类比较烦琐,并屡有重复。但徐乾学收集图书最为兴盛的时期是他为官后的20年间。此时正值明末清初,社会上流传着大量因战乱而散佚的珍贵图籍。徐乾学趁此时机广为收购流散的图书,从全国各地搜集到大批珍秘典籍。故可以通过该书目考见古籍在清初的流传情况。《传是楼宋元本书目》以《千字文》编号,专门著录传是楼所藏宋元善本图书。

《孙氏祠堂书目》内编4卷,外编3卷,孙星衍撰。

孙星衍(1753—1818),字渊如,一字伯渊,阳湖(今江苏武进)人。乾隆五十二年进士。授翰林院编修。曾官山东督粮道,引疾归,主讲钟山书院,读书治学至终老。他是清代著名经学家、校勘学家、金石学家、藏书家、目录学家。著有《周易集解》《平津馆金石萃编》《尚书今古文注疏》《岱南阁集》《五松园文稿》《平津馆文稿》等著作。他还根据其藏书编了《孙氏祠堂书目》《平津馆鉴藏书籍记》和《廉石居藏书记》三部目录,其中以《孙氏祠堂书目》最为有名,它大约编于嘉庆三年至五年孙星衍居家服母丧期间。此目共收书2300多种,46000余卷。每书均著录书名、卷数、作者,间记版本。其最突出的特色在于其分类。孙星衍把图书分为经学、小学、诸子、天文、地理、医律、史学、金石、类书、词赋、书画和说部12大类,并在12大类下分设44个小类。[①]他在四部分类法盛行之时,敢于突破传统,有所创新,深为后世目录学家所推重。姚名达先生曾称赞他说:"(孙氏)不慑于《四库总目》之权威,胆敢立异,勇壮可嘉,不愧为别派之后劲矣。"[②]他的分类根据图书的实际情况,如根据宋、明、清类书逐渐增多的现实而设"类书"类;也反映了当时学术发展的实际,如把"小学"从经部中的一小类提出来,列为第二大类,与经、史等大类并肩齐立;同时他也是根据其藏书的具体情况而定的。孙氏自

---

① 任继愈.中国藏书楼[M].沈阳:辽宁人民出版社,2001:1484.
② 姚名达.中国目录学史[M].上海:上海书店,1984:125.

己曾说:"所藏既不备群书,不能区分四部,独择其最要者……分部十二,以应岁周之数。……置之家祠,不为己有……知免天灾豪夺之咎。"①不管怎样,作为一部在分类上突破传统的四部分类法的创新之作,《孙氏祠堂书目》在目录学史上有它一定的地位。此书目由孙氏祠堂初刻于嘉庆十五年,刊本不多,流传较少,至光绪九年,李盛铎将其刊于《木樨轩丛书》,才得以广泛流布。

《爱日精庐藏书志》36卷、《续志》4卷,张金吾撰。

张金吾(1787—1829),字慎旃,别字月霄,江苏昭文(今常熟)人。他少年时刻苦读书,但屡试不中,遂放弃科场,一心致力于收藏和编纂图书,爱日精庐为其藏书之所。他在藏书上卓有成就,以收藏经部书籍、金人著作、宋元旧椠为多。他还是一位著名的目录学家,他所编撰的《爱日精庐藏书志》36卷及《续志》4卷,也是我国目录学史上重要的书目著作之一。它以收录善本珍籍为主,著录了大批宋元旧椠及旧写本、校本书籍,其收录的标准主要是看是否有利于学术研究,对版本研究颇有价值。书目共收善本书773种,按经、史、子、集四部分类,经部146种,史部190种,子部139种,集部298种。②每部书都有解题,并附有原书序跋,具有"辨章学术,考镜源流"之功。《爱日精庐藏书志》36卷及《续志》4卷,道光七年刊版印行,又有光绪十三年吴县徐氏灵芬阁刊活字版校印本,中华书局1987年出版《清人书目题跋丛刊四》中收有。

《拜经楼藏书题跋记》5卷,吴寿旸编。

拜经楼是清代中期著名藏书家吴骞的藏书楼。吴骞(1733—1813),字槎客,又字葵里,号兔床山人,海宁(今属浙江)人。他一生无意于仕途,而倾力收书、校书,且在学问、诗歌方面颇有名气。有《拜经楼诗集》《拜经楼诗话》等著作。他的藏书多宋元旧椠、旧抄,且校勘精

---

① 孙星衍.孙忠愍侯祠堂藏书记[M]//张舜徽.文献学论著辑要.西安:陕西人民出版社,1985:387-389.
② 任继愈.中国藏书楼[M].沈阳:辽宁人民出版社,2001:1525.

审。他把自己收藏善本之处命名"千元十驾",以与好友黄丕烈的"百宋一廛"相颉颃,传为佳话。吴氏为其所收宋元善本写了许多校勘题跋,后由其子吴寿旸汇录成《拜经楼藏书题跋记》5 卷,收其所写的题跋 323 篇。其跋文多辨误析疑,记录作者生平、书版行款、传抄和校雠过程、书之流传授受源流,以及藏书印记,等等,具有很高的学术价值。中华书局 1995 年 8 月出版《清人书目题跋丛刊十》中收有此题跋记。

《荛圃藏书题识》10 卷,黄丕烈撰,缪荃孙编。

黄丕烈(1763—1825),字绍武,又字绍甫,号荛圃、荛夫、荛翁等等,长洲(今江苏苏州)人。嘉道间著名的大藏书家,集藏书、版本、目录、校勘、出版家于一身。他乾隆五十三年中举,后屡试不第,遂无意科场。一生唯嗜收藏、校勘及刊刻图书,直至终老。有"士礼居"和"百宋一廛"等主要藏书之所。他注重收藏善本,特别是宋版书,也注意收藏一书的不同版本和奇特的版本,内容涉及广泛,且长于鉴别、校勘图书。每得一书,他必反复考校,把读书心得、校勘文字、一书的收藏授受源流、内容得失、篇第多寡、行款格式等写成题跋。他在校勘学、版本目录学上的成就,主要体现于其对于图书校订及版本鉴定之后留下的大量题跋之中。第一个把黄氏题跋汇刻成书的是吴县大藏书家潘祖荫。他于光绪八年编刻成《士礼居藏书题跋记》6 卷,计收题跋 352 篇;后江阴缪荃孙于光绪二十二年编成《士礼居藏书题跋续记》2 卷,收题跋 75 篇;不久,缪氏又与邓实合作,辑刻成《士礼居藏书题跋再续记》2 卷,收题跋 79 篇。1919 年,缪氏把以上三书汇集在一起,重加校订,合刻成《荛圃藏书题识》10 卷(附《荛圃刻书题识》1 卷),共收黄氏题跋 622 篇。[①] 通过这些题跋,我们可以了解到古籍的授受源流,有关书籍的行款、字体、纸张、避讳、体例、错讹等情况,也可以了解到许多藏书家的情况及书林轶事,还可以从中学习到其鉴别版本的方法和经验,等等,所以它具有极高的学术价值。另外,他还编了《百宋一廛书录》《百宋一廛赋注》《求古居宋本书目》及《所见古书录》(已佚失)四种版本书目。他在《所见古

---

① 任继愈.中国藏书楼[M].沈阳:辽宁人民出版社,2001:1499.

书录》中，首创把古籍按时代分为宋椠、元椠、毛抄、旧抄、杂刻五大类；在书籍著录上做到了详而精，对书籍的解题往往言简意赅，皆有很高的参考价值。

《铁琴铜剑楼藏书目录》24卷，瞿镛撰。

常熟瞿氏是晚清四大藏书家之一，其他三家是聊城杨氏、归安陆氏、钱塘丁氏。但只有瞿氏铁琴铜剑楼的楼与书保存到中华人民共和国成立后。瞿镛(1794—1846)，字子雍，常熟(今属江苏)人，曾任宝山县学训导。铁琴铜剑楼初名恬裕斋，是其父瞿绍基创建的。瞿绍基(1772—1836)，字厚培，号荫棠，曾以明经任阳湖县学训导，不久辞归故里，在道光年间"广购四部，旁搜金石。历十年，积书十万余卷"①，本邑稽瑞楼、爱日精庐、长洲(今苏州)士礼居、艺芸书舍散出之书，多归其恬裕斋。瞿绍基去世后，瞿镛继承了父亲的藏书事业，继续大量收购图书。此外，他也喜欢收藏金石古器，他曾经收藏了铁琴、古剑各一，非常珍爱，因此，便把恬裕斋更名为铁琴铜剑楼，并编撰了《铁琴铜剑楼藏书目录》24卷。此目按经、史、子、集四部分类，经部下又分易、书、诗、礼、春秋、孝经、五经总义、四书、乐、小学10类；史部又分正史、编年、纪事本末、别史、杂史、诏令奏议、传记、史钞、载记、时令、地理、职官、政书、目录、史评15类；子部分儒、兵、法、农、医、天文算法、术数、艺术、谱录、杂家、类书、小说家、释家、道家14类；集部分楚辞、别集、总集、诗文评、词曲5类；共44小类，与《四库全书总目》分类完全相同。著录书籍1194部。每一书名下都标明版本，如宋刊本、宋刊残本、影宋抄本、校宋本、金刊本、金刊残本、元刊本、影抄元本、明刊本、明活字本、抄本、旧抄本、抄校本等。每部书下都有解题，解题主要介绍作者、书籍内容、书籍的行款格式、序跋情况，考证篇章次第，介绍不同版本，记载藏书印记，等等。此目收录宋版书173部，元版书184部，②都进行了详细的著录，其中有不少是珍稀的版本和书籍。根据此目跋文，瞿镛完成此目

---

① 徐珂.清稗类钞·鉴赏类:瞿荫棠藏书于恬裕斋[M].北京:中华书局,2010:4267.
② 瞿镛.铁琴铜剑楼藏书目录:跋[M].上海:上海古籍出版社,2000:711-712.

后去世，其子先后聘季锡畴、叶昌炽等人勘定，至光绪五年始告成，光绪二十四年才由其孙启甲刊行，即瞿氏家塾刻本。中华书局1990年出版《清人书目题跋丛刊三》中收录。铁琴铜剑楼藏书后由瞿镛后代移交国家图书馆收藏。

《楹书隅录》5卷，《续编》4卷，杨绍和撰。

杨绍和(1832—1875)，字彦和，一字勰卿，号冬樵行者，聊城(今属山东)人。同治四年进士，曾任翰林院编修、翰林院侍读、充日讲起居注等官职。其父杨以增(1787—1856)，字益之，号致堂，又号东樵，道光二年进士。平生无他嗜，一专于书，利用在各地任职之际，大量搜集图书，曾购入汪氏艺芸书舍部分家藏，是海源阁的创建人。杨绍和深受其父影响，秉承父嗜，一生集书。他利用在京为官之便，购得大批怡府明善堂藏书，有善本百余种，使海源阁大为增色，无论在藏书数量还是质量上都达到顶峰，海源阁亦因此成为清末北方私家藏书中心，足与南方瞿氏铁琴铜剑楼对峙，被誉为"南瞿北杨"。同治初，杨绍和将其家藏宋元珍本、精校名抄本近300种，记其行款、印章、题跋，考其异同，检其得失，撰成《楹书隅录》5卷及《续编》4卷。本目以经、史、子、集四部分类，每部书的书名上都标明版本，如"宋本周易本义十二卷""影宋精钞本重续千字文二卷"①。共收书260余种，其中宋本85部，金元本39部，明本13部，校本107部，抄本24部。每部书下著录书名、卷数、册数、函数，并有解题。解题内容十分丰富，包括其购求图书的原委，书籍的版本、行款格式、印记、题跋的记载，篇章次第的考证，内容的得失，等等，并引用各种资料加以说明。《续编》所录，大都为各种校本。此目有光绪二十年杨绍和之子杨保彝海源阁刊本，又有1912年武进董氏补刻本，收入中华书局1990年出版的《清人书目题跋丛刊三》中。

《皕宋楼藏书志》120卷，陆心源撰。

陆心源(1834—1894)，字刚甫，号存斋，晚号潜园老人，归安(今浙江湖州)人，咸丰九年举人，官至福建盐运使。晚年归里，建潜园，以藏

---

① 杨绍和.楹书隅录[M].扬州：江苏广陵古籍刻印社，1987：目录1-2.

书、校书终老。著有《仪顾堂集》《潜园总集》《金石学补录》等著作。有皕宋楼、仪顾堂、十万卷楼、守先阁等藏书之所。他也是晚清四大藏书家之一。其皕宋楼专门收藏宋元刊本及名人手抄、手校本。其藏书中有许多是《四库全书》未收之书，其中宋、元版书尤多。陆氏之所以称其善本藏室为"皕宋楼"，是说他所收藏的宋版书多达 200 部，与"百宋""千元"相颉颃而过之。其同乡李宗莲在《皕宋楼藏书志序》中讲述了他收藏的情况："余少识潜园先生于乡校,时先生……志欲尽读天下书,偶见异书,倾囊必购。后膺特简,备兵南诏……未几,丁封公艰,归装有书百椟……乃复近钞远访,维日孳孳。林居六年,有何假南面之乐……十余年来,凡得书十五万卷,而坊刻不与焉。其宋元刊及名人手钞手校者,储之皕宋楼中。若守先阁,则皆明以后刊及寻常钞帙。按四库书目编序而以近人著述之善者附益之。念自来藏书未能垂远,今春奏记大府,以守先阁所储归之于公,而以皕宋宝藏、旧刻精钞为世所罕见者,辑其原委,仿贵与马氏、竹垞朱氏、月霄张氏例,成《藏书志》一百二十卷。"[1]

《皕宋楼藏书志》120 卷,仿张金吾《爱日精庐藏书志》之体例,只著录罕见的宋元刊本及名人手抄、手校本,按四部分类,除缺法家类外,其余皆与《四库全书总目》分类相同。共收书 2300 余种,其中宋版书 200 余种,元版书 400 余种,[2]其余为明初刊版及名抄、名校之书。各书记书名、版本、撰者、卷数外,多照录原书序跋。凡《四库全书总目》未收之书,则采用阮元《四库未收书目提要》及张氏《爱日精庐藏书志》之提要编入;若阮、张之目未收者,则新撰提要一篇,以述流别。对宋元本书详细记载其行款格式、缺笔,且多记某书曾经何人收藏。一书如有多种善本,则并收之,如《史记》录有 5 种版本。此目收诗文集较多,120 卷中,别集类就占 45 卷。此目有光绪八年陆氏十万卷楼刊本,另有《潜园总集》本。《增订四库简明目录标注》及《中国丛书综录》均著录本目有《续

---

[1] 陆心源.仪顾堂书目题跋汇编[M].北京:中华书局,2009:563.
[2] 任继愈.中国藏书楼[M].沈阳:辽宁人民出版社,2001:1627.

志》4卷,王欣夫《文献学讲义》称出于李宗莲之手。《清人书目题跋丛刊一》收录此目及《续志》4卷。

陆氏还有《仪顾堂题跋》16卷,《续跋》16卷。内容包括藏书题跋和金石书画题跋,也是其版本目录学的代表作。陆氏藏书后卖给日本人,藏于日本静嘉堂文库。

《善本书室藏书志》40卷,丁丙撰。

丁丙(1832—1899),字嘉鱼,别字松生,晚号松存,钱塘(今浙江杭州)人。其兄丁申(1829—1887)①,字竹舟。兄弟二人皆薄仕进而嗜收藏,喜读书治学,时人有"双丁"之称。丁氏祖上就喜藏书,其祖父有感于其先人丁颉有书八千卷,遂命名所建藏书楼,为八千卷楼。② 但其先人藏书大都毁于战乱兵燹,没有留存下来。丁氏藏书处总名为嘉惠堂,乃"嘉惠艺林"之意。丁丙曾作《八千卷楼自记》曰:"光绪十有四年,拓基于正修堂之西北隅,地凡二亩有奇,筑嘉惠堂五楹,堂之上为八千卷楼。堂之后室五楹,额曰'其书满家',上为后八千卷楼。后辟一室于西曰'善本书室',楼曰'小八千卷楼'。楼三楹,中藏宋元刊本约二百种有奇。择明刊之精者、旧钞之佳者及著述稿本、校雠秘册,合计二千余种,附储左右。若《四库》著录之书,则藏诸八千卷楼,分排次第,悉遵《钦定简明目录》,综三千五百部……复以《钦定图书集成》《钦定全唐文》附其后,遵定制也。凡《四库》之附存者,已得一千五百余种,分藏于楼之两厢。至后八千卷楼所藏之书,皆《四库》所未收采者也,以甲乙丙丁标其目,共得八千种有奇,如制艺、释藏、道书,下及传奇小说,悉附藏之。计前后二楼书厨凡一百六十,分类藏储。以后历年所得之书,皆因类而编入矣。"③从中可了解其藏书处的布局、各种书籍所在的位置等情况。

---

① 周膺,吴晶.丁丙及杭州丁氏家族家世考述[J].浙江学刊,2013(5):85.
② 宋司马光《涑水记闻》卷一〇:"丁度……祖颉,尽其家资聚书至八千卷,为大室以贮之,曰:'吾聚书多,虽不能读,必有好学者为吾子孙矣。'"司马光.涑水记闻[M].北京:中华书局,1989:191.
③ 丁丙.善本书室藏书志:附录[M]//续修四库全书:史部:目录类.刻本.钱塘:丁氏,1901(光绪二十七年).

世人一般统称丁氏藏书为八千卷楼藏书。其所收藏图书版本种类较多，多为宋元刻本及旧抄、精刻本、名人校本，很多书都是前代著名收藏家收藏过的，而且特别注意收藏明人著作及浙江先人的著作。其藏书目录有两种。一种是《八千卷楼书目》20卷，题丁丙撰于光绪二十五年。据日本学者长泽规矩也考证，此目系丁丙长子丁立中编撰。此目依《四库全书总目》体系分类，共收书16500多部，多清刊本及丛书本，明人集和浙籍先贤著作较多，有1923年钱塘丁氏仿宋聚珍本。另一种就是丁丙所撰的《善本书室藏书志》40卷，是专门著录宋元椠本、精刻本、名校名抄本及稿本图书的善本书目，兼录明初以来的古籍及乡贤文献，共收书2300余种。[①] 按经、史、子、集四部分类，经部细分10小类，收书246种；史部细分15小类，收书435种；子部分12小类，收书504种；集部分20细目，收书1135种。在书名卷数下，标明版本及原藏者。每部书都有解题，或简介著者、藏者生平，或叙述版刻源流、书籍行款，或谈论成书原委。"考其事实，胪其得失，载其行款，陈其同异"[②]，材料非常丰富，足资考证。后有附录，收王棻、张大昌、罗椝等人文，述丁氏昆仲藏书及建楼经过。此目有光绪二十七年钱塘丁氏刊本，收入中华书局1990年出版之《清人书目题跋丛刊二》。丁氏八千卷楼藏书现存于南京图书馆。值得一提的是丁氏兄弟除了大力经营自家的八千卷楼藏书外，还曾大力保护、抄补文澜阁《四库全书》，令后人敬佩。

《书目答问》，张之洞撰。

张之洞(1837—1909)，字孝达，又字香岩，号香涛，又号壶公、抱冰、无竞居士，南皮(今属河北)人，生于贵州兴义府(今黔西南布依族苗族自治州安龙县)。同治二年进士，历任翰林院编修、湖北学政、四川学政、文渊阁校理、国子监司业、翰林院侍读、内阁学士兼礼部侍郎、山西巡抚、两广总督、湖广总督、两江总督、体仁阁大学士、军机大臣、督办铁路大臣等职，是清末洋务运动的首脑之一；在中法战争中，主张对法宣

---

① 任继愈.中国藏书楼[M].沈阳:辽宁人民出版社,2001:1615.
② 缪荃孙.序[M]//丁丙.善本书室藏书志.扬州:江苏广陵古籍刻印社,1986:序1.

战;是义和团运动时的"主剿派";在戊戌变法中,提出"旧学为体,西学为用"的口号,反对变法。他一生重视教育,著述颇丰,有《张文襄公全集》传世,其中《书目答问》是其著名的目录学著作,广为流传。在他就任四川学政期间,为了使生童了解"应读何书,书以何本为善"[①],编了《书目答问》一书,列举了2200种左右的图书[②]。这是一部指示治学门径的导读书目,受到学者重视,影响广泛。

该书在《四库全书总目》四部分类的基础上分为经、史、子、集、丛五大部,每部之中又分为若干类。每一类中的书籍,以时代先后为序,其中又分小类,但不立名目,只在这类的最后一部书下加"⌐"号以资识别,实际上起到了分类的作用。所著录的每一书名下,注明作者姓名、版本出处、卷数异同;其中特别重要的书籍,酌加简单的按语。如《十三经注疏》下注"阮本最于学者有益""四川书坊翻刻阮本,讹谬太多,不可读"[③];朱骏声《说文通训定声》下注"甚便初学"[④]等,起到指示读书门径的作用。其所收版本以当时常用习见为主,或单行本,或丛书本,多为不缺少误,可资参考者。后有两种附录:一是《别录目》,下分群书读本、考订初学各书、词章初学各书、童蒙幼学各书四类;二是《国朝著述诸家姓名略》,包括经学、史学、理学、经学史学兼理学、小学、文选学、算学、校勘之学、金石学、古文、骈体文、诗、词、经济等专门家的姓名、简历,从中可以窥见清代学术之大概。但此目也存在着一些脱漏与错误,范希曾遂编《书目答问补正》,以补原书之不足。他对《书目答问》原有的错误,一经发现,皆一一加以纠正,包括书名、作者、卷数、版本甚至内容的错误;还补足了原书漏记的版本及光绪二年以后补刊的版本,同时对《书目答问》中所称的"今人",一概补足姓名;又补收了一些后出的学术著作,如俞樾、周寿昌、李慈铭、陆心源、杨守敬、孙诒让、章炳麟等近代

---

① 张之洞.增订书目答问补正[M].北京:中华书局,2011:略例 1.
② 张新民.古代书籍世界的目录学窗口:《书目答问校补》前言[M]//张之洞.书目答问校补.贵阳:贵州人民出版社,2004:10.
③ 张之洞.增订书目答问补正[M].北京:中华书局,2011:1.
④ 同上 104-105.

学者的著作,于书名下记作者、卷数、版本,并酌加按语。

《书目答问》初刊于光绪二年,较好的版本有光绪五年王秉恩的贵阳刻本,改正原刻错误280余处。但范希曾做补正时没有看到此本,贵阳本已改正或补充的地方,范氏没有吸收。《书目答问补正》于1931年由南京国学图书馆排印出版,1963年中华书局据此重印。徐鹏用范本和贵阳本对校,并采用了江人度《书目答问笺补》在各小类后所加的说明进行整理,1983年由上海古籍出版社出版。

二 从内容、性质上区分

我国古籍目录的种类从内容、性质上大致可分为综合目录、专科目录、特殊目录。

1. 综合目录

古籍目录中所著录的书籍分属多个学科的,都是综合目录,大多以经、史、子、集四部分类,像历代的国家藏书目、私藏目录、史志目录一般都是综合目录。综合目录最常见、最普遍,在古籍目录中占绝大多数。

2. 专科目录

专科目录是记录某一专门学科书籍的目录。它起源很早,汉武帝时杨仆所编写的《兵录》(已佚),专门记载兵法等军事问题,就是第一部专科目录。和历代学术兴盛发展相适应,各种专科目录不断涌现。由于文学的发展,产生了晋初荀勖《新撰文章家集叙》(已佚)、挚虞《文章志》(已佚)等文学专科目录。而伴随着史学的兴起,有南朝宋裴松之《史目》及隋杨松珍继之而作的《史目》,宋代殷仲茂《十三代史目》、高似孙的《史略》等,都是有关历史类的专科目录。魏晋南北朝由于佛教盛行,已有佛教目录,如晋释道安《综理众经目录》,齐梁间释僧祐《出三藏记集》等,都是著名的佛教专科目录,其后的各个朝代,也都编有专门的佛教目录。道教也有自己的专科目录。宋代还兴起了金石目录。艺术目录特别是书、画目录源远流长,如宋徽宗时所编的《宣和书谱》《宣和画谱》，就是著名的书、画专目。随着学术的发展变化，目录学日趋繁荣、完善，专科目录也在不断发展、增多。如明代殷仲春编《医藏书目》收医书300多种①，分为20类，是现存最早的医籍专目。而清代梅文鼎撰《勿庵历算书目》，著录历学、算学书籍，各撰提要，是一部有关自然科学的专目。清代朱彝尊的《经义考》，仿马端临的《文献通考·经籍考》体例，采用辑录资料的方式，先列书名，著录编撰者或注疏者姓名、书籍卷数，附注存、佚、缺、未见，然后罗列有关此书的各种资料，并以按语的形式附以己见，是一部著名的汇集经书的专科目录。其后谢启昆《小学考》、章学诚《史籍考》、周中孚《子书考》等，皆受其影响。另外还有专门著录某一地方文献典籍的地方目录，如明代曹学佺编的《蜀中著作记》、清代孙诒让的《温州经籍志》等等。

3. 特殊目录

特殊目录指具有某种特殊性质的书目，它往往是综合性的，不限于一科，也是我国目录中的重要组成部分，具有重要的参考价值，如丛书目录、辨伪目录、善本目录、导读目录等等。丛书目录是为人们利用各种丛书而编的目录，清代顾修所编的《汇刻书目初编》，著录宋元以来丛书261种，并详列子目，是最早的一部丛书目录。而上海图书馆所编的《中国丛书综录》、阳海清等所编的《中国丛书广录》，也都是用来查考古籍丛书的重要目录。辨伪目录就是汇集辨伪之作的书目。如清姚际恒的《古今伪书考》就是一部著名的辨伪目录。而张心澂的《伪书通考》，集中了前人的辨伪成果，是我们了解历代辨伪之说的重要书目。有关善本的含义和标准，前人多有不同的论述，一般是指古籍的精刻精校本。善本目录很多，如前面我们所介绍过的钱曾《读书敏求记》、张金吾《爱日精庐藏书志》、丁丙《善本书室藏书志》等都是重要的善本书目。而王重民所撰的《中国善本书提要》、中国古籍善本书目编辑委员会编的《中国古籍善本书目》，更是我们了解、查找现存古籍善本不可或缺的

---

① 周少川.古籍目录学[M].郑州:中州古籍出版社,1996:97.

书目。导读书目主要是指示初学者读书治学门径作用的书目,张之洞的《书目答问》即属此种。

参考文献

高路明.古籍目录与中国古代学术研究[M].南京:江苏古籍出版社,1997.
来新夏.古典目录学[M].北京:中华书局,1991.
周少川.古籍目录学[M].郑州:中州古籍出版社,1996.
余嘉锡.目录学发微[M].上海:上海古籍出版社,2001.
姚名达.中国目录学史[M].上海:上海书店,1984.
汪辟疆.目录学研究[M].上海:商务印书馆,1934.
王欣夫.王欣夫说文献学[M].上海:上海古籍出版社,2000.
范凤书.中国私家藏书史[M].郑州:大象出版社,2001.
任继愈.中国藏书楼(壹、贰、叁)[M].沈阳:辽宁人民出版社,2001.
来新夏.清代目录提要[M].济南:齐鲁书社,1997.
程千帆,徐有富.校雠广义　目录编[M].2版.济南:齐鲁书社,1998.

(许红霞)

第四章　校　勘　学

第一节　校勘与校勘学

一　什么是校勘？为什么古籍需要校勘？

1. 什么是校勘

校勘学所研究的校勘，特指古籍的校勘。作为专业术语，特指对古籍篇章文字正误、真伪的比较审定。

经历了漫长的年代之后，流传到今天的古代典籍，绝大多数原稿、原版都已不存，我们可以见到的只是历代的传抄、翻刻本。由于种种自然和人为的原因，这些本子在篇章文句上存在着各种缺失、讹误，也由此产生了审核订正的需要，即通过搜集一种古籍的不同版本及其他相关资料，比较其间的异同，审定正误，力求最大限度地恢复古籍的本来面目。这就是我们所说的校勘。

2. 校勘的基本含义及历史演变

"校勘"作为一个双音节词，本义为比较审定，它由两个意义相近的单音节词组成。就"校"一词而言，比核、核准，是它在古代汉语中的一个常用义，有关其本义及这一用法的由来，相关学者如刘师培、王叔岷等曾有过各种不同的讨论，兹不赘述，但这一用法出自假借，则无异议。

"勘"是"校"在这一用法上的近义词,《说文解字》云"勘,校也"①,《玉篇》则曰"勘,覆定也"②,其词义侧重在"审查核定"。在古代,不仅在"校勘"的意义上"校"和"勘"经常独立使用,凡涉及比照审定、检验核准之工作,如度量衡、钟律、乐器等,皆可言"校",不限于文字篇章的问题;而"勘"的使用范围则更为宽泛,审案、考察灾情、核对印符以及政府对各种事务的议定审核,均可用之。

"校勘"一词大约产生于六朝时期,从早期使用情况看,虽大体限于文字记载,但最初并不专指比较、审定书籍的异文,而往往指审核记载、评定其是否与事实或制度相符。如南朝宋沈约《上言宜校勘谱籍》:"宜选史传学士谙究流品者为左民郎、左民尚书,专共校勘。"③指核实谱牒的内容真伪。唐《封氏闻见记·定谥》:"太常博士掌谥,职事三品以上薨者,故吏录行状,申尚书省考功校勘,下太常博士拟议讫,申省,省司议定,然后闻奏。"④则指核实行状的记载是否与事实相符。均属典型例证。

唐宋时期,"校勘"开始用于古籍文字正误、真伪的比较审定,并日渐普遍,即如宋欧阳修在《书春秋繁露后》中说:"予在馆中校勘群书,见有八十余篇,然多错乱重复。又有民间应募献书者,献三十余篇,其间数篇在八十篇外。乃知董生之书流散而不全矣。方俟校勘,而予得罪夷陵。"⑤但这个时期,"校勘"还没有成为专用术语,在其他意义上仍有使用,如与欧阳修同时的吴缜在《新唐书纠谬》自序中云:"盖修书之初,其失有八……八曰校勘者不举校勘之职,而惟务苟容……何谓校勘者不举校勘之职而惟务苟容?方新书之来上也,朝廷付裴煜、陈荐、文同、吴申、钱藻,使之校勘。夫以三百年一朝之史,而又修之几二十年,将以垂示万世,则朝廷之意,岂徒然哉。若校勘者止于执卷唱读,案文雠对,

---

① 许慎.说文解字[M].北京:中华书局,1963:弟13下20.
② 顾野王.大广益会玉篇:卷七[M].北京:中华书局,1987:37.
③ 严可均.全上古三代秦汉三国六朝文[M].北京:中华书局,1958:1555.
④ 封演.封氏闻见记校注[M].北京:中华书局,2005:33.
⑤ 欧阳修.欧阳修全集[M].北京:中华书局,2001:1051.

则是二三胥吏足办其事,何假文馆之士乎?然则朝廷委属之意重矣,受其书而校勘者安可不思,必也讨论击难,刊削缮完,使成一家之书,乃称校勘之职。而五人者曾不闻有所建明,但循故袭常,惟务喑嚸,致其间讹文谬事,历历具存,自是之后,遂颁之天下矣。岂非校勘者不举其职,而惟务苟容之故欤?"①其理想中的"校勘",即"讨论击难,刊削缮完,使成一家之书",实际是对书稿的修订,而他眼中校勘官实际所做的"执卷唱读,案文雠对",则是今天所说的校对工作。这典型地体现了"校勘"一词在当时的多义性。

到清代,这个词的使用仍然相当含混,例如《四库全书》纂修、缮写过程中的一些诏旨,所谓"校勘"既包含订正古书传写过程中的文字讹误、篇章错乱,也包含对违碍文字的审查删改、误写庙讳的纠正,以及新写本的校对。

但自乾嘉以来,在学术发展中,校勘作为古文献学一个单独门类的倾向越来越明显。大约在近代,"校勘"完成了它的术语化过程,成为这项特定的古籍整理工作以及相关学科的专有名称。

或许与"校勘"一词在古代文献记载及古代学术中的实际使用情况相关,今天仍然有学者主张"校勘"应包括纠正古籍当中取材、立说的谬误,考察诸书异说等内容。这些工作虽然属于广义的文献考证,但就作为一个学术术语定型下来的"校勘"之义而言,则不包含在内。

3. 校勘的根本原则

校勘是取得正确文本的重要手段,它既以恢复古籍的本来面目、提供最接近原稿的善本为最终目的,其根本原则就是存真复原。

所谓"真"和"原",是指原作者思想内容与语言文字之真、原稿原貌之原。校勘意义上的正误,不等同于所载史实的准确可靠、文学表现的完美、修辞的精确、语言的规范,而是原作者所使用的文字和表达的内容。在校勘工作中,凡不符合作者本意、歪曲原书面貌的处理都是违反

---

① 曾枣庄.宋代序跋全编[M].济南:齐鲁书社,2015:385-386.

校勘原则的。至于原书在内容、语言文字等方面存在的错误和欠缺,虽然同样可以通过文献考据加以辨析,但这已经是文献整理的另一个层面,通常称之为"考证"或"考异",不属于校勘的范畴。

总而言之,校勘要解决的是流传中形成的错误讹谬,而不是替作者改文章、出修订本,也不是从规范语言文字的角度进行正字。通过这项工作提供给读者的,是古代典籍及其中信息的本来面貌。

4. 古籍校勘的重要性

取得确切可靠的文本,是有效地读书、治学的一个先决条件。正如胡适所云:"校勘之学起于文件传写的不易避免错误。文件越古、传写的次数越多,错误的机会也越多。校勘学的任务是要改正这些传写的错误,恢复一个文件的本来面目,或使他和原本相差最微。"[1]

自有文献记载开始,流传当中发生的讹变就不可避免。《吕氏春秋·察传》有关子夏订正"晋师三豕涉河"[2]的记载,以及《抱朴子》所记"书三写,鱼成鲁,虚成虎"[3]的古谚,都体现了古人对文字讹误现象的认识。

造成古籍文字缺失错乱的原因,不外战乱、水火、自然损坏,以及语言文字、思想文化的隔阂,甚至出于某些政治或个人原因。具体到中国的古代典籍,需要校勘的原因大体可以做如下归纳:

一是古籍历时久远,多经损失散亡,特别是先秦古籍,经历了秦火、战乱,往往残缺错乱,不经整理,无法阅读。

二是古籍流传中因传抄刊刻,辗转致误。例如使用中的损坏、磨蚀会造成残缺漫漶及相关传写之误;传抄中的疏忽、为方便书写而简化、书体演变、形近音近,也会带来传写讹脱。

三是后人对古籍任意增删改乙,造成错乱。包括政治家或学者有

---

[1] 胡适.元典章校补释例序[M]//陈垣.校勘学释例.上海:上海书店出版社,1997:卷首.
[2] 吕不韦.吕氏春秋集释[M].北京:中华书局,2009:619.
[3] 葛洪.抱朴子内篇校释[M].北京:中华书局,1985:335.

意识的改订、后世编录者的臆断臆改、无知妄改等等。其中有统治者出于政治需要进行删改,如清代修《四库全书》之时对所录著述中的"伪碍文字"改字、改文句乃至删节篇章段落;也有学者按照自己的想法改动古人诗文,这种改动有时会高出原稿,而为后人所沿袭;最常见的则是由于对原书所属时代的语言文化了解不足,因失解而妄改,其中的某些改动,也可能因其通俗易懂而长期流传。

在古籍已经存在讹误的情况下,如果校勘考证不够精审,不仅不能有效地解决原有的问题,往往还会增加新的错乱,正如清代学者王念孙在其《读书杂志·读淮南子杂志书后》中所概括的"推其致误之由,则传写讹脱者半,冯(凭)意妄改者亦半也"①。这种因校勘造成的讹变,不仅数量大,还往往会使讹误的情况变得更加复杂。

在以上种种因素的综合作用之下,传世古籍大多与其本来面目存在不同程度的背离,不经校勘很难有高质量的阅读和利用。而校勘的功用就在于改正这些流传中出现的讹误,最大限度地恢复古籍的原貌,为人们阅读和研究提供一个符合或接近原稿的可靠文本。清代学者王鸣盛《十七史商榷序》云:"欲读书必先精校书。校之未精而遽读,恐读亦多误矣。"②就是将校勘视为读书治学的前提。

二 校勘与校勘学

文献典籍在传写过程中难免错误,年深日久更易传讹,因此需要进行校勘,而校勘也在这样的循环往复当中日渐复杂纷繁,以至形成一种专门的学问,这就是校勘学。换言之,校勘是随着文献典籍的传播需要而产生的,而校勘学是在校勘实践历史发展的基础上形成的。

校勘是一种通过比较、分析、考证,以求恢复古书原貌的工作。校勘学则是以古籍校勘为研究对象的专门科学,其内容是研究校勘的性质、特点、范畴、一般规律和方法。校勘学作为一种科学理论,是在校勘

---

① 王念孙.读书杂志[M].南京:江苏古籍出版社,1985:962.
② 王鸣盛.十七史商榷[M].北京:中华书局,2010:序 2.

实践经验的基础上总结出来的,其目的和任务则在于为古籍校勘提供指导。

由于我国特有的悠久的文化传统和浩如烟海的古代典籍,使得古书在流通传播上也形成了某些独有的规律和特点。同样,古籍校勘所面对的问题、造成问题的原因、解决问题时所涉及的知识领域、考证的方法、问题背后的深层信息等等,也与近现代书籍以及西方古代典籍均有所不同。因此,我们所说的校勘学,其研究对象特指对中国传统古籍的校勘。换而言之,这门学科实际上是"中国古籍校勘学"。在日本、韩国等国家,则被称为"汉籍校勘学"。它与西方的"文献批评学"(textual criticism,亦译"校勘学")虽有某些相通之处,但并不等同。

在把握校勘学的内容和范畴时,还有以下几个方面值得注意:

校勘学是中国古文献学的一个重要分支,与版本、目录、辑佚、辨伪等学科共同构成了古文献学的有机整体。

与校勘的性质与功用相关,校勘学研究离不开古书中的错误和问题。但并非古书中所有的错误字句都是校勘学的考察对象或具有校勘学上的意义。如病句、白字,如果出于作者之手,就不在校勘的范围之内,也不成为校勘学的考察对象。古籍校勘的正误标准,与语言文字规范化的概念必须严格分开。同时,古书流传中造成的各种错误,不仅包括字句上的,也包括篇章的错乱、拼合、缺失等等,这些都是校勘学理论研究的材料、例证。

古书流传中产生的缺脱错乱虽然纷繁复杂,但在现象和成因上也有规律可循。校勘通例的研究,即对古书在长期流传中出现的各种错误的致误原因、错误类别的归纳,是校勘学的重要组成部分。从实用角度出发,对致误原因、校勘通例予以关注和探讨,是我国古代校勘学最重要的传统之一,也是其局限所在。今天的校勘学研究已经不再停留在校勘通例上,还包括校勘的性质、范畴、原则、方法等等,形成了完整的学科体系。

学习一些校勘学,可以指导我们校勘古籍,了解如何分析处理古籍整理过程中遇到的版本之间的各种差异及可疑之处;同时,也可以从中了解古书中的问题和古人校勘的方法,为阅读古书,特别是曾经整理、校勘的古书,以及古人的学术著作提供帮助,有利于更高质量地接受古人的精神产品。

三　与校勘相关的几个概念

1. 校勘与校对

表面看来,校勘需要用古籍的不同版本进行比对,校对则是拿校样与原稿进行核对,工作形式上没有什么区别,但这两种工作有着本质的不同。首先,校对是书刊出版过程中的一个程序,校勘则是古籍整理的一项专门工作。更重要的是,在校对过程中,原稿具有绝对权威,是判断文字正误的唯一标准和依据,因此,这项工作是单向的,其最终目标是校样与原稿达到完全一致;而校勘则是在古书原稿、原版不存的情况下进行的,用于比勘的两个或多个版本之间相互平等,不存在绝对权威,因而是双向或多向的,任何差异都需要通过客观的分析、考证来解决。逐字逐句进行比勘,发现并记录异文只是校勘工作的第一步。

2. 校勘与校读

校读是一个专门术语,"校"指"校勘",而"读"指"句读",意思与"点校"接近,但实际含义还包括弄清思想内容、读通全书,实为校勘文字与标点断句、疏通文义的结合,在此前提下真正读懂古籍。因此,"校读"涉及对文字讹误的发现、分析、判断,但整体上则通常强调文义,最终目的在于将全书的内容弄懂弄通。

如胡朴安《古书校读法序》云:"古书之真有二:一版本之真;一著作者之真。略言之,前者谓之校,后者谓之读。"[①]并提出校读古书应当包括通训诂、定句度、征故实、校异同、定羨夺、辨声假、正错误、援旁证、辑逸文、稽篇目十个方面。其中不仅有校勘的内容,也包含了名物之学、章句之学与训诂之学。

---

① 胡朴安.古书校读法[M]//胡朴安讲文献.南京:凤凰出版社,2011:3.

3. 校勘与校雠

校勘,在古书中常被称为"校雠"或"雠校"。古代的"校雠"是与我们今天所说的"校勘"相关的最古老、最常用,概念也最接近的一个词。在一定意义上,两者是同义词。但随着学术的发展变化,两者的内涵和外延多次发生偏移和转变,因而具有了不同的意义。

"校雠"最早见于西汉刘向《别录》。《文选》卷六《魏都赋》李善注引东汉应劭《风俗通》云:"案:刘向《别录》,雠校:一人读书,校其上下,得谬误,为'校';一人持本,一人读书,若怨家相对。"①将其解释为比对不同文本的两种工作方式。这种解释来自刘向的记述还是应劭的理解,今已不得而知,但所述工作方式则于校勘和校对均可使用。

而据目前可见的刘向《列子叙录》《晏子叙录》当中的用法,校雠的工作内容包括搜集不同传本、比较文字异同、订正错误、审定篇章,最后达到"书可缮写"的目的,实际相当于古籍校勘。这也是两千年间"校雠"一词最广泛的用法。可以说,作为一个双音词,"校雠"的意义于《别录》已基本定型,并作为一个有着相对固定概念的词汇被反复使用。即在汉代,我们今天所说的校勘工作,是被称为"校雠"的。这种用法历史悠久,颇有古风,也往往受到后世学者偏爱。

但"校雠"这个词在概念上还有其自身的发展,并不一直与校勘等同。由于刘向整理宫廷藏书在程序上还包括了"条其篇目,撮其指意"②的编目、提要工作,后世人们在用"校雠"一词指称整个工作时,就使其具有了古籍整理工作代称的意义,包括古籍分类、文字校勘、版本考证、撰写提要和编写目录,这也就是广义的"校雠"。

随着学术的发展,宋代以后"校雠"概念的重心又有所偏移。南宋郑樵《通志·校雠略》讨论的主要是图书的经营管理如图书搜求等,涉

---

① 萧统.文选[M].上海:上海古籍出版社,1986:287.又《太平御览》卷六一八引,后一"读书"作"读析","相对"后有"故曰'雠'也"四字。

② 班固.汉书:卷三十:艺文志第十[M].北京:中华书局,1962:1701.

及目录学而无关校勘。清章学诚《校雠通义》则将其限定在"略其鱼鲁豕亥之细",而以"辨章学术,考镜源流"为宗旨的古籍分类目录中,①其外延和内涵大体相当于今天的"目录学"。

到了近代,"校雠学"被用作专门的学术科目名称,人们有意识地对这个概念加以界定。即如范希曾《校雠学杂述》中所云"细辨乎一字之微,广及夫古今内外载籍浩瀚。其事以校勘始,以分类终。明其体用,得其觇理,斯称校雠学"②,其内容包括校勘、目录、版本各方面,也就是今天所说的"古典文献学"。

因此,"校雠"曾经是"校勘"的代名词,但其含义在历史上几经变化,并不一直等同于校勘,今天更是分指两个不同的学科。从古今学者的实际使用来看,其含义有广义、狭义之分,广义指古文献学,狭义则指校勘学或目录学。广义的"校雠学"包含了校勘学的基本内容,但独立的校勘学所研究的内容更专门,也更深入具体。

第二节　校勘的历史发展与校勘学的形成建立

中国古籍校勘的历史可以远溯到周代,几千年间取得了丰富的成果,也积累了很多宝贵经验。但校勘学的形成晚至清代,其体系的真正建立则在近代。

从早期典籍当中的零星记载,我们可以知道,先秦时期已经出现了对典籍文献的校勘。其中年代最早的,是《国语·鲁语上》所载:"昔正考父校商之名《颂》十二篇于周太师,以《那》为首。"③唐孔颖达对此解释为"宋之礼乐虽则亡散,犹有此诗之本,考父恐其舛谬,故就太师校之也"④。如果这一分析属实,孔子七世祖、春秋早期的宋国大夫正考父

---

① 章学诚.校雠通义[M].北京:中华书局,1985:945.
② 范希曾.校雠学杂述(一)[J].史学杂志(南京),1929,1(1):1.
③ 徐元诰.国语集解[M].修订本.北京:中华书局,2002:205.
④ 阮元.十三经注疏:毛诗正义[M].北京:中华书局,2009:1338.

就是今天可以了解到的最早进行古籍校勘的人。①

由于历史上一直有孔子删定六经之说,加之孔子在中国文化史上的特殊地位,他也被后世学者奉为"校雠鼻祖"。虽然有关孔子校勘古籍的具体记载实际非常稀少,但历代学者往往乐于从这些儒家典籍中寻找孔子校勘的范例。《春秋》记事中的一些疑问和缺失,就往往被后世学者归于孔子的"不轻改",如《公羊传》解《春秋》昭公十二年"春,齐高偃帅师纳北燕伯于阳"云:"伯于阳者何?公子阳生也。子曰:'我乃知之矣。'在侧者曰:'子苟知之,何以不革?'曰:'如尔所不知何?'"②何休《春秋公羊传解诂》中还可以看到从校勘角度所做的更为详尽的说明。虽然此例实际只是《公羊传》对《春秋》文字所做的一种校勘解释,其他诸如"夫子作《春秋》,仍夏五残文"③等说法,也大多属于这种性质,但其中所传递的校勘的审慎态度,对于后世校勘的健康发展无疑有积极意义。

真正涉及校勘,并且确实可以代表先秦时期校勘情况的,是《吕氏春秋·察传》所记载的"子夏之晋,过卫,有读史记者曰:'晋师三豕涉河。'子夏曰:'非也。是己亥也。夫"己"与"三"相近,"豕"与"亥"相似。'至于晋而问之,则曰'晋师己亥涉河'也"④。这则故事不仅体现出战国学者对文字讹误的认识,而且表明时人已经注重从讹误原因入手进行分析和订正,并且在有条件时加以复核,方法科学,态度审慎。它虽不足以说明先秦学者校勘典籍文献的发展程度和特点,更谈不上理论研究,但从中可以看出:讹误现象已引起学者们的相当重视,并有了校勘订正的自觉意识;强调以审慎的态度来对待文献记载中的错误、疑问,非常重视致误原因,而非臆测轻断。这些构成了中国传统校勘学延

---

① 关于此则记载,学者或有他解,如王国维认为"校"当读为"效","献也"。王国维.说商颂上[M]//王国维手定观堂集林.杭州:浙江教育出版社,2014:50.
② 阮元.十三经注疏:春秋公羊传注疏[M].北京:中华书局,2009:5038-5039.
③ 吴师道.战国策校注序[M]//何建章.战国策注释:附录四.北京:中华书局,1990:1368.
④ 吕不韦.吕氏春秋集释[M].北京:中华书局,2009:619.

续几千年的优良传统。

在经历了秦始皇焚书坑儒和秦汉之际的长期战乱之后,古籍毁坏严重。汉成帝时,政府组织了大规模的文献典籍整理,即由刘向父子主持完成的对宫廷藏书的校理,留下了相当丰富的具体记载。这是校勘学史上有确切记载可考的最早的一次大规模的文献整理,也是后人可以了解其工作方式、方法的第一例。

从传世文献如《汉书·艺文志》的记载,以及保存在《战国策》《列子》《晏子》等书中的校书叙录可知,刘向的校勘工作,通常是将"中书",即宫廷收藏的各种版本,与可以搜集到的"外书",包括各相关政府机构的藏本如"太史书""太常书",以及参与整理工作诸学者的藏本如"臣向书""臣参书"等等,汇集起来,校除重复,审定篇章次第,校正字句脱误,对部分书籍还包括辨别篇章真伪、重新编次乃至拟定书名,最后形成可供缮写的新"定本"。因此,搜集众本,比较异同,整理错简,判断正误,这些校勘所必需的程序和内容,都已经具备并确定下来,这次工作也因此具有开创校勘规程的意义。

同时,在上述记载中还可以见到"率简二十五字者,脱亦二十五字;简二十二字者,脱亦二十二字"①等对脱简现象规律性的认识,对"以'赵'为'肖'、以'齐'为'立'"等"脱误为半字"②现象的概括,以及对形近或音同音近造成的"字误"现象的表述,虽然为数不多,但可知当时对致误原因已有初步的归纳。而"光禄大夫刘向校经传诸子诗赋,步兵校尉任宏校兵书,太史令尹咸校数术,侍医李柱国校方技"③的组织分工,也体现出校勘要综合运用各种理论知识的特点。刘向父子及其他官员以自己渊博的知识为根基完成了这项工作,校勘作为一个综合性、实用性学科的特点已表现出来。这些做法对后世都具有典范意义。

两汉古文经学家多精通语言文字,不仅长于著书,在校勘方面也有

---

① 班固.汉书:卷三十:艺文志第十[M].北京:中华书局,1962:1706.
② 刘向.战国策序[M]//何建章.战国策注释.北京:中华书局,1990:1355."赵",繁体为"趙";"齐",繁体为"齊"。——编者
③ 班固.汉书:卷三十:艺文志第十[M].北京:中华书局,1962:1701.

所作为。其中集大成者是东汉末年的郑玄。

作为经学家,郑玄最突出的特点是突破家法、师法的局限,成为一位兼采今古文的经学大师。他注释过《周易》《尚书》《毛诗》《仪礼》《周礼》《礼记》《论语》《孝经》等儒家经典,今天保存在《十三经注疏》当中的就有《毛诗》笺及三《礼》注,其中包含有大量的校勘内容。从中可以看到,其校勘通常以古文为主,兼采今文:或取古文为正,注存今文;或取今文为正,注存古文;不乏据今文改动文字的情形。这种不拘一家,"若有不同,便下已意"①的做法,无疑是一种更为客观,也更为科学的态度。同时,通过这些保存在古注当中的校勘记还可以看到,郑玄订误字、存异文、察衍补脱、厘清错简,不仅校正了许多具体错误,保留了有价值的异文,也往往分析各类错误的原因,并做出了如"字之误""声之误""著脱字失处""衍字""脱""非其次"等等具有范例作用的校勘说明。

汉末的高诱是这个时期另一位有代表性的学者。在其《淮南子注》《吕氏春秋训解》等著作当中,也有一定数量的校勘成果。其中不仅有注存异文、订正误字的内容,以及从致误原因角度所做的说明,在注存异文的同时,还有对不同的文字形式的训释,如《淮南子·精神训》"且人有戒形而无损于心"注云:"戒,备也,人形体具备。'戒'或作'革',革,改也,言人形骸有改更而作化也。"②这种在不能确定作者原字的情况下,两存其字、两通其义的"两通之例",无疑来自审慎的态度和对古籍讹误的实际情况的客观看待,虽然在后世不无流弊,也堪称是一种有实践功用的校勘类例。

到郑玄、高诱这个时期,由于具体的校勘成果通过传世的古籍注释得以存留至今,我们开始有了考察、研究古代学者校勘业绩和当时校勘发展情况的第一手资料,这是校勘学史上一个很有意义的变化。通过校勘记可以全面、具体地了解古人校勘的实际情况,包括所面对的问题、分析考证的方法、取舍的原则、对致误原因的认识等等。我们看到,

---

① 皮锡瑞.经学历史[M].北京:中华书局,1959:142.
② 刘安.淮南子集释[M].北京:中华书局,1998:528.

古籍中存在的各种错误、各种致误原因、分析方法及判断依据等都已有所体现,虽然在这一阶段没有提高归纳为校勘通例,但那些具有范例作用的校勘说明,体现出对同类现象的认识,与后来的校勘通例在本质上一脉相通。因此可以说,这一阶段,总结校勘学理论的条件已初步具备。

魏晋时期,玄谈风行,学界亦一扫汉儒烦琐之风,而以清虚为尚。在这种风气的影响下,魏晋人的古籍注释中很少保存校勘成果。但从何晏《论语集解》、杜预《春秋经传集解》当中,我们仍然可以看到,当时学者不仅汲取了汉儒的校勘经验,熟悉古书文字致误的一般原因,也能够自觉运用小学、历法及古书义例等知识进行校勘考证,其中不乏精当者。如《左传·襄公九年》:"晋人不得志于郑,以诸侯复伐之。十二月癸亥,门其三门。闰月戊寅,济于阴阪,侵郑。"杜预云:"以《长历》参校上下,此年不得有闰月戊寅,戊寅是十二月二十日。疑'闰月'当为'门五日'。'五'字上与'门'合为闰,则后学者自然转日为月。晋人三番四军更攻郑门,门各五日,晋各一攻,郑三受敌,欲以苦之。癸亥去戊寅十六日,以癸亥始攻,攻辄五日,凡十五日。郑故不服而去,明日戊寅,济于阴阪,复侵郑外邑。"①依据历法加以推求,结合字形进行考察,是理校的一个出色范例。因此,这个时期的学者并非摒弃或不懂校勘,只是以"清要"为原则,较少详为校勘,其少而精的特点,亦有可资借鉴之处。

南朝玄风不衰,北朝学承汉魏,均不乏可观的学术成果。宋裴松之注《三国志》、梁刘孝标注《世说新语》、北齐颜之推《颜氏家训》以及陈、隋间陆德明的《经典释文》②,可以代表这个时期校勘的发展与变化。

《三国志》裴松之注与《世说新语》刘孝标注都属于注释近人著作,它们的突出特点是重在比较史实异同、补充相关史料。其中校勘的内容虽不多,但并不忽视对异文、误字、脱文等予以注存,并有分析说明。

---

① 阮元.十三经注疏:春秋左传正义[M].北京:中华书局,2009:4217.
② 关于《经典释文》的成书所代,学术界看法不一,此从倪其心.校勘学大纲[M].北京:北京大学出版社,2004:23.

如《三国志·魏书·徐晃传》"今假臣精兵",裴氏案:"晃于时未应称臣,传写者误也。"[1]反映出南朝学者不仅重视校勘,并且相当认真地将校勘范围扩展到经典以外且年代并不久远的史书杂著。

《颜氏家训》则是一部关于人生哲理的札记性著作,内容相当广泛。其中《书证》一篇专门汇集有关文献典籍的训诂校勘,开创了脱离专书、广泛讨论各种书籍中所见讹错的笔记形式。所涉书籍范围不仅有经典文献,也有古乐府、通俗文,反映了当时书籍文字错误的特点和情况,也体现了校勘范围的进一步扩大,其中以长安出土之秦代铁秤权铭文考订《史记·始皇本纪》"丞相隗林"当作"隗状"[2],则是目前可见的以金石资料用于校勘的最早记载。此外,《勉学》篇"校定书籍,亦何容易,自扬雄、刘向,方称此职耳。观天下书未遍,不得妄下雌黄。或彼以为非,此以为是;或本同末异;或两文皆欠,不可偏信一隅也"[3]的观点,可称是对校勘态度、依据的早期探讨。而《音辞》篇辨析古今音韵、《杂艺》篇关于南朝书法及当时书体变化及紊乱情况的记述,在客观上也有助于对文献致误原因的了解和研究。

《经典释文》是汇集经典文字注音的专著,与此相关,它也汇集、保存了大量经典异文,可称以汇集异文为主要形式的校勘专著的源头。其在"条例"中对经典文字的错乱现象及该书的处理原则所做的说明,也反映出当时的古籍校勘已经能够自觉运用小学知识概括说明异文产生的原因,进行正误判断,具有一定的理论性质。这种进步来源于对古籍异文的比较研究,以及对古音通假、文字正俗变化等现象的较为明确的认识,体现出著者对语音、语义、字形之间的关系有着切实的了解。

从上述著作的情况可以看到,这个时期的校勘成果虽然在数量上不是很多,但由于文字、音韵、训诂之学的发展,使得异文作为小学研究的重要材料依据而日益为学者所重视,开始脱离专书被单独搜集和论

---

[1] 陈寿.三国志[M].北京:中华书局,1982:528-529.
[2] 颜之推.颜氏家训集解[M].北京:中华书局,1993:455-456.
[3] 同上 235.

证,校勘的地位也随之变得突出起来。总的说来,魏晋南北朝时期校勘虽然并不兴盛,但仍有其积极的成就,在校勘的范围、原则、体例、方式等方面都出现了一些有益的探索,特别是在小学的推动下,校勘开始出现成为一种独立学术的趋势。

唐代思想文化繁荣发展,出于大一统思想统治的需要,从唐太宗时期开始,就十分重视典籍文献的整理,并通过科举考试推行统一的儒家经义。在朝廷的组织下,颜师古考订五经文字,撰《五经》定本;孔颖达、贾公彦等人撰著儒家经传正义,都有总结南北朝经解分歧,使经学归于一统的意义。儒家十三经中有九种注疏确立于唐朝,就是其集中体现。此外司马贞《史记索隐》、张守节《史记正义》、《汉书》颜师古注、《后汉书》李贤注等著名的史注,以及《文选》李善注、五臣注,等等,也都是以集成归一为特点的注解著作,影响深远。可以说,在这个时期,思想学术经过南北朝的纷繁杂沓之后,趋于一统。而典籍文献的整理亦以统一思想、追求规范为特点。古籍注疏注重训诂释音、疏通义理,校勘方面则相对粗疏。如孔颖达《五经正义》中有关校勘的内容主要在说明汉代经传各家异同,并不多做考证;颜师古在《汉书叙例》中指出"古今异言,方俗殊语,末学肤受,或未能通,意有所疑,辄就增损,流循忘返,秽滥实多。今皆删削,克复其旧"[1],更是典型地体现了划一归真、删除繁滥的宗旨。同样,颜师古的学术札记《匡谬正俗》也主要着眼于疏通史实,对古籍异文的分析取舍多以义理、辞章为据,而不是从校勘角度论证。

也正因为如此,到宋代,典籍文献的校勘成为学者必须重视的问题。在接下来的两宋时期,校勘出现了引人注目的发展和进步。

宋代注重文化,大力开展文献典籍的整理。北宋时期,在朝廷的主持下,陆续整理刊刻了包括儒家经典、历代正史、重要诸子书、医书、农书、政书以及《文选》等文章总集在内的大量典籍,且重要史书多经反复校勘,如《汉书》即先后于太宗淳化年间、真宗咸平年间、仁宗景祐年间

---

[1] 班固.汉书[M].北京:中华书局,1962:汉书叙例2.

及英宗朝校勘四次。在这样的过程中,宋代学者不仅积累了丰富的校勘经验,而且形成了以"是正文字"为内容的校勘专著。而随着印刷术的广泛使用发展起来的图书出版业,也对古籍整理提出了新的要求,使得校勘的范围不断扩大,相关探讨也日益深入。因此,虽然宋学以义理为总体特征,部分学者大胆改动经文,甚至出现了"六经注我"的主张,但同时也出现了一批认真从事典籍整理的学者和著作。宋代校勘范围广泛,成果形式多样,进一步表现出校勘独立发展的趋势,也正是在这样的背景下,出现了对校勘理论的最初探讨。

两宋时期独立、完整的校勘著作,有余靖《汉书刊误》、张淳《仪礼识误》、毛居正《六经正误》、洪兴祖《楚辞补注·考异》①、方崧卿《韩集举正》、朱熹《韩文考异》等等,多为校记单行本性质。这种校勘专著,与以往的校注一体不仅是形式上的不同,也体现出观念上的改变,即校勘已经成为一项完全独立的工作,这为其被当作一种专门的学问加以探讨打下了基础。

在校勘理论方面,最具有代表性的是南宋彭叔夏的《文苑英华辨证》。此书是彭叔夏跟随周必大校勘《文苑英华》的成果。他说:"叔夏尝闻太师益公先生(引者按:周必大)之言曰:'校书之法,实事是正,多闻阙疑。'叔夏年十二三时,手钞《太祖皇帝实录》,其间云'兴衰治□之源',阙一字,意谓必是'治乱'。后得善本,乃作'治忽'。三折肱为良医,信知书不可以意轻改。"②可谓对校勘原则、态度的最早的正面总结。这部著作也以总结校勘经验为主旨,不是按照《文苑英华》的篇卷次序罗列全部校勘记,而是以误例分类编排,"以类而分,各举数端"③。全部20类中,用字、用韵、事证、事误、事疑5类,是从用字、用韵、用典的角度分析疑误;人名、官爵、郡县、年月、名氏、题目、门类、脱文、同异、离合、避讳、异域、鸟兽、草木、杂录15类,则以疑误讹错的名物种类加

---

① 《宋史》、陈振孙《直斋书录解题》均载洪兴祖《补注楚辞》十七卷、《考异》一卷",今本《考异》内容已散入《楚辞》各句之下,通行本书名作《楚辞补注》。
② 彭叔夏.文苑英华辨证叙[M]//文苑英华辨证.北京:中华书局,1985:卷首.
③ 同上 13-18.

以区分。每一类目不仅有丰富实例,而且有简括说明,部分类目之下还根据问题特点、处理方式分为若干子目,如"人名"类即有"凡用事有人名与他本异,不可轻改者""其有讹舛,当是正者""人名有与史传集本异,不可轻改者""其有讹舛,质于史传,当是正者""其有与史集异同,当并存者"①5个子目。书中所涉的校勘处理方式,后世学者将其概括为三类:"承讹当改;别有依据,不可妄改;义可两存,不必遽改。"②可以说,《文苑英华辨证》从疑误特点和处理方式上进行的总结归纳,已经初具校勘类例的意义,可谓校例研究之开端。

谈到宋代校勘理论的发展时,通常为学者所乐道的还有《相台书塾刊正九经三传沿革例》。相台书塾所刊"九经三传",旧说出自南宋岳珂,这份"沿革例"亦长期被归于岳珂名下。近年学者研究认定,此本为元初义兴岳浚所刊而与岳珂无关。然而,这个版本是在南宋末年廖莹中世彩堂所刻"九经"的基础上重刊的,例言也沿自世彩堂本,因此依然可以反映南宋后期的学术状况。这份"沿革例"是一篇概括性很强的条例化说明,类似今天图书整理出版的凡例。共分七条:一、书本,版本问题;二、字画,说明正字的必要和原则;三、注文,认为注文中存在脱误,可以用疏解中的解释文字予以增添,有以疏文校注文的性质;四、音释,即注音体例;五、句读,标点断句的体例;六、脱简,对前人考订出的错简、脱简的处理原则;七、考异,对异文的考证判断,分类举例,说明处理原则,具有典型类例的作用。虽然整体上是对书籍出版时各种问题的处理,主要从正字、正音、正义的原则和便读的要求出发,但因为来自编校"九经三传"的实践,其中包括了校勘的某些典型经验。除第三、第六两项直接针对校勘方面的问题外,第七项"考异"根据异文产生的原因、考证情况分类举例,说明处理异文的原则,虽然并不具备与《文苑英华辨证》相同的自觉意识,但仍体现出将校勘经验总结为校勘理论的趋势。

总的说来,宋代校勘发展有两个特点:实践方面,校勘范围从原来

---

① 彭叔夏.文苑英华辨证叙[M]//文苑英华辨证.北京:中华书局,1985:13-18.
② 永瑢,等.四库全书总目[M].北京:中华书局,1965:1692.

的经、史、子扩大到集部,基本涵盖了古籍的各个部类,并出现了相当数量独立、完整的专书校勘著作;与此相关,出现了校勘理论发展的最初萌芽,即对校勘原则和类例的初步探讨。因此,这个时期最值得注意的变化,就是校勘从依附于章句注疏的地位独立出来,并形成了初步的理论研究。

元明时期,由于理学的发展,学术流于空疏,加之刻书业兴盛的同时,书商粗制滥造的行为十分普遍,使轻视古书文本、妄改古书成为风气,校勘和校勘学成就不高,发展停滞。仅在少数学者的著作中,如元代吴师道《战国策校注》、明代梅鷟《尚书考异》,出现了一些有价值的校勘成果和观念。吴师道《战国策校注序》当中"事莫大于存古,学莫善于阙疑"[①]等观点,亦与《文苑英华辨证叙》"实事是正,多闻阙疑"的原则一脉相承。

清代,考据学获得极大发展,我国古代校勘学亦在经历元明中衰之后,进入了成就最辉煌的时期。戴震、段玉裁、王念孙、王引之、卢文弨、顾广圻、俞樾等数量众多的大学者进行了深入而广泛的校勘工作,也出现了如阮元《十三经注疏校勘记》、卢文弨《群书拾补》、王念孙《读书杂志》、王引之《经义述闻》、钱大昕《廿二史考异》、王鸣盛《十七史商榷》、俞樾《古书疑义举例》等一大批校勘专著或相关著作。在古籍校勘取得丰富成果、积累大量实践经验的同时,文字、音韵、训诂、版本、目录等学科的长足发展,也为校勘提供了科学的理论依据。以此为基础,清代学者在校勘的原则、规律、方法诸方面,都开始了自觉的理论探索,并出现了不同学术观点的论争,校勘通例的归纳也趋于严密并渐具体系。可以说,作为一种专业理论,校勘学已从归纳一般理论原则和方法深入到对具体法则、规律的探索,不仅学术水平有了长足的提高,理论体系已大体形成。

清初,针对宋明学者忽视古音和文字音形关系的研究,不懂古音和古音通假,而以今音读异体、臆改通假字的方式造成古书文字混乱、面

---

① 何建章.战国策注释[M].北京:中华书局,1990:1368.

貌失真、经义混淆的现象,顾炎武提出了"考文自知音始"①的著名观点,将通古音作为校勘的先决条件,自觉地从理论上总结校勘的科学依据。

随着乾嘉考据之学的兴盛,校勘学出现两个主要流派:一派以卢文弨、顾广圻为代表,他们注重版本依据、异文比较,强调保存古本原貌,主张说明异文正误而不做更改;一派以戴震、段玉裁、王氏父子为代表,他们主张广泛搜集版本及版本以外的各种异文材料,根据本书义理,运用文字、音韵、训诂、版本及各种有关历史知识,分析考证异文正误,并予以订正。后世学者将两派分别称为对校学派和理校学派。

在校勘依据和处理原则方面,两派学者都提出了极有见地的学术见解。如顾广圻毕生从事校勘工作,对校勘可能给古籍面貌造成的负面影响有深刻体会,他指出:"校书之弊有二:一则性庸识暗,强预此事,本未窥述作者大意,道听而途说,下笔不休,徒劳芜累;一则才高意广,易言此事,凡遇其所未通,必更张以从我,时时有失,遂成疮痍。二者殊途,至于诬古人,惑来者,同归而已矣。"②甚至提出"书籍之伪,实由于校"③。在校勘依据上,他们虽然同样"准古今通借以指归文字,参累代声韵以区别句逗。经史互载者考其异,专集尚存者证其同,而又旁综四部,杂涉九流,援引者沿流而溯源,已佚者借彼以订此"④,将小学知识和各种材料依据广泛用于校勘,但鉴于"大凡昔人援引古书,不必皆如本文",主张"校正群籍,自当先从本书相传旧本为定"⑤。他们认为,宋元古本虽然也存在不少错误,但与后世版本相比还是犹胜一筹,且错误多属传写之误,而非出自校改,尚有分析考订的痕迹和线索,易于发现和识别。因此,他们主张尽量收集相对接近原版的古本、旧本、善本作为校勘依据,采用注存异文而不改动底本原貌的做法,将相关信息尽可

---

① 顾炎武.顾亭林诗文集[M].北京:中华书局,1959:73.
② 顾广圻.顾千里集[M].北京:中华书局,2007:265.
③ 同上 376.
④ 同上 372.
⑤ 卢文弨.抱经堂集[M].北京:中华书局,1990:284.

能全面地提供出来,使读书人得到更多的启发。顾广圻取北齐邢邵"日思误书,更是一适"①语义,以"思适"作为自己的斋名,并云:"顾子之于书,犹必不校校之也……不校之误使人思,误于校者使人不能思,去误于校者而存不校之误,于是日思之,遂以与天下后世乐思者共思之……思其孰为不校之误,孰为误于校也。"②"不校校之"也成为这一派最具代表性的校勘主张。

　　理校学派的学者往往同时也是经学大家,校勘方面,在"存真复原"的宗旨上与卢、顾别无二致,但整理经籍的根本出发点在于读经明道,主张"凡校书者,欲定其一是,明圣贤之义理于天下万世"③,因此更加注重考订文字正误,以确定意义。比如对于版本,段玉裁认为:"唐之经本,存者尚多,故课士于定本外许用习本。习本流传至宋,授受不同,合之者以所守之经、注,冠诸单行之疏,而未必为孔颖达、贾公彦所守之经、注也,其字其说,乃或龃龉不谋,浅者乃或改一就一。陆氏所守之本,又非孔、贾所守之本,其龃龉亦犹是也。自有《十三经》合刊注、疏、音释,学者能识其源流同异,亦鲜矣。有求宋本以为正者,时代相距稍远而较善,此事势之常,顾自唐以来积误之甚者,宋本亦多沿旧,无以胜今本,况校经如毛居正、岳珂、张淳之徒,学识未至,醇疵错出;胸中未有真古本汉本,而徒沾沾于宋本,抑末也。"④在他们看来,"所谓宋版书者,亦不过校书之一助"⑤,"不敢改易一字。意欲存其真,适滋后来之惑也"⑥。为了突破传世古本的局限,探寻古书更早的或原始的文字面貌,理校学派往往广泛搜求散见于各种早期古籍的相关资料以汇集异文,并自觉地运用文字、音韵、训诂及历史文化知识对文字正误进行分析考证。就校勘具体成绩而言,以广博的学识和深厚的学术根底为基

---

① 李延寿. 北史[M]. 北京:中华书局,1974:1593.
② 顾广圻. 顾千里集[M]. 北京:中华书局,2007:86.
③ 段玉裁. 经韵楼集[M]. 上海:上海古籍出版社,2008:300.
④ 同上 1-2.
⑤ 同上 300.
⑥ 同上 85.

础,这一派学者取得了不少令人惊叹的成果,然亦不免有所疏失,可谓得失参半。但这一派学者在校勘学理论发展方面所做的贡献则为后世所公认。

基于治经,他们对古代典籍当中错乱讹误的复杂性有深刻认识。段玉裁在《与诸同志书论校书之难》一文中说:"校书之难,非照本改字不讹不漏之难也,定其是非之难。是非有二。曰:底本之是非,曰:立说之是非。必先定其底本之是非,而后可断其立说之是非。二者不分,缪辀如治丝而棼,如算之淆其法实而瞀乱乃至不可理。何谓底本?著书者之稿本是也。何谓立说?著书者所言之义理是也……故校经之法,必以贾还贾,以孔还孔,以陆还陆,以杜还杜,以郑还郑,各得其底本,而后判其义理之是非,而后经之底本可定,而后经之义理可以徐定。不先正注、疏、释文之底本,则多诬古人;不断其立说之是非,则多误今人。"①

同时,理校学派对校勘的科学依据和校改原则有自觉认识,主张明确是非而敢于改字,但亦不轻改。王引之对自己的校勘经验有如下总结:"吾用小学校经,有所改,有所不改。周以降,书体六七变,写官主之,写官误,吾则勇改;孟蜀以降,椠工主之,椠工误,吾则勇改;唐、宋、明之士,或不知声音文字而改经,以不误为误,是妄改也,吾则勇改其所改。若夫周之没(一本'没'作'末'——原注),汉之初,经师无竹帛,异字博矣,吾不能择一以定,吾不改;假借之法,由来旧矣,其本字十八可求,十二不可求,必求本字以改假借字,则考文之圣之任也,吾不改;写官椠工误矣,吾疑之,且思而得之矣,但群书无佐证,吾惧来者之滋口也,吾又不改。"②

校勘通例的归纳,亦以王念孙、王引之父子成就最为突出。王念孙校勘《淮南子》,"以《(道)藏》本为主,参以群书所引,凡所订正,共九百余条。推其致误之由,则传写讹脱者半,冯(凭)意妄改者亦半也"③,并

---

① 段玉裁.经韵楼集[M].上海:上海古籍出版社,2008:332-336.
② 龚自珍.工部尚书高邮王文简公墓表铭[M]//龚自珍全集.上海:上海人民出版社,1975:148.
③ 王念孙.读淮南子杂志书后[M]//读书杂志.南京:江苏古籍出版社,1985:962.

将具体错误现象和致误原因归纳为62条,计:有因字不习见而误者;有因假借之字而误者;有因古字而误者;有因隶书而误者;有因草书而误者;有因俗书而误者;有两字误为一字者;有误字与本字并存者;有校书者旁记之字而阑入正文者;有衍至数字者;有脱数字至十数字者;有误而兼脱者;有正文误入注者;有注文误入正文者;有错简者;有因误而致误者;有不审文义而妄改者;有因字不习见而妄改者;有不识假借之字而妄改者;有不审文义而妄加者;有不识假借之字而妄加者;有妄加字而失其句读者;有妄加数字至二十余字者;有不审文义而妄删者;有不识假借之字而妄删者;有不识假借之字而颠倒其文者;有失其句读而妄移注文者;有既误而又妄改者;有因误字而误改者;有既误而又妄加者;有既误而又妄删者;有既脱而又妄加者;有既脱而又妄删者;有既衍而又妄加者;有既衍而又妄删者;有既误而又改注文者;有既误而又增注文者;有既误而又移注文者;有既改而又改注文者;有既改而复增注文者;有既改而复删注文者;有既脱且误而又妄增者;有既误且改而又改注文者;有既误且衍而又妄加注释者;有因字误而失其韵者;有因字脱而失其韵者;有因字倒而失其韵者;有因句倒而失其韵者;有句倒而又移注文者;有错简而失其韵者;有改字而失其韵者;有改字以合韵而实非韵者;有改字以合韵而反失其韵者;有改字而失其韵又改注文者;有改字而失其韵又删注文者;有加字而失其韵者;有句读误而又加字以失其韵者;有既误且脱而失其韵者;有既误且倒而失其韵者;有既误且改而失其韵者;有既误而又加字以失其韵者;有既脱而又加字以失其韵者。① 这些条例来自校勘《淮南子》的具体实践,虽分类不免繁细,但明确体现出校勘学理论已从一般理论原则方法深入到具体规律的探索。其后,王引之《经义述闻·通说下》将古籍中存在的共同问题归纳为12条类例,前6条主要从小学角度总结解经的错误原因,后6条"衍文""形讹""上下相因而误""上文因下而省""增字解经""后人改注疏释

---

① 王念孙.读淮南子杂志书后[M]//读书杂志.南京:江苏古籍出版社,1985:962-974.

文"①则属于校勘通例和辨析经文注疏异同的理论概括,虽尚不完备,却体现了归纳各类通例的总结探讨,标志着古代校勘学理论进入形成阶段。清代中后期,俞樾在《古书疑义举例》中又进行了新的尝试,将校勘通例归纳为 37 条,具体亦不流于繁细,有广泛影响。

清代是古代校勘学的形成时期,但由于校勘仍处于解经的从属地位,以服务解经为目的,其理论研究没能向更高层次发展,并未建立起独立完整的校勘学理论体系,也没有出现独立的校勘学理论著作。

近现代是校勘广泛发展的阶段,也是校勘学理论体系建立的时期。20 世纪初文物考古的一系列重大发现,特别是殷墟甲骨、敦煌遗书、敦煌西域汉简的发现以及清宫藏书、档案的清理,使得大量文献资料重新面世,既增进了人们对古代历史、古代典籍的认识,也开拓了校勘的新领域,推动了校勘与校勘学的继续发展。在这一背景下,1931 年,出现了标志着校勘学理论体系真正建立的里程碑式著作——陈垣的《校勘学释例》(原名《元典章校补释例》)。这部书虽然是在校补沈刻《元典章》的基础上绅绎概括而成的,但其中融会了历代校勘经验和校勘学成果,以沈刻《元典章》为典型材料,全面而具体地归纳和解释各种通例,阐述校勘学的理论和方法。其对校勘通例、校勘方法、改字原则的科学总结,不仅贯通地继承了古代校勘学,尤其是清代校勘学的传统,而且突破了以往以经典古籍为主的框架,具有更为普遍的概括性和理论性,是在新的学术背景下自觉建立的系统化的理论体系,在校勘与校勘学的发展中,堪称"继往开来,影响深广"②。

第三节　校勘的方法和依据

一　古籍的基本构成

越过竹简木牍、绢帛纸张、装帧墨迹的物质形式,古籍从本质上说,

---

① 王引之.经义述闻:下[M].上海:上海书店出版社,2012:目录.
② 倪其心.校勘学大纲[M].北京:北京大学出版社,1987:77.

是用古代的语言文字记录、保存、传播古代知识的一种载体。任何古籍,都是由一定历史时代的知识和一定历史时代的语言文字所构成的,这就是我们所说的古籍的基本构成。基于这种基本构成,一部古书,就其原始面貌而言,不论内容还是文字,都属于它产生的那个特定时代,这也就是"存真复原"的原则当中,所谓"真"和"原"最主要的衡量标准。

但实际上,这种基本构成仅存在于理想状态的、完整保存流传至今的原著、原版古籍中,而绝大多数传世古籍因反复整理或传抄刊印,其基本构成已成为多层次的叠加。换而言之,这些古籍固然还是古代的著作,却很可能已经不仅仅属于它成书的那个历史时代,在流传过程中,其中所包含的知识已经为后来的整理者依据他们所处时代的知识进行了解释乃至修订;在传写刊印过程中,它的语言文字也已经被它所经历的历史时代的语言文字有意无意地浸染、改造过了。古籍的物质载体从简牍、绢帛转为纸张,又从卷轴到书册,其间格式行款也会发生相应的变化,在这个过程中,同样可能丧失原有的一些信息。因此,我们所看到的古书,实际上已经是几个时代的知识、语言、文字等层层重叠的结果。而且,这种重叠往往不是层次分明的简单叠加,而是错综复杂的交叉、混合的构成。这样,对于以恢复古书原貌为目的的校勘而言,构成古书的每一方面的因素都是我们需要面对的问题,只有把握好这一点,才能保持清醒的头脑去辨析所遇到的复杂情况。

通常,一种重要的古籍问世后,经过一定的历史时期,就会在语言文字和思想内容上产生时代的隔阂,而在流传过程中也不免出现文字或语句的错误和曲解,这就有了注释和校勘的必要,不同的解释和订正也会应运而生;再经过若干年代,由于社会历史的发展变化,又会有不同于前人的新的解释和订正,如此周而复始;最后虽然可能产生一种为多数人所公认的、较为接近原稿的定本,但这实际是一种历史改定的定本。在历次整理中经历了该时代的知识和语言文字的淘洗的古籍,已不可能完全符合这一古籍产生时代的知识内容与语言文字形式。实际上,历史上比较重要的古籍,我们今天所能见到的,都是这种历史改定的定本。而越是受重视的典籍,在它所经历的历史年代里,整理研究就越多,所积淀的知识和语言的层次也就越多,且异文与歧解参差错综,这就是经典古籍的多层次复杂重叠构成。相对而言,年代不那么久远,或内容不那么重要的古籍,所经历的整理阐释就比较少,中间的层次重叠也相应较少,错误多出于传抄刊刻,情况相对简单,这就是一般古籍的简单重叠构成。

也可以说,对于年代久远的古籍来讲,那种原始状态的"基本构成"只是在理论上存在,但这是我们把握古籍构成状况的出发点,也是寻求"去伪存真"的有效标尺。我们所要探讨的校勘的方法和依据,也必须建立在能够提供"真"的线索或有助于识别"伪"的信息的基础上。

二 校勘的方法

从理论上讲,校勘的一般方法就是搜集各种版本和有关资料,择其善者、要者进行比较,列出异文,分别类型,予以分析,说明理由,举出证据,做出是非正误的判断。就方法论而言,实质就是比较分析和科学考证。也可以说,校勘就是通过比较分析发现问题,经过科学考证解决问题。

但在具体工作中,如何有效地实现比较分析和科学考证呢?

关于校勘的方法,清代以来学者已经做过不少探讨,而最具权威性、长期以来为人们所公认的,就是陈垣在《校勘学释例》当中提出的"校法四例"。这既是陈垣校勘《元典章》时采取的具体工作方式,在一定程度上也是对古人校勘方法的归纳总结。因其条理清楚,系统周密,又简明扼要,易于掌握,所以一经面世,就被学者广泛接受。

今以陈垣所述[①]为纲领,略做梳理说明:

1. 对校

"对校法。即以同书之祖本或别本对读,遇不同之处,则注于其旁。刘向《别录》所谓'一人持本,一人读书,若怨家相对者',即此法也。此

---

① 陈垣.校勘学释例:校例[M].上海:上海书店出版社,1997:118-122.

法最简便,最稳当,纯属机械法。其主旨在校异同,不校是非,故其短处在不负责任,虽祖本或别本有讹,亦照式录之;而其长处则在不参己见,得此校本,可知祖本或别本之本来面目。故凡校一书,必须先用对校法,然后再用其他校法。"

对校是校勘方法中最基本的一种,实为比较不同版本,列出异文。在这一步工作中,还不足以对发现的差异做出判断,所以,只是记录所有异文,不问正误,因此"其短处在不负责任","而其长处则在不参己见"。因为完整、忠实地记录了各版本的差异,所以通过底本和异文,可以得知用于参校各版本的面貌。

关于对校的作用,陈垣指出两个方面:

其一,"有非对校决不知其误者,以其文义表面上无误可疑也"。如沈刻《元典章》"吏三(十六)　元关本钱二十定","二十定"元刻本作"二千定";"兵三(廿六)　小铺马日差二三匹","二三匹"元刻本作"三二十匹",沈刻虽有误字、脱文,但从行文表面看无任何错误痕迹,阅读时一般不易发现。在这种情况下,对校是发现问题最有效的方法。

类似例证在古籍校勘中随处可见。还可以影印文渊阁《四库全书》所收南宋黄公度《知稼翁集》为例,卷上《秋兴》二首之一有"朔野玄黄多战骨,江湖风雨一蓑衣"之句,而以明天启五年黄崇翰刻本校之,可知"朔野玄黄"原作"胡虏乾坤";又《和龚实之闻戎人败盟》"请缨未快终军志,置火须燃董卓脐",诗题"戎"原作"虏",诗中"快终军志"原作"系单于颈"。如果仅从《四库全书》本看,"朔野玄黄多战骨""请缨未快终军志"语言表现工稳典雅,诗意上也没有任何不谐之处,特别是后者,甚至没有改变原来的用典,只是淡化了原有的"刺激性",表现上含蓄得多,改订的水平可以说相当高。类似情形,的确"非对校决不知其误者"。而"戎"与"虏"的改换,属于用中性词语替换原来含有贬义或民族歧视的语汇,熟悉《四库全书》的读者,是可能发现问题的,但如果不经过对校,也很难确知本来的文字形式。

其二,"有知其误,非对校无以知为何误者"。如沈刻《元典章》"户七(十二)　每月五十五日",元刻本则作"每五月十五日";"吏七(九)

常事五日程中事十日程大事十日程",元刻本作"中事七日程"。沈刻因倒文或误字造成书中文字明显违背事理,可以肯定存在错误,但真实面貌如何,如果没有版本佐证,则难以确知。

对校方法简单,但极为重要。它是校勘的第一道工序,而在这道工序中所获得的异文既是校勘考证的对象,也是有关推论能够落实的关键。

使用对校法可注意两点:

首先,对校的前提是全面了解、广泛搜集同书的各种版本,再从中选择适当的底本和参校本。与此相关,这种校勘方法并非适用于所有古籍。传世孤本自然无所谓对校,有些古籍今天虽非孤本,但各本同出一源,其祖本尚存,晚出各本仅为辗转传抄,亦无经翔实考证者,其间异文均属传抄所增错误,亦无对校必要。因此,使用对校法的条件是必须有"可供比较"的不同版本,把握版本间的关系很重要。

其次,对校过程实为比较异同,列出异文,客观地提供一种校勘资料,为进一步分析判断提供材料,所以仅仅是校勘工作的第一步,通常情况下,不能独立完成校勘任务。这是其意义所在,也是其局限所在。对此可以从两个角度把握:校勘工作当中没有可以作为绝对标准的文本,也不能把校勘停留在罗列异文上。

2. 本校

"本校法者,以本书前后互证,而抉摘其异同,则知其中之缪误。吴缜之新唐书纠缪,汪辉祖之元史本证,即用此法。此法于未得祖本或别本以前,最宜用之。予于元典章曾以纲目校目录,以目录校书,以书校表,以正集校新集,得其节目讹误者若干条。至于句字之间,则循览上下文义,近而数叶,远而数卷,属词比事,牴牾自见,不必尽据异本也。"

本校指比较一书的上下文,用本书的语言、文字、知识等各种资料校勘本书。实质是在对本书进行全面深入的了解和研究的前提下,依据本书的语言、文字、知识内容等各种资料校勘本书,从同类内容前后矛盾、上下文义不相应、章节结构不合理等现象入手进行分析推理,发现问题,订正讹误。也有学者认为,所谓"一人读书,校其上下,得谬误,为'校'"①,可能即指本校法。这种方法可用于对一部书的某个版本预先进行整理,在没有其他版本可供校勘时,更是一种有效的校勘方法。

陈垣在用"**本校法**"校《元典章》时,具体做法也很有典型意义。如:"吏六(四十)　未满九个月不许预告迁转",涉及官员申请提升、调任的时限,而同一时限"上下文均作'九十个月'",由此可知,《元典章》此处文字有缺失。

其他古籍也是一样,如旧题南宋刘克庄的《分门纂类唐宋时贤千家诗选》,卷一○"菊花"条下分"五月菊""十月菊"二目,其"唐贤"部分于"十月菊"子目下收郑谷诗:"节去蜂愁蝶不知,晓庭还绕折残枝。自缘今日人心别,未必秋香一夜衰。"从诗的内容看,此诗所述时间与"菊花"节(重阳节)仅一夜之隔,并非十月之事。查书前总目录,卷一○有:"……菊花、五月菊、九月初十日菊、十月见菊……"②,则此诗子目当作"九月初十日菊",正文此处可能存在缺脱错乱。此是以目录校正文。又如《庄子·刻意》:"故曰圣人休休焉,则平易矣。"清俞樾《诸子平议》卷一八云:"按,休焉二字传写误倒,此本作'故曰圣人休焉,休则平易矣。'《天道》篇'故古帝王圣人休焉,休则虚',与此文法相似,可据订正。"③是根据语言、习用句式帮助分析判断。

本校即在本书中寻找可供校勘的材料依据,用以解决本书在文字上的疑难。在没有别本可供校勘,或虽有若干版本而有问题之处恰恰没有可供比较的异文,以及异文正误无法判断的情况下,都有助于发现问题和解决问题。本校所得校勘资料,虽然不体现为直接的版本依据,但可供考证的信息来自书本身,因此是一种比较可靠的校勘方法。

但本校法的使用是有局限的。首先,本校的理论基础是一部书有其自身的体例规则,一个作者有其遣词造句的个人色彩和时代性。而

---

① 萧统.文选[M].上海:上海古籍出版社,1986:287.
② 北京大学图书馆藏[刘克庄].分门纂类唐宋时贤千家诗选[M].元刊本.
③ 俞樾.诸子平议[M].上海:上海书店,1988:357.

成非一时、出非一人的古籍,各部分的行文遣词,乃至所涉及的名物制度不可能完全相同,思想内容也未必一致。如果以使用本校法为名,强求一律,则难免削足适履,以不误为误。因此,对于带有汇编性质的儒家经典如《尚书》《诗经》,带有学派言论集性质的诸子书如《管子》《庄子》《淮南子》,以及出自集体编撰的历代史书、汇集多人作品的文章总集,其本校都只能在某些部分或篇章内部小范围进行。

总的说来,本校法包括了比较、分析和考证,是一种逻辑类推的过程。使用这种校勘方法,必须以对本书融会贯通为前提。校勘者对书的内容、体例、编纂方式、成书过程等要有全面的了解,以确定其在本校方面是否存在局限,以及如何运用。同时还必须对考证中所使用的本书材料加以核实,如是否存在版本差异、是否曾经他人校改等等,以保证其可靠性。

在校勘工作中,本校法是发现疑难和获取证据的重要方法。版本对校中发现疑难,有时可以通过本校得到解决。但在无版本依据时,则只是一种获得证据的方法,而这种证据"除了内容完全相同而文辞差异的情况外","往往仅可供参考,更多可作旁证"。①

此外,还必须注意,校勘中的本校与使用类似方法考证史书记载中的矛盾讹误是两种不同性质的工作,后者属于对书籍内容的考证,为了避免使古籍校勘流于"修订",二者须明确区分。事实上,陈垣所提到的宋吴缜《新唐书纠谬》、清汪辉祖《元史本证》也都属于这种考证著作。即如我们在第一节考察过的,吴缜所谓"校勘"的对象,是《新唐书》在编纂过程中的疏失和错误,因此,这部书也不是今天意义上的校勘著作。使用本校法进行校勘,解决的只是古籍在流传过程中形成的讹误。

3. 他校

"他校法者,以他书校本书。凡其书有采自前人者,可以前人之书校之,有为后人所引用者,可以后人之书校之,其史料有为同时之书所并载

---

① 倪其心.校勘学大纲[M].北京:北京大学出版社,2004:103.

者,可以同时之书校之。此等校法,范围较广,用力较劳,而有时非此不能证明其讹误。丁国钧之晋书校文,岑刻之旧唐书校勘记,皆此法也。"

即从本书之外的其他书籍中找到本书的异文或相关材料,作为校勘考证的依据。与本书存在引用关系、承袭关系,或记载了某些相同内容的书籍,都可能提供这种有助于了解本书文字形式的材料。对传世版本所存在的局限,这是一种非常重要的材料补充。

陈垣校《元典章》即有典型例证:"吏一(廿七) 荨麻林纳尖尖""吏一(三四) 荨麻林纳失失",两处涉及的是同一种名物,文字不同但字形相近,必然有一处存在错误,这是用本校法发现问题,然全部《元典章》中仅此两条,本校不能解决孰正孰误。从版本方面看,沈刻及元刻本皆是如此,对校亦不能提供异文,则不能不求助于《元典章》之外的书。"元史卷七七祭祀志国俗旧礼条:'舆车用白毡青缘,纳失失为帘,覆棺亦以纳失失为之。'卷七八舆服志冕服条:'玉环绶,制以纳石失。'注:'金锦也。'又:'履,制以纳石失。'舆服志中'纳石失'之名凡数见,则元典章'纳失失'之名不误,而'纳尖尖'之名为元刻与沈刻所同误也。"是"其史料有为同时之书所并载者,可以同时之书校之"。

再如"礼三(十一) 始死如有穷",元刻作"始死充于有穷",二者不同。而溯其源,"此引礼记檀弓上之文也,今檀弓作'始死充充如有穷',则沈刻、元刻皆误也"。属于"凡其书有采自前人者,可以前人之书校之"。

类似情况,又如《史记》《汉书》部分内容相重叠,因此有记同一人、载同一事的文字,且《汉书》多采自《史记》。王念孙《读书杂志》中关于《汉书》的条目即多用《史记》进行校勘考证。如《汉书·高帝纪》"由所杀蛇白帝子,所杀者赤帝子,故也",王念孙考证云:"下'所'字涉上'所'字而衍。'杀者',谓杀蛇者也,则'杀者'上不当有'所'字。《文选·王命论》注引此无'所'字,《史记》同。《郊祀志》曰'蛇白帝子,而杀者赤帝子也','杀者'上亦无'所'字(《史记·封禅书》同——原注)。"[①]此例中,除本校外,他校是取得证据的主要方式。不仅《史记》,可以用来校

―――――――
① 王念孙.读书杂志:汉书杂志[M].南京:江苏古籍出版社,1985:174.

勘《汉书》的还有《春秋》三传、《文选》注、《水经注》《群书治要》《太平御览》等等，其中有较早或同时的史书、相关著作，也有类书、文集、古注。以此种种校勘，皆属他校。

进行他校，条件当然是要从其他书中找到本书的有关资料。做到这一点，不仅如陈垣所云"范围较广，用力较劳"，还需要较为丰富的古籍知识。由于古籍引文有时不标明出处，要找到相关联的资料并不容易。虽然现在各种古籍数据库可以提供一定的便利，仍需对各种古籍间的关联及可能的校勘资料有所了解。

此外还需注意，古人引用或承用其他古籍，有引文和化用两种情况。化用固然不必皆如本文，即使引文，其具体情况也不尽相同。就通常意义的直接引文而言，今天的学术规范要求准确无误，古人则往往只是文字基本相同，多数情况下作者仅凭记忆，未必核对原文，有时还会根据需要加以删节剪裁，类书和文集古注尤其如此。因此，运用他校法，首先必须认真分析他书有关资料的引用方式，确定其校勘价值。在校勘考证当中，他校所得往往只能作为参考，如果仅有他书资料，则不能轻易据改。

4. 理校

"理校法。段玉裁曰：'校书之难，非照本改字不讹不漏之难，定其是非之难。'所谓理校法也。遇无古本可据，或数本互异，而无所适从之时，则须用此法。此法须通识为之，否则卤莽灭裂，以不误为误，而纠纷愈甚矣。故最高妙者此法，最危险者亦此法。昔钱竹汀先生读后汉书郭太传，太至南州过袁奉高一段，疑其词句不伦，举出四证，后得闽嘉靖本，乃知此七十四字为章怀注引谢承书之文，诸本皆傥入正文，惟闽本独不失其旧。今廿二史考异中所谓某当作某者，后得古本证之，往往良是，始服先生之精思为不可及。经学中之王、段，亦庶几焉。若元典章之理校法，只敢用之于最显然易见之错误而已，非有确证，不敢借口理校而凭臆见也。"

顾名思义，理校即用理论知识作为依据去分析判断。清儒所谓"考文自知音始""用小学校经"都属于这种校勘方法。所谓理,通常包括:本书的思想内容(义理)、当时的语言文字知识、有关历史文化知识三个方面。清代理校学派正因其长于义理分析以及运用文字、音韵、训诂和历史文化知识来考证异文正误而得名。陈垣校《校勘学释例》中"元代用字误例""元代用语误例""元代名物误例"[①],属于运用元代的语言文字知识、历史文化知识对异文进行判断。

这种校勘方法实质上是分析推理,通过对有关专门知识的查考,确定文字正误。如陈垣《史讳举例》卷四"因避讳改字而致误例"有:"南史隐逸传:'陶潜字渊明,或云字深明,字元亮。'上渊字亦当为深,后人回改。宋书云:'陶潜字渊明,或云渊明字元亮。'甚显白。南史原文必与宋书同,但避讳改渊为深耳。后人校南史者不察,遂传写颠倒如此。"[②]一方面用《宋书》文字进行他校,另一方面,根据《南史》成书时代的历史实际,即唐代避讳情况推断相关文字的变易原因和本来面貌。像这样将历史知识用于考证,即属理校。

理校在解决疑难方面能起很大作用,如陈垣所说,"遇无古本可据,或数本互异,而无所适从之时,则须用此法"。清代一些大学者,如段玉裁、王念孙父子,往往能在缺乏证据的情况下,通过理校,发现并校正书中的错误。尽管当时限于条件,缺乏能直接证实他们说法的版本依据,但由于他们小学功底好,推理逻辑严密,论证类例可靠,也有不少真知灼见。随着时间的推移,他们的部分见解因新资料或实物的陆续发现而获得了证实。

这些情况,与陈垣所举钱大昕对《后汉书·郭太传》文字的看法,皆可体现理校的长处。然而也要特别注意,"最高妙者此法,最危险者亦此法",正如陈垣特别强调的:"此法须通识为之,否则卤莽灭裂,以不误为误,而纠纷愈甚矣。"校勘不论古今,轻断臆改的情形都不少见,实为有意识或无意识的理校,因理论知识错误、欠缺,或分析推理有失,而出

---

① 陈垣.校勘学释例[M].上海:上海书店出版社,1997:目录 2-3.
② 陈垣.史讳举例[M].北京:中华书局,1962:50-51.

现错误的情况不胜枚举。如唐李绰《尚书故实》载韩愈之子昶"尝为集贤校理,史传中有说'金根车'处,皆臆断之,曰:'岂其误欤?必金银车.'悉改'根'字为'银'字"①,即是以常识误改特定名称的典型例证。

有鉴于此,陈垣在校勘《元典章》时,理校法的使用极为谨慎,"只敢用之于最显然易见之错误而已,非有确证,不敢借口理校而凭臆见也"。他所谓"显然易见"的错误,通常属名物制度方面,如:"吏八(十六) 也可扎忽赤","扎忽赤"当作"扎鲁忽赤";"户五(三一) 亡宋淳佑元年","淳佑"当作"淳祐"。一为官名,一为年号,均可确定属《元典章》现存版本传刻之误。

所谓理校,实为校勘者运用所掌握的知识、自己的观点推出"合理"的假设,既是发现疑难的重要方法,在校勘考证当中也有很大作用。但使用时需要注意:在有其他版本提供异文依据时,理校所得理由可以作为分析、判断的依据;没有版本依据的情况下,仅凭理校则不能下结论。

总的说来,对校、本校、他校、理校四种校勘方法,是依据不同的校勘资料、校勘依据、校勘条件来分类的。在具体校勘工作中,四种方法往往要综合使用。

三 校勘的依据

校勘的考证是对原书文字形式的调查核实,原则上不涉及原稿的内容是非和文字正误。也可以说,校勘需要进行多方面的综合考证,而最终要解决的,是文字形式的问题。但由于古籍的文字形式是构成文辞的元素,文辞则是内容的载体,所以校勘考证也不可避难地会进入有关内容的考察,要涉及广泛的知识领域,因此具有综合考证的特点。归纳起来,主要涉及三个方面:一是版本,即所校古籍的版本系统、版本源流,以及传世各版本的特点及其间的关系;二是语言文字,即书籍著作时、版本传写及印刷时的语言文字情况;三是该古籍的思想内容和相关专业知识。

---

① 李绰.尚书故实[M].北京:中华书局,1985:13.

从证据的性质来讲,则可分为理论依据和材料依据两大类。

1. 理论依据

校勘需要具备丰富的学识,古代学者对此已有清楚的认识。北朝学者颜之推说"校定书籍,亦何容易,自扬雄、刘向,方称此职耳。观天下书未遍,不得妄下雌黄"[1],顾炎武云"凡勘书,必用能读书之人"[2],强调的都是这一点。王引之"用小学校经"的观点,更体现了对校勘之科学理论依据的自觉认识。

校勘具体古籍时,所需的理论依据因古籍本身特点及所考证的具体问题而有所不同。概括起来,需要三方面的理论知识:一、古文献学的理论知识,主要是校勘学、目录学和版本学,也包括古书义例等知识;二、关于语言文字的理论知识,主要是文字学、音韵学、训诂学,以及相关的语法、修辞知识;三、关于所校勘古籍的理论知识,包括相关历史、文化及书籍内容所涉之专业知识。

作为对异文、疑误进行分析判断的理论依据,这些知识和理论本身是否无懈可击,是否适用于所考证的问题,在使用过程中推理是否严密,也同样决定着校勘的得失成败。

2. 材料依据

校勘的理论依据提供的是理由,或者说理论上的支持,而要落实相关的推断,归根结底还是要凭证据。如何才能获得考证所需要的材料依据,即体现古籍曾经存在过的文字形式的各种资料呢?校勘的材料依据不外两个来源:一是今天可见的此书各版本;一是现存版本以外,即今天虽不以版本形式出现,但可证明出于曾经存在过的此书版本的文字,后者也可以看作一种间接的版本。简言之,即古籍的各种版本和

---

[1] 颜之推.颜氏家训集解[M].北京:中华书局,1993:235.
[2] 顾炎武.日知录集释(全校本):卷之十八:勘书[M].上海:上海古籍出版社,2006:1074.

其他文献当中的相关内容。

按照来源特点,校勘的材料依据可分为四个类型:

(1)古本旧本

古本旧本,通常指传世的、宋以来的写本和刻本。出土的先秦、秦汉简帛本,如银雀山汉简、马王堆帛书、郭店楚简、"上博简"中所存的古书,以及重新发现的古写本如敦煌遗书之类,也具有同样的意义。

所谓古、旧,是从时间上来讲的,古本旧本并不等同于善本。但正如陈乃乾所说:"古书多一次翻刻,必多一误。出于无心者,'鲁'变为'鱼','亥'变为'豕',其误尚可寻绎。若出于通人臆改,则原本尽失。宋、元、明初诸刻,不能无误字。然藏书家争购之,非爱古董也;以其误字皆出于无心,或可寻绎而辨之,且为后世所刻之祖本也。校勘古书,当先求其真,不可专以通顺为贵。古人真本,我不得而见之矣;而求其近于真者,则旧刻尚矣。"①出土文物中的早期写本更是如此。

这些古本旧本未必都是质量很高的本子,但其中的错误出于无心者多,有意删改者少,就错误而言有迹可循,就书籍而言更多地保存了原貌,因而材料价值较高。其中的某些讹误文字还可能从形、音、义等方面为考订正字提供线索。如有"后村千家诗"之称的《分门纂类唐宋时贤千家诗选》,通行本为清康熙年间所刊《楝亭十二种》本,此本及其翻刻本在清初以来的宋诗整理研究中被广泛使用。但与元刊本②比勘,可以发现其中问题相当多,包括:①元刊本在同一作者作品连续录入时,署名之下多标注录诗数目,而《楝亭十二种》本此类标注仅存两处,且有不少作品的署名脱落;②元刊本各门、类之下分为"唐贤""宋贤""时贤"三个时段,在每一时段的起始处做出标注,此亦为《楝亭十二种》本所无;③与时段标记相关,元刊本每一时段之内,同一子目下的作

---

① 陈乃乾.与胡朴安书[M]//胡韫玉.国学汇编:第1集.铅印本.[出版地不详]:安吴胡氏朴学斋,1924-1931.

② 目前所知《分门纂类唐宋时贤千家诗选》的元刊本有二:①20卷又后集10卷,分藏北京大学图书馆及日本斯道文库,部分卷次有残缺;②22卷,原藏日本成箦堂文库,今属石川武美纪念图书馆(原御茶之水图书馆)。二者文字及行款基本相同。

品中间用"又"字连接,而在涉及时段改换之处,即使子目与前一时段末尾相同亦单出,其体例明显为每一时段下各自按子目组织作品,而《楝亭十二种》本则在涉及时段改换之处亦多作"又"字。从书的名称、诗作编排的实际情况看,元刊本无疑更能体现这部书的原始面貌。或许由于相关标注时有脱落或不确,故为后来的传抄翻刻者所删。而这种删改在掩盖了一些原来显而易见的错乱的同时,也使得本来清晰的编纂体例,如"门——类——时段——子目"的编排方式,变得扑朔迷离、章法难寻,不仅一类之中同一子目重复出现,同一诗人作品的连续收录与作者署名的脱落在形式上也无法找到任何区别。诸种问题的混杂叠加,给读者准确了解和使用这部书带来了难度。在某些整理本中出现的诸如将大量作品定为"阙名诗"、按诗体重新编排每类作品等错误处理,在很大程度上来自对原书体例的错误解读。如果使用了元刊本,这些问题是完全可以避免的。

再如,《晏子·内篇谏下》:"古者之为宫室也,足以便生,不以为奢侈也。故节于身,谓于民。"孙星衍已指出"'谓'字疑误",王念孙考证云:"'谓'当为'调',形相似而误也。(《集韵》引《广雅》'识,调也',今本'调'作'谓'。——原注)调者,和也。言不为奢侈以劳民,故节于身而和于民也。《盐铁论·□□》篇曰'法令调于民而器械便于用',文义与此相似。后《问上》篇曰'举事调乎天,籍敛和乎民',亦与此'调'字同义。"[①]王念孙从致误原因、文义、训诂及本书其他篇章用法几个方面做出推测,提出正字当作"调",极有见地,但在当时的情况下,因无版本依据而无法最终落实。在 1972 年出土的银雀山汉简《晏子》当中,该句正作"节于身而调于民"[②],清代学者通过理校所做推断获得了有力的证实。

古本旧本是校勘中最有力的证据,了解一部书的版本源流和传世古本,是古籍校勘工作中不可或缺的一步。

[①] 王念孙.读书杂志:晏子春秋杂志[M].南京:江苏古籍出版社,1985:529.按:缺文处篇名当作《遵道》。

[②] 吴九龙.银雀山汉简释文[M].北京:文物出版社,1985:67.

(2) 古注旧疏

古注旧疏,指对一部古籍进行注释疏解的最早或较早的著作,主要是历代公认、影响深远的注疏著作。这些注疏本来各有其底本,且远远早于我们今天可以看到的版本。通过对注疏文字的辨析,可以在一定程度上获知所据底本的文字面貌,从而获得一种已经丧失的较早版本的情况,为订正勘误提供可依据的异文材料,在校勘方法上属于他校,而异文的价值近于古本旧本。特别是对于距今年代久远的经典文献,古注旧疏相当重要。

注疏与底本文字的关系,王叔岷在《斠雠学》一书中概括为明引正文、明用正文、浑释正文和不释正文。①

"明引正文",注疏中首先举出所注释或疏解的正文字句,常见的"某者,某也""某某,谓某某也"的形式即是。将底本文字明确直观地呈现出来,且不加变形,最方便用于校勘考证。

"明用正文",注、正文之间存在对应关系,虽没有明确举出被注的正文,但正文字句尚存于注疏之中,仍然可以借助注疏的体例识别出来,以资校勘。

"浑释正文",指疏解文义时虽没有引出原文,但可以从文义角度提供佐证,往往亦可资订正。

"不释正文",指注疏虽没有对相关正文做出解释,但考察其体例,有时亦可推知其中问题。如上下正文相同,而注疏仅释下文不释上文,则往往上文存在讹误;在一段叙述中,注疏解释了上、下正文,而没有解释中间的正文,则往往中间的正文有可疑之处。

以古注旧疏校勘的实例,如《淮南子·原道》"此俗世庸民之所公见也,而贤知者弗能避也",高诱注:"以喻利欲,故曰'有所屏蔽'也。"王念孙提出:"如高注,则正文'避'字下,当有'有所屏蔽'四字,而今本脱之也。此承上文而言,言先者有难而后者无患,此庸人之所共见也,而贤知者犹不能避,则为争先之见所屏蔽故也。故注云'故曰"有所屏蔽"

---

① 王叔岷.斠雠学(补订本);斠雠别录[M].北京:中华书局,2007:122-131.

也'。凡注内'故曰'云云,皆指正文而言,以是明之。"①王念孙通过注文发现正文存在脱落,再结合对古注体例的分析,找到早期版本的异文,用于校勘考证。

再如《文子·符言》篇传世本"人有穷,而道无通",徐灵府注云:"人有求而不得,道无为而自周。"王叔岷云:"顾观光《札记》云:'无下脱不字,当依(《淮南子》——原注)《诠言训》补。'安(当为案——引者注)顾说是也。审《注》'道无为而自周。'正浑释'道无不通'之义,则正文本有不字明矣。"②除《淮南子·诠言训》"人有穷,而道无不通"的文字沿自《文子》可作为他书资料外,徐灵府注所提供的文义也是重要证明。

辨析古注旧疏,是找到已经丧失的版本的一种有效方法,因其所提供的是古本旧本的异文情况,较一般意义上的他书引文具有更高的校勘价值。但前提是必须透彻地了解注疏体例,辅以认真细致的阅读、准确分析。而辨析注疏所得异文的校勘价值以及在校勘考证中的作用,也因注疏与正文的关系方式而有所差异。同时,由于注疏本身有时可以做多种理解,以及辨析过程中受到整理者学识、思路等个人因素的影响,而存在一定的不确定因素,借助注疏订正古书讹误不能仅凭孤证,应与版本资料、他书资料综合使用,不宜轻下结论。

(3)他书资料

特指本书及本书注疏之外的典籍所引用的本书文字,或本书引用其他典籍的文字,其原书、原文,也是可资本书校勘的他书资料。这些材料大部分是零散的、不完整的、有变动的,其校勘价值决定于引用方式。可分三种情况来看:

一是本书被他书引用或引用他书,内容相同,文字相同或基本相同,他书文字可用作校勘本书的材料。

古人著书作文,引用前人之说作为史料或思想理论依据,常常有大段照搬的情形,而无干剽窃。尤其早期经典古籍,往往被多书所引用,

---

① 王念孙.读书杂志:淮南内篇杂志[M].南京:江苏古籍出版社,1985:769.
② 王叔岷.斠雠学(补订本);斠雠别录[M].北京:中华书局,2007:128.

因此相互之间往往可资校勘。如《史记》先秦诸本纪多取材于《尚书》，《史记·尧本纪》"帝尧者，放勋……能明驯德，以亲九族。九族既睦，便章百姓。百姓昭明，合和万国。乃命羲、和，敬顺昊天，数法日月星辰，敬授民时"[1]，即出自《尚书·尧典》"若稽古帝尧，曰放勋……克明俊德，以亲九族。九族既睦，平章百姓。百姓昭明，协和万邦。黎民于变时雍。乃命羲和，钦若昊天，历象日月星辰，敬授人时"[2]。其性质是史料的引用，而引用方式则是用汉代语言直译《尧典》原文，而非照录。这种引用虽不能直接提供原文面貌，但文义未做改动，亦可资考辨。

类似的材料引用，魏晋南北朝以后仍大量存在，而以笔记小说、历史著作、文学作品集之中为最多。这也是校勘该类型古籍时，他书资料的一个重要来源。对于这一类引用，正如前所举《史记·尧本纪》与《尚书·尧典》例，要注意原书与引文之间的关系，以分析字面差异的性质，而不能将文本比对的结果简单地看作"异文"。

二是本书文辞被他书引用或化用，在该书注释中引出原文。由于注释者当时所见的版本今已不复可见，其中传递的文字信息也有校勘价值。但与第一种情况相比，这类材料更为零碎，往往只是相关片段，甚至仅存只言片语，且因叙述角度不同，可能存在较大改动。

如《吕氏春秋·仲夏纪·古乐》传世本有"昔陶唐氏之始，阴多滞伏而湛积，水道壅塞，不行其原。民气郁阏而滞著，筋骨瑟缩不达，故作为舞以宣导之"[3]，《汉书·司马相如传》"秦陶唐氏之舞"颜师古注云："陶唐当为阴康，传写字误耳。《古今人表》有葛天氏、阴康氏，《吕氏春秋》曰：'昔阴康氏之始，阴多滞伏湛积，阳道壅塞，不行其序。民气郁阏，筋骨缩栗不达，故作为舞以宣导之。'高诱亦误解云'陶唐，尧有天下之号也'。案吕氏说阴康之后，方一一历言黄帝、颛顼、帝喾，乃及尧、舜作乐之本，皆有次第，岂再陈尧而错乱其序乎？盖诱不视《古今人表》，妄改

---

[1] 司马迁.史记[M].北京：中华书局，1982：15-16.
[2] 阮元.十三经注疏：尚书正义[M].北京：中华书局，2009：249-251.
[3] 吕不韦.吕氏春秋集释[M].北京：中华书局，2009：119.

易吕氏本文。"① 其中最有价值者即颜师古注所引《吕氏春秋》,虽有所缩略,但"陶唐氏"作"阴康氏",显然与今本不同。与此相似,《后汉书·马融传》"所以洞荡匈臆"李贤注:"《吕氏春秋》曰:'昔阴康氏之始,阴多滞伏而湛积,故作为舞以宣导之。'"② 虽引文节略较多,仅出大意,"阴康氏"亦可资校勘。

　　因此,他书注释中的引文,作为他书资料,其实也可以提供一种古本异文依据,在无他本可校的情况下,是一种重要的校勘考证材料。

　　三是类书。正如《四库全书总目》类书类序所云"古籍散亡,十不存一,遗文旧事,往往托以得存"③,类书也是古籍校勘的重要资料来源。一般说来,宋以前的类书如《群书治要》《艺文类聚》《北堂书钞》《初学记》以及《太平御览》《册府元龟》《玉海》等,都由唐宋以前各类古籍摘录汇集而成,文献价值既高,历来为校勘者所重视。明清类书在校勘方面的重要性相对下降,但官方主持编纂的《永乐大典》《古今图书集成》,也因其资料丰富、编纂严谨、所据版本较好而值得注意。

　　将类书用于校勘的例子,在早期古籍,特别是经、子书的整理中随处可见。此处仅举一则。《墨子·亲士》传世本有:"是故江河之水,非一源也;千镒之裘,非一狐之白也。"虽文义上并无欠缺,但从句式看,上下两句当属对句,行文不完整,很可能存在讹误。清代学者即对此做了考察,毕沅据《初学记·江》所引,补"水之"二字,校作"是故江河之水,非一水之源也",并指出《初学记·裘》引此与旧同。《艺文类聚》引作'非一水之源',《北堂书钞》引作'非一源之水'"。王念孙重新考察了各种类书的引文情况并加以分析,指出:"此本作'江河之水,非一源之水也',今本脱'之水'二字,而'一源'二字则不误。《北堂书钞·衣冠部三》《初学记·器物部》引此并作'非一源之水'。《初学记·地部中》引此作'非一源之流','流'字虽误,而'一源'二字仍与今本同。毕谓《初

---

① 班固.汉书[M].北京:中华书局,1962:2569-2570.
② 范晔.后汉书[M].北京:中华书局,1965:1967-1968.
③ 永瑢,等.四库全书总目[M].北京:中华书局,1965:1141.

学记》作'一水之源',误也。《太平御览·服章部》十一引作'江河之水非一源,千镒之裘非一狐',皆节去下二字,而'一源'二字亦与今本同。其《艺文类聚·衣冠部》引作'非一水之源'者,传写误耳。"①对于《墨子》这种长期缺乏整理、由于传写造成的讹脱错乱极为严重的早期典籍,清代学者在传世版本提供的资料极其有限的情况下,均借助唐宋类书的引文以寻求其早期文本的信息。在这个例子当中,毕沅所得的四条材料、王念孙所得的五条材料,全部出自类书。

但由此例也可以看到类书资料的缺陷和使用时必须注意的问题:一是对引文方式要加以辨析,有时存在删节或缩略,不能简单照搬;二是版本问题,由于类书本身的工具书性质,编印数量大,卷帙浩繁,传抄刊刻往往不够精细,存在各种文字错误,因此对来自类书的证据本身也要加以核查,不能轻用。此外,由于编纂时不够严谨,类书引文也可能存在不准确,甚至张冠李戴的现象,需要特别小心。以上几个方面,属于取证时对证据本身辨析查核、去伪存真的范畴。

由于他书资料往往存在不同程度的变形,用于校勘考证时,必须对其校勘价值加以考察。总括起来要注意以下几个方面:一、引用来源的特点、年代。以年代与原书相近者为尚,存在转引,则要追根溯源,中间环节散失不可见者亦应尽量考证其各方面特点以及可能对文字发生的影响。二、引用方式有照录原文、摘录或复述大义的不同,校勘价值因引文方式而定。三、所用之书的编纂质量和版本问题,可借助提要目录、序跋及版本学知识来解决。总而言之,他书资料在校勘考证中很重要,但必须小心、审慎地辨析、核对,切忌轻信滥用,尤其是不可用孤证。校勘考证当中,如果仅有他书资料,通常不足以下结论。

(4)文物资料

从理论上说,甲骨、金石、碑刻体现了其所载文字成文时的原貌,是有关历史的最真实的记载和传达,在史实、文字形式等方面都直接体现

---

① 孙诒让.墨子间诂[M].北京:中华书局,2001:5-6.按:从修辞方式看,《初学记·地部中》所引"非一源之流"之"流"字值得注意,未可遽定为误字。

了它所属时代的真实面貌,对研究历史和古代文字来说是不可替代的;但用于校勘,则不能一概而论。

上古遗存的甲骨、金石,是对历史事件的直接记载、直接体现。先秦古籍中有不少史料采自上古的历史记载,因此,借助甲骨、金石的记载,可以正确地疏通一些史实和训诂,澄清古籍中的文字通假现象和记载失实之处。但校勘的"存真复原"不完全等同于历史的真实面貌。相当多的古籍先天就带有内容或文字形式上的讹误,如《史记》所记述的上古史就是如此。这些讹误不同于流传中形成的错误,而是相关古籍所固有的。因而,使用甲骨、金石资料来考证古书当中的记载,往往属于考订古籍本身的讹误而非校勘。

虽然同样是考古发现的资料,简帛古书和甲骨、金石对古籍校勘的意义是完全不同的。简帛古书是"古本",直接体现古书面貌;甲骨、金石则是史料的佐证,可以在文字形式上为是非正误的判断提供一些小学方面的资料,但不具备版本意义,通常只能用作旁证,而不能作为改字、改文的依据。

秦汉以后的碑刻则往往保存了完整的作品,相当于早期版本。历代石经实为以石碑为物质载体的古本;而对于碑记、铭文等为刻石而撰写的文章而言,则往往有接近原版的价值。因此,在校勘有关文章典籍时,碑刻是最可靠的校勘依据。可以胡适《元典章校补释例序》所举清张元《柳泉蒲先生墓表》为例。张文可见于《聊斋文集》附录、《山左诗钞》等。"《山左诗钞》引这篇墓表,字句多被删节,如云:'(先生)少与同邑李希梅及余从父历友结郢中诗社。'此处无可引起疑难,但清末国学扶轮社铅印本《聊斋文集》载墓表全文,此句乃作:'与同邑李希梅及余从伯父历视友,旋结为郢中诗社。'(甲本)依此文,'历视'为从父之名,'友'为动词,'旋'为结之副词,文理也可通。石印本《聊斋文集》即从扶轮社本出来,但此本的编校者熟知《聊斋志异》的掌故,知道张历友是当时诗人,故石印本墓表此句改成下式:'与同邑李希梅及余从伯父历友亲,旋结为郢中诗社。'(乙本)最近我得墓表的拓本,此句原文是:'与同邑李希梅及余从伯父历友、视旋诸先生结为郢中诗社。'(丙本)视旋是张履庆,为张历友(笃庆)之弟,其诗见《山左诗钞》卷四十四。他的诗名不大,人多不知道视旋是他的表字,而'视旋'二字出于《周易·履卦》'视履考祥,其旋元吉',很少有人用这样罕见的表字。甲本校者竟连张历友也不认得,就妄倒'友视'二字而删'诸先生'三字,是为第一次的整理。乙本校者知识更高了,他认得张历友而不认得视旋,所以他把'视友'二字倒回来,而妄改'视'为'亲',用作动词,是为第二次的整理。此两本文理都可通,虽少有疑难,都可用主观的论断来解决,倘我们终不得见此碑拓本,我们终不能发见甲乙两本的真错误。"①此例可以作为体现碑刻古本价值的典型例证。

当然,并非所有的碑刻都可以简单地予以凭信。碑刻虽确属古本,避免了传抄刊刻之讹,但在刻石过程中也存在由于某些因素的影响而形成的删改。如宋邵博《邵氏闻见后录》载欧阳修为范仲淹作神道碑事:"范文正公尹天府,坐论吕申公降饶州;欧阳公为馆职,以书责谏官不言,亦贬夷陵。未几,申公亦罢。后欧阳公作《文正公神道碑》云:'吕公复相,公亦再被起用,于是二公欢然相约,共力国事。天下之人皆以此多之。'文正之子尧夫以为不然,从欧阳公辩,不可,则自削去'欢然''共力'等语。欧阳公殊不乐,为苏明允云:'《范公碑》,为其子弟擅于石本改动文字,令人恨之。'"②类似记载还可见于叶梦得《避暑录话》。欧阳修本人也有"范公家神刻,为其子擅自增损,不免更作文字发明,欲后世以家集为信"③的说法。碑铭文字在刻石过程中被家人窜改的情形,古书中屡有记载,并非特例。因此,碑刻也未必一定优于传世文集,对于碑刻资料与其他版本存在差异的情况,同样需要根据具体情况加以考察辨析。

此外,碑刻因残损、漫漶而翻新的情况也相当多,有些重要的碑刻更有多次翻刻。在翻刻时,对残缺模糊的文字进行重新修补,多半要借

---

① 陈垣.校勘学释例[M].上海:上海书店出版社,1997:卷首2-3.
② 邵博.邵氏闻见后录[M].北京:中华书局,1983:163.
③ 欧阳修.欧阳修全集:卷七十一:与杜䜣论祁公墓志书[M].北京:中华书局,2001:1020.

助文献记载,在文献记载缺乏的情况下,有时只能凭推测,亦难免有失实之处。因此,碑刻也存在版本问题,使用时要注意分析立碑的时间与内容是否一致,以便准确把握其校勘价值。从总体原则上看,碑刻资料以旧拓为尚。

在校勘的实践中,要具体问题具体分析,每个问题所涉及的材料因具体情况而不同,不一定从每个角度都能找到。但要尽量作全面考察,力求得到充分的、有说服力的证据。同时,还必须对每一条材料进行考察分析,确定它与所校书的关系,辨别其校勘价值,才能确保恰如其分的运用。

第四节 致误原因和校勘通例

校勘学所说的致误原因,指古籍中的文字是如何从一种文字形式讹变为另一种文字形式的,分析致误原因,特指对这种讹变现象做出知识上的解释。校勘通例则是对致误原因、错误类别的归纳。校勘的具体任务是分析判断异文的正误,清除古籍在流传中出现的错误,要否定的必须是,也只能是在流传过程中出现的错误的文字形式。因此,分析致误原因,归纳校勘通例,既是古代校勘的优良传统,也是区别校勘的考证与其他考证、衡量相关分析论断是否遵循校勘原则、避免主观臆断的重要方法。

一 讹误现象

古书当中的讹误,从现象上可以分为五类:①误,错字,又称误字,前代学者或称讹、谬;②脱,即缺失的文字,又称脱文,或称漏、夺、阙;③衍,即多出的文字,又称衍文,或称羡、剩;④倒,即颠倒的文字,又称倒文,或称乙、窜、乱;⑤错简,竹木简次序错乱而形成的大面积文字颠倒。

就讹误的形式,则可以分为疑误和异文两种情形。

异文,即不同的文字,特指古籍的不同版本使用不同文字形式的现象。它主要来自版本对校,也包括通过他校、本校发现的同类问题,实质是原稿文字和流传中出现的各种错误文字。因为有不同的文字存在,所以这一类错误是有形可见、有具体材料可供分析研究的。校勘者所要做的,是对现存各种文字形式做出是非正误的判断。

疑误,指版本对校未发现异文,但书籍本身存在错误嫌疑。实质是校书者根据有关知识发现疑难,如文理不通、名物制度矛盾、历史事实不合、音韵不叶等现象,认为存在错误。总之,现有材料不能提供异文,一般要用本校、理校的方法来加以考订。

分析致误原因,归纳校勘通例,是从有形的错误开始的,又有助于对疑误做出合理的分析与推测。在对疑误做出假设方面,能否在致误原因、校勘通例上做出合理解释,往往是其是否具有说服力的一个关键因素。

二 误字通例

造成误字的因素包括字形、语音、文义三个方面。

1. 字形致误

因字形相近而误,即古人所谓的"形讹"。

有古文形似而误。主要是混淆上古形近文字,或后人不识古字而误判为后世的形近字。也有学者将其细分为古文形误、籀文形误、篆文形误等等。如《仪礼·燕礼》:"宾降洗,升媵觚于公,酌散,下拜。公降一等,小臣辞。宾升,再拜稽首。公答再拜。"郑玄注:"此当言媵觯,酬之礼皆用觯。言觚者,字之误也。古者觯字或作角旁氏,由此误尔。"[①]

有隶书形似而误。即隶书中形近字混淆,或汉魏隶书变为楷书之际,传抄中将隶书误为形近的楷书字。如《汉书·田延年传》:"今县官出三千万自乞之,何哉?"颜师古注:"自(句——原注)谓乞与之也。乞音气。"北宋宋祁校曰:"江南本作'自之'。徐锴改'自'作'丐'。"王念孙

---

① 阮元.十三经注疏:仪礼注疏[M].北京:中华书局,2009:2211.

指出:"'乞'字后人所加,'自'当为'匄'。《广雅》曰:'匄,与也。'谓出三千万与之。故师古曰:'匄,谓乞与之也。'《汉纪》作'出三千万钱与之',是其证。隶书'匄'字作'匂',形与'自'相似,因讹为'自'。徐锴改'自'作'丏',即'匄'字也。江南本作'自之','自'下本无'乞'字,后人以师古云'乞,音气',遂增入'乞'字,不知师古自为注中'乞'字作音,非正文所有也。"①

有草书形似而误。与前两类情形相似,包括草书字形相近而混淆,以及传抄中因不识草书,误为楷书中的形近字。这种情形在魏晋南北朝时期的著作中最常见,如《文选》宋玉《高唐赋》:"王雎鹂黄,正冥楚鸠。姊归思妇,垂鸡高巢。其鸣喈喈,当年遨游。"王引之认为:"'年'当为'羊',草书之误也,'当羊',即'尚羊'(尚读如常——原注),古字假借耳。"②

有俗字、简字形似而误。即不识俗字、简字,而误为通常所用的形近字。如南宋许尚《华亭百咏·秦皇驰道》"迢迢大堽路","堽"即"冈"之异体,文渊阁《四库全书》本误作"堤"。③

有一般形似而误。如《分门纂类唐宋时贤千家诗选》卷六"晓行"子目收陆游《邻水延福寺早行》,首句"化蝶方酣枕",元刊本不误,清《楝亭十二种》本"化"误作"花"。

有与汉字结构相关的一字误为两字、两字误为一字。如《元典章》"吏七(八) 小事限七日,中事十五日,大事三十日",沈刻"三"误作"一二"。④ 杜预对《左传·襄公九年》"闰月"当作"门五日"的分析,亦属此类。⑤

有脱半而误,亦与汉字结构特点有关。刘向整理《战国策》时遇到

---

① 王念孙.读书杂志:汉书杂志[M].南京:江苏古籍出版社,1985:376-377.
② 王念孙.读书杂志:读书杂志余编下[M].南京:江苏古籍出版社,1985:1059.
③ 据北京大学图书馆藏徐硕《至元嘉禾志》卷二八《华亭百咏》清抄本校。
④ 陈垣.校勘学释例[M].上海:上海书店出版社,1997:29.
⑤ 赵翼.陔馀丛考:卷二:杜预注左传[M].北京:中华书局,1963:47.

的"本字多脱误为半字","以'赵'为'肖'""以'齐'为'立'"等等即是。①

有与古人习用的书写符号相关的误字,如重文致误、缺字致误。古人习用的重文符号如"〓""〟""々""ㄨ",或讹为"二"字、"之"字、"又"字,缺字空围"□",抑或与"口"字相混。如《元典章》"吏五(三二) 止于本等官上许进一阶,阶满者更不在封赠之限",沈刻后一"阶"字讹为"二";"刑十一(七) 三犯徒者流,流而再犯者死",沈刻后一"流"字讹为"又"。②

2. 语音致误

其基本形态,应指音同、音近致误,即通常所说的"别字"。如《晏子春秋·内篇谏下》"土事不文,木事不镂,示民知节也",元代刻本"知"作"之",孙星衍指出:"刘昭注《续汉志》、《文选》注、《白帖》《太平御览》皆作'知',今本作'之',非。"③

实际上,由于汉语言文字的特殊性,古书中与语音相关的校勘问题远远不止于此,还包括古人校读古书时因不明通假而做的错误处理。如不明假借而曲解文义以致妄改;滥用假借以解释文义,并做错误改动;对假借字做不符合校勘原则的处理;等等。这些都会对古书面貌产生破坏,从而衍生出校勘问题,而且不明通假致误比一般同音致误更复杂,更难以考察。

有改借字为本字。即对假借字的判断没有错误,改字也不损害文义,但背离了书籍原貌,不符合校勘原则,因此造成误字。如《大戴礼记·五帝德》"陶家事亲",清代学者或据《太平御览》所引改"家"为"稼",王念孙指出:"'家'即'稼'字也,《大雅·桑柔》篇'好是稼穑',《释文》'稼'作'家',是其证。钞本《御览》引此正作'家',与各本同,刻本作'稼',此后人以意改。"④"家""稼"通假,但对于《大戴礼记》而言,符合

---

① 刘向.战国策序[M]//何建章.战国策注释.北京:中华书局,1990:1355.
② 陈垣.校勘学释例[M].上海:上海书店出版社,1997:28-29.
③ 张纯一.晏子春秋校注[M].北京:中华书局,2014:95.
④ 王引之.经义述闻:卷十二[M].上海:商务印书馆,1935:471.

原书文字面貌的只能是"家"。

有改本字为借字。即乱用假借,把本字改为习用的假借字,实际上原本不存在使用通假字的情形。其性质和前一种情况相同,也会导致对原书面貌的背离。

有不明假借而误改其字。如《韩非子·守道》篇"羿巧于失废,故千金不亡",顾广圻《韩非子识误》底本作"发",校云:"《藏》本、今本'于'下有'不'字,乾道本'发'作'废',讹。"王先慎《韩非子集解》改"废"为"发"。① 王叔岷指出:"案作废非讹,废、发古通,《庄子·列御寇篇》:'曾不发药乎?'《释文》引司马彪本发作废;《列子·仲尼篇》:'发无知,何能情?发不能,何能为?'《释文》引一本作:'废无知;废无能。'并其比。"②

有误解借字而致误。即不明假借而误解句义,臆改句中文字。与前一种情况相比较,前一种情况被臆改的是假借字,这里则是臆改其他文字。这类情况也可划入下一大类"不明文义致误",但此不明文义的原因是存在假借字。如《淮南子·道应训》"跖之徒问跖曰:'盗亦有道乎?'跖曰:'奚適其无道也!夫意而中藏者,圣也;入先者,勇也;出后者,义也;分均者,仁也;知可否者,智也。'"王念孙认为:"'奚適其无道也'本作'奚適其有道也','適'与'啻'同,言岂特有道而已哉,乃圣、勇、义、仁、智五者皆备也。后人不知'適'之读为'啻',而误以为適齐、適楚之適,故改'有'为'无'耳。……《吕氏春秋·当务》篇正作'奚啻其有道也'。"③

与假借有关的错误现象并不仅仅限于误字,不明假借也可能导致脱文、衍文和倒文,原因同样是不明假借而误解文义、臆改原文。如王念孙所归纳的,有"不识假借之字而妄改者",也有"不识假借之字而妄加者""不识假借之字而妄删者""不识假借之字而颠倒其文者",后文不

---

① 王先慎.韩非子集解[M].北京:中华书局,1998:203.
② 王叔岷.韩非子斠证[M]//诸子斠证.北京:中华书局,2007:281.
③ 王念孙.读书杂志.淮南内篇杂志[M].南京:江苏古籍出版社,1985:872.

逐一列举。

除语音方面的因素带来的讹变外,有时古籍流传中的其他一些客观因素造成的误字,也会在音韵方面留下痕迹,成为发现问题、解决问题的线索。

有误字失韵。即文字讹变致使原来用韵之处不再押韵了。双声叠韵词及古代诗文的用韵结构皆可助判断。如《淮南子·俶真训》"茫茫沆沆,是谓大治","沆沆"传世本误作"沈沈"。"沆沆""沈沈"属一般形似而误,在正字的判断上,"茫沆"作为联绵字的叠韵关系,是重要依据之一。①

有改字失韵。即后人校读有韵的古书、古文时,轻断臆改,没有注意到原来的用韵现象,导致失韵。其实质是臆改,错误特征体现为对文章音韵结构的破坏。如《淮南子·诠言训》"不为善,不避丑,遵天之道。不为始,不专己,循天之理。不豫谋,不弃时,与天为期。不求得,不辞福,从天之则",王念孙指出:"'善'当为'好'。'不为好,不避丑,遵天之道',犹《洪范》言'无有作好,遵王之道'也。今作'不为善'者,后人据《文子·符言》篇改之耳。'好''丑''道'为韵,'始''己''理'为韵,'谋''时''期'为韵,'得''福''则'为韵。若作'善',则失其韵矣。"②

有改字合韵致误。与前者的不同之处在于,这种情况虽然注意到原文的用韵现象,但不了解古韵或文中、句中的韵例,将合韵的当作不合韵的加以校改,因而致误。如《淮南子·说林训》传世本"槁竹有火,弗钻不燃(与然同——原注);土中有水,弗掘无泉",王念孙指出:"'弗掘无泉'本作'弗掘不出',谓不掘则泉不出,非谓无泉也。后人改'不出'为'无泉'者,取其与'燃'字为韵耳。不知此四句以火与水隔句为韵(火,古读若毁,说见《唐韵正》——原注),而钻与燃、掘与出,则于句中各自为韵。若云'弗掘无泉',则反失其韵矣。且泉即水也,即云'土中

---

① 王念孙.读书杂志:淮南内篇杂志[M].南京:江苏古籍出版社,1985:774.
② 同上891.

有水',则不得又言'无泉'矣。《文子·上德》篇正作'土中有水,不掘不出'。"①"泉"表面上看,与"㷖"相押,似乎很有道理,但从整句的韵例衡量,恰恰失韵。

由上述诸例可知,分析这类问题的关键在于了解古代的韵例和具体文句的用韵方式。古代诗文的韵例及用韵情况相当复杂,掌握相关知识,对于校读古书同样非常有用。

与音韵相关的错误,也存在脱文、衍文、倒文的现象,相关部分不再一一罗列。在前文列举王念孙所归纳的62条当中,"有因字误而失其韵者""有改字而失其韵者""有改字以合韵而实非韵者",大体相当于我们这里所说的误字失韵、改字失韵、改字合韵致误,其他可以作为参考。

3. 文义致误

所谓文义致误,指的是因不明文义而妄改。即我们所见到的古书,已经被校勘者按照自己的主观意见进行了修订。文义是发现疑误的重要途径,同时也是造成妄改的主要原因,虽然在校勘者看来,他所修改的文字更能体现原书的思想,更符合原书的面貌,而实际上,由于并没有真正弄懂古书,这种修改是凭一知半解而妄下的断语,恰恰在内容和形式上都背离了原书。

从造成理解错误的因素来看,主要有以下几种情况:

不明文义而误。即对作者在一句、一段或整篇文章中所要表达的东西没有弄清楚,而擅做改订,以致从只言片语看似乎明白易懂,而于整篇文章看则支离灭裂、不知所云。如《淮南子·修务训》"夫橘柚冬生,而人曰冬死,死者众;荠麦夏死,人曰夏生,生者众",王念孙指出:"'橘柚',本作'亭历'。《时则》篇:'孟夏之月,靡草死。'高注曰:'靡草,荠、亭历之属也。'《吕氏春秋·任地》篇'孟夏之昔,杀三叶而获大麦',高注曰:'三叶,荠、亭历、菥蓂也。是月之季枯死。'本书《天文》篇曰:'五月为小刑,荠、麦、亭历枯,冬生草木必死。'案亭历、荠、麦皆冬生夏

---

① 王念孙.读书杂志:淮南内篇杂志[M].南京:江苏古籍出版社,1985:918.

死,此言'亭历冬生''荠麦夏死'者,互文耳。后人改'亭历'为'橘柚',斯为不伦矣。《太平御览》药部十'亭历'下,引此正作'亭历冬生'。"①文章用的是互文见义的修辞方式,后人不了解,理解为两种独立的现象,故而把"冬生"的主语改为淮南地区经冬不凋的典型树种"橘柚"。

不明训诂致误。包括因不了解字义、词义、名物、制度、典故等所致误改。如《逸周书·谥法》"仁义所在曰王",孔注曰"民往归之",王念孙指出:"'往'字是也。后人不解'仁义所往'之语,故改'往'为'在'。予谓《广雅》'归,往也''迋,归也'(迋与往同——原注),'仁义所往',犹言天下归仁耳。古者'王''往'同声而互训,故曰'仁义所往曰王'。若云'仁义所在',则非古人同声互训之旨。天下皆以仁义归之,则天下皆往归之矣。故孔曰'民往归之'。若云'仁义所在',则又与孔注不合。"②除义理、古注旧疏、他书引文外,训诂是考察的关键。再如《分门纂类唐宋时贤千家诗选》卷二二收黄庭坚《浣溪沙·渔父》词,首句"新妇矶头眉黛愁",《楝亭十二种》本"矶"误作"低",盖不知"新妇矶"为地名而臆改。③

因注疏而误。即因前人误解误注,或后人误读前人注解而产生错误分析,以致误改正文。如《韩非子·外储说左上》"吾父独冬不失裤",旧注云:"刖足者不衣裤,虽终其冬夏,无所损失也。"俞樾按:"正文本作'吾父独终不失裤',故注以'终其冬夏无所损失'释之。今作'冬不失裤,即涉注文而误'终'为'冬'。"④

据他书误改。主要是在不明文义的情况下,使用了并不可靠的他书资料,并据以改文。如前文所举《大戴礼记》"陶家事亲",一本"家"作"渔"⑤,乃据《孔子家语》改,即是。

以误字改误字。即本有误字,造成句子的失解或歧解,校勘者提出

---

① 王念孙.读书杂志:淮南内篇杂志[M].南京:江苏古籍出版社,1985:940.
② 王念孙.读书杂志:逸周书杂志[M].南京:江苏古籍出版社,1985:18.
③ 参见旧题刘克庄《分门纂类唐宋时贤千家诗选》卷二二,中国国家图书馆藏明抄本、《楝亭十二种》本。按:此篇非诗,《分门纂类唐宋时贤千家诗选》收入时将其删节为七言四句。
④ 俞樾.古书疑义举例:卷五[M]//古书疑义举例五种.北京:中华书局,1956:94.
⑤ 王引之.经义述闻:卷十二[M].上海:商务印书馆,1935:471.

疑问,改动文字以求通,然亦未得其真正。如《淮南子·兵略训》:"然而前无蹈难之赏,而后无遁北之刑,白刃不毕拔,而天下傅矣。"王叔岷指出:"'而天下傅矣','傅'字无义。日本古钞卷子本作傅,是也。傅犹附也,谓天下亲附也。傅即傅之误。茅坤《批评本》、朱东光本、《汉魏丛书本》、庄逵吉本并作得,盖不知傅是误字而妄改耳。"①

此外,与文义相关的讹误也有出于无心者:

有涉上下文而误。如《吕氏春秋·仲夏纪·适音》"观其音而知其俗矣,观其政而知其主矣",王叔岷认为:"上观字当作听,《淮南子·主术篇》'听其音则知其俗'(《文子·精诚篇》作'听其音则知其风'。——原注),即本此文,字正作听。今本作观,盖涉下观字而误。"②

有"联想之误"。即书写时不专心,将联想到的东西写入文本。如《庄子·列御寇》"儒墨相与辩,其父助翟",王叔岷指出:"奚侗云:'……翟当作墨,墨子名翟,钞者缘以致误耳。'"③有时这种联想与偏旁相关,如《吕氏春秋·慎大览·察今》:"故审堂下之阴,而知日月之行,阴阳之变。见瓶水之冰,而知天下之寒,鱼鳖之藏也。"王叔岷云:"'瓶水'疑本作'瓶中','见瓶中之冰',与上'审堂下之阴'对言。《淮南子》《兵略篇》、《说山篇》并作'瓶中',可证。今本中作水,涉冰字右旁而误也。"④

三 脱文通例

脱文,即缺字漏句。有传抄刊刻时不慎而误脱,也有流传中因客观因素如简帛纸张的碎断残缺造成的误脱,也有误解文句意义而妄删的误脱。

脱简,指简帛书籍在流传过程中出现的简帛缺失,与后世书籍缺页相似。脱简是汉魏以前的古籍所特有的,但也有学者将后来书籍中缺

---

① 王叔岷.斠雠学(补订本);斠雠别录[M].北京:中华书局,2007:353-354.按:"茅坤《批评本》""《汉魏丛书本》","本"字当在书名号外。
② 同上 285.
③ 王叔岷.庄子校诠[M].北京:中华书局,2007:1257-1258.
④ 王叔岷.斠雠学(补订本);斠雠别录[M].北京:中华书局,2007:287.

页造成的脱文亦称为脱简。脱简或缺页造成的脱文字数通常较多,而在同一写本或刻本中,这种脱文在字数上往往带有一定的规律性。即如《汉书·艺文志》载刘向校《尚书》时的情形:"率简二十五字者,脱亦二十五字,简二十二字者,脱亦二十二字。"①

抄脱,即抄写或刊刻中无意脱漏的文字。较为典型的有重文抄脱、义似抄脱和窜行抄脱。

重文抄脱,指相同或大致相同的字、词、词组、句子重复出现,脱漏其中之一。如《文子·道德》篇"是故不法其已成之法,而法其所以为法者,与化推移",唐写本作"是故不法其已成之法,而法其所以为法。其所以为法者,与化推移"。王叔岷云:"叠'其所以为法'五字,是也。'其所以为法者',紧承'而法其所以为法'而言,今本误不叠,当补。"②对于文句的重复,古人也会采用逐字加重文号的方式来书写,如果抄写中忽略了原有的重文符号,也会造成同样的问题。

义似抄脱,指在意义近似,对理解基本无影响的情况下,抄脱双音节词、多音节词、词组的尾字,或几个近义词之一。如《汉书·朱云传》"臣愿赐尚方斩马剑,断佞臣一人,以厉其余",王念孙校云:"'佞臣一人'下原有'头'字,而今本脱之。《后汉书·杨赐传》注,《初学记》人部中,《白帖》十三、九十二,《太平御览》兵部七十三、人事部六十八、九十三引此并作'断佞臣一人头',《汉纪》《通鉴》同。"③

繁复抄脱,指因词句繁复造成抄脱。往往见于行文累赘,或为论述某一问题多方论证,不断重复同一句式的情形。如《淮南子·说山训》:"魄问于魂曰:'道何以为体?'曰:'以无有为体。'魄曰:'无有,有形乎?'魂曰:'无有。何得而闻也?'魂曰:'吾直有所遇之耳。'"王念孙指出:"'何得而闻也'上本有'魄曰无有'四字。魄问魂曰:'无有,何得而闻也?'故魂答曰:'吾直有所遇之耳。'今本脱此四字,则义不可通。《艺文

---

① 班固.汉书[M].北京:中华书局,1962:1706.
② 王叔岷.斠雠学(补订本);斠雠别录[M].北京:中华书局,2007:323.
③ 王念孙.读书杂志:汉书杂志:卷十一[M].南京:江苏古籍出版社,1985:337-338.

类聚》灵异部下、《太平御览》妖异部一所引并有此四字。"①

　　审行抄脱,即通常所说的抄审行。一般发生在两行有相同、相近的词的情况下。通常会在文义上造成缺失,体现为文义不通。如《资治通鉴》卷九六《晋纪》十八清胡克家刻本:"石生猛将,关中精兵,征西之战殆不能胜也!"章钰所校宋十二行本、乙十一行本,下均有"金墉险固,刘曜十万众不能拔,征西之守殆不能胜也"21字。②

　　删脱。删与改一样,都是有意识的行为,这一类错误也属于人为造成的脱文,主要是校理者由于种种因素的影响发生理解错误而轻断臆改造成的。其性质与误字通例当中的"文义致误"相似,只是错误的表现形式为脱文。从导致理解错误的因素看,删脱也与"文义致误"基本相同,主要源于不明文义、不明训诂、据他书误删和因误而误删等等。

　　不明文义而误删。如中华书局1988年版《宋东京考》卷一一"楼"条下"望京楼"目下记:"即汴城西门楼也。楼旧无名,唐令狐绹登楼诗有'因上此楼望京国',便名楼作望京楼。"校记云:"'便名楼作望京楼',此句下原有'句因名'三字,于文义不通,系为衍文,今删。"③崔文印撰《〈宋东京考〉误删一例》,指出:"'句因名'三字并非衍文,点校者所以误认作衍文,是把令狐绹的两句诗,误认作一句所致。"其所据为《全唐诗》卷五六三所录令狐绹的《登望京楼赋》,全诗四句:"夷门一镇五经秋,未得朝天不免愁。因上此楼望京国,便名楼作望京楼。"即不只是"因上此楼望京国"为令狐绹诗句,后句"便名楼作望京楼"亦是。准此,更可证明"句因名"三字非衍。正确的标点应该是:"楼旧无名,唐令狐绹登楼诗有'因上此楼望京国,便名楼作望京楼'句,因名。"④

　　不明训诂而误删,因不了解字词训诂、名物、制度、典故等以致误删。如《史记·晋世家》"唐叔虞者,周武王子,而成王弟",王念孙指出:"'唐'上本有'晋'字,后人以晋、唐不当并称,故删去'晋'字也。今案:

---

① 王念孙.读书杂志.淮南内篇杂志:卷十六[M].南京:江苏古籍出版社,1985:906.
② 司马光.资治通鉴[M].北京:中华书局,1956:3029.
③ 周城.宋东京考[M].北京:中华书局,1988:195;209.
④ 崔文印.《宋东京考》误删一例[J].古籍整理出版情况简报,1991,253:32.

昭元年《左传》:'迁实沈于大夏,唐人是因,以服事夏商,其季世曰唐叔虞。'杜注曰:'唐人之季世,其君曰叔虞。'下文'当武王邑姜,方震大叔梦帝谓己,余命而子曰虞'注曰:'取唐君之名。'是唐人之季世,与周武王子封于唐者,皆谓之唐叔虞。而武王子封于唐者,寔为晋之始祖,故言'晋唐叔虞'以别之。《索隐》本出'晋唐叔虞'四字,注曰:'晋初封于唐,故称晋唐叔虞。'则有'晋'字明矣。"①

有据他书误删。如《史记·刺客列传》"豫让者,晋人也。故尝事范、中行氏",王念孙认为:"'范、中行氏',本作'范氏及中行氏'。今本无'氏及'二字者,后人依《赵策》删之也。不知古人属文,或繁或省,不得据彼以删此;下文言'范、中行氏'者,前详而后略耳,亦不得据后以删前。《索隐》本出'事范氏及中行氏'七字,解云:'范氏,谓范昭子吉射也。中行氏,中行文子荀寅也。'则有'氏及'二字明矣。《群书治要》引此,亦作'范氏及中行氏'。"②

有因误而误删,即在原文、原句有错误的情况下,做出错误的判断、处理。如《周易·升·象传》"君子以顺德,积小以高大",《经典释文》云:"'以高大',本或作'以成高大'。"俞樾认为:"此本作'积小以成大',《正义》所谓'积其小善以成大名'也。后误衍'高'字而作'积小以成高大',则累于辞矣。校者不知'高'字之衍而误删'成'字,此删削不当而失其本真者也。"③

四 衍文通例

衍文,即多出的文字,包括无意多写和出于某种考虑有意增加的文字。从现象上看,衍文和脱文是两种相对的现象,但在造成错误的原因上,衍文更为繁杂。较为典型的有:

不明文义而衍。与误字、脱文通例中的相关问题属同一性质,只不

---

① 王念孙.读书杂志:史记杂志[M].南京:江苏古籍出版社,1985:101.
② 同上 138.
③ 俞樾.古书疑义举例:卷五[M]//古书疑义举例五种.北京:中华书局,1956:98.

过校理者所采取的校订方式是给原文加上自己认为缺失了的文字。如《吕氏春秋·季冬纪·不侵》:"天下轻于身,而士以身为人。以身为人者,如此其重也,而人不知,以奚道相得?"王念孙分析:"高读'而人不知奚道相得'为一句,说云:'不知以何道得人,乃令之为己死也。'念孙案:高说非也……言士之轻身重义如此,而人不知,则何由与其士相得哉?(不相知则不能相得,故下文云'贤主必自知士,故士尽力竭智,直言交争,而不辞其患。'——原注)《下贤》篇曰:'有道之士,固骄人主。人主之不肖者,亦骄有道之士。日以相骄,奚时相得。'《知接》篇曰:'智者,其所能接远也;愚者,其所能接近也。所能接近,而告之以远化,奚由相得。'语义略与此同。《有度》篇:'虽若知之,奚道知其不为私?'言何由知其不为私也。《晏子春秋·杂篇》:'君何年之少而弃国之蚤,奚道至于此乎?'言何由至于此也。《韩子·孤愤》篇:'法术之士奚道得进。'言何由得进也。'奚道'上不当有'以'字,盖后人不能正高注之误,又因注加'以'字耳。"①相得,本为相融洽之义,这里,"士"与其"主"之间因对自己的把握和对对方的期望值存在错位,所以不能"相得"。高诱理解有误,解释为"得人",后人沿袭其误,又据以增"以"字,形成衍文。

不明训诂而衍。如《淮南子·本经训》:"异贵贱,差贤不肖,经诽誉,行赏罚。"王念孙指出:"'差贤不'下本无'肖'字。'不'与'否'同,'贵贱''贤不''诽誉''赏罚'皆相对为文,后人不知'不'为'否'之借字,故又加'肖'字耳。"②

由于不明文义、不明训诂或其他因素造成对文本的错误分析而误认为底本存在缺文以致误加缺字符号造成衍文,这种现象在古书中并不少见。也有学者将其单立为一条通例,如俞樾《古书疑义举例》即有"本无阙文而误加空围例"③。如《逸周书·官人》"有知而言弗发,有施而□弗德",王念孙指出:"此文本作'有知而弗发,有施而弗德'。发,读

---

① 王念孙.读书杂志:读书杂志余编上[M].南京:江苏古籍出版社,1985:1023.
② 王念孙.读书杂志:淮南内篇杂志[M].南京:江苏古籍出版社,1985:829.
③ 俞樾.古书疑义举例:卷五[M]//古书疑义举例五种.北京:中华书局,1956:107.

曰伐,高注《淮南·修务》篇曰:'伐,自矜大其善也。''有知而弗发''有施而弗德'皆五字为句,上句本无'言'字,下句亦无阙文。后人于'弗发'上加'言'字,则上句多一字矣。校书者不知'言'字为后人所加,而以为下句少一字,遂于下句内作空围以对'言'字。此误之又误也。《大戴记》正作'有知而不伐,有施而不置'。"①

　　因注疏而衍。指注疏中的字词或句子误入正文,形成衍文。如《荀子·仲尼》"财利至则言善而不及也,必将尽辞让之义然后受",王念孙校云:"元刻无'言'字。念孙案:无'言'字者,是也。据杨注云:'善而不及,而,如也。'则'善'上无'言'字明矣。注又云:'言己之善寡如,不合当此财利也。'此言字乃申明正文之词,非正文所有也。宋本有'言'字,即涉注文而衍。"②

　　涉上下文而衍。指上下文有类似词语,抄写时误入本句,形成衍文。如《尔雅·释地·九府》"北方有比肩民焉,迭食而迭望",郭璞注曰:"此即半体之人,各有一目、一鼻、一孔、一臂、一脚,亦犹鱼鸟之相合。"周祖谟《尔雅校笺》云:"'各有一目、一鼻、一孔',唐写本作'各有一目、一鼻孔',《文选》王元长《曲水诗序》注引作'人各有一目、一鼻孔'。案《山海经·海外西经》云:'一臂国,一臂,一目,一鼻孔。'即此注所本。今本'鼻'下衍'一'字,当据唐本改正。"③

　　因旁注字而衍。古人在读书、抄书、校书或注书时,偶有疑误或感想,随手注一字或数字于旁,这些旁注字本是抄者或整理者的见解、疑误或备忘文字,后人不明其义,抄入原文,遂成衍文。如《庄子·外物》传世本:"神龟能见梦于元君而不能避余且之网;知能七十二钻无遗筴,不能避刳肠之患。"④王叔岷云,敦煌唐写本残卷作"神能见梦于元君"。《艺文类聚》梦部、龟部引此文同。此处实际以"神""知"相对,"下文'知有所困,神有所不及。'即分诠此文","龟"字衍。且云曾见旧钞本,原作

---

① 王念孙.读书杂志:逸周书杂志[M].南京:江苏古籍出版社,1985:23.
② 王念孙.读书杂志:荀子杂志[M].南京:江苏古籍出版社,1985:660.
③ 周祖谟.尔雅校笺[M].南京:江苏教育出版社,1984:92;279.
④ 王先谦,刘武.庄子集解;庄子集解内篇补正[M].北京:中华书局,1987:240-241.

"神能见梦于元君","后又将神下能字改为龟字,复于龟下右旁补能字"。① 类似反复改补,后人再次传写,则极易形成衍文。

《校勘学释例》"因误字而衍字例",述及两种正字、误字并存的情形,"误字既经点灭,后人不察,仍书录存,其误字多在本字上","有误字校改于旁,后人不察,仍将误字书入,其误字每在本字下",② 与此有相似之处。

与联想造成的误字相似,联想也可能造成衍文。如《韩非子·忠孝》篇:"故世人多不言国法,而言纵横。诸侯言从者曰:'从成必霸。'而言横者曰:'横成必王。'"王叔岷云:"顾广圻《识误》:'"诸侯言从者曰",侯字当衍。'案顾说是也。'诸言从者'、'言横者',并承上文'世人'言之,若作'诸侯言从者',则与上文不符矣。侯字因诸字联想而衍。"③

五 倒文通例

倒文,指原文的字句被前后颠倒。从现象上看,以字句的前后颠倒为主,多发生在两字之间,也有涉及数字的,还可以是句子次序的颠倒或句子主要成分的倒置。从错误形成的情况来看,倒文与前面讲的三类通例一样,有有意改订和无心抄错两种情形。如果是抄刻中的无心之过,一般在现象上并不复杂,发现、考证也比较容易,通常文义上有明显的问题可供辨析。如果涉及校改,甚至是在底本文字中存在的各种错误的情况下做不适当的校改而造成倒文,则相对复杂。

传写误倒,即传抄刊刻中无心造成的字句颠倒,情况通常比较简单。如《老子》今本第十四章"迎之不见其首,随之不见其后",马王堆帛书乙本作"隋而不见其后,迎而不见其首",唐广明元年(880)焦山《道德经幢》作"随之不见其后,迎之不见其首",可知今本二句误倒。④

---

① 王叔岷. 斠雠学(补订本);斠雠别录[M]. 北京:中华书局,2007:20.
② 陈垣. 校勘学释例[M]. 上海:上海书店出版社,1997:25;27.
③ 王叔岷. 斠雠学(补订本);斠雠别录[M]. 北京:中华书局,2007:296-297.
④ 周祖谟. 古籍校勘述例[M]//周祖谟语言文史论集. 杭州:浙江古籍出版社,1988:445.

这类问题,有时在文义上会留下明显痕迹,如《荀子·非相》"谈说之术,矜庄以莅之,端诚以处之,坚强以持之,分别以喻之,譬称以明之",王念孙指出:"'分别'当在下句,'譬称'当在上句。譬称所以晓人,故曰'譬称以喻之';分别所以明理,故曰'分别以明之'。今本'譬称'与'分别'互易。《韩诗外传》及《说苑·善说》篇引此并作'譬称以喻之,分别以明之'。"①

错误校改造成的倒文,有不明文义而误倒、不明训诂而误倒、因误(或脱文、衍文、倒文)而误倒、据他书误倒等等。

不明文义而误倒。如《淮南子·主术训》"内得于心中,外合于马志",王念孙认为:"'心中'当作'中心','中心'与'马志'相对为文。《太平御览·治道部》五、《兽部》八,引此并作'中心'。《列子·汤问篇》《文子·上义篇》皆同。"王叔岷进一步指出:"'中心'即'心中',此浅人不明文义而妄乙之耳。"②

不明训诂而误倒。如《校勘学释例》有"不知古语而妄乙",沈刻《元典章》"户七(八) 依添上答价值",元刻本作"依上添答价值",陈垣云:"不谙'添答'方言,妄乙为'添上'。"③

因误而误倒。如《韩诗外传》卷九"主有失败,皆交争正谏",王叔岷指出:"此本作'主有失,皆敢交争正谏'。敢误为败,后人乃妄乙在皆字上耳。《吕氏春秋·贵当篇》作'主有失,皆敢交争证谏'。(敢字据《治要》引补,今本阙。——原注)《新序·杂事》五作'主有失,皆敢分争正谏'。并其证。"④

倒文与其他讹误同时存在。如《淮南子·说山训》"信有非礼而失礼",王念孙指出:"当作'信有非而礼有失'。下文'此信之非''此礼之失'皆承此句言之。今本'而礼'二字误倒,又脱一'有'字,衍一'礼'字,

---

① 王念孙.读书杂志:荀子杂志[M].南京:江苏古籍出版社,1985:654.
② 王叔岷.斠雠学(补订本);斠雠别录[M].北京:中华书局,2007:390.
③ 陈垣.校勘学释例[M].上海:上海书店出版社,1997:44.
④ 王叔岷.斠雠学(补订本);斠雠别录[M].北京:中华书局,2007:391.

遂致文不成义。"①

据他书误倒。如《吕氏春秋·先识览·观世篇》："子列子笑而谓之曰：君非自知我也，以人之言而遗我粟也；至己而罪我也，有且以人言（今本有下衍罪字。——原注），此吾所以不受也。其卒民果作难杀子阳。受人之养而不死其难，则不义；死其难，则死无道也；死无道，逆也。"王叔岷云："'其卒民果作难杀子阳'九字，乃著者之辞，当在下文'死无道，逆也。'下，'受人之养'至'死无道，逆也。'二十五字，乃是列子之辞，紧承上文'此吾所以不受也'而言，《新序·节士篇》作'此吾所以不受也。且受人之养，不死其难，不义；死其难，是死无道之人也，岂义也哉？其后民果作难杀子阳。'是其明证。今本'其卒民果作难杀子阳'九字，在'此吾所以不受也'下，盖后人据《庄子·让王篇》《列子·说符篇》、皇甫谧《高士传》诸书所妄乙，不知诸书本无'受人以下'之文也。"②

校改所致倒文，错误情况比较复杂，单从文义来辨析往往不够，需要多方面的考证。有时倒文可能给古书带来词语拆裂、破句、失韵等种种现象，反过来，这些现象对倒文的判断、分析也有帮助。兹不一一列举。

六　错简通例

错简，原指以简帛为载体的古书，由于种种原因，出现了简帛次第的错乱。与脱简一样，错简也是先秦到汉魏的古籍所特有的现象。如《楚辞·九章·哀郢》："尧舜之抗行兮，瞭杳杳而薄天。众谗人之嫉妒兮，被以不慈之伪名。憎愠惀之修美兮，好夫人之忼慨。众踥蹀而日进兮，美超远而逾迈。"③亦见于《九辩》，且分在两处，"尧舜之抗行兮，瞭冥冥而薄天。何险巇之嫉妒兮，被以不慈之伪名？彼日月之照明兮，尚

---

① 王念孙.读书杂志:淮南内篇杂志[M].南京:江苏古籍出版社,1985:910.
② 王叔岷.斠雠学(补订本);斠雠别录[M].北京:中华书局,2007:394.按:原文标点有误.
③ 洪兴祖.楚辞补注[M].北京:中华书局,1983:136.

黯黮而有瑕。何况一国之事兮,亦多端而胶加。被荷裯之晏晏兮,然潢洋而不可带。既骄美而伐武兮,负左右之耿介。憎愠惀之修美兮,好夫人之慷慨。众踥蹀而日进兮,美超远而逾迈。"①两篇中八句相同,其中之一当属错简,但孰为错简,则难以遽定。

随着载体的转移,错简问题在古书中直接体现为脱文和衍文。其产生都是客观原因造成的,但由于年代久远,错误由来已久,一般没有版本可供对校,发现问题主要是通过文义,考证也主要依靠文义辨析,仅仅有一小部分可以依据他书的相关文字作为佐证,对于韵文来说,是否押韵也作为一种重要的判断依据。有时,在后世的流传整理中,错简前后的文字经过臆改,文义上的缺失或不相衔接的痕迹被弥合,考察起来困难就更大了。

后世书籍错页或大段的文字颠倒现象,学者或亦以错简称之。相对于早期典籍的错简而言,通常痕迹明显,情形亦较为单纯。兹不多举。

致误原因与校勘通例的研究是校勘学理论的重要组成部分,古今学者多有总结归纳。从清代王念孙、俞樾,到当代王叔岷《斠雠学》、程千帆等《校雠广义 校勘编》,均有较为详细的梳理和充分的例证,诸家各有所长,皆可作为参考。

同时还需要注意,校勘通例是对致误原因中规律性现象的总结归纳,但并不是每一个问题都能简单地对号入座。有时,传世本当中的一个问题,可能是多重因素反复作用的结果,其分析和考察也相对复杂和困难。而另一方面,所谓致误原因、校勘通例,不过是指出一些容易致误的路子,可以帮助解释某字何以讹变为某字,而不能够证明某字一定是或必须改为某字。其他书中的同类误例可以为分析提供帮助,但也不能证明必然如此。因此,不能用分析致误原因代替其他考证。

---

① 洪兴祖.楚辞补注[M].北京:中华书局,1983:193-194.

第五节　校勘的具体步骤与校记的撰写

一　校勘的准备工作

　　进入一部古书的校勘之前，首先需要了解该书的基本构成和流传情况，包括时代、作者、成书、流传整理、版本系统、所涉知识范畴和可以提供校勘旁证材料的资料范围等等。可以从以下几个方面入手：

　　运用目录学知识，查考所校古籍在历代官私目录中的著录，结合该书各种序跋、题记中所记载的流传、整理、刊刻情况，以及正史、方志之本传和墓志铭、神道碑、行状等传记资料所载作者生平及著述情况，笔记、杂史中有关作者及成书、刊印的记载情况，等等，全面了解其成书及整理流传的历史情况、曾有过的各种版本及其间的关系，为整理版本系统提供依据。

　　运用版本学知识，通过各种古籍善本目录及各收藏机构的馆藏目录了解现存版本，加以搜集；据各本刊刻年代及序跋、题记，查考其所据版本，上溯祖本，必要时可以进行初步比勘以求落实。结合前一步查考所得信息，分析各版本之间的源流关系，归纳出版本系统。

　　分析版本源流、归纳版本系统的目的在于准确把握各版本之间存在的差异，从而选择校勘底本和参校本。

　　在校勘工作中，所谓底本，指的是用作文字基础的版本。记录异文或改正误字，都是在底本文字的基础上进行的。为便于工作，也方便读者，多用错误较少的足本，通常选用某一版本系统的祖本，也可以是古本或后人的精校本。在校勘工作中，如果不能取得所选底本或其复制件作为稿件的基础文本，可以选用与底本同一版本系统而易得的版本，将其完全改同底本，用于工作，这就是工作底本（或称工作本）。

　　参校本，指用来和底本对比、校勘的本子，可分为主要校本和参考校本。① 主要校本要与底本做全面比勘,逐字逐句仔细核对。主要校本通常不需要太多,但通过对校,应能基本上反映出各个版本系统的不同面貌。可从以下几个角度选择:一是古本,一部书如有若干早期古本传世,一般都要用于校勘;二是有代表性的版本,包括与底本不同版本系统的祖本、与底本属同一版本系统但文字差异较大的版本、与底本不属同一版本系统且与其祖本差异较大的版本。除底本、主要校本以外的其他版本,在校勘中可以作为参考校本,不必与底本一一对校,仅在有疑难时查核、参考。

此外,还需要通读全书,了解其基本内容和结构、体例。基本内容指一部书或一篇作品的主要论题、论点、论据或题材;结构则指书或作品的整体结构,如篇章结构、组织安排方式等等;体例指作者或编者在编撰格式方面的某些具体规定。了解上述情况,是运用本校法、理校法进行校勘所必需的准备,也是保证校勘质量的必备条件,是在着手校勘全书之前不可或缺的。

同时,还应分析、了解校勘对象的文体、语言特点。古代文体种类繁多,各有其特点和规范,而从校勘角度看,每一种古籍的基本文体和语言使用情况又都在不同程度上存在一些自身的特例。这就要求在进入具体校勘之前,对校勘对象的文体及语言特点,如格式、声律、句式、用字等有所了解,并在校勘过程中不断熟悉和掌握相关特例。这同样是进行本校、理校必不可少的。

准备工作还包括收集他书资料、汲取前人校勘成果。搜集他书资料的主要范围是:与本书有引用关系或材料互见关系的其他古籍、古类书、古书注。由于查找范围广、数量大,完成这一步工作需要校书者熟悉古籍文献,同时充分利用工具书,包括目录、类书、专科工具书,以及各种古籍数据库。此外,还可以借助前人成果以寻找资料线索,如前人的校本、注本、研究著作,其中不仅有直接的校勘成果可供参考,所引据或提到的其他古籍,也可以作为线索以备进一步跟踪调查。

---

① 参校本、主要校本、参考校本,学界说法不同,或称之为校本、通校本、参校本。

二　校勘考证

校勘考证可分为检查发现问题、分析解决问题两个步骤。

检查发现问题包括:对校底本、参校本,核对他书资料。即通过底本、参校本对读,随文辨析注疏、顺序插入他书资料并随文对读、随文吸取前人校勘成果,发现问题,列出异文、疑误,以及依据本书内容、运用知识发现疑点。

分析解决问题即是对前一步骤中发现的具体的异文、疑误做出科学的分析、考证与判断,这是校勘工作中最主要、最关键的一步。

分析异文,指具体分析每一处异文的实质差异,即文字形式的表象之后,不同文字的差异性质是什么,或异文间存在怎样的关系,这种差异或关联是在语音、字形上,还是在具体知识和其他范畴上。在此基础上,考察其错误类型和致误原因,并有针对性地做出异文正误的考证。分析、判断异文,是一个去伪存真的过程,必须审慎,对于所肯定和否定的,都必须有充分可靠的理由和证据,否则只能存疑,把现存的情况客观地提供给读者,要承认有无法判定的情况存在。

疑误是指没有异文可供校勘,但对文字的真实性存在怀疑。其发现和解决主要依靠校者对相关知识的掌握、对文义的理解和对所校书籍的熟悉程度,以本校和理校为主。一般情况下,疑误往往因文义、事理上存在矛盾而产生怀疑,发现疑误的同时也包含着解决疑误的因素,但要真正做出判断则需要充分的理由和可靠的证据,要经过本书思想内容、文例语例、上下文义或有关知识上的翔实考证,并从致误原因方面得到合理解释,否则只能存疑。较之分析异文,解决疑误更要注意"实事是正,多闻阙疑"的原则,不可轻易论断,尤其不可轻改。

三　校记的撰写

校勘工作完成后,其成果通常要通过校勘记体现出来。撰写校记的总体原则是:系统、扼要、准确,或者说,把系统的内容用扼要的语言准确地表达出来。

1. 出校原则

"出校",即确定哪些异文、疑误必须写入校勘记,以示读者。校勘工作的质量并非取决于校勘记的数量,而在于是否把有价值的东西确切地提供给读者,又使读者免受大量繁芜无用的异文、疑误的烦扰。因此提炼的功夫很重要,出校必须精要、有选择,对异文和疑误的价值要进行恰当的估量,去芜取精。除少数以提供版本资料为目的的汇校本外,通常不是所有的异文都要在校记中体现出来。

衡量异文质量与判断异文正误一样,都应从义理和证据两方面着眼。版本来源是其中之一,但不是唯一标准。疑误的出校原则与异文相同,但由于疑误没有版本依据,对其价值的估量大多限于义理、语言文字、相关知识及致误原因的论证是否具有说服力,通常只是择其要者供读者参考。

在异文和疑误的处理上,一般异体字、通假字、古今字不须出校,用底本文字,但如可确定底本文字是流传过程中出于正字规范或其他考虑改了原来的用字,并可确定本来用字时,则需本着存真复原的原则予以出校;对于避讳字,在流传过程中使用的,要恢复本字并予以出校,但写作时、成书时使用的则要保持原貌,此类问题全书要有统一的处理原则,并在叙例中做出说明;明显的错字、笔误,可直接改正,不须出校;可确定底本不误而参校本误者,一般亦不出校;义可两通者注存异文;可以断定为底本错误的,可改字,同时注明依据;可改可不改的,尽量不改;疑误通常无本不改,可以酌情加校,但选择要精。

2. 校改方式

在目前的古籍整理工作中,普及性读物或一般性读物,可以在版本对校的基础上择善而从,写出新的定本。在这种情况下,没有真正意义上的底本,也无所谓校改,仅在可能影响读者理解之处做少量校记以存异文。

具有一定学术资料性的古籍整理本,则要选择适当的底本作为文字基础,校以他本他书。读者通过底本和校勘记,可以了解底本原貌及校本的大体情况。其校改处理可有两种情况:对于校刻难得的古本,如出土的简帛本、古写本,以及某些宋元本,可采用照录底本,以校勘记注记正误及他本异文的方式,以便直观传递古本信息、避免妄改,学者称之为"底本式"。通常的古籍校勘,则是以底本为基础,对于可以确定的底本讹误加以改订,并通过校记做出说明,由于形成了新的定本,学者也称之为"定本式"。"定本式"即可基本保持底本面貌,亦便于读者阅读使用,读者通过新本和校记,可全面获得相关版本的信息,校改纵有不当之处,亦不致误人。但即使如此,也依然要注意,出校要精,改订要尽可能少。

校改格式可分为直改式和符号式。

直改式,即改订误字,去伪存真,同时加校记予以说明。校改后的本子,只直接体现整理的结果,底本原貌及异文情况,须通过校记了解。

符号式则是"改正底本,并见异文"[①],对底本文字的误、脱、衍、倒,采用不同的符号进行订正删补,并在校勘记中做出说明。其特点是正误两种形式同时出现,可以一目了然,但符号的使用必须准确精密,以免混淆。借助符号校改古书,最早可见于南宋方崧卿《韩集举正》,但至今没有形成统一的使用规则。例如中华书局点校本《汉书》采取的是"把底本原来用的字用圆括弧括起来放在上头,再把改正的字用方括弧括起来放在底下"[②],黄晖《论衡校释》则补字用[ ]号,改字用( )号,删字围以□号。这也是使用符号式校改以及阅读相关古籍时需要注意的问题。

3. 校记的撰写

校勘记是校勘成果的具体体现,可分为简式、详式两大类型。

简式校勘记一般用于随文标注出重要的、有价值的异文或校改依

---

① 倪其心.校勘学大纲[M].北京:北京大学出版社,1987:271.
② 班固.汉书[M].北京:中华书局,1962:出版说明 6.

据,不做论证。一般适用于规模巨大、卷帙浩繁的总集、类书等古籍,或供具有一定知识水平,但不作为深入研究者阅读的书籍。特点是文字简便易读,亦提供了异文依据,但因不做论证,有时较难衡量校勘成果的是非。

详式又称繁式、严式。完整的详式校勘记包括三层内容:一"校",交代各本异文和所发现的疑误;二"证",校勘者对异文、疑误的分析论证,包括转述前人的校勘见解;三"断",即校勘者的结论。但实际上,由于具体问题的情况所限,并非每一则校记都必然具备全部三方面内容,"按而不断"或按、断皆无都是正常合理的。详式校勘记通常用于专书校勘著作,包括一般校勘、专书集校、专书札记等等,其内容提炼情况则根据著作性质要求而定。

校记的位置通常有以下几种:一是随文出校,将校勘记置于所校文字之下或所在句末,多用于简式校勘记;二是置于段落、篇章之后,多用于文集、笔记等分篇或分条撰写的书籍,可以避免因插入校记而割裂文句,亦便于阅读使用;三是置于卷末或全书末,后者一般用于篇幅不是很大的书籍。

校记的语言以准确精练为宗旨,通常使用浅易的文言文,并要求掌握校勘程式和习惯用语。张舜徽《中国古代史籍校读法》曾归纳注记方式十种,可作为参考,兹录于下:

一、凡文字有不同者,可注云:"某,一本作某。"(或具体写明版本名称——原注)

二、凡脱一字者,可注云:"某本某下有某字。"

三、凡脱二字以上者,可注云:"某本某下有某某几字。"

四、凡文字明知已误者,可注云:"某当作某。"

五、凡文字不能即定其误者,可注云:"某疑当作某。"

六、凡衍一字者,可注云:"某本无某字。"

七、凡衍二字以上者,可注云:"某本某字下无某某几字。"

八、字倒而可通者,可注云:"某本某某二字互乙。"

九、字倒而不可通者,可注云:"某本作某某。"

十、文句前后倒置者,可注云:"某本某句在某句下。"①

4. 叙例

叙例又称校例,是一部古书全部校勘工作的总结说明,要求简要精当、条理清楚地对校勘依据和体例做出全面交代,便于查检使用。

完整的叙例必须具备以下内容:①清楚、明确地给出所选用的底本、参校本的全称及简称,简称要能够鲜明地分别各版本、体现各版本的典型特征;②说明校书时所用的相关他书资料,包括书名及版本,对于多次使用的材料,亦可定出简称;③说明校勘时所引用的他人校勘成果,亦可根据情况定出简称;④校改方式和校记体例,包括如何校改,以及校记的形式、位置,等等。此外,如果整理本没有单独的前言或附录交代作者、时代、成书情况、流传情况、版本源流、现存版本等信息,也可把相关内容放在叙例中做综合性说明。

作为校勘程式中一个必不可缺的组成部分,叙例的撰写当在完成校勘考证之后、校记撰写之前。其具体形式,可以作为前言的一部分,做叙述性说明;也可以做条例性说明,独立成篇或列入全书凡例。通常置于全书卷首。

在校勘条例的总结归纳方面,中华书局总编室集体编订、程毅中执笔的《古籍校点释例(初稿)》堪称典范之作,兹将其中校勘部分附录于此,以备参考:

一、校勘之前,应收集所能见到的各种版本进行比较研究,尽可能选定内容最完整、错误最少、校刻最精的版本作为底本。

二、在弄清版本源流的基础上选择若干有代表性的版本作通校。同出一源的版本原则上应选用祖本或最早的本子,但也可采用经过后人精校的翻刻本。再选用若干其他版本作参校(即在通校中遇见异文时再去查对,不作逐字对校——原注)。本书有前人

---

① 张舜徽. 中国古代史籍举要;中国古代史籍校读法[M]. 武汉:华中师范大学出版社, 2004:351-352.

校勘成果的应尽量参考,充分吸收其中正确的意见,并尽可能对它的举证和引书进行覆核。

三、如果无法取得选定的善本(包括复印本——原注)作为底本,可以用比较易得的版本作工作本,按照善本过录在易得的版本上,改成与善本完全相同的本子后作底本,然后进行校勘。

四、首先要做好版本对校。是否运用本校、他校以及如何进行本校、他校,可根据本书具体情况决定。运用理校法尤其需要慎重,理校一般应与版本校、他校相结合,不宜只凭理校改动本文,可以在校记中指出问题所在,提出校勘者的意见。

五、要区分校勘与考证的界限。由于文字异同造成的事实出入,应当用考证的方法去判断是非,如人名、地名、时间、名物的歧异等等。但纯系事实的出入,则是笺证、考释应当解决的问题,不属于校勘的范围。

六、凡底本不误而他本误者,一般不出校记。情况特殊的书,或目的在于反映各本面貌的,也可以罗列异同,以便参考。如隋树森编的《全元散曲》(中华书局版——原注)、郑振铎等校勘的《水浒全传》(人民文学出版社版——原注)等。整理者对本书及版本作了调查研究之后,可根据实际情况和不同读者的需要,确定校勘的体例,在本书凡例或前言、后记中加以说明。

七、底本上可以确定的讹(错字——原注)、脱(缺字,或称作"夺"——原注)、衍(多字——原注)、倒(颠倒——原注)应在本文中改正,并写出校记说明依据及理由。校改原因显而易见的,也可以不举理由。

八、正文改字有两种方式。一种是加上增删符号,以便读者一望而知底本原貌,加方括号表示增字,加圆括号表示删字。(例略——引者)再在校记中说明改字理由。(例略——引者)另一种是不加增删符号,在校记中加以说明。(例略——引者)

九、别本或他书有异文,文义可两通,不能断定是非者,可在校记中加以说明。(例略——引者)

一〇、正文有疑问,无法解决者,也可在校记中加以说明。(例略——引者)

一一、校勘记的位置和写法,可因书而异。可放在一篇一段之后,也可以放在一卷之后。篇幅较少的书,也可以放在全书之后。无论采取哪种方式,每条校记都应写明页数行数,或按正文校勘记的序号,举出原文的一句或有关词语,加以说明。(例略——引者)校记放在一篇之后的,可在正文的一个表示停顿的标点之下加上注码,校记可以不举出原文,只说明校改之处。(例略——引者)校记放在正文里的,可随文注于当字之下,用小字排。可以不举出底本原作何字,校记句末可加句号。(例略——引者)校记句末也可以不加句号。(例略——引者)但这样随文注于当字之下易使文句割裂,不便阅读,因此也可采取另一方式,即将校记列于句下(例略——引者)。

一二、显著的版刻错误,根据上下文可以断定是非者,如"己""已""巳"的混同之类,不论有无版本依据,可以径改而不出校记。

一三、作者原文避本朝名讳及家讳者,一般不改,个别影响理解文义的避讳字,可出校说明。缺笔字则补足笔画。

一四、明清人传刻古书避当朝名讳而改,或引用古书而避当朝名讳者,如"桓玄"作"桓元"、"玄怪录"作"元怪录"、"弘治"作"宏治"之类,应据古本及原书回改,可于首见处出校说明,余皆径改,不再一一出校。

一五、一般虚字出入可以不出校,但文学作品的虚字涉及修辞优劣的,原则上以出校为宜。

一六、古书中的古今字、通假字、异体字、俗体字等,一律不出校。宋代以前的古书及有关语言文字学的著作,异体字一般不改。元明以后的书,不常见的异体字及不合规范的俗体字,如"岛"作"嶋"、"沿"作"㳂"、"恶"作"悪"、"船"作"舡"、"衔"作"啣"之类,可根据实际情况改成通行的繁体字,改了也不出校。版刻中的错字,如"焰"刻作"熖"、"祇"(只——原注)刻作"秖"、"蹋"刻作"𧿶"、

"餐"刻作"飡","瘱寐"刻作"寢寐"之类,应改成规范的繁体字。一本书内的用字应力求统一。用简体字排印的书可另作规定。

一七、校记文字力求简明扼要。运用校勘用语应符合习惯用法。普遍性的问题可在凡例或前言后记中说明。①

参考文献

倪其心.校勘学大纲[M].北京:北京大学出版社,1987.

陈垣.校勘学释例[M].上海:上海书店出版社,1997.

程千帆,徐有富.校雠广义 校勘编[M].2版.济南:齐鲁书社,1998.

王叔岷.斠雠学(补订本);斠雠别录[M].北京:中华书局,2007.

孙钦善.中国古文献学[M].北京:北京大学出版社,2006.

王念孙.读书杂志[M].南京:江苏古籍出版社,1985.

(李更)

---

① 中华书局总编室.古籍校点释例(初稿)[J].书品,1991(4):68.原序号"十二"空缺,今以"十三"以下依次递升。

第五章 训 诂 学

第一节 概 说

一 训诂释义

训诂学是为阅读和研究古代文献语言服务的一门学科,它研究的对象是古代文献语言的意义,并在这个基础上把握文献的思想和内容。

训诂学既是一门历史悠久的学科,又是年轻的、有着巨大发展潜力的学科。说它历史悠久,是因为早在春秋时期我国就有了训诂的实践;说它年轻,是因为迄今为止,训诂学的理论还在不断发展,训诂的方法还在不断探索,经过前代学人呕心沥血的研究,训诂学的理论体系已经初具规模,已经有了一个大致的框架,但它的系统性、科学性、实用性还需要进一步修正和完善。当代一些比较前沿的理论体系如"阐释学"等,与训诂学有直接的关系,训诂学必须要用这些理论来充实、提高。

在学习训诂学之始,我们首先讲一讲最基本的概念,即什么是训诂和训诂学。

先说训诂。训诂是一个常用词。这个词产生得很早。最初单称"训"或者单称"诂",始见于《尔雅》一书。《尔雅》是我国现存最早的一部词典,共19篇,前三篇是《释诂》《释言》《释训》。"训诂"一词就是从这里发展而来的。

最早把"训""诂"二字合在一起用的,是战国末年的鲁国人毛亨。他为《诗经》作注,命名曰《诗故训传》,"故"与"诂"同。后世则称之为

《毛诗故训传》①，或简称《毛诗》。但《毛诗》是把"训诂"二字颠倒了合在一起，这就容易引起歧义。例如有人认为故训就是古训，指前代的遗训，"故训传"就是为前代的遗训作传，这是一种错误的理解。其实"训诂"一词中两个字的关系是并列的，既可以说"训诂"又可以说成"诂训"。

前人认为"训"和"诂"两个字的含义略有不同，"训"和"诂"分别代表了两种不同的解释内容。

"训"字，孔颖达说："道也，道物之貌以告人也。"②宋邢昺说，"释训"是"以物之事义形貌告道人也，故曰释训"③。今人陆宗达《训诂简论》说："（训）不只是以词来解释词，而且要用较多的文字来达到疏通文意的目的。"④这是古今学人对"训"字的解释。

"诂"字，《说文》："训故言也。"吕忱《字林》说："诂，故言也。"张揖《杂字》："诂者，古今之异语也。"晋郭璞《尔雅注》："（诂）所以释古今之异言，通方俗之殊语。"孔颖达《毛诗正义》："诂者，古也，古今异语，通之使人知也。"清人马瑞辰《毛诗诂训传名义考》："诂，第就其字之义旨而证明之，训则兼其言之比兴而训导之，此诂与训之辨也。"⑤黄侃说："诂者故也，即本来之谓；训者顺也，即引申之谓。"⑥从前人的这些论述看，训和诂的区别是：一、训的作用是解释词的引申义，以及说明词的性质和作用、分析思想观点和修辞手段。除了解释词之外，还包括句、段、篇章的解说。二、诂的作用是解释词的本义，以及解释古今之异言和方言俗语的差别。前人所论述的训和诂的这些差别，在今天看来已经不是很明显了，今人使用"训诂"一词，一般都不分开来理解，大多认为它是一个并列式词组，其意义大致相当于我们所说的注释、注解、解释等。

---

① 颜师古曰："故者，通其指义也。它皆类此。今流俗《毛诗》改故训传为诂字，失真耳。"班固.汉书[M].北京：中华书局，1962：1708.
② 阮元.十三经注疏：尔雅注疏[M].北京：中华书局，2009：5581.
③ 同上 5632.
④ 陆宗达.训诂简论[M].北京：北京出版社，2002：3.
⑤ 马瑞辰.毛诗传笺通释[M].北京：中华书局，1989：4-5.
⑥ 黄焯.训诂丛说：卷上：训诂学定义及训诂名称[M].[出版地不详]：[出版者不详]，[1978]：4.

下面谈谈什么是训诂学。

对于什么是训诂学,前代学人有许多论述。这些观点大致可以分成两类。第一类立足于文献语言学,认为训诂的内容是研究古汉语的词义,其性质是从语言学角度研究古典文献,其目的是准确地探求和诠释古代文献的词义,探求语言文字的系统和根源。被这样的内容、性质和目的所规定的学科,显然属于传统语言文字学的范畴。第二类认为训诂学不仅是文献语言学的一个部分,而且是兼有解释和翻译以及关涉各方面知识的综合性学科,甚至认为训诂学就是讲清怎样注释的道理,认为训诂学就是解释学。

以上两类对于训诂学的不同解说,差别是很大的。按照第一类的解释,范围比较狭窄,只涉及古代文献语言学的内容,我们姑且称之为狭义训诂学。按照第二类的解释,则范围比较宽泛,涉及解释词语、说明典章名物,总之是涉及古书注释的绝大部分内容以及编写字典辞书,等等,我们姑且称之为广义训诂学。广义训诂学的界定,根据的是"训诂"二字的原始含义和古代的训诂实践。狭义训诂学的界定,则主要根据人们对古代训诂现象的研究并借鉴和吸取了语言学研究的方法和成果。这里需要说明的是,狭义和广义的划分,并不是学界的普遍共识,而是人们根据中国训诂的实践情况概括而言的,因此不能据以划分不同的学科、学派。

广义训诂学,由于其研究的内容比较繁芜,语言本身的问题和语言之外的问题掺杂在一起,界限不容易搞清楚,而且各种内容所涉及的解释方法层次很多,有语言学的、文学分析的、哲学的、史学的,甚至还有心理学的方法。可以说,凡是有助于解释古籍的各种方法,凡是对古书进行解释的各种类型的著述都可以划入广义训诂学的范围。这在古书的注释实践中有大量的著作存在。像《毛诗诂训传》那种以解释词语、说明义旨为主的注释,朱熹那种以解释词语、发挥义理为主的注释,焦循《孟子正义》那种以考证词语、典章名物、史实为主的注释,还有像裴松之的《三国志》注、郦道元的《水经注》、刘孝标的《世说新语》注等专门以补充历史资料、考证史实典故为主的注释,甚至于像戴震《孟子字义疏证》和康有为《孟子微》那种专门发挥义理、阐释自己哲学和政治观点的注释,都可以算作广义训诂学的研究内容。这样一种涉及多学科、多层次的训诂学,很难加以理论的概括和总结。因此,迄今为止几乎所有的训诂学著作都没有对广义训诂学的对象、方法、范围等进行系统地研究。

而狭义训诂学,由于其对象只涉及古代文献中的词义问题,只研究解释词义的规律和方法,所以相对来说,它的系统性和科学性较强,容易建立起比较严整的理论体系。近现代所出的一些训诂学著作,如陆宗达、王宁的《训诂方法论》,陆宗达的《训诂浅谈》,齐佩瑢的《训诂学概论》,洪诚的《训诂学》,陈绂的《训诂学基础》,郭在贻的《训诂丛稿》,周大璞的《训诂学初稿》,冯浩菲的《中国训诂学》,杨端志的《训诂学》,都是以研究古汉语词义的解释规律和方法为主的著作,所以看起来体例也比较严整。

但从古文献研究的角度来看,狭义训诂学的理论对于从事古籍整理和研究的人来说,略显得分量不足。因为整理古籍或者为古籍作注时,除了解释古代文献词义这个主要内容之外,还有很多其他内容也需要解释。例如某一段文字所表现的思想意义,某些文学作品的艺术特征,某些史实的说明与阐述,等等,这些内容在狭义训诂学那里可不必理睬,但在为古书作注时是无论如何也不能避开的。即使从解释词义的角度看,如果全然不顾文献的背景以及其他有关的知识,也不能深入地理解词义。相反,在解释词义时如果能联系语言学之外的有关内容,往往能加深对词义的理解。举个例子。《九歌·少司命》:"秋兰兮麋芜,罗生兮堂下。绿叶兮素枝,芳菲菲兮袭予。"①其中关于"秋兰"一词的注释,《说文》曰:"兰,香草也。"从语言学的角度看,这个解释概括了"兰"的基本特征,用来注释"秋兰"是完全正确的。很多注家也正是这样注的:"秋兰:香草,即兰草或泽兰(一类二种),秋末开花时香气更浓,所以也叫'秋兰'。"②这样的注释从语言学角度看是非常准确、无可挑

---

① 洪兴祖.楚辞补注[M].北京:中华书局,1983:71.
② 金开诚.楚辞选注[M].北京:北京出版社,1980:40.

剔的。但如果要进一步思考,屈原为什么要在此句中用"兰"这种植物,而不用梅、菊等其他也象征着纯洁美好的植物?其用意何在?这些问题就不是仅从语言学角度解释词义就能解决得了的。而不解决这些问题,对文章意义的理解就不会十分深入。宋人罗愿《尔雅翼》说:"兰有国香。人服媚之,古以为生子之祥,而蘪芜之根,主妇人无子,故《少司命》引之。"①这个解释,从另外的角度深刻地揭示了屈原使用"秋兰"一词的意义内涵。少司命是主管人类子嗣和儿童命运的女神。通过罗愿的解释,我们可以了解到,屈原在诗中使用"秋兰"作为祭堂的装饰,不仅是为了取其纯洁芳香,更重要的是"兰"在人们的心理上有多生贵子的祥瑞作用,与少司命的职责正相符合。由于罗愿能联系《少司命》的主题思想和民俗心理的有关内容来挖掘词汇在特定语言环境中的意义,所以他的解释对于丰富读者的联想、深入理解诗义极有启发。我们可以看到,要想对词义做出像罗愿这样深入的解释,仅靠狭义训诂学的方法,也就是仅从语言学解释词义的角度去做,显然是不够的,必须从全书的整体出发,运用其他学科的方法和知识,对影响词义的各种因素进行较为全面的分析才行。也就是说,要运用"解释循环"的理论进行反复分析,才能使问题得到解决。

二 训诂的起因与发展

在谈到训诂的起因时,学术界有一个共同的认识,即训诂起于语言之变,而且常常引用清代学者陈澧的一段话来说明这个问题:"盖时有古今,犹地有东西,有南北,相隔远,则言语不通矣。地远则有翻译,时远则有训诂。有翻译则能使别国如乡邻,有训诂则能使古今如旦暮……训诂之功大矣哉!"②陈氏认为训诂起源于因时代变迁所造成的语言之变。这个意见是正确的,但不够全面。我们认为,除了语言变化这个主要的原因之外,社会政治、思想、文化的发展变化,也是促使训诂

---

① 罗愿.尔雅翼[M].合肥:黄山书社,1991:21.
② 陈澧.东塾读书记(外一种)[M].上海:中西书局,2012:118.

产生并不断发展的重要因素。

这里先谈谈语言的变化。

中国的书面语言史发展到现在有 4000 余年了。从夏代初年用文字记录语言起,到春秋时代也经历了一千数百年之久。书面语言的长时间发展,使得典籍极为丰富。《尚书·多士》说:"惟殷先人,有册有典。"①《左传·昭公十二年》记载古书有"三坟、五典、八索、九丘"②。这些都是远古时代的典籍。对这些典籍,春秋时代的人就已经不能完全读通了。《左传·昭公十二年》记载,楚国的左史倚相能稍微读懂一些古代文献,就受到了楚灵王的高度称赞。即使对于时代较近的典籍,也会由于语言文字的变化而出现阅读障碍。例如西周初年的《周易》,到了春秋战国时代就有人读不懂了,于是就出现了"十翼"为之说解。《老子》到了战国时代,也有人不能理解,于是就出现了韩非子的《解老》《喻老》篇。《史记》流传到东汉就有延笃作《音义》;《汉书》流传到东汉末年就有服虔为之作《音训》。汉末人读《史记》《汉书》都要借助注释,说明语言变化的速度是很快的。明人陈第说:"百年之中,语有递转。"③意思是说大概经过百年的时间,语言文字就会发生较大的变化,就需要人们重新加以解释,也就是需要做一番训诂的工作。

语言的变化主要有三个方面,即语音、词汇、语法。

先说说语音的变化。举个最常见的例子。《诗经·周南·关雎》:"参差荇菜,左右采之。窈窕淑女,琴瑟友之。参差荇菜,左右芼之。窈窕淑女,钟鼓乐之。"④在《诗经》的时代,此章的"采"字与"友"字同韵,"芼"字与"乐"字同韵,可是自中古以来,它们就已经不同韵了。

再说词汇的变化。词汇的变化主要表现为旧词旧义的消亡和新词新义的产生,以及词义的引申发展。随着社会历史的发展,旧的事物消亡了,表示这些事物的词也就随之消亡。例如专门用于祭祀的许多词

---

① 孙星衍.尚书今古文注疏[M].北京:中华书局,2004:429.
② 阮元.十三经注疏:春秋左传正义[M].北京:中华书局,2009:4483.
③ 陈第.读诗拙言附[M]//毛诗古音考.北京:中华书局,1988:201.
④ 方玉润.诗经原始[M].北京:中华书局,1986:71.

"祊"(庙门旁祭祖)、"袷"(合祭)、"祃牙"(古代出兵前祭祀军前大旗之礼)、"祰"(告祭祖庙)等等,都随着祭祀活动的消亡而在现代生活中失去了意义。还有些词则改变了自己原有的意义而被赋予了新的含义。例如"牺牲",本义是指供祭祀用的牲畜,在后世这个词义消亡了,而其引申义——为公捐弃生命、利益的意义则成了主要的意义。再如"豆",上古是一种盛肉食的器皿,汉以后则引申用来指豆类植物,而其本义就逐渐消失不用了。这些在后世消失了的词义,在古代典籍中却大量地保存着,并成为阅读和理解的障碍,这就需要训诂来加以解释。

再说语法的变化。语法是语言中最稳定的成分,但它也随着时间的推移而有所变化。如《诗经·周南·汝坟》:"既见君子,不我遐弃。"①"不我遐弃"(这是古代语法宾语前置的句式)用现代汉语得说成"不远远地抛弃我",这种语法变化的现象也需要训诂来加以解释。

除语音、词汇、语法的变化外,文字方面的变化也是很大的。仅就字形来看,由甲骨文、金文变成大篆、小篆、隶书、楷书,从商周到汉代就有了数次变化。另外还有古今字、假借字、异体字等方面的变化。这也需要用训诂来解释。

以上谈的是因语言的变化所造成的阅读困难,需要通过训诂来加以解释,这是训诂产生的最主要的原因。此外,社会制度的变化、生活方式的变化以及意识形态的变化等,也都是促使训诂产生并发展的原因。举个例子。《周礼·冬官·筑氏》:"筑氏为削,长尺博寸,合六而成规,欲新而无穷,敝尽而无恶。"(贾公彦疏:"汉时蔡伦造纸,蒙恬造笔。古者未有纸笔,则以削刻字。至汉虽有纸笔,仍有书刃,是古之遗法也。")②削,就是书刀,或曰书刃,也就是刻字用的刀子。这是上古制度规定中一个极小的片段。这里每一个字我们都认识,标点也没有问题,我们甚至可以逐字逐句地把它翻译成现代汉语。但如果不参考贾公彦的《周礼注疏》,恐怕很难搞清楚其含义。(这是古今制度的变化。)

---

① 方玉润.诗经原始[M].北京:中华书局,1986:88.
② 阮元.十三经注疏:周礼注疏[M].北京:中华书局,2009:1978.

对古代思想意识、哲学概念的训诂,有时并不完全是出于阅读的困难,也有出于现实利用古代文献的需要,这在经学注释中表现得最为突出。自从汉武帝实行"罢黜百家,独尊儒术"的政策之后,儒家的部分书籍被列为国家法定的经典,成为经书,获得了统治意识形态的权威地位。但经书毕竟只是写在纸上的东西,它不能随着时代的发展而变化,更不可能完全契合封建政府的某些具体的需要。为了使经书充分发挥为现实统治服务的作用,就必须对它加以改造性的阐发,按照统治阶级的现实利益和不同需求做出新的解释。于是,古代训诂的一种实践形式——经书的注释就应运而生了。

以上我们谈的是训诂产生的原因。其中最主要的原因是语言的变化,而政治思想领域的变化与新的需求,也不可忽视。

下面谈谈训诂学的发展。这部分相当于训诂学史。这里不准备详细论述,只蜻蜓点水地粗略谈谈。

1. 先秦时期的训诂学

开篇我们曾谈到,训诂学历史悠久,早在春秋时期就有了训诂的实践,但当时的训诂还比较粗疏,尚处于初始阶段,我们可以称之为训诂学的萌芽期。这个时期只有一些零散的经典故训、词语阐释,同时也出现了少量注释的雏形。举几个例子:

《孟子·离娄上》:"诗云:'天之方蹶,无然泄泄。'泄泄犹沓沓也。"①(蹶,动。泄泄,喋喋多言。)这是孟子用当时的俗语解释经典。

《孟子·滕文公下》引用《尚书》"洚水警余",接着解释说"洚水者,洪水也"②。这是用声训方式解释经典词语,"洚"与"洪"古音相同。

《荀子·解蔽》引用《诗经·周南·卷耳》"采采卷耳,不盈顷筐。嗟我怀人,置彼周行"(我摘采卷耳菜,却总也装不满浅浅的竹筐,因为我想着远行的心上人,把筐儿放在大路上),又加以解释说:"顷筐易满也,

---

① 焦循.孟子正义[M].北京:中华书局,1987:489.
② 同上 447.

卷耳易得也,然而不可以贰周行。故曰:心枝则无知,倾则不精,贰则疑惑。"①荀子对顷筐的解释后来被《毛诗》传采纳:"顷筐,畚属,易盈之器也。"②

以上三例都是对经典词语的解释。另外在先秦典籍中也有不少训诂是对整段文字的解释。《国语·周语下》记载了晋国大夫叔向对《诗经·周颂·昊天有成命》一诗的解释。原诗是:"昊天有成命,二后受之。成王不敢康。夙夜基命宥密,於缉熙,亶厥心,肆其靖之。"叔向解释说:"是道成王之德也,成王能明文昭,能定武烈者也。夫道成命而称昊天,翼其上也。二后受之,让于德也。成王不敢康,敬百姓也。夙夜,恭也。基,始也。命,信也。宥,宽也。密,宁也。缉,明也。熙,广也。亶,厚也。肆,固也。靖,龢也。其始也,翼上德让而敬百姓。其中也,恭俭信宽,帅归于宁。其终也,广厚其心以固龢之。始于德让,中于信宽,终于固和,故曰成。"③这是现存文献中解释整章诗的最早的记载:既有对主题的概括"是道成王之德也",又有对句子的串讲和词义的解释,还有对全诗的分析和总结,可以说是古代注释的一个比较完整的片段,为后世训诂的发展开创了一种形式。《诗》毛传完全继承了这个传统,在解释《诗经》时,先用小传点明主题,然后解释词句。汉代学者为先秦典籍作注,也大都采用了这种形式。先秦时期人们在解释词义时运用的许多训释的方式和术语,也都被后世训诂学所采纳。

我们可以看出,先秦时期的训诂已经初具规模,为后世训诂学的形成与发展奠定了良好的基础。

2. 汉代的训诂学

汉代是训诂学的发展时期,这个时期的训诂成就主要表现在四个方面。第一,儒家的经典涌现出了大量的注解。例如《易经》有施、孟、

---

① 王先谦.荀子集解[M].北京:中华书局,1988:398.
② 马瑞辰.毛诗传笺通释[M].北京:中华书局,1989:41-42.
③ 徐元诰.国语集解[M].修订本.北京:中华书局,2002:103-104."终于固和"之"和"似当写作"龢"。

梁丘《章句》；《尚书》有《欧阳章句》31卷、《欧阳说义》2篇、大小《夏侯章句》各29卷、大小《夏侯解故》各29篇；《诗经》有齐、鲁、韩三家的注解共270余卷；《礼》的各类注解共359篇；《春秋》三传有《左氏传》30卷、《公羊传》11卷、《穀梁传》11卷。这些还仅仅是见于《汉书·艺文志》中的注解情况。东汉时期出现的经注就更多了。这些注解书籍的出现，反映了训诂学在有汉一代获得了突飞猛进的发展。

第二，出现了一批极重要的语言学专著，标志着训诂学的发展。这些专著主要有《尔雅》《方言》《释名》《说文解字》，它们各有各的重点和作用。下面分别做一些简单的介绍。

《尔雅》是我国第一部分类词典，收词4300多个，共2000余条，分列于19篇之中。《尔雅》是以解释同义词和各种名物名称为主的词典。《尔雅》的出现标志着训诂学的正式形成。"尔雅"的意思就是用常用的普通话来沟通方言殊语，解释古今异言。《尔雅》的19篇，前3篇《释诂》《释言》《释训》，是解释一般词语的。郝懿行《尔雅义疏》说：《释故》"皆举古言释以今语"，《释言》"约取常行之字而以异义释之"，《释训》"多形容写貌之词，故重文、叠字累载于篇"。① 这是讲三篇内容的区别，实际上区别没有这样明显。后16篇分别解释亲、宫、器、乐、天、地、丘、山、水、草、木、虫、鱼、鸟、兽、畜，是解释各种名物的。

我们之所以说《尔雅》的出现标志着训诂学的正式形成，主要是基于如下的考虑：《尔雅》之前的训诂，都是古人在言谈和著作中对某些词语的简单解说，而且大多是一些零散的片段，是一些随文释义的注解。而《尔雅》一书则把古今异言、方俗殊语以及各种名物加以全面的研究和系统的整理，融会成通释语义、初具条理的汉语分类词典，为训诂学奠定了坚实的基础，是对以往训诂的重大突破。除此之外，《尔雅》的价值还在于它保存了汉语词语的很多古训，为后世学习古代文献、继承文化遗产提供了重要工具。没有《尔雅》，可以说先秦的作品有些就很不好理解，而且古汉语发展演变的历史也不容易探寻。

---

① 郝懿行.尔雅义疏[M]//郝懿行集.济南：齐鲁书社，2010：2660；2972；3127.

由于《尔雅》是训诂学初创时期的作品,所以其缺点也在所难免。概括说主要有这样几条:一、所收词语及其义项不够完备。二、分类上有些不够科学,如《释言》把道路桥梁包括进去,《释器》本来是解释各种器物的,但是又把衣服和食物也收入了。三、在解释词义的方法上,往往用多义词解释某些词语,意义不明确。如《释诂》:"豫、射,厌也。""厌"有吃饱、满足、安乐、厌倦等义项,用"厌"来解释"豫"和"射",不能明确到底是指哪种意义。

下面谈谈《方言》。《方言》的全称是《輶轩使者绝代语释别国方言》。因为汉代把专门负责调查各地方言的官员叫作"轩车使者""輶人使者"或"輶轩使者"。輶是一种轻车,轩是一种小车。"輶轩"后来成为一个词,就是指轻车。调查方言的官员乘坐这种轻车,称为"輶轩使者"。用"輶轩使者"为名,说明扬雄书的内容之一是调查方言。"绝代语释",意思是对绝代语的释义,也就是对古代词语的解释。《方言》的作者扬雄(前53—18),字子云,是西汉时期著名的文学家、哲学家和语言学家。《方言》以解释词语在不同地域中的分布和意义差别为主,同时还通过语音的变化来考察词语,把不同的词用语转的方式,也就是声音上的关系联系起来。如:

<blockquote>煤:火也,楚转语也。犹齐言烓,火也。①</blockquote>

楚国人把火叫作煤,齐国人把火叫作烓。火、煤、烓三字声母相同,在上古音系中,火、烓归微部,煤归歌部,微与歌是旁转关系。

所谓转语,是指两词声母相同,或韵相同,或声韵相近,它们在意义上是相同的,是同一个词的不同写法。扬雄关于转语的说法在训诂学上有很重要的价值。

下面再谈谈《释名》。《释名》是我国第一部运用声训方法解释词义的词典。其作者刘熙,字成国,东汉北海(今山东潍坊)人。《释名》全书8卷,分为27篇。刘熙在自序中说明了他著此书的目的:"夫名之于

---

① 华学诚.扬雄方言校释汇证[M].北京:中华书局,2009:651.

实,各有义类。百姓日称而不知其所以之意,故撰天地、阴阳、四时、邦国、都鄙、车服、丧纪,下及民庶应用之器,论叙指归,谓之'释名'。"①意思是说,一切事物都有其"所以之意",他的工作就是推求事物名称的所以然,也就是推求词语的渊源。他所用的方法,就是训诂学上称之为声训的方法。如:"日,实也,光明盛实也。""月,阙也,满则阙也。""土,吐也,吐生万物也。""山,产也,产生物也。""川,穿也,穿地而流也。"②这是《释名》解释词义的一般方式。从这些例子可以看出,《释名》运用声训对词义所做的解释,有些是牵强附会的。刘熙认为在语言产生之初,某一个音与某一个义相结合是必然的,因此他力求从语音上对一切词的"所以之意"加以说明。这样一种认识和做法,违背了"名无固宜,约之以命。约定俗成谓之宜"③的原则,在理论上和实践上都是错误的。

我们说声训是探索语源的有效方法,但并不是唯一的方法,因为语义的形成和变化,是由多方面因素构成的,语音只是其中的一个方面。要探索语言的根源,必须要了解多方面的因素,比如社会的历史发展、政治、经济、文化、宗教以及人们生活的情况和风俗习惯,等等,不能仅靠语音的线索来加以确定,否则就会缺少确实可靠的证据,只用一些音近、音同、音转的词语,胡猜乱想,做出牵强附会的解释。

《释名》的声训虽然有错误,但此书保存了许多词语的古义,记录了许多有关名物、典章、制度、风俗习惯的材料,提供了许多探求语源的线索。而且它所提供的东汉末年的语音资料,也是非常有价值的。

下面谈谈《说文解字》。《说文解字》是我国第一部大型字典,凡14篇,加上叙文共15卷,收字9353个,重文1163个,总计10516个字。其作者许慎,字叔重,汝南召陵(今河南漯河)人,是东汉著名的经学家、语言学家,当时人称"五经无双许叔重"。在《说文解字》之前,我国也出

---

① 刘熙. 释名疏证补[M]. 北京:中华书局,2008:释名序 1.
② 同上 3;3;25;27;33.
③ 王先谦. 荀子集解:卷第十六:正名篇[M]. 北京:中华书局,1988:420.

现了一些字书,如周宣王太史的《史籀》、李斯的《苍颉》、赵高的《爰历》、胡母敬的《博学》以及司马相如的《凡将》、史游的《急就》、李长的《元尚》、扬雄的《训纂》等,但它们大多是用韵语编成的识字课本,对字的形、音、义没有说解,因此算不上字典。而《说文解字》则是真正意义上的第一部字典。此书对中国语言文字学的发展做出了重要贡献。

《说文解字》对10516个字的形、音、义都有说解,其中运用六书的理论,通过汉字形体结构的分析,解释字的本义,是许慎的独创,因此有人就把《说文解字》称为形训的书,其实这是个误解。《说文解字》对字的解释与《尔雅》有很大区别。例如,《尔雅·释诂》:"初、哉、首、基、肇、祖、元、胎、俶、落、权舆,始也。"①仅指出"初"有开始之义,并列举与"初"同样有初始之义的一系列同义词。《说文解字》:"初,始也。从刀从衣,裁衣之始也。"②重点在于解释字的造字本义。《说文解字》是在中国语言学史上有重大影响的著作。许慎所独创的运用汉字形体结构分析字义的方法,成为后世训诂学解释词义的基本方法之一,即形训或曰以形索义。

第三,两汉时期出现了一大批训诂学家,如扬雄、刘向、贾逵、许慎、应劭、何休、服虔、马融、郑玄、高诱、赵岐、王逸等,他们有的既是经学家,又是小学家。他们的训诂成就对于后世的影响是很大的。如王逸的《楚辞章句》、赵岐的《孟子章句》,开创了不少新的注释体例(如王逸以韵文注释,赵岐在篇章之后加章旨),足以成为后世注释家的楷模。其中成就最大的要数郑玄,他遍注六经,杂糅今古文学派,并加以融会贯通,成为汉代经学的集大成者。

第四,两汉时期还开创了很多新的注释体例,为后世训诂体例的建立奠定了基础。两汉所创注释体例有如下数种:

传——申明经义以传示后人,既包括阐释词义,又包括发挥义理。以这种体例作成的书如《尚书大传》《齐后氏传》《韩诗外传》等。

---

① 阮元.十三经注疏:尔雅注疏[M].北京:中华书局,2009:5583.
② 段玉裁.说文解字注[M].上海:上海古籍出版社,1981:178.

记——《说文解字》:"记,疋也。""疏,通也。"①记的体例就是疏通文义,如《公羊杂记》《公羊颜氏记》等。

说——说解经文大义,如《鲁说》《明堂阴阳说》等。

微——阐释微言大义,如《左氏微》《铎氏微》等。近代也有人用这种体例的,如康有为《孟子微》。

故、解故——这两种体例都是解释词义的意思。如《鲁故》《齐后氏故》、大小《夏侯解故》、《公羊传解诂》等。这种体例一直沿用至今,如姜亮夫《楚辞通故》,闻一多《离骚解诂》《九歌解诂》《九章解诂》,朱季海《楚辞解故》。

章句——按照古籍的段落条理分章析句地加以解说。《文心雕龙·章句》篇说:"故章者,明也;句者,局也。局言者联字以分疆,明情者总义以包体。"②意思是章句的体例是先分别对每字每句加以解释,然后在一章之末概括章旨,如《孟子章句》《楚辞章句》。这种训诂体例,后世注释家用得极广。

笺——由郑玄注释《毛诗》时首创,现在一般称之为《毛诗》郑笺。笺的体例有两个特点:一、宗主一家之学,发明文章大义。二、如有观点不同,则按照自己的理解加以解释。这种体例后世也运用极广,又发展成为笺注的形式。

由此可见,两汉是训诂学的大发展时期。

3. 魏晋隋唐时期的训诂学

有人说魏晋南北朝时期是训诂学的衰落时期。这是从经学发展的角度看的。经学在魏晋时期处于一种转型的状态,产生了一些不同于两汉经学的特点,但从传统的经学角度,有人认为它处于一种徘徊不前的状态。我们觉得用这个观点评价这一时期的训诂学是有失公允的。

---

① 段玉裁.说文解字注[M].上海:上海古籍出版社,1981:95;744.段玉裁曰:"疋,今字作疏。"

② 刘勰.增订文心雕龙校注[M].北京:中华书局,2012:436.

不能因为没有出现重要的经书注释,就全面否定这一时期的训诂学。实际上魏晋隋唐时期的训诂学应该说是有新的突破和发展的。

魏晋至隋唐的训诂学成就主要有以下几个方面:

第一,在传注训诂中,集解体和义疏体的出现是对训诂学的发展。"集注"即集诸家之长而为之注。这种体例是前所未有的,它是训诂学发展到了一定阶段,为总结、归纳前人的训诂经验而创造的一种新体例。像何晏的《论语集解》、裴骃的《史记集解》,都是非常有价值的著作。另外还有一些名为"集解",却不以集古人之注为主的著作,如杜预的《左传集解》,也为训诂学开辟了一条新路子。

义疏,又称讲疏,本来是玄学清谈和佛门讲经的一种方式。其特点是以疏通文字、讲解义理为主,方式较为自由,内容也较为细致。疏解者既可以围绕着原文讲解大义,也可以随意发挥自己的理解。训诂学家在玄学和佛学的影响下,也把义疏方式引入到古籍注释中。如皇侃的《论语义疏》,能够引众说,广异文,很有特点。魏晋南北朝时期以义疏方式出现的经书以及老庄书的说解,数量不少,仅见于《隋书·经籍志》著录的就有20余种。这种义疏的方式,对后世训诂学的发展影响不小。唐代的"正义"就是在义疏体的基础上发展起来的。但唐代的"正义"只是采取了义疏的形式,却抛弃了义疏在精神内容上的特色。如唐代孔颖达等人的《五经正义》,也是又解经又解注,但恪守"疏不破注"的做法,显得有些保守。本来义疏可以批评旧注,发挥注释者自己的理解,但唐人"正义"只能顺着所采纳旧注的意思进行解释,如果旧注有错误,也要为之圆融强辩,不能有所违迕,而且采纳旧说只能独尊一家,即使有其他更好的解释,只要与所采纳的注释相左,也不能采用。这种"疏不破注"的陋习,在很大程度上限制了思想的发展。

第二,魏晋隋唐时期,在训诂学上大放异彩的事情是出现了几部影响极大的著名注本,即裴松之注的《三国志》、郦道元注的《水经》、刘孝标注的《世说新语》和李善注的《文选》。前三个注本的特点是以注释的形式补充原著,征引的资料极为丰富。《三国志》注引书150余种,注文有50余万字,超过原文的三倍。《水经》注引书有477种,还有碑铭

357种;《世说新语》注引书达395种之多。这种以征引大量文献资料为主的注释,应该说是一种注释方法的创新。无论对于训诂学的发展还是文献学研究的发展,都起到了积极的推动作用。《文选》李善注在方法上没有什么创新,但它征引繁富,解释精审,尤其是解说典故极为详细,这是它的一大特点,其引书达1689种之多,为后人的研究提供了丰富的资料。由于李善注是采用征引资料的方式注释诗文集的第一部著作,所以后人对它评价极高,称之为"考证之资粮"[①]。

第三,东汉末年出现了"反切",这是汉语史和训诂学史上的一件大事,是语言学发展的一个进步。反切法出现之前,汉字的注音采用譬况法(如:旄,读绸缪之缪,急气言乃得之),或读若法(如:芨,读若急),或直音法。出现反切以后,注音的准确性有了很大提高。

"反切"在现代汉语里是一个固定的词,在古代则是分开的,单称反(也叫反语),或单称切(也叫切语)。"反切"二字在意义上没有什么区别,但在初创时期,"反"字和"切"字的意思则略有不同。毛晃《增修互注礼部韵略》卷五云:"音韵展转相协谓之反,亦作翻;两字相摩以成声韵谓之切:其实一也。"[②]

所谓"展转相协谓之反",是说作为反语的两个字,有交互反复的作用,也就是两个字都可以担任反语的上字或下字。例如"东田"的反语"颠童","东"的反语是"颠童","田"的反语是"童颠"。这种情况在音韵学上称为"双反"。顾炎武《音论》下:"南北朝人作反语,多是双反,韵家谓之正纽、到纽。"[③]这种双反法不适宜注音。后来注音中的"某某反",则是单反,是由双反演变来的。所谓"两字相摩以成声韵谓之切",据俞正燮《癸巳类稿》卷七《反切证义》说:"盖两合读法,缓呼之则二字,急呼则一字也。"[④]如"德红"两字相摩而成"东",缓呼之则"德红"为二字,急

---

① 刘声木.苌楚斋随笔续笔三笔四笔五笔[M].北京:中华书局,1998:270.
② 毛晃.增修互注礼部韵略[M]//景印文渊阁四库全书:第237册.台北:台湾商务印书馆,1986:562.
③ 顾炎武.音论[M]//音学五书;韵补正.上海:上海古籍出版社,2012:71.
④ 俞正燮.癸巳类稿[M].上海:商务印书馆,1957:260.

呼之则成"东"。

第四,这个时期的训诂学研究也获得了较大的发展。首先是这个时期出现了音义类的训诂学资料汇编,即陆德明的《经典释文》,人们可以从中了解读音、词义和字形的情况。与《经典释文》相近的书有玄应的《众经音义》、慧琳的《一切经音义》,这两种书都是考释佛经的,尤其是对于佛经翻译语的考释,有很大贡献。其次是出现了一些训诂学研究的专著,如魏孙炎的《尔雅》注、《尔雅音》,魏张揖的《广雅》,晋郭璞的《尔雅音义》、《尔雅》注、《方言》注,晋吕忱的《字林》,陈顾野王的《玉篇》等。这些研究著作使两汉以来的训诂条例逐渐趋于完善,趋于深入,而且提出了许多训诂学的新概念,如转语、互文、对文、声调轻重等,对于旧有的训诂学是一个不小的发展。

4. 宋元明时期的训诂学

总的来看,这一时期的训诂学对于前一时期是既有继承,又有创新,成就不小。主要表现于以下几个方面:

第一,出现了一大批训诂研究专著。

在《尔雅》研究方面,仅宋代就至少出现了七部专著:邢昺的《尔雅疏》10卷、孙奭的《尔雅释文》1卷、宋咸的《尔雅注》1卷、王雱的《尔雅注》、陆佃的《尔雅新义》20卷、郑樵的《尔雅注》3卷、潘翼的《尔雅注》。这七部《尔雅》研究著作中,邢氏的《尔雅疏》是收入《十三经注疏》的著作。邢氏一共编了三种注疏:(《论语》)《正义》、《孝经正义》和《尔雅疏》。《尔雅疏》是邢氏三疏中质量最好的。陆佃的《尔雅新义》如其书名,确有不少新说,但其中也有不少望文生义、毫无根据之处。《四库全书总目》对郑樵的《尔雅注》评价甚高,认为其书在《尔雅》注解中最为善本。从实际情况看,此书在宋代同类著作中是比较好的一种。以上是出现于宋代的《尔雅》研究专著。此外,元代胡炳文的《尔雅韵语》、明代危素的《尔雅略义》,都是关于《尔雅》研究的著作,可以一读。

在《说文解字》研究方面,宋太宗在雍熙年间(984—987),命徐铉等人校订《说文解字》,这是一个较为精审的本子,此后的《说文解字》研究大多以徐铉校本为定本,所以这次校订《说文解字》,可以说对后世训诂学和语言文字学的研究有很大影响。

在通释语义的训诂研究方面,这一时期也出现了不少新的著作,如宋代有陆佃《埤雅》20卷、罗愿《尔雅翼》20卷、王安石《字说》24卷、司马光《类篇》44卷,元代有洪焱祖《尔雅翼音释》32卷,明代有朱谋㙔的《骈雅》7卷、方以智的《通雅》52卷和黄生的《字诂》《义府》各1卷等。

除训诂专著研究之外,宋元明时代还出现了几部音韵学专著和大型字典辞书以及方言俗语的专书,这些也标志着训诂学在这一时期的进步与深入,如宋陈彭年奉命重修《广韵》和《玉篇》,丁度的《集韵》《礼部韵略》;明代梅膺祚的《字汇》、张自烈的《正字通》、陈士元的《俚语解》、张存绅的《雅俗稽言》、陆嘘云的《世事通考》、周梦旸的《常谈考误》、魏濬的《方言据》、陈与郊的《方言类聚》等。其中《字汇》和《正字通》,是明代两部流行的字典。《字汇》收字33179个,除收入《说文解字》《玉篇》所列的字头外,还收集了宋元以来的许多俗字,在编排上减少了《说文解字》的部首,把540部简化为214部,按笔画的多少来安排部首和字目顺序,给字典检索开辟了一条新路,对训诂学的发展是个不小的贡献。《正字通》是在《字汇》基础上的扩大,增加了例证,在字义训诂方面也比《字汇》要精细一些。

第二,创立"右文说",为研究语音与语义的关系提供了重要线索。

"右文说"是宋代学者王圣美首先提出的。他认为:"凡字,其类在左,其义在右,如木类其左皆从木。所谓'右文'者,如戋,小也,水之小者曰浅,金之小者曰钱,歹之小者曰残,贝之小者曰贱,如此之类皆以戋为义也。"[①]这段话见沈括《梦溪笔谈》引,意思是说,同一个声符的形声字意义是相通的,而这个共同的意义是由声符所赋予的,而声符往往在字的右边,因此称之为"右文说"。

第三,对语法有了进一步的认识。

早在战国时期,训诂学家们就已经对语法的观念有了初步的认识。

---

① 沈括.梦溪笔谈[M].北京:中华书局,2015:143.

如他们已经认识到虚词是一个独立的词类,当时把虚词称为词、语词或语助,用来和实词相对,但当时还没有实词这个概念。到了唐代,训诂家们才给实词起了一个名称,叫作"义类",但这个名称不太通行。所以宋代人又给它换了一个名称,叫作"实词"。在中国人的传统观念中,实与虚相对,既然实词已经通行起来了,那么宋人又把以前称为词、语词、语助的那些词换了个名称,叫作虚词或虚字。而且当时的学者非常重视虚词和实词的不同用法。如宋周煇《清波杂志》卷七记载:"东坡教诸子作文,或辞多而意寡,或虚字多,实字少,皆批谕之。"[1]这说明语法研究在当时已经是不容忽视的学问了。到了元代,卢以纬出了一部研究虚字的专著——《语助》,收集了虚字100多个,并援引古籍解释其用法,是我国研究汉语虚词最早的一部著作。此书不如后来的《助字辨略》《经传释词》那样精审,但它是开创性的著作,功不可没。

第四,利用金石学的成就,进行词义训诂、考证,使训诂学与金石学结合起来,开辟了训诂学研究的新局面。

中国的金石学开始于北宋嘉祐年间,首先是欧阳修收集历代石刻跋尾400余篇,作《集古录跋尾》10卷。这之后学者闻风而起:吕大临收集铭文,摹写玉器图像,注明出土地点,作《考古图》10卷;薛尚功收集商秦汉代金石文字,编成《历代钟鼎彝器款识法帖》20卷;赵明诚仿欧阳修《集古录跋尾》书例,又编成《金石录》30卷;洪适收藏金石拓本,著《隶释》27卷,并用以考证史传的讹误。从此以后,金石学蔚为大观,使训诂学获得了新的材料。朱熹作《诗集传》,就多次引用铭文印证经传文字。从宋代开始,训诂学和金石学结合起来,开创了训诂学研究的新局面。后世出土的文字资料日益增多,特别是甲骨文大量出土以后,人们利用甲骨文及六国文字材料以考证史实,使这一方法得到了广泛应用。

第五,宋代经书的注释出现了前所未有的新气象:一反汉唐时期专注于名物训诂的做法,而以解释思想义理为主。对于宋代学者用义理

---

[1] 周煇.清波杂志校注[M].北京:中华书局,1994:299.

解释经书词义概念的做法,训诂学家们往往不以为然。大家看一看迄今为止所出版的一系列训诂学著作,几乎没有一个作者把宋代理学家用说解义理的方法所解释的词义作为训诂释例收在书中的,由此可见训诂学界对宋儒的态度。尽管宋代的一些学者不太注重字词名物的训释解诂,甚至在词义训诂方面有很多疏漏之处,但他们用义理解释经书词义概念的做法,在训诂学史上有着不可低估的意义。例如儒家经典中的命、性、心、情、才、志、诚、敬、中庸等一些哲学概念的意义,也应该是训诂学所关注的对象。但以往的训诂学家对这些概念或者重视不够未做解释,或者仅就其表层意义做出肤浅的解释,无法使读者深入了解这些概念的意义内涵。而宋代的学者(理学家们)则能够运用思辨的方法深入挖掘这些概念的内涵,从哲学的角度阐释它们的意义,揭示了它们在哲学上的价值和意义,这应该说是宋代理学对经学发展的贡献,也是对训诂学发展的贡献。至少应该肯定宋人对经书的解释使训诂学的发展呈现出新的气象、新的特点,尤其是训诂学中传注训诂的内容,带来了不少新的启示。当然伴随着这种以义理解释词义的新特点,也出现了一些极严重的恶果,即妄说义理。宋元明时期有很多凿空乱道、虚妄不实、游谈无根的经书注释出版,但是我们不能因为这些恶劣学风的出现而把有意义、有价值的东西一起抛掉。

第六,除经书注释外,其他古籍的注释也取得了令人瞩目的成绩。其中最为突出的是两个方面:一是注释方法的创新;二是出现了一批颇有影响的注本。注释方法的创新,是指出现了评注形式的注释体例。这个时期出现的评注,是由诗文或小说评点与词语注释相结合而成的。诗文评点在唐代就有了,但数量不多,影响不大。到了宋代,不仅数量增多,而且内容与方法也日趋成熟。诗文评点与诗话类著作在性质上是相近的,都是对诗文艺术和思想的研究与评赏,也都具有阐释的意义,但在形式上有很大区别。诗话是把不同时代、不同作者的诗歌拆开打散,选其精华佳句加以研究赏评,或者叙述作者的身世经历、趣闻逸事,没有定则。而诗文评点则主要是对同一位作者的诗集或文集加以评点,而且随文而评,与作品浑然一体,使读者在阅读诗文的过程中,随时都能参考评点者的分析品评,通过两相比照,加深对作品的感受和理解。这样一种形式很容易和词语注释结合在一起,形成熔评点与注释于一炉的新的注释体例——评注。例如收入《四库全书》的《笺注评点李长吉歌诗》,就是既有吴正子注释,又有刘辰翁评点的评注本。这种形式不仅更有助于读者的理解与欣赏,同时也为后世更加完善的评注类注释的大量涌现奠定了坚实的基础。

宋元明时期还出现了一些著名的注本,足以反映这个时期注释的成就。例如关于《楚辞》,宋代洪兴祖的《楚辞补注》、朱熹的《楚辞集注》,明代汪瑗的《楚辞集解》等,都是颇为后人称道的注本。另外这个时期诗文集的注释数量之多,也是前代无法比拟的,魏晋唐宋的诗文大家,如陶渊明、孟浩然、李白、杜甫、王维、韩愈、柳宗元、韦应物、李贺、苏洵、苏轼、王安石、黄庭坚、陈师道、陈与义、陆游等人的诗文集,在宋代就已经出现了注本。其中杨齐贤注《李太白集》、题王十朋《集百家注编年杜陵诗史》、郭知达编《九家集注杜诗》、黄希黄鹤父子《补千家集注杜工部诗史》、蔡孟弼《杜工部草堂诗笺》、文谠注《昌黎先生文集》、童宗说和韩醇注《柳宗元文集》、吴正子注《李长吉歌诗》、吕祖谦注《老泉先生文集》、李壁的《王荆公诗注》、题王十朋《东坡诗集注》、任渊注《山谷内集》和《后山诗集》等,都是对后世有一定影响的注本。除诗文集注释外,史部、子部也出现了一些著名注本,如史部的王应麟《通鉴地理通释》、鲍彪《战国策校注》、胡三省《资治通鉴音注》,子部的司马光《太玄经集注》等,也都深受后人重视。

从以上几个方面看,我们认为说宋代是训诂学获得大发展的时期,毫不为过。

5. 清代的训诂学

清代是我国文化学术发展的高潮时期之一,其最显著的特征是训诂考据之学获得了前所未有的发展,取得了巨大成就。清代考据学之所以能有巨大的发展,主要有两个方面的原因:一是学术原因;二是政治原因。简言之,学术上的反空疏、求核实,政治上的避高压、求稳妥,迫使清代学术只能沿着古典考据学的方向前进,形成了以训诂考据为主要特征、以古代学术为主要对象的朴学学风。

训诂学作为清代学术的主要特征之一,极盛一时,无论在数量上还是在质量上都大大超过了以往任何一个时代。清代训诂学的成就与特点,我们还是从训诂学研究和传注训诂两方面来谈。

先说训诂学研究。

第一,清代训诂学的主要特点之一,是能够运用朴素的辩证思想和发展观念进行分析,同时具有较为严谨求实的学风和较为科学的方法。清代很多训诂学家都有历史发展的观念,能够认识到时有古今,地有南北,语言是不断发展变化的,并且运用这个观点来分析词义的演变。例如《广雅》:"黔首、氓,民也。"王念孙曰:"黔首者,《说文》:'秦谓民为黔首,谓黑色也。周谓之黎民。'《史记·秦始皇帝纪》:'更名民曰黔首。'案《祭义》云:'明命鬼神以为黔首则。'郑注:'黔首,谓民也。'《魏策》云:'抚社稷,安黔首。'《吕氏春秋·大乐》篇云:'和远近,说黔首。'《韩非子·忠孝》篇云:'古者黔首,悗密蠢愚。'诸书皆在六国未灭之前,盖旧有此称,而至秦遂以为定名,非始皇创为之也。《尧典》云:'黎民于变时雍。'则黎民之称,又不自周始矣。"[1]王念孙通过引证大量的历史资料,说明了"黔首"一词并非秦始皇首创,而是在此之前就已经有了。这种利用历史观念来分析词义的做法,在清以前还不多见。

清代学者还有一种实事求是、服从真理的精神,尤其是在乾嘉时期,这种风气表现得更为突出。例如戴震和段玉裁师生二人,讨论古音问题先后达15年之久,相互之间有很多争论,但戴震从不摆老师的架子,要求段玉裁服从,段玉裁也没有因为老师的不同意见而改动他创建的古韵17部。后来江有诰修正段氏的古韵分部,段玉裁不仅丝毫没有不满的表现,而且还为江有诰的《江氏音学》作序,对他大加赞赏。清代学者的这种精神,是推动学术发展的重要因素,所以王力在《中国语言学史》中说:"这种实事求是的、百家争鸣的精神,也是非常可贵的。这

---

[1] 王念孙. 广雅疏证[M]//中华书局编. 四部备要:第14册. 北京:中华书局,1989:75.

种勇于辩论,勇于吸取别人优点,以学术为天下公器的优良学风,也是推动清代语言学向前发展的因素之一,是不容忽略的。"①

第二,清代训诂学研究主要表现为对旧时代训诂学专著进行了全面、深入、系统的研究、整理和发挥。例如据《清史稿·艺文志》著录,《尔雅》的研究有 21 种 124 卷;《方言》研究有 7 种 45 卷;《释名》研究有 5 种;《广雅》等其他训诂专著的研究有 30 余种;《说文解字》研究有 134 种 906 卷。其中最能代表清代训诂研究成就的有邵晋涵《尔雅正义》,郝懿行《尔雅义疏》,王念孙《广雅疏证》,戴震《方言疏证》,钱绎《方言笺疏》,段玉裁《说文解字注》,桂馥《说文解字义证》,朱骏声《说文通训定声》,王筠《说文解字句读》《说文释例》等。这些著作发表了很多新的见解,运用了不少新的方法和理论,解决了很多悬而未决的问题,可以说把训诂学研究提高到了一个新的高度。

第三,清代学者还编撰了不少字典、辞书,撰写了很多训诂研究专著。如吴玉搢《别雅》,洪亮吉《比雅》,夏味堂《拾雅》,史梦兰《叠雅》,陈奂《毛诗传义类》,朱骏声《说雅》,程先甲《选雅》,阮元《经籍籑诂》,王念孙《读书杂志》,王引之《经义述闻》《经传释词》,俞樾《群经平议》《诸子平议》,刘淇《助字辨略》。这些著作从文字、词义、声韵、语法等角度对训诂进行了深入的研究,深受后人推重。我们择要做一简略介绍。

《经籍籑诂》106 卷,阮元主编。此书取材范围广泛,唐以前的训诂资料几乎都收进去了。此书按照平水韵编排,以所训释的字归韵,如"述,匹也",归入尤部。每一个韵中先载《佩文韵府》所收的字,《佩文韵府》未收的字,则据《广韵》《集韵》所收的字予以补录。此书编排方法严谨,罗列资料丰富有条理,所以,虽然这部书只是唐前训诂资料的汇编,却是学习古代汉语、从事古籍整理必备的工具书。

《读书杂志》82 卷,王念孙撰。包括《逸周书杂志》4 卷、《战国策杂志》3 卷、《史记杂志》6 卷、《汉书杂志》16 卷、《管子杂志》12 卷、《晏子春秋杂志》2 卷、《墨子杂志》6 卷、《荀子杂志》8 卷又《补遗》1 卷、《淮南内

---

① 王力.中国语言学史[M].太原:山西人民出版社,1981:172.

篇杂志》22卷又《补遗》1卷、《汉书拾遗》1卷。其内容都是王念孙阅读这些书籍时所做的杂记。这些杂记主要是从文字、音韵、训诂、校勘等方面进行的考释，内容极为丰富、精彩，是清代训诂学、考据学的佳作。

《经义述闻》32卷、《经传释词》10卷，王引之撰。王引之是王念孙的长子。这两部书都是对儒家经典的训诂研究专著。《经义述闻》所做的工作是"诸说并列，则求其是，字有假借，则改其读"①。也就是用比较互证的方法，来解释语言的规律，运用通假学说，以古音求古义。这一方法为训诂理论的建设做出了卓越的成就。《经传释词》是在《经义述闻》的基础上，从儒家经典中收集虚词160个，加以解释，与《经义述闻》相辅相成。

《群经平议》35卷、《诸子平议》35卷，俞樾撰。《群经平议》所平议的书有《周易》《尚书》《周书》《毛诗》《周礼》《仪礼》《大戴礼记》《小戴礼记》《春秋公羊传》《春秋穀梁传》《春秋左传》《春秋外传国语》《论语》《孟子》《尔雅》共15种。《诸子平议》所平议的书有《管子》《晏子春秋》《老子》《墨子》《荀子》《列子》《庄子》《商子》《韩非子》《吕氏春秋》《春秋繁露》《贾子》《淮南子》《太玄》《法言》，也是15种。这两种书也都是以训诂考据为主的，运用的方法与王氏父子相同，是清代训诂学中的重要专著。

《助字辨略》5卷，刘淇撰。这是一部专门研究虚词的著作。此书除收录了先秦古籍中的虚词之外，还收录了唐宋诗文中的虚词，总计400多个，为我国的虚词研究奠定了基础。

下面说说清代在传注训诂方面的成就，主要有两个方面：

第一，以训诂考据为主要内容，致力于古籍的重新阐释和古注的研究整理。

清代以前，经、史、子、集四大部类的重要古籍，除少数外，大多都已经有了注释。由于社会背景和学术思潮的差异，这些注释几乎都打上了时代的印记，体现了不同的特点，有的侧重于章句词语的训诂，有的侧重于名物史实的考订，也有的侧重于思想义理的阐发，但这些注释在

---

① 王引之.经义述闻：上[M].上海：上海书店出版社，2012：6.

有所侧重的同时往往又有所偏失,重训诂者往往略于义理的阐发,重义理者训诂又往往不够精审。另外,由于时代的发展和学风的变化,即使在词语训诂和义理说解诸方面都达到较高水平的旧注,也不能完全适应新时代政治、经济、文化的需求了。因此,清代学者在继承前人成就的基础上,针对前代注释中的种种问题和缺憾,并按照时代的需要,对很多重要古籍做了重新阐释,同时也对不少重要的古注做了较为深入的研究与整理。仅据《清史稿·艺文志》及其《补编》的著录统计,经清人重新阐释的各类古籍和古注就有2830余部,而这两部书目有一个世所公认的缺点,即脱漏严重,许多重要著作都没有收录。如果把这两部书漏录的著作统统补充进来,数量就更可观了。

清人对古籍古注的阐释与研究,大都较为充分地体现了以训诂考据为主的学术特点,治学态度之严谨,治学方法之细密,研究问题之深入,都是前所未有的,因此取得的成就也是前所未有的。古籍中许多难以解决的问题,许多不能判定的悬案,包括历史事实、辞章义理、名物考订等各个方面,经过清人的考释与研究,基本上都有了可供参考的答案和结论。例如阎若璩的《尚书古文疏证》,专辨东晋梅赜所献《古文尚书》25篇及孔安国《尚书传》之伪。在此之前宋元的一些学者也都曾对《古文尚书》有所怀疑和考辨,但都未敢做出决断。阎若璩从20岁起就对《尚书》的真伪有所怀疑,经过30余年的潜心研究,终于以确凿的史实、严密的分析列举了128条证据①,证明了梅赜所献的《古文尚书》是王肃的伪作,解决了学术史上的一大疑案。

第二,综合利用各学科的成就。

随着汉学的兴起,清代的各个学科都获得了迅速发展,取得了令人瞩目的成就,为训诂学的兴盛奠定了基础,提供了前提。尤其是以下几个学术领域所取得的成就,对训诂学的深入与提高起到了更为重要的促进作用:

---

① "目录凡列一百二十八条,但传世自始刻本以下,均阙……所以今书实存仅九十九条。"阎若璩.尚书古文疏证(附:古文尚书冤词)[M].上海:上海古籍出版社,2013:前言2.

辨伪学。清代学者在前人辨伪的基础上，继续对各类古籍的真伪进行考辨，并发明了一系列较为严谨、科学的辨伪方法，从著录传授、引用书籍、文体词句、思想渊源、佚文佚说等各个不同的角度考察古书的真伪。经过这样几道工序的仔细筛选，一般来说，古书中的假冒伪劣情况就很难逃过世人的眼睛了。清人辨伪的成就，使训诂学得以建立在真实可靠的资料基础之上，从而使解释有可能更加准确，更有价值。姚际恒的《尚书通论》《礼经通论》《诗经通论》《古今伪书考》，阎若璩的《尚书古文疏证》，惠栋的《古文尚书考》，孙志祖的《家语疏证》，刘逢禄的《左氏春秋考证》，崔述的《考信录》，都是清代辨伪学的力作。

辑佚学。辑佚学始于宋代，到了清代，辑佚的方法进一步精密，范围进一步扩大，并形成了一个独立的专门学科。清代辑佚工作所取得的成绩，大大超过以往任何一个时代，为古书的注释提供了十分丰富的资料。

校勘学。校勘是古籍整理的首要环节，无论标点、注释或是古文今译都必须从校勘开始，否则就不能纠正古书中的错误，就会以讹传讹，做出歪曲的解释而贻害读者。古籍的校勘，有着悠久的历史，最早可以追溯到春秋时代，但校勘作为一门学科的形成则始于清代。清代学者不仅在校勘理论上取得了突出的成就，创造了一整套严密的校勘方法，而且运用这些理论与方法对众多古籍进行了精审的校勘，使注释活动能够以准确、切实的材料为依据而更加精密。因此，梁启超在《中国近三百年学术史》中，对清代校勘学的成就给予了很高的评价，他说："校勘之学，为清儒所特擅，其得力处真能发蒙振落。他们注释工夫所以能加精密者，大半因为先求基础于校勘。"[1]

文字音韵之学。训诂学最基本的内容是解释词语，只有弄明白了词语的具体含义，才能进一步揭示作品的思想意义，因此，文字音韵之学可以说是训诂学的基础。清代考据学的兴盛，促进了文字音韵之学的发展，很多学者对文字音韵之学都进行过较为深入的探索研究，有着深厚的功力。如顾炎武、戴震、孔广森、钱大昕、段玉裁、王念孙等人对

---

[1] 梁启超.中国近三百年学术史[M].北京:东方出版社,1996:277.

古音的研究,邵晋涵、郝懿行等人对《尔雅》的研究,王念孙、王引之父子对文字音韵理论与规律的研究以及对虚词的研究,都取得了辉煌的成绩。这些丰硕成果,无疑为注释学的发展与深入奠定了坚实的基础。

除以上几个方面外,清代学者如王夫之、戴震、焦循等人对古代哲学概念的唯物主义解释,以及清代今文学派对古籍思想义理的阐释与发挥,都是注释成就的重要组成部分,都为注释学的发展做出了卓越的贡献。另外,清人对历史、天文、地理、名物制度的研究,也为注释提供了极为重要的条件。

第二节 训诂的内容与方法
——解释语言文字

解释语言文字是训诂学最基本、最重要的内容,包括解释词义和解释语法。

一 解释词义

解释词义是训诂学的核心。其他一切内容都是围绕着解释词义展开的,都是为更好地理解词义服务的。传统的训诂,在长期的实践中创造了三种解释词义的方法,即形训、声训(音训)、义训。

1. 形训

形训,有的学者称之为"以形索义"或"以形说义"[1],它是一种通过汉字的形体来解释词义的方法。朱宗莱《文字学形义篇》说:"形训者,义存于形,视而可识,不待他求,故即以字形释字义。"[2]所谓"义存于

---

[1] 陆宗达,王宁.训诂方法论[M].北京:中国社会科学出版社,1983:32.
[2] 朱宗莱.文字学形义篇[M]//钱玄同,朱宗莱.文字学音篇;文字学形义篇.台北:台湾学生书局,1969:143.

形"就是形训的根据。我们知道,汉字是一种表意文字,在传统文字学的"六书"理论中,有所谓象形、指事、会意等造字方法,都是以客观事物的形象、功用为根据,用点画加以抽象和描绘而创造的文字。这类文字的形体本身就表示了词的意义。《说文解字序》说:"仓颉之初作书,盖依类象形,故谓之文。"①所谓"依类象形",就是按照客观事物的类别而造出一个形体来表示它。既然如此,对于一部分汉字来说,通过形体探求其词义是完全可行的。

早在先秦时期,人们就已经开始用形训的方法来解释词义了。例如"夫文,止戈为武"②就是一种典型的形训。按照解释者的解释,"武"字的词义就是"止戈",也就是制止战争。类似的例子还有很多,如"反正为乏"③"皿虫为蛊"④"古者苍颉之作书也,自环者谓之私,背私谓之公"⑤等。当然,这些解释大多是不准确的。

汉代以后,经师们解经有时也用形训的方法。如《周礼·大司徒》:"一曰六德:知、仁、圣、义、忠、和。"注:"忠言以中心。"⑥"中心"二字即是"忠"的形体,也是对"忠"字的形训。又如《经典释文》解释《周易·讼卦》曰:"讼,才用反,争也,言之于公也。"⑦"言之于公"云云既是对"讼"字的形体分析,又是对"讼"这个字的解释。

总体上看,形训的主要作用有两个方面:一是探溯词语的源头,推求词义的引申系统,研究词义的发展演变;二是用于古文字的考释。形训解释的都是字的初始义或本义。而一般古籍文献的注释,大多是随文释义,也就是说只要直接解释出词在具体语境中的特定意义就行了,用不着从形体上分析每个字的初始义或本义,因为有很多词汇在文献中的常用意义已经不是初始义或本义,而是假借义或引申义了。例如

---

① 许慎.说文解字新订[M].北京:中华书局,2002:997.
② 阮元.十三经注疏:春秋左传正义[M].北京:中华书局,2009:4086.
③ 同上4097.
④ 同上4397.
⑤ 王先慎.韩非子集解[M].北京:中华书局,1998:450.
⑥ 阮元.十三经注疏:周礼注疏[M].北京:中华书局,2009:1523.
⑦ 阮元.十三经注疏:周易正义:经典释文卷第一[M].北京:中华书局,2009:208.

"而"字,本义是颊毛,在甲骨文中写作"𦥑"或"𦥑",正像毛的形状。但在古文献中多用其假借义,即用作代词或连词。注释时则用不着说"而,本义是颊毛,这里用其假借义,第二人称代词,你",只要直接注出"而,第二人称代词,你"就行了。因此,形训解释词义的方式,在一般文献的注释中用得不太普遍。但是在一些专用字典,以及在文字学、语言学古籍的注释或者以词义研究为目的的注释和专著中,形训的方式还是经常使用的,像《说文解字》,徐中舒主编的《甲骨文字典》,段玉裁的《说文解字注》,王念孙的《广雅疏证》,郭沫若主编的《甲骨文合集》,唐兰的《古文字学导论》,裘锡圭的《文字学概要》等著作,都有大量的形训。我们分别举一些运用形训分析象形、会意、指事、形声字字义的例子。

象形字是靠描摹客观事物的形体来表现字义的文字。如"矢"(zè),《说文解字》:"倾头也,从大,象形。"① "大"就是人,甲骨文作"𠆢"。把头歪向一边,是身体不正的姿势,所以"矢"字初始义为倾头,引申为不正的意思。从"矢"而产生的字,都有不正的意思。如"吴",从口从矢,甲骨文写作"𠮷",金文写作"𠮷"或"𠮷"。古代大声说话叫作吴,《说文解字》:"吴,大言也。"② 而大声喧哗不合规矩,是一种不正的行为,所以字形从口从矢,会意。《诗经·周颂·丝衣》:"旨酒思柔,不吴不敖。"③ 意为:喝了美酒之后仍然那样柔和庄重,不撒酒疯,也没有大声喧哗、傲视他人的不正行为。

指事字是在象形符号上加比较抽象的指示符号来表现字义的文字。它的特点是"视而可识,察而可见"④,也就是通过视和察可以分析字形中包含的意义。如"亦",《说文解字》:"人之臂亦也,从大,象两亦之形。"⑤ 甲骨文作"𠆢","大"象人形,用两点以指明其腋下。

会意字是以象形为基础的,由两个或两个以上构字符号(意符)组

---

① 段玉裁.说文解字注[M].上海:上海古籍出版社,1981:494.
② 同上.
③ 方玉润.诗经原始[M].北京:中华书局,1986:621.
④ 许慎.说文解字新订[M].北京:中华书局,2002:998.
⑤ 段玉裁.说文解字注[M].上海:上海古籍出版社,1981:493.

成,表示一个跟这些构字符号本身的意义都不相同的意义。对会意字意义的分析,一般可以采用离析字形结构的方法进行分析。会意字又分为以形会意和以义会意两种。"以形会意",是指会意字的符号是通过形象来表意的。"以义会意",是指意符通过独立成字时的字义来表意的。下面分别举几个例子。先说以形会意。"執",《说文解字》:"捕辠人也。从丮(jǐ)幸(niè),幸亦声。"段玉裁注曰:"会意。"①甲骨文作"䂂"。"㔾"(幸),是古代手铐的形象。"丮"(丮)象下跪的人,双手夹在幸中。捕罪人的意义就是由丮和幸这两个形象性的符号表示出来的。再说以义会意。"甚",金文作"𤯍",从甘从匕,匕的本义是女色,把甘和匕独立成字时的字义合在一起,就是甚字的本义,即甘于女色(沉湎于女色)。篆文把匕误作了匹,从甘从匹。《说文解字》:"甚,尤安乐也。从甘匹,耦也。"耦即配偶。段玉裁注:"人情所尤安乐者,必在所溺爱也。"②甘于配偶亦即甘于女色。字义不同,释义是相近的。又如"歪",从不正,表示歪斜不正;"孬",从不好,表示不好。

"形声字通常由一个形符和一个声符构成(也有个别由两个形符构成的——原注)。形符大体上反映了该字本义所属的类别或范围;声符则大体上(有时是完全——原注)反映了该字在造字时代的读音,也有相当一部分形声字的声符还从不同的角度具有表意的功能。"③形声字的形训就是利用形符和具有表意功能的声符来分析字义的。由于形声字形符和声符本身所具有的特点,所以形声字的形训,一般不能求得确切的本义,只能分析其义类的大致范围。例如:

> 黝是"微青黑色"(见《说文》),所以其字从"黑"。……
> 轴是车的一部分,所以其字从"车"……
> 逃,逃需要走路,所以其字从"辵"……
> "欧"本是"呕"的异体,呕吐需要张口,所以其字从"欠"……

---

① 段玉裁.说文解字注[M].上海:上海古籍出版社,1981:496.
② 同上 202.
③ 詹鄞鑫.汉字说略[M].沈阳:辽宁教育出版社,1991:190.

刻　刻镂通常用刀,所以其字从"刀"。
销　"销"的本义是熔化金属,所以从"金"。
醉　醉是喝酒的结果,所以其字从"酉"。①

通过上述这些形声字的意符我们可以大致了解其字所表示的义类范围,然后再根据这些义类范围,利用古代文献资料进一步分析其确切的本义。如杨树达在《积微居甲文说·释追逐》中认为:"追""逐"二字,《说文解字》认为二字互训,但是根据这两个字的字形和它们在甲骨文里的用法,找出它们真正的本义,原来它们之间是有区别的。甲骨卜辞里,凡是说到追逐敌人,一定要用"追"字,如追羌、追龙(方国名)等;凡是说到追逐野兽,一定用"逐"字,如逐鹿、逐豕。从甲骨文字形看,"逐"作"🐗",表示人追豕;"追"作"🦶",表示人追"自"(堆)。"自"字在甲骨文里常用来表示师众之"师",追字从"自",大概是既取其音,又取其义的,字形表示追逐师众的意思,这两个字在卜辞里的用法正好跟它们的字形相合。可见"追"的本义是追人,"逐"的本义是逐兽,到后来才混而不分。②

下面谈谈用形训解释词义应注意的几个问题。

一、利用形训释词一定要注意字的"笔意"和"笔势"的变化,要用时代较早的没有讹变的字形为根据,不要用"笔意"已变、只存"笔势"的字形为根据。所谓笔意,是说字形结构保存了造字时的笔画意义。所谓笔势,是指字形改变,笔意隐晦不明时所保存的点画结构,这种结构只表示某种姿势,而不能从中正确分析出其意义。

《说文解字》的形训有很多精彩的解释,但也有不少错误。这些错误产生的原因,主要是许慎在分析时依据的是已经发生了变化的小篆。小篆不是文字的童年期,而是经过了甲骨、金文、大篆的变化之后形成的,它的形体与造字之初已经有很大不同。造字之初一点一画所表示的笔意,到小篆时代已经变成了笔势,笔意的取象已经模糊不清了,如

---

① 裘锡圭.文字学概要[M].北京:商务印书馆,1988:167.
② 杨树达.积微居甲文说:卷上[M].上海:上海古籍出版社,1986:27-29.

果以之为依据,就会出现错误。例如"王",《说文解字》:"天下所归往也。董仲舒曰:古之造文者,三画而连其中谓之王。三者,天、地、人也。而参通之者,王也。"①"天下所归往"是"王"的引申义,不是初始义。董仲舒的分析,完全是汉代今文家的政治宣传,不是"王"字造形的本义。许慎引用董说,说明他同意董氏的分析。"王"字在甲骨文里作"王","王",在金文里作"王""王",其形象是刃部向下的斧钺等兵器,象征着王者的权威,所以引申为王者之"王"。许慎依据变化了的字形,所以没有解释出"王"字的初始义。

因此,我们引用形训解释词义,一定要谨慎,不要以变化了的字形为根据进行分析,否则就会出现错误。像传说宋代王安石和苏轼开玩笑说"波曰水之皮"②,就是典型的望文生训。

由繁复趋向简约,由笔意走向笔势,是汉字发展的必然规律,到现在可以径直用笔意分析字形的汉字已经很少了。所以我们在使用形训时,必须参考甲骨文、金文的资料,具备甲骨文、金文等古文的一般常识。黄侃说:"勤探金石之书,冀获壤流之助。"③就是说研究形训必须参考有关甲骨文金文的研究著作(徐中舒主编的《甲骨文字典》对于初学者来说,用起来是很方便的)。另外我们还必须利用《说文解字》的形训。尽管《说文解字》有不少错误,但仍然是研究训诂学,尤其是研究形训方法的必不可少的工具书。

二、利用形训释词时要注意字义和词义的区别,不要认为字的本义就等于词的意义。我们知道,文字是记录语言的符号,是语言的标志,早在文字产生之前就已经有了语言,词属于语言范畴,因此词在前,文字在后。文字是为了记录词而造的。一般来说,"字的本义就是它所代表的词在造字时的意义。就多数字来说,它们的本义就是它们所代

---

① 段玉裁.说文解字注[M].上海:上海古籍出版社,1981:9.
② 罗大经.鹤林玉露[M].上海:上海古籍出版社,2012:34.
③ 程千帆,唐文.量守庐学记:黄侃的生平和学术[M].北京:生活·读书·新知三联书店,2006:110.

的词能够为我们所追溯到的最古意义"①。但也应该看到,在语言和文字的关系中存在着这样一种情况,就是"字的出现和废弃跟词的出现和废弃并不是一一相对应的,字形往往不能确切地表示词义,为甲词而造的字也可以借用来表示乙词","为某一个词而造的字,并不一定是在这个词出现之后很快就造出来的……就是在文字体系形成之后出现的词,也有可能先长期用假借字,然后再造本字来表示它"。②例如:"桌椅",我们一见字形就知道这两个字所表示的客观事物,但这两个字却是用旧词来命名的。因为我国古代没有桌椅,桌椅是东汉以后由匈奴传过来的。当这两件东西传入之后,需要找两个相应的词来表示其意义。因为桌比几高,所以就用"卓"来命名;椅子是可以靠着的,所以就用"倚"来命名。后来因桌椅是木制的,就改从木作"桌椅"。可见"桌椅"二字产生于"卓倚"之后。"卓倚"二字的本义与"桌椅"二字的意义也不相同。"卓"字的本义是高。"椅"字的本义是一种树的名字,又称山桐子、水冬瓜。

三、注意不能仅仅通过字形的分析来确定一个字的本义。也就是说,在字形所表示的意义跟字的本义之间不能随便画等号。一般来说,"字形所表示的意义往往要比字的本义狭窄"③,这种现象在文字学上称为"形局义通"——字的形体局限在某一方面,而字的意义则比较广泛。清人陈澧在《东塾读书记》"小学"条中说"又有字义不专属一物、而字形则画一物者"④,就是指这种现象。例如:"受",甲骨文作"", 金文作"",表示一只手拿着一个东西交给另一只手。传统的说法认为这件东西是舟,今人则以为是盘子一类的东西。不管是什么,我们不能说"受"字的本义就是授受舟船或授受盘子,只能说它的本义就是授受(古"授""受"同字,"授"为后起字)。

总之,我们在使用形训时,不能过分拘泥于字形,必须充分注意有

---

① 裘锡圭.文字学概要[M].北京:商务印书馆,1988:146.
② 同上.
③ 同上 147.
④ 陈澧.东塾读书记(外一种)[M].上海:中西书局,2012:208.

关的语言资料,结合文字所表示的词义进行综合研究。只有这样,才能不被字的形体所束缚、所迷惑。

我们在前面曾经谈到,形训在今天的作用主要有两个方面:一是探溯词语的源头,推求词义引申的系统;二是用于古文字的考释。探溯词语源头,简称为求源,也就是分析词义系统,研究词义的发展演变。举个例子:

"告",在古汉语中的常用义为上报、告诉,还有请求、休假、揭发(告状)、告示(谕告)等意义(又假借为鞫,审讯定罪),而后者基本都是由前者的意义引申出来的。为什么"告"字这个形体具有上报、告诉的意义呢?请看诸家对"告"字词义源头的探求。《说文解字》说:"告,牛触人,角箸横木,所以告人也。从口从牛。《易》曰:'僮牛之告。'"①许慎认为"告"是会意字。因为牛会用角触人,所以在牛角上放一个横木,用以提请人们注意,所以有告诉、上报的意义。但段玉裁不同意许慎的意见,他说:"牛与人口非一体,牛口为文,未见告义,且字形中无木,则告意未显。且如所云,是未尝用口,是告可不用口也,何以为一切告字见义哉?"②因此,他认为"告"字是形声字,从口牛声。杨树达认为"告"字当训牛鸣声,并举了《说文解字》中构造相同的字加以证明:"虓,虎声也,从虎、口。""吠,犬鸣也,从口、犬。""鸣,鸟声也,从鸟从口。"根据相同的字形结构,杨树达认为其字的解释也应该一致,当训为牛鸣声,而上报、告诉等词义,都是从牛鸣声引申出来的。③《甲骨文字典》说:"甲骨文告、舌、言均象仰置之铃,下象铃身,上象铃舌,本以突出铃舌会意为舌。古代酋长讲话之先,必先摇动木铎以聚众,然后将铎倒置始发言。故告、舌、言实同出一源。"④认为"告"的造字本义是摇动铃舌,因而有告诉之意。许慎、段玉裁、杨树达和徐中舒的分析,都是运用形训来探求语源。

利用形训还可以提供推求词义引申系统的线索。例如"绪",《词

---

① 段玉裁.说文解字注[M].上海:上海古籍出版社,1981:53.
② 同上.
③ 杨树达.积微居小学述林·释告[M].北京:中华书局,1983:57.
④ 徐中舒.甲骨文字典[M].成都:四川辞书出版社,1993:85-86.

源》有六义：①丝头；②开端起源；③世业功业；④连绵不断的情思意绪；⑤残余；⑥寻绎反复推敲。《说文解字》："丝耑也，从糸耑声。"①"丝耑"即丝头。由丝头之义引申为开端、起源，再引申为其他意义。这个例子说明，通过形训抓住字的本义，对于推求和掌握一个字的全部意义有提纲挈领、执简御繁的作用，同时对于推求词义的引申系统也有一定的作用。

利用形体分析还可以考证古书的错误。如王念孙《读书杂志·管子杂志·幼官》"不埶"条："著于取与之分，则得地而不埶。念孙案：埶字义不可通，尹曲为之说，非也。埶当为報。報，复也，反也。（《周官·宰夫》注复之言報也，反也。——原注）言明乎取与之分，则得敌之地，而敌不能复取吾地也。《越语》曰'战胜而不報，取地而不反'，是其证。隶书'埶'字或作'報'（见《汉淳于长夏承碑》——原注），形与報相似，故報讹为埶矣。（《汉书·王子侯表》驺邱原侯報德，史表'報'作'埶'。——原注）"②

下面简单谈谈古文字的考释。文字考释工作属于古文字学的范畴，但与训诂学有着极其密切的关系。考释文字的过程，就是训诂的过程，训诂学解释词义的一切方法，都可以运用到文字考释中去，不懂训诂学的古文字学家是不存在的。

运用形训是考释古文字最基本的方法。自从甲骨大量出土以来，考释古文字的工作取得了巨大的成绩，可以说是硕果累累。

运用形训考释古文字需要遵循文字发展的客观规律，精通文字形体结构的基本常识，同时也要掌握考释古文字的种种原则。我们之所以能够通过字形的分析来解释字义，就是因为汉字的形体结构本身存在着可以分析的客观规律。如果对这些基本规律一无所知，完全凭个人的主观想象任意地分析形体，就是极不严肃的反科学态度，得出的结

---

① 段玉裁. 说文解字注[M]. 上海：上海古籍出版社，1981：643.
② 王念孙. 读书杂志[M]. 南京：江苏古籍出版社，1985：424. 此处为说明对古书中形近字的分析，"执""报"二字依原文用繁体"埶""報"。

论也必然是荒谬的。

例如1976年陕西临潼出土的利簋铭文中有这样几个字:岁贞克昏夙有商。利簋铭文是记载武王伐纣的珍贵史料。前面一句是"武王征商,唯甲子朝",紧接着就是这一句话。对于这句话的解释有七八种之多,有的释为"越鼎,克昏,夙有商",有的释为"岁贞克闻,夙有商",有的释为"岁贞,克,昏夙有商",有的释为"岁贞,克闻,夙有商"。这些解释大体上都差不多,都是指武王伐纣之前的贞卜之事。("贞"字原作🌿,即古"鼎"字。"贞"乃"鼎"的分化字。甲骨文的"贞"字有时也写作"鼎"。《说文通训定声》谓"古文以贞为鼎,籀文以鼎为贞"①。按古无舌上音,故贞读如鼎,二字通用。闻昏,西周铜器通用。)以上所列的解释,尽管有所不同,但都是根据古文字的形体结构及其使用规律立说的,其方法也都是正确的。

但是还有一种解释,就是不顾古文字的形体结构,仅凭主观想象瞎猜测。如说"🌿"(昏),"在左上方者宜为'止'字,在此下者则如人张双臂向空中上下倒换着抛掷一对弹丸",因此释为"陟"字;又说"🌿"(夙),"一个人张双臂而单腿跳舞",并释为"侵"字。这种解释奇则奇矣,却是错误的。因为这一套说法完全是主观想象,任意割裂古文字的形体。他不知道某一形体解释为某一个字,是总结了大量的使用规律,比较了许多文献才确定下来的,不是主观想象是什么,就是什么。因此这个说法不可避免地受到了古文字学界的批判。②

2. 声训

声训也称为音训,或者称为因声求义。它是利用词与词之间声音相同或相近的关系推求词义的一种训诂方式。声音是语言的物质外壳,因声求义就是抓住语言的物质性来探究词义的形式。我们知道在

---

① 朱骏声.说文通训定声[M].北京:中华书局,1984:878.
② 吉林大学古文字研究室.古文字研究:第1辑:古文字研究工作的现状及展望[M].北京:中华书局,1979:16.

语言产生之初,某个声音表示某个意义,没有什么必然的规律性,音和义的结合完全是偶然的。如《说文解字》:"卓,高也。"为什么高这个意义要用"zhuó"这个音来读呢?讲不出什么必然的道理。荀子曾经说过:"名无固宜,约之以命。约定俗成谓之宜。"①就是说一个事物,用什么样的名称来表示,完全是社会约定俗成的结果。但是一旦音和义结合产生词汇,并在这个基础上发展演变出新的词汇之后,情况就不同了。此时音和义之间就产生了某种规律性。这个规律就是音近义通或音同义同。当人们发现这个规律之后,就回过头来,利用声音相同或相近的关系来推求词义,这样就形成了因声求义的训诂方式,也就是声训。关于声音和意义之间的种种关系,前人有很多论述。如:

> 声音递转,文字日孳,声近之字,义存乎声。②
>
> 故训音声,相为表里。③
>
> 字书主于故训,韵书主于音声,然二者恒相因。④
>
> 疑于义者,以声求之,疑于声者,以义正之。⑤
>
> 小学有形、有音、有义,三者互相求,举一可得其二;有古形、有今形,有古音、有今音,有古义、有今义,六者互相求,举一可得其五。……学者之考字,因形以得其音,因音以得其义。……治经莫重乎得义,得义莫切于得音。⑥
>
> 诂训之指,存乎声音。字之声同声近者,经传往往假借。学者以声求义,破其假借之字而读以本字,则涣然冰释。⑦
>
> 训诂之要在声音,不在文字,声之相同相近者,义每不甚相远。⑧

---

① 王先谦.荀子集解[M].北京:中华书局,1988:420.
② 邵晋涵.尔雅正义序[M]//徐世昌.清儒学案.北京:中华书局,2008:3976.
③ 戴震.六书音均表序[M]//戴震文集.北京:中华书局,1980:153.
④ 戴震.论韵书中字义答秦尚书蕙田[M]//戴震文集.北京:中华书局,1980:48.
⑤ 戴震.转语二十章序[M]//戴震文集.北京:中华书局,1980:92.
⑥ 段玉裁.王怀祖广雅注序[M]//经韵楼集.上海:上海古籍出版社,2008:187.
⑦ 王引之.经义述闻[M].上海:上海书店出版社,2012:王引之叙6.
⑧ 同上136.

以上这些话,都是清代训诂学家对于声义关系的经验总结。他们运用因声求义的方法取得了巨大的成绩,积累了丰富的经验。他们的这些话都是实践经验的理论概括,对于训诂学是十分重要的。其中王念孙和王引之的话不仅讲了声义关系的理论,而且还指出了因声求义方法的重要作用,即明假借和以声求义的关系,也就是研究同源字。

王力在《中国语言学史》中对声训有一段专门的论述。他认为声训作为一个学术体系是应该否定的,而声训的具体内容尚有可取之处。他说:"声训作为一个学术体系,是必须批判的,因为声音和意义的自然联系事实上是不存在的。马克思说:'任何事物的名称,跟事物的性质是没有任何共同之点的。'因此,凡企图寻找事物名称和事物性质之间的关系的人,都不可避免地陷入了唯心主义的泥坑。但是,声训的具体内容则不能完全加以否定。事物得名之始,固然是任意的;但到了一个词演变为几个词的时候,就不再是任意的,而是在语音上发生关系的了。"①这段话"但是"之前的内容,是对声训的否定;"但是"之后的部分,则是对声训的肯定。这看起来似乎是矛盾的,但实际上并不矛盾。因为声训本身就存在着两种倾向:既存在着精华,也存在着糟粕;既有正确的一面,也有错误的一面。其错误和糟粕的一面有两个内容:一是一些声训家企图利用声训探讨词语产生之初的真正意义,追究事物得名之始的真正解释。他们认为,音与义的最初结合,不是社会约定俗成的结果,而是由词义所反映出来的事物本身的性质决定的。这是一种错误的观点。因为用什么声音表示什么意义跟事物的性质没有任何关系。例如"牙",《说文解字》曰:"壮齿也,象上下相错之形。"②用上下交错表示牙这个事物。而牙之所以读作"yá",并不是由牙的性质决定的,在当初完全可以读作别的什么音。再如"文",《说文解字》曰:"错画也。"③画画这件事,为什么要用"wén"这个声音来表示?它们之间有什

---

① 王力.中国语言学史[M].太原:山西人民出版社,1981:51-52.
② 段玉裁.说文解字注[M].上海:上海古籍出版社,1981:80.
③ 同上 425.

么本质上的联系?根本没有。如果持有这个观点,在使用声训时就会导致另一个错误,即仅凭自己的主观意志而不顾语言的实际,随心所欲地抓住某一个同音字而乱加解释。这种现象在古代声训中是很多的,例如《释名》"垣,援也,人所依阻,以为援卫也"[1]等。

以上两点就是声训中存在的错误和糟粕。王力在"但是"之前所否定的也就是这些内容。但是,应该指出的是,这些并不是声训的主流。在训诂学上产生巨大影响、发挥巨大作用的声训,并不是这些内容,而是声训中的精华部分。声训中的精华部分就是在语言发展过程中关于声近义通和古音通假的理论及其运用。声近义通的理论,不是凭空虚造的,而是客观存在的语言实际。当一个语词发展演变为几个语词之后,这个词和由它所分化孳乳的词之间,在意义上和声音上就有了某种有规律可循的联系。抓住它们在声音上的联系去考察词义,就是声训。

声训是产生很早的训诂方法。在《周易》《礼记》《论语》《孟子》《墨子》等书中保存了丰富的声训材料。例如《论语·颜渊》"政者,正也"[2],《周易·说卦》"乾,健也;坤,顺也"[3]等。到了汉代,声训方法运用得更加广泛和纯熟。不仅经书注释广泛采用了声训,《说文》《方言》《尔雅》《释名》等四大专书都经常使用声训,尤其是《释名》,其中的训诂几乎全是声训;此外,在《诗》郑笺中,在《史记》《汉书》里讲天文律历时,也使用了声训。董仲舒《春秋繁露》、班固《白虎通》、应劭《风俗通》等书中使用声训也都比较多。

随着音韵学的发展和训诂实践经验的不断丰富,后世训诂家运用声训更加广泛和深入,并且逐渐去其糟粕,取其精华,使声训在训诂中发挥了举足轻重的作用。

下面谈谈声训的作用。前人运用声训,主要有以下几个方面的内容:(1)研究四声别义;(2)推求声符共训;(3)推求转语(同源词、连语、

---

[1] 刘熙.释名疏证补[M].北京:中华书局,2008:186.
[2] 阮元.十三经注疏:论语注疏[M].北京:中华书局,2009:5439.
[3] 阮元.十三经注疏:周易正义[M].北京:中华书局,2009:197.

合音词);(4)解释通假。我们分别加以说明。

(1)研究四声别义

所谓"四声别义",是指一个字音读声调的变化与字义的变化有密切的关系。周祖谟说:"音调有殊者,则多为一义之转变引申,因语词之虚实动静及含义广狭之有不同,而分作两读。或平或去,以免混淆。"①意思是说同一个字读音平上去入的变化,都是因为字义的转变或引申,有的字或用作实词,或用作虚词,或用作动词,或用作名词,都是通过声调的不同来加以区别的;有的字有时意义比较宽泛,有时意义比较狭窄,也是通过声调加以区别的。用声调的不同来区别字义的做法,据清人说始于六朝经师,但周祖谟否定了这种说法,他引用了很多资料,证明以声别义的做法始于汉代。这个结论是正确的。但汉代以至于隋唐,以声别义方法的运用,都是零散的,不成体系,没有从总体上对这种方法加以研究,自宋代贾昌朝《群经音辨》开始才有了对以声别义方法的系统研究。

概括地说,前人开创的以声别义方法,其作用有两个方面:一是分辨词性,属于语法学的范畴;二是分辨字义,属于语义学的范畴。

先举两个用四声分辨词性的例子。衣:名词,衣服,读平声;动词,穿衣,读去声。《论语·子罕》:"衣弊缊袍。"皇侃疏:"衣,犹着也。"②《经典释文》云:"衣……于既反。"③《经典释文》就是通过反切注音指明了"衣"的词性是动词。远:形容词,疏远,读上声;动词,疏而远之,读去声。《六经正误》卷一:"凡指远近定体,则皆上声;离而远之,附而近之,则皆去声。"④《孟子·梁惠王上》:"是以君子远庖厨。"⑤这里我们举了名词用为动词,形容词用为动词的变化,实际上自动词变为他动词,他

---

① 周祖谟.文字音韵训诂论集[M].北京:北京大学出版社,2000:52.
② 皇侃.论语义疏[M].北京:中华书局,2013:228.
③ 陆德明.经籍旧音辨证:经典释文二[M].北京:中华书局,2008:268.
④ 毛居正.六经正误[M]//景印文渊阁四库全书:第183册.台北:台湾商务印书馆,2008:465.
⑤ 焦循.孟子正义[M].北京:中华书局,1987:83.

动词变为自动词,名词用为介词,副词用为动词,介词用为动词,等等,都可以用四声别义的方法加以区别。

下面再举个用四声别义分辨字义的例子。风:教化,读平声;下刺上,读去声,今读上声。《诗·关雎》序云:"风,风也。"注云:"徐上如字,下福凤反,崔灵恩集注本下即作讽字……用风感物则谓之讽。"①

实际上通过声调变化来区别词性和词义的做法,在现代汉语中也比比皆是。我们以北京话为例。背:脊背(去)、背(阴平)负。把:把(上)持、锹把(去)。

四声别义在训诂学上的意义和作用,就是通过声调的不同来辨明词性和词义。但在运用时要注意,声调能够区别意义,但并不是所有的意义区别都有待于声调。

(2)推求声符共训

所谓"声符共训",实际上就是训诂学史上出现的"右文说",也就是对形声字的一种分析研究。"右文说"出现之后,被后世推演成通过声符求其共训的训诂方法,而运用得最广泛的是清代的学者。段玉裁《说文解字注》,王念孙《广雅疏证》,郝懿行《尔雅义疏》,焦循《易余籥录》,宋保《谐声补逸》,陈诗庭《读说文证疑》,吴麦云《经说》《小学说》《广韵说》,黄承吉《梦陔堂文集》,钱绎《方言笺疏》,陈澧《说文声表》,都有一些关于"右文说"的例子或理论。如《说文解字·言部》:"嘶(xī),悲声也。"段注:"斯,析也。澌,水索也(水分叉)。凡同声多同义。锴曰:今谓马悲鸣为嘶。"②段氏认为凡有"斯"声的字多有"析"义。这个结论大体上也是准确的。"斯,析也",又《尔雅·释言》"斯……离也",意义相近,皆谓"斯"有分裂、离析之义。"澌,水索也",水索即水的分叉。撕,撕开,有裂义。嘶,人的嗓音嘶哑,有裂义。"㿽(sī),散声",散即析也。③

---

① 阮元.十三经注疏:毛诗正义[M].北京:中华书局,2009:562.
② 段玉裁.说文解字注[M].上海:上海古籍出版社,1981:101.
③ 郝懿行.尔雅义疏[M]//郝懿行集.济南:齐鲁书社,2010:2973.

再举一个王念孙的例子。王念孙《广雅疏证》指出,从彗声之字,其意义多与"细小"有关。《说文解字》:甈(wèi),车轴耑(端)也。或作轊(wèi)。……轊之言锐也。《左传·昭公十六年》注云:"锐,细小也。"轴两耑出毂外细小也。小声谓之嘒(huì),小鼎谓之鏕(wèi),小棺谓之槥(huì),小星貌谓之嘒,蜀细布谓之繐(suì),鸟翮末谓之翻(huì),车轴两耑谓之轊,义并同也。①

以上所举的段玉裁、王念孙的几个例子,大体上看是可信的。从彗声、从斯声的字,分别可以看成一组同源词。

从以上例子我们也可以看到,"右文说"所开创的这种从形声字声符中研究字义的方法,在探求同源词和解释词的本义方面有一定的作用。但是也应该看到,这种方法有很大的局限性。首先,汉字形体变化的情况很复杂,同一声符的字意义不一定都有联系。近代训诂学家沈兼士在《右文说在训诂学上之沿革及其推阐》中指出:"夫右文之字,变衍多途,有同声之字而所衍之义颇歧别者,如非声字多有分背义,而'菲'、'翡'、'痱'等字又有赤义;吾声字多有明义,而'龉'、'语'(论难)、'敔'、'圄'、'悟'等字又有逆止义。其故盖由于单音之语,一音素孕含之义不一而足,诸家于此辄谓'凡从某声,皆有某义',不加分析,率尔牵合,执其一而忽其余矣。"②沈氏指出:从非声字多有分背义,但并非所有从非声的字都有分背义,从吾声的字多有明义,但并非所有从吾声的字都有明义,因此不能说"皆……"。

其次,不同声符的字,不一定意义都没有联系。沈氏在同一篇文章中指出从舆、从余、从于得声的字,声符不同却多含有宽缓义。如:趣,安行也;欤,安气也;舉,马行徐而疾也;懇,疾而舒之貌;余,语之舒也;徐,安行也;俆,缓也;斜,舒也;抒,舒也;纡,缓也。

再次,有很多形声字的声符是假借字,也有些形声字的声符本身并

---

① 王念孙.广雅疏证[M].北京:中华书局,1989:169.
② 沈兼士.右文说在训诂学上之沿革及其推阐[C]//沈兼士学术论文集.北京:中华书局,1986:120.

没有意义。对这些字就不能用"右文说"加以概括。总之,用"右文说"来研究词义,一定"要持十分谨慎的态度,千万不能因为某些字同从一个声旁,就轻率地用同一种模式来解释这些字的意义"①。

(3)推求转语

所谓转语,是指因时间、地点的不同或其他一些原因而使读音有所转变的词。

最早对转语问题进行研究的是西汉的扬雄。他在《方言》中指出"转语"或"语之转"的有6处,我们在前面举过例子。这里再举一个例子:

> 囒哰(lánláo),謰謱(liánlóu),拏(ná)也。东齐周晋之鄙曰囒哰,囒哰亦通语也。南楚曰謰謱,或谓之支注,或谓之詀諆(chèsī),转语也。②

拏的意思在东齐周晋之地读作lánláo,在南楚则读作liánlóu,或zhīzhù,或chèsī,这是联绵词因地域不同而发生的音转。王念孙《广雅疏证》:"此双声之相近者也。'囒''謰'声相近。《魏风·伐檀》篇:'河水清且涟漪。'《尔雅》'涟'作'澜',是其例也。'哰''嘍'声亦相近。《士丧礼》:'牢中旁寸。'郑注云:'牢,读为楼。'是其例也。"謰謱:《玉篇》,繁拏也。《广韵》,小儿貌。《楚辞·九思》:"媒女诎兮謰謱。"王逸注曰:"不正。"洪兴祖曰:"语乱也。"亦作连謇,谓不绝貌。亦作嗹嘍,《玉篇》,多言也。《广韵》嗹嘍,言语繁絮貌。亦作连嶁,《淮南子·原道训》:"终身运枯形于连嶁,列埒之门。"高诱注:"犹离娄也。"③

扬雄之后对转语有所研究的是晋代郭璞。他在《方言注》中有13处指出转语。例如:"蝇,东齐谓之羊,陈楚之间谓之蝇,自关而西秦晋之间谓之蝇。"郭璞注:"此亦转语耳。今江东人呼羊声如蝇,凡此之类

---

① 裘锡圭.文字学概要[M].北京:商务印书馆,1988:177.
② 华学诚.扬雄方言校释汇证[M].北京:中华书局,2006:654.
③ 同上 655-656.

皆不宜别立名也。"①

扬雄、郭璞之后,在一千三四百年之间,转语的研究几乎是一片空白,直到清代乾嘉年间,人们又重新开始对转语进行研究。其中成就最大的当属戴震、程瑶田和二王。戴震创古音9类25部之说及阴、阳、入对转的理论,并应用在训诂实践上,著《转语二十章》,今仅存序言一篇。在序言中戴震提出"疑于义者,以声求之;疑于声者,以义正之"②的原则。这是清人推求转语的基本方法。王念孙的研究比戴震更进了一步,总结概括了关于转语的语音语义变化的规律,提出转语有两个特点:

一、转语与所由转之词在声音上的关系是声母相同或相近。声母相同的转语,王念孙又称为"一声之转",如:"而、如、若、然,一声之转也。"按:"而""如""若""然"四字上古均属日母。声母相近的转语,王念孙又称之为变转或异位相转。如《广雅·释训》:"俳佪,便旋也。"王念孙《广雅疏证》:"此叠韵之变转也。俳佪之正转为盘桓,变之则为便旋。"③对比如下:

  俳——并母,微部,平声 佪——匣母,微部,平声
  便——并母,元部,去声 旋——邪母,元部,平声

"俳"与"便"声母相同,但"佪"的声母匣与"旋"的声母邪不同,所以"俳佪"与"便旋"是变转。

二、转语和所由转之词在意义上的联系是意义相同或相近。如《广雅·释诂》:"佳……大也。"《广雅疏证》:"佳者,善之大也。《中山策》:'佳丽人之所出。'高诱注云:'佳,大;丽,美也。'《大雅·桑柔》笺云:'善,犹大也。'故善谓之佳,亦谓之介,大亦谓之介,亦谓之佳。佳、介语之转耳。"④按:"佳""介"是转语关系,所以,"佳"和"介"都有善的意思,

---

① 华学诚.扬雄方言校释汇证[M].北京:中华书局,2006:739.
② 戴震.转语二十章序[M]//戴震文集.北京:中华书局,1980:92.
③ 王念孙.广雅疏证[M].北京:中华书局,1989:133.
④ 同上 5.

也都有大的意思。这是词义相同的例子。又如《广雅疏证》："髡、颓、领三字一声之转，义并相近也。"同时他又引用大量材料说明各字的词义。"领"，《说文》："秃也。"《众经音义》卷六引《三仓》："领，头秃无毛也。"又引《通俗文》云："白秃曰领。""颓"，《说文》："无发也。""髡"，《说文》："剔发也。"①按三字都表示秃义，但有小别，"领"是白秃，"颓"是无发，"髡"是剔发，意义相近。

从王念孙所发现的"转语"特点看，我们认为转语最本质的规律仍然是"声同义通""声近义通"。

利用转语在训诂学上可以解决这样几个问题：一是研究同源词；二是解释合音字；三是解释连语。前面举的几个例子都可以看作对同源词的研究（俳佪是解释连语）。再举两个解释合音词和连语的例子。

合音词，是指同一词有两种语言形式，即双音节和单音节，双音节和单音节之间也是一种语音转变的关系，所以也是转语的一种。例如：

  笔——不律 孔——窟窿 茨——蒺藜 叵——不可

这类词实际上就是读音缓急的不同。"窟窿"读快了就是"孔"，"不可"读快了就是"叵"，"不律"读快了就是"笔"。合音词必须以正确的语音分析为前提，合音词的读音在轻重缓急之间反映了古今音的变化和方言的变化。例如"热河"，《水经注》称为武列水。段玉裁从方言的读音考证，武列水就是热河，因为"热"在某些方言中读作"夜（音）"，"武列"急读就是"夜"，也就是"热"。

有的合音词，随着语言的发展分化成了两个词，如孔和窟窿、角和旮旯、莽和孟浪等，这些词在现代汉语中都保留着，而且有相同的义项。也有些合音词，在后世保留了其中的一个，另一个则被废弃了。如虎和於菟，只保留了虎，而於菟则废弃不用；笔和不律，只保留了笔，而不律则废弃不用。还有些合音词，后来发生了讹变。如终葵的合音是"椎"，椎本是一种武器，能够驱鬼辟邪。后来"终葵"又讹变成为"钟馗"，成为

---

① 王念孙.广雅疏证[M].北京：中华书局，1989：33.

能够驱鬼的神话人物。而"椎"和"钟馗"之间的关系,现在已经看不到了。

以上这些合音词的现象,都可以利用转语的特点来分析它们之间的关系,推求语源,做出解释。另外,利用转语还可以考察与汉语有关的某些外语的语音变化现象。例如"风",朝鲜语称为"孛缆",表面上看与"风"这个音是风马牛不相及,实际上"孛缆"是"飞廉"的转语。飞廉在中国古代被称作风神。把"风"字分音就是"飞廉",朝鲜语又转为"孛缆"。

利用转语还可以解释联绵词(连语)。例如《九章·抽思》:"超回志度,行隐进兮。低佪夷犹,宿北姑兮。"其中"志度"一词是《楚辞》训诂的一大疑案,从东汉的王逸开始直到现代的《楚辞》注家做出了各种各样的解释,但没有一个众所公认的结论。我们举几家说法加以比较。王逸《楚辞章句》:"超,回也。言已动履正直,超越回邪,志其法度,隐行忠信,日以进也。"①"志度"解释成"志其法度"。钱澄之《屈诂》曰:"超回,言山高迥而回曲也。径不可度,唯以志度,人行其上,忽行忽隐,而后得进,极状山之迂曲。"②是说山高不可越过,只能以"志度",在想象中越过高山。汪瑗《楚辞集解》说:"度,度量也。"③认为"志度"指自己的意志度量。戴震《屈原赋注》说:"度,谓所拟行也。"④认为志度是指自己心里想要走什么样的路。今人陆侃如等选注《楚辞选》说:"度读做渡,志度,心想渡过汉水。"⑤这些解释都过分拘泥于"志""度"这两个字的词义,没有从声音上加以考虑,所以都是望文生训的解释。其实"志度"是个联绵词,据郭在贻考证,"志度"即"跮踱(diéduó)"的转语。"跮"谐"至"声,"至"上古属质部章母入声,"志"上古属之部章母去声,中古都属照纽三等,是双声,可以通转。"度"和"踱"上古都是铎部定母字。所以"志度"即"跮踱"的转语。"跮踱"之义,据徐广说是"乍前乍却也",也

---

① 洪兴祖.楚辞补注[M].北京:中华书局,1983:140.
② 钱澄之.庄屈合诂[M].合肥:黄山书社,1998:281.
③ 汪瑗.楚辞集解[M]//续修四库全书:第 1301 册.上海:上海古籍出版社,2002:148.
④ 戴震.戴震全书:第 3 册[M].合肥:黄山书社,1994:669.
⑤ 陆侃如,高亨,黄孝纾.楚辞选[M].北京:中华书局,1962:65.

就是犹豫不决的样子,实际上是联绵词"跙躇"的或体。《说文解字》写作"彳亍",声转又作"跱躅""踟蹰""踥踱""赵趄""趑趄""踥跦""次且""首鼠""首施""首摄"等等。这些不同形式的词都是转语的关系,意义完全相同。如果不明白它们之间在声音上的关系,就会出现望文生训的错误。如"首鼠"和"志度"放在一起,如果不从声音上考察,很容易做出完全不同的解释。其实,"超回志度"中的"超回"一词,也是联绵词,即"迟回"的转语。(超上古属透母,迟属定母。)又作"低佪""儃佪",是徘徊不定的意思。前人解释成"超越回转""山高回曲""超越洄水"等等,也都是望文生训。

这两个联绵词,从语法上也可以分析出其词性。"超回志度"与"低佪夷犹"处于两个排比句中相同的语法位置,就有词性相同的可能。"低佪""夷犹"的联绵词性质很容易就能理解。那么"超回""志度"也可能是联绵词,至少可以从这个角度去进行分析考察。

(4)解释通假

解释通假是声训的一个重要内容。所谓通假,就是借用音同和音近的字表示另一个字的意义。因此它实际上是汉字使用上的问题。通假的性质与转语不同。转语的性质是音同义通或音近义通,而通假字与被通假字之间只有声音上的关系,没有意义上的联系。例如《史记·项羽本纪》:"蚤来谢项王。"[①]"早"和"蚤"声音相同,但字义完全不同,所以通假字是据音用字的问题。

据音用字分为两种类型:一是本无其字;一是本有其字。文字学上讲假借,分为无本字的假借和有本字的假借。所谓无本字的假借,如"求(裘)",本义是裘皮,后常假借用于表示"要求"的"求"。"舊"本义是猫头鹰之类的恶鸟,假借为"新旧"的"旧"。"鷄"本义是一种鸟,假借为"难易"的"难"。这些字都是无本字的假借。这种假借又称为造字假借。从文字学的角度看,造字假借是限制汉字无限增加和克服造字困难的有效手段。随着社会的不断发展,新生事物层出不穷,这就需要用

---

① 司马迁.史记[M].北京:中华书局,1982:312.

新的词汇来表示它们的意义。如果没有这类假借,就要为每一个新词造一个新字,这样一来,就会使汉字有无限增加的趋势。所以这类假借是十分必要的。但这类假借所造成的解读古书的障碍并不多见,所以在训诂学上,尤其是在注释古书的方面不必把研究这类假借当作重点。

有本字的假借又称为用字假借,所谓通假就是指这类假借。这类假借又分为两种情况:一种是有本字而不用,却借用别的字,但久借不归,代替了本字的地位。例如"草木"之"草",本有"艸"字而借用柞(zuò)栎(lì 麻栎,壳斗科)实之"草","草"字作为正字流行,"艸"字反而不用了;"容貌"之"容",本有"頌"字,而借用"容纳""包容"之"容","容"遂成正字,"頌"反而不用于此义。这种假借,已经成为社会公认的通行字。一般来说,阅读古籍也不会因不明这类假借而造成词义理解上的困难或失误,因此训诂时也不必过多地从假借角度关注这类字词。另一种有本字的假借,是指有些字有常用的正字而不用,却借用音同或音近的字来代替。阅读古籍时因通假而产生的困难和误读,大多属于此类。因此训诂学所关注的通假问题,通常都是指这一种。这类假借字,从表面上看起来似乎是古人在用字上的习惯性错误,也就是写别字;如果从同音字代用的角度看,这类假借实际上就是写别字。但它与我们通常所说的写别字不同。别字是对于正字来说的,也就是说,本来正确的写法应该写某个字,但由于某种原因,却误写作另外一个字,如把"报销"的"销"写成"消化"的"消",这里确有正误问题。别字属于误字,是应该加以纠正的。但通假字不是这样,它不存在正误问题。如古书中常常以"由"代"犹",我们不能说"犹"是正字,"由"是误字。又如古书中常常以"罢"代"疲"。(《左传·昭公三年》:"庶民罢敝,而宫室滋侈。"①司马迁《报任安书》:"虽罢驽,亦尝侧闻长者之遗风矣。"②)我们显然不能说左丘明、司马迁这样的大作家都把普通的"疲"字写成了别字"罢",而是因为当时"疲劳"的"疲"字经常写作"罢"。当然通假字中的确有一

---

① 阮元.十三经注疏:春秋左传正义[M].北京:中华书局,2009:4411.
② 班固.汉书[M].北京:中华书局,1962:2725.

些属于别字,有些甚至是明知其错却不得已而为之,如因避讳而用假借就是这种情况。但从主要方面讲,通假字不是别字的问题。

处理通假问题常常出现的错误主要有两种:一是不明通假;二是妄说通假。所谓不明通假,较为常见的情况是,某些假借字与上下文语境有某种意义的联系,勉强能够讲通,使人难以判断是否通假,而顺其词义做出望文生义的解释。例如《容斋续笔》卷一五"注书难"条讲了这样一件事:

> 王荆公《诗新经》,"八月剥枣"解云:"剥者,剥其皮而进之,所以养老也。"毛公本注云:"剥,击也。"陆德明音普卜反。公皆不用。后从蒋山郊步至民家,问其翁安在?曰:"去扑枣。"始悟前非。即具奏乞除去十三字,故今本无之。①

"剥"字的"剥皮"之义在原诗也勉强可以讲通,所以王安石顺之而做了望文生义的解释。实际生活中的一个偶然机会,才使他明白了"剥"是"扑"的通假字,而训为"击",于是上疏请求删去错误的解释。由此可见,发现通假现象并非易事。裘锡圭在《文字学概要》中举的一个例子也典型地说明了这种情况:

> 在银雀山汉墓出土的《齐孙子》(孙膑兵法)的《威王问》等篇里有"篡卒"一词,从上下文看,可以知道是指能"绝阵取将"的精锐士卒而言的。起初我们认为"篡"字用的是本义,给篡卒作了如下注解:
> 篡,强取。篡卒指能搴旗斩将的剽悍士卒。
> 后来由于同墓所出竹简中有关资料的启发,才想到这个"篡"字应该是选择之"选"的通假字。"选"跟"算"音近,古书中有相通之例(《论语·子路》"何足算也",《盐铁论·杂事》引作"何足选哉")。"篡"从"算"声,所以也可以跟"选"相通。选卒就是精选的士卒。古书中"选卒"之称屡见,如《战国策·齐策一》"其良士选卒亦殚",

---

① 洪迈.容斋随笔[M].上海:上海古籍出版社,2015:218.

《吕氏春秋·爱类》"非必坚甲利兵,选卒练士也"。回过头来看自己原来望文生义的注解,觉得非常可笑。①

所谓妄说通假,是指运用通假原则注释时缺乏科学谨严的态度,把通假当作穿凿附会、标新立异的工具,甚至当作按照主观意图随心所欲篡改古书的工具,这是极不可取的。通假是以声音为关键的,但并不是具备了声音的条件就必定能够通假,还必须考虑到上下文语义的因素以及古书运用通假的实际情况。例如《楚辞·九歌》之"九",并非确指九个,而是一套祭祀鬼神的歌舞音乐的总名。"九"字就是数目字之"九",这里不能用别的字来通假。但有人根据《九歌》祭祀鬼神的性质,认为"九"应该读举洧切,是"鬼"的通假字,"九歌"就是"鬼歌"。从通假的原则条件看,把"九"说成是"鬼"的通假字,在声音上是完全讲得通的。"九"和"鬼"上古都是见母字,而且在古代的一些文献中"九"和"鬼"也有通假的例证。如《礼记·明堂位》:"脯鬼侯以飨诸侯。"《史记·周本纪》作"九侯"。孔颖达疏云:"九与鬼声相近,故有不同也。"②从"九"得声而读"鬼"音的字,在古代语言中也有不少,如"宄、轨、匦、杫、氿"等。这些情况都说明"九"和"鬼"可以互相通假。但可以通假并不是说在任何情况下都能随意通假。"鬼"字的本义,《说文解字》曰:"人所归为鬼。"③《礼记·祭义》:"众生必死,死必归土,此之谓鬼。"④人死为鬼,所以有天神、地祇、人鬼之说。《九歌》所祭既有人鬼,也有天神和地祇。如果改为"鬼歌",则《东皇太一》诸篇显然与名称不符。《离骚》有"启《九辩》与《九歌》"⑤,《天问》有"启棘宾商,《九辩》《九歌》"⑥,《山海经·大荒西经》有"开上三嫔于天,得《九辩》与《九歌》以下"⑦,可见《九辩》《九歌》都是上古乐曲的专用名称,不可妄改。而且《九辩》与

---

① 裘锡圭.文字学概要[M].北京:商务印书馆,1988:201.
② 阮元.十三经注疏:礼记正义[M].北京:中华书局,2009:3224.
③ 段玉裁.说文解字注[M].上海:上海古籍出版社,1981:434.
④ 阮元.十三经注疏:礼记正义[M].北京:中华书局,2009:3461.
⑤ 洪兴祖.楚辞补注[M].北京:中华书局,1983:21.
⑥ 同上 99.
⑦ 郝懿行.山海经笺疏[M]//郝懿行集.济南:齐鲁书社,2010:5004.

《九歌》相提并论,汉人模仿《九歌》《九章》之名也有《九思》《九怀》《九叹》之作,如果"九"是"鬼"的通假字而改为鬼歌,那么这些与《九歌》有联系的名篇都与之通例而改为"鬼辩""鬼思""鬼怀""鬼叹",岂不可笑之至?所以尽管"九"字与"鬼"字可以互为通假,但在《九歌》的具体语境中是改不得的。这是一种典型的穿凿附会的毛病。这个例子说明,在训诂中遇到通假问题时一定要慎之又慎,没有十分的把握和足够的证据不可滥用,否则会适得其反。

处理通假问题,还有两个问题需要注意:一是通假字的时代性。从古代文献所反映的实际情况看,通假字使用频率较高的时期主要是先秦和秦汉。魏晋以后,使用通假字的情况也时有发生,但主要是习惯性地沿用古已有之的通假字,新创的不多。这种现象是文字学、语言学随着社会的发展不断进步的结果。我们今天所能见到的先秦两汉的古籍,绝大多数都是宋元以后的刻本,在刊刻流传中有的通假字被改成了本字,所以尽管仍有不少保留,但已不如当初写定时那样多了。而新出土的一些古代文字资料所用的通假字比后世刻本所用的要多得多。另外,上古通假字的使用也有一个大致的范围和约定俗成的用法,不是"乱通一气"。我们搞训诂时应该熟练地掌握这些范围和规律,否则就容易犯穿凿附会的毛病。二是不要以今音读古音。通假字得以成立的关键是声音问题,而今音和古音有很大区别,今天读音相同的字在古代不一定同音,古人认为可以通假的字在今天读来也许相差甚远。因此,解释通假字必须以上古音为标准,不能从今音出发去考虑,否则就容易导致不明通假和妄说通假两种错误发生。

3. 义训

义训是直接解释词义的一种训诂方式,它不同于形训,也不同于声训,也就是说,它不通过汉字的形体结构或声音关系来解释词义,而是从词义的发展变化、词的具体语言环境等角度直接说明词义。义训是使用最多的一种训诂方式。无论字典辞书还是古籍注释,义训都占绝大多数。

使用义训最关键的问题是准确地把握词义的发展变化，认真地分析具体语言环境，否则必然会出现训释错误。

词和词义的发展变化从词汇学的角度看，主要有两个方面：一是旧词的消亡和新词的产生；二是词的意义结构的演变。

(1) 旧词的消亡和新词的产生

随着社会历史的发展，旧的事物消亡了，表示这些事物的词有的也随之而消亡。例如"不穀""寡人""朕"等用于帝王自称的词，随着帝王这个事物的消亡，也在现实中失去了其使用价值。这些在现实生活中消失了的词义，在古籍中却大量保存着，并构成了阅读和理解的障碍，因此训诂者必须对这部分词做出解释。

与旧词消亡相对的是新词的产生。新词的产生也是一个历史的概念，只要时代在发展，历史在前进，反映新事物的词汇就会不断涌现。每个时代都有一些新生的词，在今天，这些词中很大一部分已经成为历史现象，而与现代的生活有了隔膜，这就需要通过训诂加以疏通。

(2) 词的意义结构的演变

社会历史和人类历史的发展，不但促使反映新事物的词汇不断涌现，而且也使词的意义结构不断地发生变化。"单词这个东西，看起来是死板的、一成不变的，如果我们对它进行一番历史的考察，就会发现它真象个有生命的细胞一样，它有生有死，有矛盾，有运动，在矛盾、运动中，不断地变化自己的意义。"[1]词的意义结构的演变，按照词汇学通行的说法，主要表现为词义的扩大、缩小和转移。这些变化的方式大部分相当于古汉语所说的词义的引申，还有一些不属于词义的引申，只是在特定的语境中临时性地或不确定地使词的原义产生某种变化。

所谓词义的扩大，是指词义所表示的概念的外延扩大。例如"江""河"，本是长江、黄河的专用名词，后来"江""河"二字又扩大为指水流的通称，人们在"江""河"之前冠以"长"字和"黄"字以示专名。又如

---

[1] 何九盈,蒋绍愚.古汉语词汇讲话[M].北京:北京出版社,1980:12.

"孤",本义是指无父的孤儿。《孟子·梁惠王下》:"幼而无父曰孤。"①后又引申扩大为凡单独不群皆曰孤。《说文解字》段注:"孟子曰幼而无父曰孤。引申之,凡单独皆曰孤。孤则不相酬应,故背恩者曰孤负。孤则人轻贱之,故郑注《仪礼》曰:不以己尊孤人也。"②

词义扩大是古代汉语词汇的一种较为普遍的现象,在各类词汇中都有很多例证。在训诂中常常碰到这种情况,即同一个词在不同的上下文语境中往往有完全不同的含义,造成这种情况的重要原因之一就是词义的扩大和引申。因此,解释词义决不能完全照抄字典辞书的解释,必须根据不同的语言环境做出随文释义的灵活解释。但这种灵活性的解释也绝不是随心所欲的妄说,必须以词的本义为基础,准确地反映出具体语境中的词义与该词本义的关系。

词义的缩小,是指词义所表示的概念的外延缩小。这类现象在古汉语中也不乏其例。例如"朕"字,本义是第一人称代词,任何人都可以用,并非王者自称的专用词汇。《尚书·大诰》有"朕卜并吉""朕攸济""遗大投艰于朕身"③。相传《大诰》是周公所作,而周公并非周天子。《孟子·万章上》:"干戈朕,琴朕,弤朕,二嫂使治朕栖。"④这是舜弟象所说的话,而象亦非王者。《离骚》:"朕皇考曰伯庸。"⑤屈原也非王者。所以《尔雅》注曰:"古者贵贱皆自称朕。"⑥自秦始皇始定"朕"字为帝王自称之词,大大缩小了朕的意义范围。帝制被推翻之后,"朕"字也失去了其意义而逐渐消亡。

关于词义的转移,学者们的理解各有不同。王力认为:"凡引申的意义既不属于扩大,也不属于缩小的,都可以认为是转移。""词义的演变不一定就是新旧的代替。也就是说,原始的意义不一定因为有了引

---

① 焦循.孟子正义[M].北京:中华书局,1987:136.
② 段玉裁.说文解字注[M].上海:上海古籍出版社,1981:743.
③ 阮元.十三经注疏:尚书正义[M].北京:中华书局,2009:421;420;422.
④ 焦循.孟子正义[M].北京:中华书局,1987:621.
⑤ 洪兴祖.楚辞补注[M].北京:中华书局,1983:3.
⑥ 郝懿行.尔雅义疏[M]//郝懿行集.济南:齐鲁书社,2010:2745.

申的意义而被消灭掉。有时候,新旧两种意义曾经同时存在过(如'诛'字——原注),或至今仍然同时存在着(如'赏'字——原注)。因此我们可以说,词义的转移共有两种情形:一种如蚕化蛾,一种如牛生犊。"①有的学者则认为,"词义的转移应是由甲义引申出乙义,而当乙义产生后,甲义就不复存在了"②。从词义训诂的角度看,我们认为对转移应做较为宽泛的理解。一个词在上下文语境中所表现的意义,只要与其本义或因词义扩大和缩小等原因而形成的常用引申义不同,就应该视作词义的转移。比如因修辞手段的不同或感情色彩的不同而引起的词义变化,都可以归入词义转移一类。词义的转移可以是引申,比如"如果由比喻和借代而产生的意义用得很普遍,约定俗成而形成了固定的词义,那就可以看作是词义的引申了"③。也可以不是引申,比如因比喻和借代的运用在上下文语境中临时出现的意义,就不能算是引申。我们的这种看法也许不符合词汇学的规范,但在训诂中处理词义变化的情况时,则比较简单适用。

除引申外,古籍中常见的引起词义转移变化的情况还有:词所表现的对象特征的变化,因双关、比喻、借代等修辞手段的运用和词义感情色彩的变化,等等。我们分别举一些例子来加以说明。

词所表现的对象特征的变化所造成的词义转移,是指原义和后起义所表示的对象之间差别较大,引申关系也不甚明显。例如"发行",古代指启程、出发。《汉书·匈奴传》:"搜谐单于立八岁,元延元年,为朝二年发行。"注:"欲会二年岁首之朝礼,故豫发其国而行。"④在现代汉语里则指批发、发售。

因修辞手段的运用引起的词义变化,在古籍中较为多见,所以也应该是解释词义的一项重要内容。先说双关义。因双关语的运用而引起

---

① 王力.汉语语法史;汉语词汇史[M]//王力文集:第 11 卷.济南:山东教育出版社,1990:626;629.
② 何九盈,蒋绍愚.古汉语词汇讲话[M].北京:北京出版社,1980:63.
③ 同上 62.
④ 班固.汉书[M].北京:中华书局,1962:3809.

的词义变化有两种情况:意的双关和音的双关。例如《战国策·秦策·秦武王谓甘茂章》:"昔者,曾子处费,费人有与曾子同名族者而杀人。人告曾子母曰:'曾参杀人。'曾子之母曰:'吾子不杀人。'织自若。有顷焉,人又曰:'曾参杀人。'其母尚织自若也。顷之,一人又告之曰:'曾参杀人。'其母惧,投杼逾墙而走。夫以曾参之贤与母之信也,而三人疑之,则慈母不能信也。今臣之贤不及曾子,而王之信臣又未若曾子之母也。疑臣者不适三人,臣恐王为臣之投杼也。"①"投杼"的意思是扔掉织布的梭子。在"臣恐王为臣之投杼也"一句中,"投杼"表面的意思仍是扔掉梭子,但同时又表达了甘茂唯恐秦武王听信别人谗言而不相信自己的意思。这是意的双关。利用声音相同的关系而形成的双关义是音的双关。例如《乐府诗集·清商曲辞·子夜歌》:"前丝断缠绵,意欲结交情。春蚕易感化,丝子已复生。"②以蚕丝的"丝"双关思念的"思"。"丝子"犹言"思你"。双关语所造成的词义变化,具有临时性和不确定性。尽管"丝""藕""怜""晴"等词在诗歌中常常用于双关,造成了一词多义的现象,但其所启示的意义与本义之间不是引申关系,只是临时性地运用词与词之间的多义关系和谐音关系引发读者的联想,使读者透过语词的表层含义理解未曾明白表露的意义。训诂时遇到这种情况,就必须既要说明在上下文关系中直接表达的意义,同时又要指出因双关而变化了的词义。

下面谈谈因比喻和借代而形成的词义变化。先说比喻。例如《诗·卫风·有狐》:"有狐绥绥,在彼淇梁。心之忧矣,之子无裳。""狐"表面上的词义是指狐狸,在这个具体的语言环境里则是比喻想要寻求配偶的鳏夫或寡妇。朱熹说:"狐者,妖媚之兽。绥绥,独行求匹之貌……国乱民散,丧其妃耦,有寡妇见鳏夫而欲嫁之,故托言有狐独行,而忧其无裳也。"③可见,此诗是以一个寡妇的口吻写的,"狐"则比喻丧

---

① 何建章.战国策注释[M].北京:中华书局,1990:129.
② 郭茂倩.乐府诗集[M].北京:中华书局,1979:642.
③ 朱熹.诗集传[M].南京:凤凰出版社,2007:47-48.

偶的鳏夫,解释此诗必须把比喻义揭示出来,否则就会流于肤浅。再说借代。运用借代的修辞手段而使词义发生变化,在古籍中也很多见。如唐刘长卿《登迁仁楼酬子婿李穆》诗:"赖有东床客,池塘免寂寥。"①"东床"本义是指东边的床,在这里则代指女婿。用的是王羲之"东床选婿"的典故,见《晋书·王羲之传》:"太尉郗鉴使门生求女婿于导,导令就东厢遍观子弟。门生归,谓鉴曰:'王氏诸少并佳,然闻信至,咸自矜持。惟一人在东床坦腹食,独若不闻。'鉴曰:'正此佳婿邪!'访之,乃羲之也。"②

因比喻和借代而改变的词义,有两种情况:一是也同双关的运用一样具有临时性和不确定性,也就是说其词义是在特定的语境中临时产生的,一旦改变了上下文的结构,重新组合词句,则临时出现的词义就会消失或者转移。如"有狐绥绥"的"狐"字,只在《有狐》篇中有比喻鳏夫的意义,脱离了这个语境,就不会在读者头脑中引起类似的联想而做出相应的解释。又如"美人",只在《楚辞》中有比喻贤君的用法,在其他古籍中则极为罕见。所以这一部分词义的改变,是不确定的,不能说是词义的引申。二是比喻义和借代义经常被使用,甚至比原义用得更加普遍,已经形成了固定的词义。例如"走狗"一词,原义是猎犬(《史记·越王勾践世家》"狡兔死,走狗烹"③),后用于比喻受人豢养的爪牙,在现代汉语里,原义用得很少,比喻义的使用占绝大部分。"东床"作为女婿的代名词用得很多,而"东边的床"这个原义反而只在特定的语境中才会出现。再如"热血",原义"温热的血"几乎无人使用,而其借代义"心中的激情"则用得极为广泛。所以这类比喻义和借代义可以视为词义的引申。

训诂中遇到以上两种情况,后一种比较容易解释,因为被转化了的词义已经成为约定俗成的常用义了。前一种情况有时要费一番周折,

---

① 刘长卿.刘长卿诗编年笺注[M].北京:中华书局,1996:474.
② 房玄龄,等.晋书[M].北京:中华书局,1974:2093.
③ 司马迁.史记[M].北京:中华书局,1982:1746.

因为临时改变的词义往往没有固定的规律，带有很大的随机性，需要训诂者深入分析和体会上下文的具体语境，才能做出准确的解释。

因感情色彩而引起的词义变化，是指人们在运用语词时注入了某种情感，由于情感色彩的不同而使词义发生了变化，在词汇学上通常是指词义运用中或褒或贬的感情色彩的产生和加强，而使词义产生变化。例如"趋势"，原义是趋奉权势，《战国策·齐策·齐宣王见颜斶章》："与使斶为趋势，不如使王为趋士。"[①]在现代汉语里则指事物发展的动向，失去了贬斥的感情色彩，而使词义发生变化。"趋势"所表达的趋奉权势之义，在现代汉语里被成语"趋炎附势"所代替。

以上所说是由于感情色彩的变化而引起词义变化的情况。这是在解释语词时必须予以关注的内容。另外，感情色彩对词义的影响还有一种较为特殊的情况，即某些词汇由于感情色彩的注入，尽管没有引起词义本身的变化，却在词的原义之外，增添了丰富的内涵，大大扩充了词义的理解空间。袁行霈在《中国古典诗歌的多义性》一文中所说的"情韵义"，就属于这种情况。他说："中国古典诗歌的语言，经过无数诗人的提炼、加工和创造，拥有众多的诗意盎然的词语。这些词语除了本身原来的意义之外，还带着使之诗化的各种感情和韵味。这种种感情和韵味，我称之为情韵义。""诗歌语言的情韵义是由于诗人反复使用而逐渐涂上去的。这种情韵在诗里所起的作用，有时甚至比词语原有的意义更重要，它可以给人以多方面的启示和联想，使诗的含义更加丰富饱满。"[②]例如诗歌中常常使用的白日、绿窗、拾翠、南浦、凭栏、倚栏等词语，在表达原义的同时又表达了比原义丰富得多的感情和韵味上的意义。这些词语在原义之外的情感和韵味上的意义，是诗人想要传达给读者的意义，它是比词语表层意义更为重要的意义，是诗歌的灵魂。如果仅仅读懂了词语在字面上明确表达的意义，而没有体会到情感和韵味上的意义，就不能算是理解了诗歌的内容。因此注释诗歌时，除了

---

① 何建章.战国策注释[M].北京:中华书局,1990:395-396.
② 袁行霈.中国诗歌艺术研究[M].3版.北京:北京大学出版社,2009:8;10.

解释词语字面的含义之外，必须分析并说明其情韵意义，否则就发挥不了帮助读者理解的作用。

以上是从词汇学的角度讲使用义训时要注意准确地把握词义的发展演变。另外，使用义训时还应该注意以下三个问题：

第一，要注意词语使用的时代性。一个时代的词汇反映了一个时代社会发展的状况，因此凡是与某个时代的社会发展不相适应的词，必不属于那一时代的语言现象。有时一部书或一个作家，也都有自己用字用词的特点。这一点在搞训诂时应予以注意。例如"予、余""是、斯、此""於、于"几组词，词义没有什么区别，但在一些古书中，各自都有一些不同的习惯用法。如《论语》用"予"不用"余"，用"是"与"斯"不用"此"，用"於"不用"于"。《左传》用"余"不用"予"，用"是"与"此"，不用指示代词的"斯"，介词"於""于"兼用。《楚辞》中"余"和"予"兼用，但"余"字可用于主语、定语和宾语，"予"字只用于宾语；"余"字用于宾语时只出现在句中，"予"字用于宾语时只出现在句尾。金文专用"余"字，《尚书》专用"予"字；《诗经》用"予"字，"余"字只一见。

注意一个时代一部书的用词通例，在训诂时可以避免一些错误。例如《孟子·梁惠王上》："吾不忍其觳觫，若无罪而就死地。"[①]朱彬的《经传考证》、杨树达的《古书句读释例》等书把"觳觫若"三字连读，说"觳觫若"犹言"觳觫然"，指浑身发抖的样子。因而句读从"若"字后点断。从语法上看，这个句读没有错误，也完全解释得通。但从用词的通例角度考察，这个说法就不对了，因为在《孟子》全书中词尾只用"然"字、"乎"字，不用"若"字，而且双音节词加"若"字构成三个音节的副词，在先秦文献中很少见。所以正确的读法应该是在"觳觫"后点断，"若"字属下读，"若无罪而就死地"，"若"，好像也。

第二，对于词要注意它的意义演变时代。词义的演变，有的是受社会影响而演变的，有的是按照语言内部发展规律而演变的。受社会影响而演变的，可以从社会事物变化的情况去考察其演变时代；按照语言

---

① 焦循.孟子正义[M].北京：中华书局，1987：80.

内部发展规律而演变的,就要从历史语言资料去考察其演变时代。如"信",本义为诚信,引申为符信。《墨子·号令》:"大将使人行守,操信符,信不合及号不相应者,伯长以上辄止之。"①再引申为有符信可信的人,称信人、信使。《墨子·号令》:"大将使信人将左右救之。"②司马相如《喻巴蜀檄》:"故遣信使晓谕百姓以发卒之事。"③到了魏晋时代,"信"则引申为使者。《世说新语·雅量》:"谢公与人围棋,俄而谢玄淮上信至,看书竟,默然无言。"④(到的是信使,看的是书)梁元帝《别诗二首》:"别罢花枝不共攀,别后书信不相关。"⑤(别后书和使者不相关联,即只有使者到而没有书信来。)梁武帝《赐到溉连珠》:"研磨墨以腾文,笔飞毫以书信。"⑥(书写符信)到了唐代"信"才与"书"成为同义词,即成为书信之"信"。白居易《谢李六郎中寄新蜀茶》:"红纸一封书后信,绿芽十片火前春。"⑦"信"的意义演变:先秦两汉为符信义——魏晋为信使义——唐以后才有了现代的所谓书信义。了解了这一点就不会出现解释的错误。例如《古诗为焦仲卿妻作》:"自可断来信,徐徐更谓之。"⑧如果理解成为断绝送来的信息就不对了,因为"信"在那个时代没有信息的意思。"信"应解释成为使者,这里又引申为媒人,"断来信",就是谢绝媒人上门说亲。

第三,同一概念,由于时代不同,用的词也可能不同。例如"穿"(动词),先秦时期称为"衣""服"或"擐"。《左传·成公二年》:"擐甲执兵。"⑨汉魏称"着"。《礼记·玉藻》郑注:"衣有着之异名也。"⑩南北朝

---

① 吴毓江.墨子校注[M].北京:中华书局,2006:916.
② 同上 917.
③ 严可均.全上古三代秦汉三国六朝文[M].北京:中华书局,1958:246.
④ 刘义庆.世说新语校笺[M].北京:中华书局,1984:209.
⑤ 徐陵.玉台新咏笺注[M].北京:中华书局,1985:458.
⑥ 严可均.全上古三代秦汉三国六朝文[M].北京:中华书局,1958:2984.
⑦ 白居易.白居易诗集校注[M].北京:中华书局,2006:1325.
⑧ 徐陵.玉台新咏笺注[M].北京:中华书局,1985:48.
⑨ 阮元.十三经注疏:春秋左传正义[M].北京:中华书局,2009:4112.
⑩ 阮元.十三经注疏:礼记正义[M].北京:中华书局,2009:3201.

以后才称为"穿"。敦煌变文《汉将王陵变》:"身穿金钾(甲)。"①

(3)义训的方式

下面我们谈谈义训的方式。

一、语词对译。在一些训诂学著作中,语词对译又被称作同义词训释法,或又具体分成直训、互训、递训、同训、反训等一些条目。

直训就是用一个同义词或近义词解释另一个词。如《尔雅·释言》"宅,居也""弄,玩也"②之类。

互训,指同义词之间的互相训释。如《尔雅·释宫》"宫谓之室,室谓之宫"③,《说文解字》"茅,菅也""菅,茅也"④之类。

递训,指同义词递相训释。如《尔雅·释言》"煽,炽也。炽,盛也"⑤之类。

同训,指用同一个词解释若干个同义词或近义词。如《尔雅·释诂》:"初、哉、首、基、肇、祖、元、胎、俶、落、权舆,始也。"⑥

反训,指解释同义词的反面意义,但不是指用反义词解释,如"乱,治也"⑦。清人俞樾称反训为美恶同辞。

以上这些都是传统训诂学讲义训时所概括的方法,都是正确的。这里我们从训诂的实用性出发,把这些方法统统概括在一起,称之为语词对译。语词对译在不同的训诂方式中有不同的特点。字典辞书的语词对译,要求解释的词语要有普遍性、概括性和全面性,而传注训诂也就是注释,则有所不同。

从传注训诂的角度讲,语词对译的主要特点是随文释义,也就是对词语在具体语言环境中所表达的词义直接加以训释,至于这个词语脱离某个语境而进入其他语境时所表达的不同意义,则不必加以解释。

---

① 项楚.敦煌变文选注[M].北京:中华书局,2006:162.
② 郝懿行.尔雅义疏[M]//郝懿行集.济南:齐鲁书社,2010:3087;3089.
③ 同上 3201.
④ 段玉裁.说文解字注[M].上海:上海古籍出版社,1981:27.
⑤ 郝懿行.尔雅义疏[M]//郝懿行集.济南:齐鲁书社,2010:3078.
⑥ 同上 2659.
⑦ 段玉裁.说文解字注[M].上海:上海古籍出版社,1981:740.

例如《易·临卦》："敦临，吉，无咎。"周振甫注："敦，厚道。"①《诗·邶风·北门》："王事敦我。"郑笺："敦，犹投掷也。"又《大雅·行苇》："敦彼行苇。"毛传："敦，聚貌。"又《鲁颂·闷宫》："敦商之旅。"郑笺："敦，治。"②《庄子·说剑》："今日试使士敦剑。"郭庆藩《庄子集释》："敦，断也。试陈剑士，使考校敦断以定胜劣。"③"敦"这个词，在《词源》(修订本，商务印书馆，1988)中列了8个读音，17个义项，但注释时只需像上述例子一样，解释具体语境的词义就行了。

采用语词对译的方式解释词义，一定要注意不能照抄字典辞书的解释，只能从对原文的理解出发，搞清楚词在具体语境中的特定含义，然后参考字典辞书的有关义项，再做出解释。字典辞书的义项都是从各种古籍及其注解中概括出来的，是词汇的基本义项，具有普遍性和概括性。但词汇在不同语境中表达的意义却有许多细微的差别，当一个词不介入语境时，它的意义可能完全与词典义相符，而一旦进入某个语境，就必然会涂上由这个语境所决定的、不同于其他语境的意义色彩。有时，不同语境中词汇的基本意义虽然相同，可以用词典的某个义项加以解释，但不同语境赋予这个词汇的意义内涵或外延却完全不同，这就无法用词典义加以解释了。例如《诗·邶风·谷风》："何有何亡，黾勉求之。"毛传："有谓富也，亡谓贫也。"④"亡"通"无"，"有亡"谓"有无"。毛传以贫富释"有亡"，但在词典的"有无"条下是没有贫富这个义项的。贫富是"有无"的临时义，它只出现在《谷风》这个特定的语境中。

语词对译的随文释义方式有时有一定的局限性。克服的办法是：当一个词在原文中的具体含义与这个词所应表达的基本词义有一定距离时，应先解释其基本词义，然后再对其具体含义加以说明。例如《诗·郑风·女曰鸡鸣》："琴瑟在御。"蒋立甫《诗经选注》："御：本意为驾驶车马，这里指乐器调好了弦。这句非实写，而是比喻，古代常以琴

---

① 周振甫.周易译注[M].北京:中华书局,1994:95.
② 阮元.十三经注疏:毛诗正义[M].北京:中华书局,2009:653;1150;1327.
③ 郭庆藩.庄子集释[M].北京:中华书局,1961:1019.
④ 阮元.十三经注疏:毛诗正义[M].北京:中华书局,2009:641.

瑟比喻夫妇的关系。"①这个注先用语词对译的方式解释其基本词义,然后又对具体含义做了说明。这样一种注法,使读者既了解了词的基本词义,又了解了该词在特定语境中的具体含义,不至于发生误解。

二、标明义界。义界是义训的一个术语,是指用一串词来概括、叙述一个词的意义界限和特征,也就是给某个词下定义。我们知道,用一个词来命名某个事物或概括某种现象,那么这个词就反映了该事物或现象的各个方面的特征。譬如在没有创造"冰"这个词之前,"冰"这种东西是客观存在的。人们为了表达和交流思想,就创造了"冰"这个词来代表它。假如有人见过"冰"这种东西,而不知道"冰"这个词时,他就会用一串词来描述"冰"的各方面的特征:比水冷的、固体的、透明的东西。这些描述实际上就是"冰"这个词的意义特征,也就是冰的义界。把这种对于客观事物意义特征的描绘或叙述推而广之,用之于训诂,就产生了标明义界这种解释词义的方式。

当一个词没有相对应的同义词或近义词,不能用语词对译的方式加以解释时,就需要用标明义界的方式来说明,尤其是内涵丰富的概念和代表某种事物的名称、术语等,更适合用标明义界的方式来解释。例如《中庸》:"仲尼曰:君子中庸,小人反中庸。"朱熹曰:"中庸者,不偏不倚、无过不及,而平常之理,乃天命所当然,精微之极致也。"②中庸是儒家为人处世的最高道德行为标准。孔子说:"中庸之为德也,其至矣乎!"③解释这样一个内涵丰富的概念,语词对译的方式显然是无能为力的,只能用标明义界的方式概括出其内涵的本质特征,才能真正理解这个概念。朱熹的解释虽然掺和了宋代理学的观念,但他对"中庸"本质特征的概括大体上说还是比较准确的。

从原则上说,标明义界应该对一个词各个方面的意义特征做出较为全面的、科学的解释,但在实际训诂过程中却很难真正做到。因为标

---

① 蒋立甫.诗经选注[M].北京:北京出版社,1986:94-95.
② 朱熹.四书章句集注:中庸章句[M].北京:中华书局,1983:18-19.
③ 同上 91.

明义界也同语词对译一样,在注释中具有随文释义的性质,注释者往往只突出语词在不同语境中所表达的重点意义,而对于词义的其他方面则略而不谈。这种注法,总的来看应该说是正确的。注释不可能像字典辞书那样面面俱到,只能突出重点,否则反而容易喧宾夺主,使主要意义隐而不彰,影响了读者对原文的理解。但如果能在突出重点的基础上,对词义做出较为全面的解释,则是最好的。

另外,词语的义界都是注释者在理解原文的基础上做出的,由于时代的不同,个人知识经验的不同,以及各种注释体例要求的不同,反映在义界中的解释也必然会有种种差异,尤其是有关社会政治、伦理道德、哲学等方面的概念,差别更大。解释者总是随着时代的变化,不断地对它们的意义内涵做出新的解释。例如对"中庸",我们再做出像朱熹一样的解释就不行了。

三、补足词义。补足词义是指某个词的词义系统中没有某个意思,但在具体语境中却蕴涵这样的意思,不补充进去不足以解释清楚,这时就需要用补足词义的方法。补足词义容易与训诂学上所说的"增字为训"混淆在一起。所谓"增字为训",是指某个词的词义系统中没有这个意思,在具体语境中也未必有这个意思,只是训诂者主观认为应该有这个意思,所以就增加字义加以解释。一般来说,补足词义是允许的,而增字为训是不对的。但这两种做法在实际训诂过程中很难划清界限。也就是说补足词义如果不得当,如果没有完全吃透原文,就容易变成增字为训。所以一般来说,补足词义的做法不宜提倡。例如《诗·召南·野有死麕》:"林有朴樕,野有死鹿,白茅纯束,有女如玉。"毛传:"德如玉也。"[①]"如玉"并不难理解,但容易产生歧义,既可以解释成"颜如玉"(容貌像玉一样光洁圆润),也可以解释成"德如玉"。毛亨认为这里特指德行像玉一样坚定而纯洁,所以补充了"德"字。这个补充反映了当时人们对《诗经》部分诗歌思想的理解。小序曰:"《野有死麕》,恶无礼

---

① 阮元.十三经注疏:毛诗正义[M].北京:中华书局,2009:616.

也。天下大乱,强暴相陵,遂成淫风。被文王之化,虽当乱世,犹恶无礼也。"①按照这个理解,"德如玉"是指女子坚守自己的道德贞操,反对强暴无礼的行为。

以上对词义的补充,大致说是比较符合原义的,对读者的理解很有帮助。补足词义,最关键的一点是必须在细心体会、充分理解原文的基础上,准确地找出所需补充的词义。如果连原文都没有读懂,仅凭自己的主观想象就贸然补充一些词义,十有八九会出现错误。例如王瑶将陶渊明《和胡西曹示顾贼曹》诗"感物愿及时,每恨靡所挥"中的"靡所挥"解释为"恨无发挥能力机会"②。这个解释受到了郭在贻的批评,郭氏认为:"一个挥字,绝无'发挥能力机会'这样复杂的意思。"③所以他认为王注是"增字为训"。那么正确的解释是什么?郭氏认为是"挥酒","靡所挥"是指无好酒可饮。并举了四个例证。①《礼记·曲礼》:"饮玉爵者弗挥。"②何氏《隐义》:"振去余酒曰挥。"③陶诗《时运》:"挥兹一觞,陶然自乐。"④陶诗《还旧居》:"拨置且莫念,一觞聊可挥。"④从而证明挥字即"挥酒"之义。其实郭氏所增加的"酒"字,也不是挥字所有的义项。查《辞源》"挥"字列了四个义项:①舞动;②抛洒、甩出;③散发;④旗,通"麾"。⑤而无"挥酒"之义。"酒"字是郭氏加上去的,但他是以充分体会原诗并举出前人用例为据加上去的,所以比较准确地补充了原诗的词义。我们说郭氏的做法是补足词义,而王瑶的做法是增字为训。

二 解释语法

在语言的三大要素中,语法具有较强的稳定性,发展变化的幅度也

---

① 阮元.十三经注疏:毛诗正义[M].北京:中华书局,2009:615.
② 王瑶.王瑶文集:第1卷[M].太原:北岳文艺出版社,1995:409.
③ 郭在贻.训诂丛稿[M].上海:上海古籍出版社,1985:232.
④ 同上 318.
⑤ 广东、广西、湖南、河南辞源修订组,商务印书馆编辑部.辞源[M].修订本.北京:商务印书馆,1988:695.

不是很大。但从训诂的角度看,古今语法的差异给阅读和理解古书带来的障碍仍然很大,因此训诂必须把解释语法作为重要内容来研究。

中国古代的训诂实践中早已有了对语法的解释,其内容主要有两个方面:一是解释虚词;二是解释句法结构。这两个方面也是我们今天解释语法的基本内容。

1. 解释虚词

虚词是相对于实词而言的。所谓虚,是指它只表示抽象的语法意义,而不表示实在的概念意义。从数量上看,古汉语中的虚词要比实词少得多。据统计,见于各种古籍的虚词总共只有500多个,但其使用的次数却特别多。例如《孟子》总共只有35226个字,仅"之""乎""亦""也""焉""哉""岂""而"8个常用虚词就占了4080余字(其中"之"字用了1660余次,包括部分实词用法;"乎"字用了200次;"也"字用了1060次;"哉"字用了100次;"岂"字用了51次;"焉"字用了135次;"而"字用了764次)。可见虚词使用频率之高是实词所无法比拟的。高频率的使用,说明虚词在语言中有着极重要的作用。一个句子缺了实词固然不行,缺了虚词也同样不能表达语意或者造成理解的偏差。因此虚词在语言中的地位是不容忽视的。

古人在训诂实践中十分重视虚词的解释。他们做的工作主要有两项:一是指明虚词的性质和作用;二是分析虚词的意义和用法。

(1)指明虚词的性质和作用

读古书时常常会在注释中看到"辞(词)也""语助词也""发语词""语辞""疑辞"等等一些话,这就是指出虚词的性质和作用。例如《诗·周南·芣苢》:"采采芣苢,薄言采之。"毛传:"薄,辞也。"[①]《左传·成公二年》:"国将若之何,谁居?"杜预注:"居,辞也。"[②]《礼记·檀弓上》:

---

① 阮元.十三经注疏:毛诗正义[M].北京:中华书局,2009:591.
② 阮元.十三经注疏:春秋左传正义[M].北京:中华书局,2009:4119.

"檀弓曰:何居?"郑玄注:"居读为姬姓之姬,齐鲁之间语助也。"①《诗·邶风·二子乘舟》:"愿言思子,不瑕有害。"朱熹注:"不瑕,疑辞。"②《孟子·告子上》:"乃若其情,则可以为善矣。"朱熹注:"乃若,发语辞。"③以上这些名目繁多的称谓,都是前人训诂中用以指明虚词性质和作用的术语。由于前人缺乏系统的语法概念,也由于传注训诂随文释义的灵活性,所以有些术语显得不太规范,也不太精确。有很多虚词都是极为笼统地用一个"辞"字来解释,没有进一步指出它们之间的差别。尽管如此,古人所创造的这些术语,对现在我们解释古书的虚词仍然具有十分重要的参考价值,我们可以通过这些术语了解和掌握古籍虚词的情况,研究古人运用虚词的规律和特点,以利于进一步展开训诂工作。

　　判断虚词的性质和作用并不是一件容易的事,至少有以下三种情况会造成理解的困难。第一,有些虚词是临时假借实词而为之,人们对它的实词用法比较熟悉,而对于其虚词用法则比较生疏,这样在训诂中就容易产生误解。例如《诗·大雅·文王》"思皇多士"的"思",《邶风·日月》"日居月诸"的"居",主要用法都是实词,只在先秦的一些书籍如《诗经》《尚书》《礼记》《左传》中有虚词的用法。像"思皇多士"的"思",如果不是毛传已经注明"思,辞也",我们今天判断起来就会多费一番周折,或者就会按照郑玄的解释"思,愿也"去理解。④ 第二,有些词在原文中的意义介于虚词和实词之间,无论做何解释都说得通,这也增加了判断的困难。例如"举"字作为形容词是全部的意思,作为副词是全、全都的意思,二者差别不大,在具体的语境中有时就不太容易分辨。第三,有些虚词存在着一词多义的现象,分辨起来也颇为不易。例如"其",既可以作为代词,又可以作为副词、连词、助词。其中作为副词时既表示估计、推测,可解释为大概、可能、或许;又表示时间,可解释为将、将要;又表示反问语气,可解释为难道;又表示劝告、命令,可解释为

---

① 阮元.十三经注疏:礼记正义[M].北京:中华书局,2009:2758.
② 朱熹.诗集注[M].南京:凤凰出版社,2007:32.
③ 朱熹.四书章句集注:孟子集注[M].北京:中华书局,1983:328.
④ 阮元.十三经注疏:毛诗正义[M].北京:中华书局,2009:1085.

要、一定等多种意义。再如"也"字,虽然用作语气词,但有表示判断、陈述、解释、请求、祈使、疑问、强调、肯定、感叹等多种语气。对于一个虚词表示多种意义的现象,我们不能再像古人那样只用"辞也"笼统地指出其性质,而必须准确地指明其意义和作用,这就需要在深入体会原文的基础上进行认真细致的语法分析。

(2)分析虚词的意义和用法

古今训诂中有不少这方面的内容。例如《诗·大雅·文王之什》:"思皇多士,生此王国。"孔颖达疏:"思,语辞,不为义。"①所谓"不为义",是说"思"在这里没有实际意义,只有语法意义。这是分析虚词意义和用法的最简单的形式。这种形式无论在古注还是在现代注释中都是经常使用的,举几个现代注释的例子。《诗·周南·芣苢》:"采采芣苢,薄言采之。"蒋立甫《诗经选注》:"薄、言:都是语助词,在句中没有实在意义。按:《诗经》中用'薄言'的句子,大多含有劝勉的语气。"②《论语·里仁》:"其为仁矣,不使不仁者加乎其身。"杨伯峻《论语译注》:"矣——这个'矣'字用法同'也',表示停顿。"③《孟子·梁惠王上》:"寡人之于国也,尽心焉耳矣。"李炳英《孟子文选》:"焉、耳、矣都是语末助词,重叠地使用,加重语气。"④以上这些例子,既指明了虚词的性质和作用,又简单地确定了其意义和用法。这是现代训诂中最常用的解释虚词的方法。

除了这种简单的形式外,训诂中还可以对虚词进行较为深入的分析和研究,前人的注疏中常常有这方面的内容。例如清人马瑞辰《毛诗传笺通释》:"《芣苢》诗'薄言采之',《传》:'薄,辞也。'《后汉书·李固传》'薄言震之',《注》引《韩诗》亦曰:'薄,辞也。'今按薄、言二字皆语词,单言薄者亦语词,薄、魄古声近通用。(《太玄》注:'旁薄,犹彭魄。'《文选》李《注》以旁魄为旁礴。——原注)《尔雅》:'魄,间也。'谓间助之

---

① 阮元.十三经注疏:毛诗正义[M].北京:中华书局,2009:1085.
② 蒋立甫.诗经选注[M].北京:北京出版社,1986:9.
③ 杨伯峻.论语译注[M].北京:中华书局,1980:37.
④ 李炳英.孟子文选[M].北京:人民文学出版社,1957:3.

词。魄即薄字之假借。"①"薄言"是《诗经》中常用的助词,起加强语气的作用。马瑞辰则分析了"薄"字用作虚词的原因。像这种较为深入详尽的虚词分析,在古今训诂中的数量不是很多,因为大多数训诂都是随文释义性的,只要指出某个虚词在具体语境中的性质、作用和意义,就能达到扫除语言障碍的目的,不必过多地旁征博引。但在某些以专门性研究为目的的训诂中,这种细致的分析有时还是十分必要的。因此搞训诂的人应当掌握并能够熟练地使用这种方式。

2. 解释句法结构

训诂中所解释的句法结构,重点是那些容易给阅读和理解造成障碍的古代特殊句法。一般来说,训诂中解释句法主要包括分析句法、解释词序和说明省略等三个方面的内容。

(1)分析句法

分析句法是指对古书中特殊句法的解释,在训诂中往往通过解释虚词和疏解句意的方式展开。如《论语·为政》:"人而无信,不知其可也。"杨伯峻《论语译注》:"人而无信——这'而'字不能当'如果'讲。不说'人无信',而说'人而无信'者,表示'人'字要作一读。古书多有这种句法,译文似能表达其意。"(译文:"做为一个人,却不讲信誉,不知那怎么可以。")②按"人而无信"是不同于现代汉语的句子,杨伯峻通过对"而"字的解释,分析了句法,指出"而"字在这里表示停顿的语气;然后又通过译文,表达了"人而无信"的特殊句法在现代汉语中的说法。

又如《孟子·告子下》:"傅说举于版筑之间,胶鬲举于鱼盐之中,管夷吾举于士,孙叔敖举于海,百里奚举于市。"赵岐注:"傅说筑傅岩,武丁举以为相。胶鬲,殷之贤臣,遭纣之乱,隐遁为商,文王于鬻贩鱼盐之中得其人,举之以为臣也。士,狱官也。管仲自鲁囚执于士官,桓公举以为相国。孙叔敖隐处,耕于海滨,楚庄王举之以为令尹。百里奚亡虞

---

① 马瑞辰.毛诗传笺通释[M].北京:中华书局,1989:39.
② 杨伯峻.论语译注[M].北京:中华书局,1980:21.

适秦,隐于都市,缪公举之于市而以为相也。"①这是一种特殊形态的被动句。全句以主动的形态出现,实际上却表达了被动意义。在一些语法著作中,这种句子被称为意念被动句。傅说、胶鬲、管夷吾、孙叔敖、百里奚是各句的主语,而跟在主语后面的动词"举"却不是主语的动作,主动者隐而未现,以主动语态出现的主语实际上是受动者。这种形态的被动句比较难理解,在训诂中必须解释清楚。赵岐是通过叙述史实,疏解文义的方式解释的。注中"武丁举以为相""文王……举之以为臣""桓公举以为相国""楚庄王举之以为令尹""缪公举之于市而以为相"云云,既提供了理解文义的历史背景,又起到了分析句法、介绍出动作施加者的作用。我们今天为这段话作训诂,除了叙述史实之外,还应该弄清楚动词"举"的语法作用。

(2) 解释词序

这是对句子成分的位置移动、词组的顺序变化等语法现象的解释。每一种语言的语法,对于词在句子中的位置都有一套在长期使用过程中所形成的相对固定的组合格式。汉语词汇在句子中的排列顺序通常是:主语在谓语前,谓语在宾语前,定语在名词前,状语在谓语前。这是古今汉语所共有的特点。但是在实际使用过程中,由于语法或修辞的需要,词在句中的排列组合往往会有一些变化。其中一些词序变化现象是古汉语所特有的,现代汉语中没有相应的句式,这就需要从语法的角度加以解释了。古汉语特殊的词序主要有下列几种情况:

①在否定句中,代词做宾语,常常提到谓语之前。《国语·齐语》:"故天下小国诸侯既许桓公,莫之敢背。"《马氏文通》:"'莫之敢背'者,'莫敢背之'也。'莫'为起词,'之'乃先焉。"②

②疑问句中,疑问代词做宾语,一般都放在谓语之前。"吾谁欺,欺天乎?"(《论语·子罕》)"欲仁而得仁,又焉贪?"(《论语·尧曰》)"孔子

---

① 焦循.孟子正义[M].北京:中华书局,1987:864-865.
② 马建忠.马氏文通校注[M].北京:中华书局,1954:509.

奚取焉?"(《孟子·滕文公下》)"盗者孰谓?"(《公羊传·定公八年》)①

③以"之、是、焉、斯"等结构助词为形态标志的句子,宾语提到谓语之前。《左传·庄公三十三年》:"虢多凉德,其何土之能得?"②按"何土之能得"顺说应该是"能得何土",为了强调宾语"何土"而将其提到谓语"能得"的前面,并以助词"之"作为宾语前置的标志。这种情况在古籍中是较为多见的。《论语·先进》:"论笃是与,君子者乎?色庄者乎?"③按"论笃是与"顺说应该是"与论笃"(赞成说话诚实的人)。为了强调宾语"论笃",而提到谓语"与"的前面,并以"是"作为宾语前置的标志。用助词"是"为标志的宾语前置句,在古籍中也很多见。现代汉语中也保留了这种句法,如"唯利是图"等。《左传·隐公六年》:"我周之东迁,晋郑焉依。"④顺说应该是"依晋郑"(依靠晋郑),"焉"这里是结构助词,起帮助宾语前置的作用。《诗·豳风·七月》:"朋酒斯飨,曰杀羔羊。"⑤顺说应该是"飨朋酒",助词"斯"也起到使宾语前置的作用。以结构助词为标志的宾语前置,在现代汉语中除了少数成语之外,没有相类似的句式,因此训诂时应该从语法的角度加以解释。

④介词宾语前置,在古籍中也较为常见,而且与动词宾语前置的情况大致相同。介词宾语前置,主要出现于使用介词"以""于"的句子中,使用其他介词如"与""为"等句子的宾语前置,数量不多。介词宾语前置的句式,一般都不难理解。如"秋以为期"(以秋为期)(《诗·卫风·氓》)、"墓门有棘,斧以斯之"(以斧斯之)(《诗·陈风·墓门》)、"君子义以为上"(以义为上)(《论语·阳货》)。但有个别宾语前置的情况,则比较难于理解。如《诗·大雅·崧高》:"申伯还南,谢于诚归。"如果理解成为"于谢诚归"就错了,正确的解释应该是"诚归于谢"(诚心归于谢国),这里不仅是介词和它的宾语词序颠倒,而且介宾结构所组成的补

---

① 阮元.十三经注疏[M].北京:中华书局,2007:5409;5509;5893;5085.
② 同上 3870.
③ 同上 5429.
④ 同上 3760.
⑤ 同上 836.

语在句子中的位置也与后世不同,因此需要在语法上做出解释。类似的语法现象在古代还有一些,如"劳之不图,报于何有"(《左传·僖公二十八年》)、"入而能民,土于何有"(《左传·僖公九年》)等。①

除上述内容外,古汉语的词序变化还有一些,如因押韵而变化的词组顺序、定语中心语的倒置等等。但因这些变化造成的理解困难似乎不是很大,此不举例。

这里需要指出的是,词序的变化,有些是古今语法差异所造成的现象,如上述各例就是;有些变化则是为了丰富语言表现力、扩大语言的意义内涵和理解空间而使用的修辞手段,这种修辞手段在古诗中经常使用。面对这种因修辞而变化的词序,人们在阅读时必然先要把它理顺,然后再开始理解。然而由于人们的阅读习惯、审美经验的不同,其理顺或转换词序的过程及结果就可能不会完全相同,因而对全句的意义理解也会呈现种种差异。而多种不同的理解,正是诗人运用变化词序的修辞手段所追求的艺术效果。举一个人们熟知的例子,杜甫《秋兴八首》其八:"香稻啄余鹦鹉粒,碧梧栖老凤凰枝。"②几乎每一个阅读者初读这两句诗时,都会有一种生涩别扭的感觉,这是因为这两句诗与人们阅读时所熟悉的词序大相径庭。从词义内在关联的角度看,"啄"这个动作的发出者应是鹦鹉,"栖"的动作发出者应是凤凰,但诗中处于动作发出的主语位置的词却是"香稻"和"碧梧"。处在"粒"和"枝"这两个名词定语位置上的词应是"香稻"和"碧梧",而此诗却把"鹦鹉粒""凤凰枝"组合在一起,以正常的词序训解,扞格不通,于是人们在阅读过程中,只能先按照个人对意义的理解调整词序,然后才能进一步欣赏、体会诗的韵味。调整词序的过程,如果以训诂的形式出现,实际上就相当于从语法的角度做出解释。由于个人对词序的理解不同,就会出现多种不同的解释,而这正是诗人所追求的艺术效果。如有的注家调整为"鹦鹉啄余香稻粒,凤凰栖老碧梧枝",有的调整为"香稻鹦鹉啄余粒,碧

---

① 阮元.十三经注疏[M].北京:中华书局,2007:684;804;5488;1222;3959;3909.
② 仇兆鳌.杜诗详注[M].北京:中华书局,1979:1497.

梧凤凰栖老枝"。这两种词序表达的总体意义是一致的,但由于排列的句法不同,各句所强调的重点、所表现的感情色彩也就出现了一些细微的差别。这样实际上就扩大了理解的空间,增强了这两句诗的艺术感染力。

(3)说明省略

省略是古今所共有的一种使用语言的现象。无论是对话或是书写,在确定的上下文语境中,都可以省略某种成分而不影响思想的交流和表达。被省略的部分一般可以通过言谈的情境和上下文语境得到补足。省略不仅能使行文变得简明扼要,有时还能收到整齐节奏、和谐韵律之效。尤其在古典诗歌中,省略的运用,往往能使诗歌的语言更加凝练,意象密集,容量增加。但是由于古代的社会文化、典章名物、思想心理和语言习惯等方面与后世存在着差距,所以古人所运用的某些省略方式和内容以及上下文的语境,不一定能为后人所了解,这时,省略就会变成理解的障碍。而扫除这种障碍,也是训诂的一项重要任务。

古籍中的省略现象很多,省略的方式也多种多样,主语、谓语、宾语、定语、状语、短句等都有被省略的情况,但不是所有的省略现象都必须做出解释。有些句子,上下文语境非常清楚,只要通过阅读,就能知道被省略的成分是什么,所以用不着解释。但有些省略现象,由于读者对它的语境和各种情况不甚了解,理解起来就有一定的困难,也容易造成误解和歧义,这就需要加以解释了。例如《左传·定公四年》:"楚人为食,吴人及之;奔,食而从之,败诸雍澨,五战,及郢。"①这是省略主语的例子。"奔"和"食而从之"连在一起,使人不容易分辨其主语究竟指谁,所以杨伯峻在"奔"下注:"吴师追及之,楚师弃食而奔。此从俞樾《平议》读。"在"食而从之"下注:"吴师食楚师所为之食而后又追逐之。"②

---

① 阮元.十三经注疏:春秋左传正义[M].北京:中华书局,2009:4639.
② 杨伯峻.春秋左传注[M].北京:中华书局,1981:1544.

第三节　常用的训诂术语

前人在长期的训诂实践中,积累了很多术语。这些术语各司其职,有解释词义的,有解释语音语法的,也有用于校勘的。要读通古人的注释,研究古代的训诂并进一步开展训诂活动,就应该知道一些常用训诂术语的含义及其作用。

古代训诂中的术语很多,清代阮元《经籍籑诂》的凡例中归纳为28种,后人又陆续地补充,至齐佩瑢《训诂学概论》,归纳已多达40种。我们这里只把最常用的讲一讲。

一　某,某也;某者,某也;某也者,某也

严格说起来,这些都是古汉语判断句的句型,但在训诂中用这类句型解释词语的情况很多,所以一般的训诂著作中也把它当作训诂术语来讲。凡用这类术语,大多是判定某词有某义。

单用"也"字(某,某也),主要用于同义词的解释,有时也用来下义界、进行声训或解释通假字。解释同义词的如《说文解字·人部》:"仕,学也。""佳,善也。""伟,奇也。"用于下义界的如《说文解字·隹(zhuī)部》:"隹,鸟之短尾总名也。"《斤部》:"斤,斫木也。"《辵(chuò)部》:"辵,乍行乍止也。"①解释声训的如《广雅·释亲》:"母,牧也。兄,况也。弟,悌也。子,孳也。"②解释通假字的如《诗·小雅·鸳鸯》:"摧之秣之。"毛传:"摧,莝也。"③

"……者……也""……也者……也",与"也"字单用完全相同。如《大戴礼记·本命》:"女者,如也。""子者,孳也。"④《白虎通义》:"妻者,

---

① 段玉裁.说文解字注[M].上海:上海古籍出版社,1981:366;368;368;716;70.
② 钱大昭.广雅疏义[M].北京:中华书局,2016:468.
③ 阮元.十三经注疏:毛诗正义[M].北京:中华书局,2009:1032.
④ 孔广森.大戴礼记补注[M].北京:中华书局,2013:245.

齐也。""妇者,服也。"①在《广雅》中作:"女,如也。""子,孜〔也〕。""妻,齐也。"②

二 谓

"谓"是古书中用得极为广泛的术语。它与"谓之"不同,"谓之"的被解释词放在术语后面,而"谓"的被解释词放在术语的前面。"谓"的作用是说明某一词语所特指的意义或所比喻、所影射的意义,既可以解释词,也可以解释句子。举几个例子:

①《周南·樛木》:"南有樛木,葛藟累之。"樛(jiū)木:向下弯曲的树。藟(lěi):藤。毛传:"南,南土也。"郑笺:"南土谓荆扬之域。"③这是用"谓"字说明"南土",在这里专门指荆、扬两地。这种用专门的或特指的意思来解释词语的情况,在训诂学上被称为"以专释泛"或"以狭释广"。

②《礼记·王制》:"天子无事,与诸侯相见曰朝。"注:"事,谓征伐。"④"事"是一个泛指的词语,人之所为解为事,但在这个特定的语言环境中,它专指征伐。

除了"以专释泛"之外,用概括义来解释具体义也用"谓"这个术语,如:

③《礼记·王制》:"行伪而坚,言伪而辩,学非而博,顺非而泽以疑众,杀。"(行为虚伪而坚持不改,言语虚伪而善于诡辩,学的不是正道而又知识广博,顺应错误而又加以粉饰用以迷惑众人者,杀。)这里都是一个一个具体的意思,而郑玄则把这些概括起来加以解释:"皆谓虚华捷给无诚者也。"⑤(这些表现都是虚伪浮华、巧辩敏疾而无诚心的。)这是以概括释具体。

④《礼记·檀弓下》:"丧不虑居,毁不危身。"郑注:"谓卖舍宅以奉

---

① 班固.白虎通义[M].上海:上海书店出版社,2012:328.
② 钱大昭.广雅疏义[M].北京:中华书局,2016:469-470.
③ 阮元.十三经注疏:毛诗正义[M].北京:中华书局,2009:585.
④ 阮元.十三经注疏:礼记正义[M].北京:中华书局,2009:2884.
⑤ 同上 2909.

丧。""谓憔悴将灭性。"①这是用"谓"字解释全句的含义。

三　言

"言"字这个术语大部分都是用来解释句义的。大体上"言"字有两类用法：第一说明句内含义；第二点明言外之义。如：

①《礼记·檀弓上》："高子皋之执亲之丧也,泣血三年,未尝见齿。"郑玄注："言泣无声如血出。""言笑之微。"②这是点明句内含义。一般人的眼泪都是伴随着哭声发出的,而流血则没有声音。这里说流出的眼泪像流血一样无声无息,而又涌流不止,形容悲哀之甚。这些意思都是包含在句子中的,训诂者怕人们体会不到,所以就用"言"字来点明这个意思。"未尝见齿",是说三年中很少露出牙齿。注曰："言笑之微。"这也是句内已有的含义,不露齿就是很少启齿大笑,也是讲悲哀之甚的。

②《诗·小雅·车攻》："萧萧马鸣,悠悠旆旌。"毛传："言不喧哗也。"③诗中只讲了马的叫声和旌旗的飘舞,而表现出了军队的整肃,悄然无声的气氛,这是言外之意。这种解释言外之意的训诂,对于读者深入理解原文很有启发意义。而解释得是否准确深刻,关键要看训诂家读书是否精细,功力是否深厚。从以上所举的例子看,"言"字的使用能够起到阐微著隐的作用,说出作者没有说出的意思,指明言在此而义在彼的含义。"言"这个术语所解释的内容,在现代训诂中仍然是十分重要的。

四　犹

"犹"的作用有四点。

第一是指明词语的临时义。如《诗·郑风·蘀兮》："风其漂女。"毛

---

① 阮元.十三经注疏:礼记正义[M].北京:中华书局,2009:2843.
② 同上 2778.
③ 阮元.十三经注疏:毛诗正义[M].北京:中华书局,2009:918.

传:"漂犹吹也。"①不说"漂,吹也",是因为"漂"字一般不能当吹讲,只有在这个特定的语境中,才有吹的意思(风把树叶吹起)。

第二,说明词的引申义。如《周礼·疾医》:"以五味、五谷、五药养其病。"郑注:"养犹治也。"②养是养其身,病则言治,这是本义;养身即治病,所以"养"又引申为治的意思,今天仍有"养病"之说,"养"也当治讲。

以上两项内容,前人统而言之是用引申义解释字。其实应该分出临时义和引申义。临时义是指解释词在被解释词的词义系统中没有适当的位置,即二者之间没有引申关系,它们之间的意义相通是特定语境中的临时现象。而引申义,是说解释词已经是被解释词词义系统中的一个固定义,不过不是其本义。所以应该对不同的情况加以区别。但无论是哪一种情况,解释词和被解释词之间必须意义相通。段玉裁《说文解字注》:"凡汉人作注云犹者,皆义隔而通之。"③所谓"义隔而通之",必须可通才能通,不能瞎通,所以凡云"犹者",意义都有联系。

第三,是用今语解释古语。如《诗·魏风·葛屦》:"掺掺女手,可以缝裳。"毛传:"掺掺犹纤纤也。"④"掺掺"是古语,"纤纤"是今语,周代形容女子之手用"掺掺",汉代用"纤纤"。古人用"犹"字来表示以今语释古语,是考虑到尽管古今两个词所反映的客观事物是一样的,但有时代差别,所以用"犹"字表示。我们根据这一点可以挖掘、考证不同时代的语言。

第四,用本字来解释借字,或者是用本字之义来解释借字。如《礼记·檀弓上》:"吾离群而索居亦已久矣。"郑注:"索犹散也。"⑤"索"无"散"义,这里"散"是本字,"索"是借字。这是以本字释借字。《中庸》:

---

① 阮元.十三经注疏:毛诗正义[M].北京:中华书局,2009:723.
② 阮元.十三经注疏:周礼注疏[M].北京:中华书局,2009:1436.
③ 段玉裁.说文解字注[M].上海:上海古籍出版社,1981:90.
④ 阮元.十三经注疏:毛诗正义[M].北京:中华书局,2009:756.
⑤ 阮元.十三经注疏:礼记正义[M].北京:中华书局,2009:2778.

"振河海而不泄。"郑注:"振犹收也。"①"收"是收容、容纳的意思。"振"是假借字。其所借之字的本义是"收",而其所借的本字应该是"袗","袗"有收义。"袗""振"同音,故借为"振"。这是以本字之义解释借字。

五　曰

"曰"的功用有两个:一是标明义界;二是区分同义词(近义词)。如《礼记·檀弓下》:"哀哉!死者而用生者之器也,不殆于用殉乎哉。"(孔子反对殉葬,连用明器也反对。殆,近也。)郑注:"杀人以卫死者曰殉。"②这是标明义界。又如《诗·召南·羔羊》:"羔羊之皮。"毛传:"小曰羔,大曰羊。"③这是区分同义词的最常用的形式,一般都是把两个词对举来加以区分,而不把词义的中心含义说出来。"羔"和"羊"的中心含义不是大和小,它们是同一种动物,其区别在于大与小。这样的例子在毛传中有很多。如:方曰筐,圆曰莒,区分形状;木曰豆,瓦曰登,区分质地;精曰绤(chī),粗曰绤(xì),区分质量。对举是为了辨析同义词,突出它们的差别。区分同义词,照理说都应该采纳对举的方式,但实际的古书训诂并不完全如此。有时注文只用一个"曰"字,对一个词加以解释,而其实际作用也是区别同义词。例如《诗·召南·汉广》:"之子于归,言秣其马。"毛传:"六尺以上曰马。"这个注旨在区别马的高度,六尺以上叫作马,六尺以下不叫马,注文中并没有说出"马"的中心含义,所以这个注属于区别同义词的性质。此诗后面还有一句:"之子于归,言秣其驹。"毛传:"五尺以上曰驹。"④可见分而观之不是对举,通篇来看仍是对举。这种区别同义词的注释,对于现代训诂来说,仍然是十分必要的。

从以上这几个例子可以知道,"曰"字的主要功用是区分同义词。在原文没有对举的情况下,就用义界的方式解释,而其中也隐含着区分

---

① 阮元.十三经注疏:礼记正义[M].北京:中华书局,2009:3545.
② 同上 2821.
③ 阮元.十三经注疏:毛诗正义[M].北京:中华书局,2009:607.
④ 同上 592-593.

同义词的意思。掌握"曰"字的用法,对于训诂学的研究有很重要的作用,我们可以借助这个术语,从古书中挖掘大量的同义词的资料,然后再对它们加以研究。

六　当为、当作

"当为""当作"是纠正原文中误字的术语。古书中的误字,有字误和声误两种。字误是形近而误,声误是声音相近而意义毫无关系。这两种都是古书传抄中常见的错误。在训诂中指出这种错误,通常都是用"当为""当作"这两个术语。

字误的例子如《礼记·檀弓下》:"叔仲皮死,其妻鲁人也,衣衰而缪绖。"叔仲皮是鲁国人,属叔孙氏家族。他的妻子是鲁钝之人,却为其夫服丧。衰,丧服,表示哀悼。缪绖,弯曲而下垂的麻绳。按"衰"分为好几种,最重的是斩衰,是儿子为父亲、太子为国君所服的丧服。用粗麻织就,衣服边不缝,此为斩衰。次重的是齐衰,士妻为其夫服齐衰。"衣衰"在这里语义不通。所以郑注说:"衣当为齐,坏字也。"①认为"衣衰"当是"齐衰"。这段文字实际上是夸奖叔仲皮妻子的,她虽是个鲁钝之人,却懂得礼仪,为其丈夫服齐衰。

因声而误的例子如《礼记·檀弓上》:"人之见之者皆以为葬也,其慎也,盖殡也。"郑注:"慎当为引,礼家读然,声之误也。"②殡和葬是两种不同的葬礼形式,葬是正式的埋葬,殡是临时停柩,这两种形式所用的礼仪和器物都不相同。孔子的父亲叔梁纥死后,母亲又死了,按礼应该合葬,但孔子不知其父所埋之所,所以孔子对其母实行殡礼,而不实行葬礼,在地上临时停柩,等以后找到其父的墓时再合葬。他实行殡礼时,用的装饰器物却是葬礼的器物,所以"人之见之者皆以为葬也",只有拉车用的"引",也就是灵柩车的绳索,是殡礼所用的器物,所以说"其引也,盖殡也"。"引"和"慎"声音相近,故误作"慎"。

---

① 阮元.十三经注疏:礼记正义[M].北京:中华书局,2009:2849.
② 同上 2762.

这里需要注意的是,前人训诂中所谓的"声之误",都是由于声音相同或相近的借用;而本有其字的通假也是借用声同声近的字,所以"声之误"的字容易和通假相混。实际上汉代注家所定的"声之误"中有不少都属于通假字。

"当为"和"当作"这两个术语,在现代训诂中也是常用的,特别是在校注和点校中用得更为普遍,所以要学会掌握这两种术语的用法。其实这里的关键不在术语本身,而在于训诂者本身所具有的文字学、音韵学以及其他相关学科的知识程度,也就是学术功底。

七　读为、读曰

这是用本字或本义来说明假借字的术语。段玉裁说:"凡传注言读为者,皆易其字也。"①又说:"读为、读曰者,易其字也,易之以音相近之字,故为变化之词。……变化主乎异,字异而义憭然也。"②所谓"易其字""字异而义憭然",就是说原文用假借字,用"读为"或"读曰"的术语指出其本字或本义,则原文之义就会一目了然。例如《礼记·王制》:"名山大泽不以朌。"郑注:"朌读为班。"③郑玄认为"班"是本字,"朌"是假借字,"名山大泽不以班",是说名山大泽不分给诸侯。《说文解字》云:"班,分瑞玉。"④把玉分给众人叫作班。古人的瑞玉是标志身份地位的东西。"分瑞玉"即分爵,意味着分领地,赐土地。"朌"是分肉,也有分的意思,"朌"字不见于《说文解字》,《集韵》认为"朌"是"颁"的异体字。"颁",大头也。"颁"字引申为颁布之义,又造出一个"朌"字。这是用本字说明假借字。

八　读如、读若

这是用以拟音的术语。段玉裁说:"读如、读若者,拟其音也,古无

---

① 段玉裁.说文解字注[M].上海:上海古籍出版社,1981:6.
② 段玉裁.周礼汉读考序[M]//经韵楼集.上海:上海古籍出版社,2008:24.
③ 阮元.十三经注疏:礼记正义[M].北京:中华书局,2009:2866.
④ 段玉裁.说文解字注[M].上海:上海古籍出版社,1981:19.

反语,故为比方之词。"①例如《中庸》:"仁者,人也。"郑注:"人也,读如相人偶之人。"②郑玄认为人是最常用的读音,大概当时"人"有两种读法,一是抽象的人,一是人己之人,读音可能有差别。郑玄恐读者误解,所以加注指出其读音。"读如"的作用就是指出此处的读音,凡是用"读如""读若"的术语,都是当时人们所熟悉的意义。

另外用"读如""读若"的术语也常常兼有指明其含义的作用。例如《周礼·大宰》:"六曰主,以利得民。"郑注:"利读如上思利民之利。"③"上思利民",是《左传》中的话,意思是在上位之人考虑给人民以利益。这个解释反映了当时至少是在经学领域,"利"有两个读音,一个是财利之利,一个是使人得利之利,意义不同,声音也不同。这个注就是在注音的同时,标明了其意义。

九 之言(之为言)

凡用"之言"都是以音通义,也就是解释某词读某音时所包含的意义。这是一个用于声训的术语。例如《诗·召南·采蘋》:"于以采蘋,南涧之滨。于以采藻,于彼行潦。"(蘋、藻都是水上的植物)郑笺:"蘋之言宾也,藻之言澡也。妇人之行尚柔顺,自洁清故取名以为戒。"④据《毛诗》小序说,此诗是讲大夫的妻子们能遵守法度,恪守妇德,才可以共同祭祀祖先。郑笺则以此为据。"蘋之言宾也",就是说夫人要与丈夫相敬如宾,"行尚柔顺"。"藻之言澡",是说妇人要保持自身的清洁。蘋与藻都是祭祀祖先的祭品,古人祭祀时,可以用藻类来祭。祭品并不值钱,只要诚心就可以用来祭祀。

另外,"之言"还有明假借的作用。例如《诗·召南·甘棠》:"蔽芾

---

① 段玉裁.周礼汉读考序[M]//经韵楼集.上海:上海古籍出版社,2008:24.
② 阮元.十三经注疏:礼记正义[M].北京:中华书局,2009:3535.按:"偶",大徐本《说文解字》曰,桐人也。据朱骏声考证,"桐"为"相"之误。偶即相人,也即俑人。又,段玉裁认为"偶"与"俑"为通假字。
③ 阮元.十三经注疏:周礼注疏[M].北京:中华书局,2009:1395.
④ 阮元.十三经注疏:毛诗正义[M].北京:中华书局,2009:602.

甘棠,勿翦勿拜。"(这是歌颂召伯之诗,说他曾在小棠树下听讼,所以要保护小棠树,不要毁坏。)郑笺:"拜之言拔也。"①"拜"字不源于"拔",也没有"拔"的意思。而"拜"的意思在此处不通,因此是"拔"的假借字,"之言"在这里的作用是明假借。

"之言"的核心作用是"音义相贯",音相通义也相通。这里的音相通,可以是同音,也可以是叠韵或双声。

十 谓之

"谓之"的功用有两个:第一是指出同一事物的不同名称;第二是标明义界。指出同一事物的不同名称,实际上是采用互训的方式。例如《尔雅·释宫》:"宫谓之室,室谓之宫。"②同一事物有两个不同的名称,等于说宫,室也;室,宫也。这里虽然使用的是互训的方式,但和互训又有所不同,"宫,室也"是把被解释词放在前面,用"谓之"则是把被解释词方在后面。又如《礼记·曲礼上》:"为人子者居不主奥。"(为人子者,指父母还在之时。)郑注:"室中西南隅谓之奥。"③"谓之"这里起标明义界的作用。

另外,"谓之"连用时,常常有对举辨析词义的作用。例如《诗大序》:"是以一国之事,系一人之本,谓之风;言天下之事,形四方之风,谓之雅。"④这里的"谓之"就有辨别"风""雅"词义的作用。

以上讲了十类训诂的术语,这些术语都是古人在训诂中创立的,对于解释古籍起了极为重要的作用,我们要很好地利用前人的这些成果。

我们今天学习这些术语,不仅是为了读通古注,更重要的是要从术语中总结其规律,在前人训诂术语的基础上,创造出一套供现代训诂使用的、具有严格科学意义的术语。随着文化事业的发展,整理古籍的工作越来越重要,注释作为古籍整理的一项内容也要不断地发展。这就

---

① 阮元.十三经注疏:毛诗正义[M].北京:中华书局,2009:605.
② 阮元.十三经注疏:尔雅注疏[M].北京:中华书局,2009:5649.
③ 阮元.十三经注疏:礼记正义[M].北京:中华书局,2009:2669.
④ 阮元.十三经注疏:毛诗正义[M].北京:中华书局,2009:568.

要求我们搞注释的人,掌握并创造一整套严格的科学的方法,而且要逐渐趋于统一。现在的注本多如牛毛,有的注本这样说,有的注本那样说,甚至同一个注本一会儿这么说,一会儿那么说,让读者莫名其妙,无所适从,这样就达不到注释古籍的目的。

第四节　分析句读

一　什么是句读

所谓句读,简单地说就是标点问题。我们知道,流传至今的古籍,除少数开蒙读本之外,大多是没有标点的,但我们不能据此认为古人没有标点的概念,实际上早在汉代以前,古人就创造了两个最基本的标点符号,即"、"和"𠄌"。《说文解字》:"、,有所绝止,、而识之也。"段玉裁注说:"按此于六书为指事。凡物有分别,事有可不,意所存主,心识其处者皆是。非专谓读书止,辄乙其处也。"①朱骏声《说文通训定声》也说:"按今诵书点其句读,亦其一端也。"②"、"这个符号虽然不是专门为断句而造,但"读书止,辄乙其处""诵书点其句读"则一定要使用这个符号。"𠄌",《说文解字》曰:"钩识也。"段玉裁注:"钩识者,用钩表识其处也。褚先生补《滑稽传》:'东方朔上书,凡用三千奏牍。人主从上方读之,止,辄乙其处,二月乃尽。'此非甲乙字,乃正𠄌字也,今人读书有所钩勒即此。"③"、"和"𠄌"两种符号及其变体(如"。""、""·""—")的运用,古人即谓之句读。

现在所能见到的较早的标点使用,是战国早期的文献,如湖北随县出土的曾侯乙墓竹简,有不少都是有标点的,不过当时的标点形式比较简单,举个例子:

---

① 段玉裁.说文解字注[M].上海:上海古籍出版社,1981:214.
② 朱骏声.说文通训定声[M].北京:中华书局,1984:355.
③ 段玉裁.说文解字注[M].上海:上海古籍出版社,1981:633.

郑[䚉]白为左飞(騑)—宋司城之[駬]为左骖—哀臣之[駬]为左(服)—乐君之[駬]为右(服)—左尹之[駬]为右骖—迺邡之[駬]为右飞(騑)—□人之六马端毂。①

这是一段讲马排列顺序的文书,"郑白""宋司城""哀臣"等是人名,白和□是某种毛色的马。按照騑、骖、服、服、骖、騑顺序排列的六匹马称为端毂。这里每句话后面的"—",就是在两句话之间表示停顿的标点符号。秦汉时期也有不少使用标点的情况。如《流沙坠简》中《屯戍丛残》有一简:"隧长常贤✓充世✓绾✓福等杂廪索部界中问戍卒王韦等十八人皆相证"②。在几个连着出现的人名旁打上符号"✓",以免读错,而对于不容易产生误解的地方则不加符号。这里的"✓"相当于后世所用的顿号。

句读之称始见于何休的《公羊传序》:"援引他经,失其句读。"③马融《长笛赋》作"句投":"观法于节奏,察度于句投。"句投即句读。李善注:"《说文》曰:逗,止也。投与逗古字通,音豆。投,句之所止也。"④最初,"句读"二字是同义词的复用,意义没有什么不同,分开讲可以称句,也可以称读。后人按语法把句和读的作用区分开,把语意完整的句子称为句,语意不完整的停顿称为读。从这个意义上说,"句读"大致相当于现代标点符号的句号和逗号。

古人虽然发明了句读,但使用得并不普遍,尤其是著书写作,几乎无人使用句读。《后汉书·班昭传》说:"《汉书》始出,多未能通者,同郡马融伏于阁下,从昭受读。"⑤可见班固、班昭撰写《汉书》并不加句读,连马融这样的大学问家也不能完全读通而要从班昭受读。另外,雕版印刷出现之后,坊间刻书为了省事和节简也多不加标点;再加上后世学

---

① 武汉大学简帛研究中心,湖北省博物馆.楚地出土战国简册合集:第3册[M].北京:文物出版社,2019:34.
② 中国简牍集成编辑委员会.中国简牍集成:第3册[M].标注本.兰州:敦煌文艺出版社,2001:240.按:标注本加了新式标点,此处引用时省。
③ 阮元.十三经注疏·春秋公羊传注疏[M].北京:中华书局,2009:4760.
④ 萧统.文选[M].北京:中华书局,1977:252.
⑤ 范晔.后汉书[M].北京:中华书局,1965:2785.

者自矜好古,刻书以不加标点为尚,以为加了标点就降低身份而成了"章句陋儒"。这样,一方面创自两千多年前的句读符号直到清代末年都没有什么发展,没有形成一套完整适用的标点符号体系;另一方面,本来应该由作者在写作时顺手完成的工作却成了读者的专利,成了衡量读者知识水平的一个标准。唐人李匡乂说:"学识何如观点书。"[1]说的就是这个意思。

读者在阅读时自己断句,前人又谓之点读。点读与作者写作时加上标点是完全不同的过程。作者的标点是随着自己思想的表述加上的,即使他的思路不太清楚,一般也不会连话也说不完整,在不该断句之处加上标点;而点读则是理解文义的过程,在理解之前先要克服各种障碍才能真正读通。古籍中的语言文字、名物制度、社会习俗等等,与读者之间必然存在着差距,只要稍有不知就会出现失误。因此,点读古籍要比作者本人加标点困难得多,也复杂得多。北京大学教授吴小如说:"以一个人所费的时间、精力而论,标点一千字决不比写一篇千字文省时省力。再加上学识的功底以及对整理古籍应有的技术训练,则能写一千字文章的人还未必能标点一千字的古书。"[2]这段话很实在地道出了标点古籍工作的甘苦。其实古人也早就体会到标点古籍的艰辛与重要,所以在教育学生时十分重视句读能力的训练。《礼记·学记》:"一年,视离经辨志。"郑玄注:"离经,断句绝也;辨志,谓别其心意所趋乡也。"[3]离经,就是辨明句读的能力;辨志,就是理解文义的能力。入学一年以后,就要对这两种能力加以考察,可见辨明句读在古代文化教育中的地位是相当重要的。

句读,在汉代又称为章句之学。"章"本是一段完整音乐的名称。

---

[1] 李匡乂.资暇集:卷上[M]//景印文渊阁四库全书:第 850 册.台北:台湾商务印书馆,2008:148.

[2] 吴小如.古籍整理中的点、校、注、译问题[M]//国务院古籍整理出版规划小组.古籍点校疑误汇录:3.北京:中华书局,1989:4.

[3] 阮元.十三经注书:礼证正义[M].北京:中华书局,2009:3297.

《说文解字》:"章,乐竟为一章。"①用在文章著作中,则表示陈义已尽、说事以终的意思。章句之学,最初就是辨明句读之学。清武亿《句读叙述》:"汉氏诸儒,分章析句,各自为业。其于经读,必由师传授受,转多异同。今检《释文》,略存梗概,或一句离为二三,或二句并作一读,又或一字上承句末,亦可成文,下属句首,义亦两通,皆兼取并采,是其例也。"②吕思勉《章句论》说:"古所谓章句者,实后世画段点句之类。故《论衡》谓'文字有意以立句,句有数以连章,章有体以成篇'也。"③章句本是分章析句、辨明句读之义,后因文字和句读的不同而引起说解的不同,又因说解的不同而形成了不同的学派。汉代的经学著作往往以各家章句命名,如《春秋》有《公羊章句》《穀梁章句》;《尚书》有大小《夏侯章句》《欧阳章句》;《易经》有施、孟、梁邱氏章句;等等。这些不同学派的章句,就是由于经书文字、句读的不同和经义理解的分歧而逐渐形成的。

句读和现代的标点符号是既有联系又有区别的两个概念。现代的标点符号体系,是在19世纪末引进西方标点符号的基础上,又对我国传统的句读符号加以改造,逐步综合改进而形成的。例如西方标点以"·"为句号,我们废掉不用,而改用民族化的"。"。"·"在现代汉语标点中改作间隔号和着重号使用。如果用现代标点符号来规范传统的句读,那么如前所述,句读大致相当于现代标点符号的句号和逗号。而句号和逗号是各类书籍、文章使用最频繁的符号,因此句读可以说是最简单、最基本,也是最主要的标点符号。有了正确的句读,就基本能读通读懂文义,不至于产生误解。但是,对于书面语中需要用标点符号来表达的感情、语气、声调,以及用标点符号来标示的名称事物等内容,句读就无能为力了,而需要系统、完整的现代标点符号来解决了。举个例子:

---

① 段玉裁.说文解字注[M].上海:上海古籍出版社,1981:102.
② 武亿.句读叙述[M]//授堂遗书:第1册.北京:北京图书馆出版社,2007:292.
③ 吕思勉.章句论[M].上海:商务印书馆,1934:3-4.

孟子曰:"不教民而用之,谓之殃民。殃民者,不容于尧舜之世。一战胜齐,遂有南阳,然且不可……"慎子勃然不悦曰:"此则滑厘所不识也。"(《孟子·告子下》)①

通过这一段中的省略号,读者很容易就能体会到孟子话未说完就被打断的语气和慎子好战心切、气势凌人的情态。如果只用传统的句读符号而不用省略号,那么对话中的语气、感情就很难察觉。因此,从这个意义上说,句读只是现代标点符号的一个组成部分。

我们之所以用"分析句读"作为此节的名称,而不用古籍的标点符号之称,是出于两个方面的考虑:一、句读在标点中是数量最多的内容,同时也是阅读古籍的最主要的障碍。标点方面的理解错误绝大多数是因不明句读造成的。不明句读就不能读懂古书,更不用说体会、分析其语气和思想感情了。二、句读是中国学术的传统概念,用现代标点符号学的观点看,它大致相当于句号和逗号,但古人运用这个概念的范围很广,包括章句的划分、语句的点断、句读错误的辨析、音读的点发,以及语气、情感的分析说明,等等。因此,句读之学实际上就是中国古代所特有的标点符号之学,只是符号系统的运用较为简单而已。因此,我们以"分析句读"为名,实际内容则讨论有关古籍标点的各个方面。

二 分析句读的重要性

任何一项古籍整理与研究工作都必须首先从辨明句读开始。训诂作为一项综合性的古籍整理与研究的工作,更必须以辨明句读作为基础。句读不明,连古书都读不通,又何谈训诂?诚如顾炎武在《日知录》中所言:"句读之不通,而欲从事于九丘之书,真可为千载笑端矣。"②

能否正确地分析句读,直接关系到能否正确地理解文义。正确的句读,是正确理解和解释的基础。而错误的句读,则会造成理解的混乱,或者歪曲作者的原意,或者误解历史事实,甚至还会人为地制造某

---

① 郭超.四库全书精华[M].北京:中国文史出版社,1998:771.
② 顾炎武.日知录集释[M].上海:上海古籍出版社,2006:1746.

些"千古不解之谜",尤其是书籍印行以后,影响及于后人,贻害无穷。因此句读虽然只是圈圈点点,却负载着沉重的历史责任,不可不慎。因句读不当而造成的对词义、语法、表达方法、言语情态和思想内容的理解误差,在古籍整理中屡见不鲜。

> 弈秋,通国之善弈者也。使弈秋诲二人弈,其一人专心致志,惟弈秋之为听;一人虽听之,一心以为有鸿鹄将至,思援弓缴而射之,虽与之俱学,弗若之矣。为是其智弗若与?曰非然也。(《孟子·告子上》)①

这是一则寓言。全段的句读大都没有什么歧义,只有"虽与之俱学弗若之矣"一句有两种不同的读法。大多数人在"学"字后点断如上。清人武亿《群经义证》则读为"虽与之俱,学弗若之矣"。②"学"字属上读是动词——学习,属下读是名词——学问、学到的知识。可见句读的不同也会造成词义理解的分歧。

> 厩焚。子退朝,曰:"伤人乎?"不问马。(《论语·乡党》)

这也是人们分析句读经常引用的例子。这句话的后半部分"曰伤人乎不问马",有三种不同的句读。上面的引文是一种。第二种,《经典释文》:"一读至'不'字绝句。"即"曰:'伤人乎不?'问马"。第三种,清武亿《经读考异》说:"是'不'宜作一读,'问马'又作一读。依文推义,尤于圣人仁民爱物,义得两尽。"据此则当点作:"曰:'伤人乎?''不。'问马。"③这三种不同的读法,对此章的思想内容及孔子作为圣人形象的影响十分明显。第一种读法,表明孔子只关心人的安危而不管马的死活。第二种读法,表明孔子所关心的只是马,却故作姿态地问一句人,然后紧接着问马,表现了一种虚伪的情态。第三种读法,则表现了孔子作为圣人,既仁民又爱物的思想境界:首先把人的安危放在第一位,体

---

① 焦循. 孟子正义[M]. 北京:中华书局,1987:781.
② 武亿. 群经义证[M]//授堂遗书:第1册. 北京:北京图书馆出版社,2007:531.
③ 程树德. 论语集释[M]. 北京:中华书局,1990:712-713.

现了仁民；当得知不曾伤人时，又问是否伤了马，体现了爱物，从而达到了崇高道德品质的完美统一。我认为，第一种读法是较为适宜的，既比较真实自然、合乎情理，也无损于孔子的形象。第二种以"不"字为疑问词又与"乎"字连用，不合《论语》句法。第三种读法则是出于对圣人的崇拜，认为圣人"仁民而爱物"的道德品质应该完美无缺，其实这种读法反而会使人物形象虚伪做作。这是因句读不同而引起思想内容变化的典型例证。从这个例子也可以看出，点读作为理解的过程，读者会不可避免地以自己的理解为基础，去体会、揣摩原文之义，得出与作者不尽相同的结论。

类似上述的句读问题，在古籍中不胜枚举，这里只是蜻蜓点水式地略举数端，以说明分析句读之重要，标点古籍之不易。总之，句读问题不容忽视。不明句读，就不能读懂古书；句读不当，就会人为地造成史识的失误或理解的偏差。可以说句读既是阅读和理解古籍的基础，又是整理和研究古籍的出发点。

三　如何分析句读

古今分析句读，不外三种方式：一是为古书加上标点符号，即标点古籍；二是撰写专书、专文；三是在训诂中加以分析。标点古籍，是近现代西方标点符号传入中国并被普遍使用之后逐渐兴盛起来的一项古籍整理工作。尤其是中华人民共和国成立以来，以点校形式整理的古籍日见其多，成果丰富，在现代古籍整理事业中占有很大比重。撰写专书、专文是古今常用的分析句读的方式。如王念孙《读书杂志》，王引之《经传释词》，王筠《说文句读》，俞樾《群经平议》《诸子平议》，马建忠《马氏文通》，孙德谦《古书读法略例》，都有部分章节篇次论述古书句读，或分析古人句读的失误。再如杨树达《古书句读释例》、吕叔湘《〈通鉴〉标点琐议》以及中华书局出版的《古籍点校疑误汇录》一至五辑所收论述古书标点失误的大量文章等，都是分析句读的专书专文。

训诂中分析句读也是古今常用的方式，而且是最重要的方式。在古代，注释一般都采用双行小注的形式，在需要解释的字词之下加上注文,注文出现之处,往往都是需要断句之处。因此,通过双行小注的位置及其内容,大致可以判定注者对该书的句读分析。现代注释,如果是未经标点的古书,则先要分析句读之后再注;如果是标点过的古书,也要先对其标点的正确与否做出分析判断,然后才能着手注释。因此,可以说分析句读是搞好注释的先决条件。有些注释是直接对句读加以分析的,如《左传·哀公十六年》:"许公为反袥,遇之,曰:与不仁人争明,无不胜。"杨伯峻注:"杜《注》以'明'字属下读,误,今从王念孙读,详王引之《述闻》。争明,争强也。杜《注》:'不仁人谓之伯季子也。'"①更多的注释并不直接分析句读,而是在解释词义的过程中表达自己对句读的理解。如《老子》:"故常无欲以观其妙常有欲以观其徼。"王弼注:"妙者,微之极也。万物始于微而后成,始于无而后生。故常无欲空虚,可以观其始物之妙。""徼,归终也。凡有之为利,必以无为用;欲之所本,适道而后济。故常有欲,可以观其终物之徼也。"②从注文可以看出,王弼读此,第一句以"常无欲"作一读,第二句以"常有欲"作一读,当标点为:"故常无欲,以观其妙;常有欲,以观其徼。"王弼对句读的分析是通过词义的注释反映出来的。孙德谦《古书读法略例》不同意王弼的句读,他说:"则其读法,以无欲、有欲连文,未为得也。此当于常无、常有用点。何也?上云'无名天地之始,有名万物之母',今既承无名、有名说,故曰'常无,欲以观其妙;常有,欲以观其徼'。言名而常无,则将欲以观其妙;名而常有,则将欲以观其徼。自不知常无、常有之当用点,致成为无欲、有欲矣。……王氏无欲、有欲之说,是未融会此章之义,因增出欲字为训。其失即在常无、常有,不明用点之法耳。"③孙氏的分析,看上去颇有道理,释义也符合老子的哲学概念,但对照马王堆汉墓出土的帛书《老子》,则可以发现孙氏的标点是不确的。《老子》这两句,帛书甲本作:"〔故〕垣无欲也,以观其眇(妙);恒有欲也,以观其所噭(徼)。"

---

① 杨伯峻.春秋左传注[M].北京:中华书局,1981:1699-1700.
② 王弼.老子道德经注[M]//王弼集校释.北京:中华书局,1980:1-2.
③ 孙德谦.古书读法略例[M].上海:上海书店出版社,1983:214-215.

乙本作："故恒无欲也，〔以观其妙〕；恒又（有）欲也，以观其所噭（徼）。"①两个本子都在"无欲""有欲"之后加了"也"字。"也"字在这里是表示停顿作用的虚词，可见早在王弼之前，这两句就被读作"常无欲，以观其妙；常有欲，以观其徼"，说明王弼的分析是有所据而云然，是正确的，而孙氏的读法只是他个人对老子思想的体会，未必与原书所表达的思想相合。

现在谈谈如何分析句读的问题。

分析句读，实际上是对阅读古书能力的一种考验。阅读能力强，分析句读也就较为准确，否则失误就较多。阅读古书的能力包括多方面的内容，不仅要有丰富、系统、扎实的古汉语知识，还要具备校勘学、版本学、目录学以及古代文化史方面的知识。无论哪个方面的知识有所欠缺，都可能会在分析句读中出现失误。所以顾颉刚说："古书的标点是一件大事，非语言学、历史学、古文籍校订学都有很高的成就时是不会达到完满的地步的。"②这句话无疑是正确的。但知识经验的极大丰富不是一朝一夕的事，需要刻苦钻研，长期积累。而我们不可能等到读尽天下之书，各种知识都了然于胸之后再来从事古籍整理。而且知识是没有止境的，即使学富五车，也仍然会有未曾涉及的领域，也仍然可能出现错误，任何人也不能保证自己的句读分析百分之百正确。所以我们只能边干边学，掌握了必要的基础知识和基本方法之后，在整理古籍的实践中努力学习，积累知识，丰富经验，不断提高。这里，我们结合常见的句读错误，简单地提出一些分析句读的基本要领。

(1)从分析词义语法入手分析句读

分析句读的目的是为了读通古书，而读通古书最基本的要求是搞清楚每一个词的含义和词与词之间的语法关系，只要理解了词义和语法，就能大致上读通古书了。分析词义和语法，要先易后难，先把容易读通的地方点断，然后再解决难点。举个例子：

---

① 高明.帛书老子校注[M].北京:中华书局,1998:224.帛书甲本"恒"宜作"恒"。
② 顾颉刚.秦汉的方士与儒生[M].上海:上海古籍出版社,2005:227.

尧待天下悉平,谓既历试诸艰,齐七政,类上帝,辑五瑞,作教刑四罪,而天下咸服,然后令舜摄行天子之政也。①

这是焦循《孟子正义》"万章章句上"中的一段。其中大部分句子都比较好懂,容易点断,这里略而不论,只有"齐七政类上帝辑五瑞"几句较为难读,不少人点作"齐七政类,上帝辑五瑞"。这里的关键是"类"字没有读懂。要解决此句的句读,首先要从语法分析入手。此句中的三个名词性词组是比较容易看出来的,即"七政""上帝""五瑞"。"七政"指日、月和金、木、水、火、土五星。《尚书·尧典》:"在璇玑玉衡,以齐七政。"②即是指此。一说"七政"指春、夏、秋、冬、天文、地理、人道。"五瑞"指五种玉,是天子赐给公、侯、伯、子、男五等爵位的玉佩。"辑五瑞"是说把赐给诸侯的玉佩聚敛起来,重新班爵禄。但即使是对七政、五瑞的内涵不甚了解,只要具备古汉语和古代文化的基本常识,那么这三个名词性词组也是不难判断的。余下的三个字"齐""类""辑"中,"齐"和"辑"的动词性质也很容易确定。"齐七政""辑五瑞"显然是两个动宾结构的短句,这样夹在两句之间的"类上帝"也大致可以确定为动宾结构的短句。至此就可以初步标点为"齐七政,类上帝,辑五瑞"了。但要想对标点不存疑义,还要对"类"的词义进行分析。从"类"的本义和引申义来考虑,"类上帝"无论如何也讲不通。《说文解字·犬部》:"类,种类相似,唯犬为甚。"段玉裁注:"说从犬之意也。类本谓犬相似,引伸假借为凡相似之称。《释诂》、毛传皆曰:类,善也。释类为善,犹释不肖为不善也。"③如果硬要按照这样的意义理解,就难免会使句读出现失误。此时就要考虑是否有通假字的可能。其实"类"正是"禷"的通假字,"禷"是祭天之名,《尧典》有"肆禷于上帝"④可证。"类上帝",即"禷上帝",也就是祭祀上帝。至此,则可以确定"齐七政,类上帝,辑五瑞"的标点是正确的。

---

① 焦循.孟子正义[M].北京:中华书局,1987:614.
② 阮元.十三经注疏:尚书正义[M].北京:中华书局,2009:265.
③ 段玉裁.说文解字注[M].上海:上海古籍出版社,1981:476.
④ 同上 4.

（2）从上下文的思想内容和逻辑关系出发分析句读

有些句子，从语法和词义上看，各种不同的读法似乎都讲得通，很难分辨出正误，这就需要从思想内容和语义的逻辑关系角度做进一步的辨析。例如：

> 晋人有冯妇者，善搏虎，卒为善士。则之野，有众逐虎，虎负嵎，莫之敢撄，望见，冯妇趋而迎之。冯妇攘臂下车，众皆悦之，其为士者笑之。（《孟子·尽心下》）

这一段中，句读有争议的是"卒为善士则之野有众逐虎"。赵岐注："善士者，以善搏虎有勇名也，故进之以为士。之于野外，复见搏虎者。"赵岐读为"卒为善士。则之野，有众逐虎"。焦循《孟子正义》引刘昌诗《芦浦笔记》云："余味此段之言，恐合以'卒为善'为一句，'士则之'为一句，'野有众逐虎'为一句。盖有搏虎之勇而卒能为善，故士以为则；及其不知止，则士以为笑也。"又引周密《志雅堂杂抄》云："一本以'善'字'之'字点句，前云'士则之'，后云'其为士者笑之'，文义相属，于《章旨》亦合。"①依这两家的说法，则当读为"卒为善，士则之。野有众逐虎……"。从语法和词义的角度看，这两种读法都说得通，但如果从上下文的逻辑关系看，那么当以后一种读法为是。"士则之"与"其为士者笑之"相呼应，有了"士则之"，"士者笑之"句才有了着落，否则事情的叙述显得很不完整。

（3）掌握必需的知识，勤翻多查各种参考资料

分析句读的失误，除了古代汉语（包括文字、音韵、训诂）方面的原因之外，有很大一部分是由于对古代文史、典章名物和版本目录等方面的知识有所欠缺所致。因此，不是精通了古代汉语就能顺利地标点古籍，还要有较高的文史修养，掌握各种有关的知识才行。关于古代的各种知识，虽不敢说没有止境，但穷一人之力，毕一生之时，恐怕也很难说全部掌握，所以前人所云"读天下书未遍，不得妄下雌黄"②的审慎态度

---

① 焦循.孟子正义[M].北京：中华书局，1987：988.
② 颜之推.颜氏家训集解[M].北京：中华书局，1993：235.

是可取的,但真要等到读尽天下之书再来标点古籍却是不现实的。我认为,分析句读较为切实可行的正确态度应该是:一要尽可能多而详地掌握有关的知识;二要慎重地对待每一个圈圈点点,反复核查,凡涉及有关史实或引用其他资料之处,一定要查对原书。勤翻多问,避免疏漏。

因不明史实和典章名物而出现的句读错误,是较为常见的。举两个例子:

> 后陵复至北海上,语武:"区脱捕得云中生口,言太守以下吏民皆白服,曰上崩。"武闻之,南乡号哭,欧血,旦夕临。
>
> 数月,昭帝即位。数年,匈奴与汉和亲。(《汉书·苏武传》)①

按照这一段标点阅读,会使人理解成汉武帝死了数月之后昭帝才即位,这不符合史实。实际上昭帝是在汉武帝死后的第二天就即位了。《汉书·武帝纪》:"丁卯,帝崩于五柞宫。"《昭帝纪》:"戊辰,太子即皇帝位,谒高庙。"②标点者对这一段史实不太熟悉,随手点断,故有此误。正确的标点应当是:"……武闻之,南乡号哭,欧血,旦夕临数月。昭帝即位数年,匈奴与汉和亲。"意思是,苏武听到武帝死讯,日夜哀痛达数月之久。这种不明史实的失误并不难避免,只要认真翻阅前面的或其他书的有关记载,就能搞清楚。

> 寇公在长安,走马承受奏其僭侈,真宗以问王魏公旦。(《旧闻证误》)③

"走马承受"是宋代的官名。《宋史·职官志》:"走马承受,诸路各一员,隶经略安抚总管司,无事岁一入奏,有边警则不时驰驿上闻。"④若标点者不明宋代官制,把"走马承受"中间点断,分属上下句,就会使文义变成因为寇公在长安走马而获僭侈之罪,令人费解。

---

① 班固.汉书[M].北京:中华书局,1962:2465-2466.
② 同上 211;217.
③ 李心传.旧闻证误[M].北京:中华书局,1981:12.
④ 脱脱,等.宋史[M].北京:中华书局,1985:3962.

以上这些句读的失误，都是由于不明史实和典章制度造成的。中华民族有五千年的文明史，我们不可能把每一个历史细节和每一个典章制度都烂熟于心之后再来标点，但要对某一段历史和某些有关的典章制度有较为深入细致的了解还是不难做到的。一般来说，一部古籍所涉及的历史知识总是有限的。因此，当我们开始着手整理某一种古籍时，应该注意两个问题：一、先浏览全书，了解所涉及的史实及典章制度的范围，有不了解的或拿不准的，则要先搞清楚，做到心中有数，然后再开始断句。二、点读时遇到不甚明了的问题，不要仅凭主观臆断轻易放过，而要从语义、语法、逻辑关系、思想内容等角度加以分析，如果仍觉不通，则要进一步查对有关资料解决。如将"寇公在长安走马承受奏其僭侈"点成"寇公在长安走马，承受奏其僭侈"，在语法上没有错误，但从思想逻辑上看则不通，此时就应慎重其事，搞清楚之后在点断，如果贸然点断就可能会发生错误。

因古籍目录知识以及某些古书体例有所不明而出现的错误，在各类古籍的标点中也有不少，如：

《孟子》《墨子》《尸子》皆称纣谥法残义，损善，曰：纣盖死后人谥之也。（《水经注校》）

正确的标点应当是："《孟子》《墨子》《尸子》皆称纣。《谥法》：'残义损善曰纣。'盖死后人谥之也。"[1]这是不明《谥法》是一部书以及其书内容所导致的错误。这个错误是较为严重的，因为《谥法》作为书名是古籍目录学的一般性常识，每一个有能力标点古书的人都应该知道。我在批改学生作业时，也偶尔发现这类错误。如"《曲礼》：五十曰艾"有人点作"《曲礼五十》曰艾"，"程氏《考古篇》"有人点作"《程氏考古篇》"，"孔氏广森《经学卮言》"有人点作"孔氏《广森经学卮言》"，"程氏瑶田《通艺录》"有人点作"程氏《瑶田通艺录》"，这些都是由于古籍目录知识有所欠缺所致。初学者在练习过程中出现这类错误是难免的，随着知识的

---

[1] 赵新德.《水经注校》标点疑误[M]//国务院古籍整理出版规划小组.古籍点校疑误汇录：3.北京：中华书局，1989：388.

积累和学术修养的提高,这类错误会越来越少。但在正式出版物上实在不应该出现这类错误。

《博雅》曰:朱明曜灵。东君,日也。(《楚辞补注》)

这是不明古书体例而致误。《博雅》即《广雅》,其书体例之一是先罗列一些被解释语词,然后用一个解释词加以解释,所以应点作:"《博雅》曰:朱明、曜灵、东君,日也。"[1]意思是朱明、曜灵、东君都是日的称谓。

纠正上引数例的错误,没有什么规律性可言。一个最简单的方法是,凡援引、涉及他书而又心有疑惑时,一定要老实谨慎地查对原书,真正弄懂、弄通之后再往下进行。切不可强不知以为知,仅凭主观臆断草率从事。这样庶几可以少出现失误,使古籍整理的质量有所提高。

参考文献

裘锡圭.文字学概要[M].北京:商务印书馆,1988.

王力.汉语史稿[M].北京:科学出版社,1957.

何九盈,蒋绍愚.古汉语词汇讲话[M].北京:北京出版社,1980.

符淮青.现代汉语词汇[M].北京:北京大学出版社,1985.

洪诚.训诂学[M].南京:江苏古籍出版社,1984.

陆宗达,王宁.训诂方法论[M].北京:中国社会科学出版社,1983.

齐佩瑢.训诂学概论[M].北京:中华书局,1984.

胡朴安.中国训诂学史[M].上海:商务印书馆,1939.

周大璞.训诂学初稿[M].武汉:武汉大学出版社,1987.

杨端志.训诂学[M].济南:山东文艺出版社,1986.

汪耀楠.注释学纲要[M].北京:语文出版社,1991.

董洪利.古籍的阐释[M].沈阳:辽宁教育出版社,1993.

(董洪利撰,马昕、吴沂沄修订)

---

[1] 屈原.楚辞[M].长沙:岳麓书社,2011:74.参见吴广平《东君》题解。

第六章 辑佚与辨伪

古籍文献流传至今,其内容或形态不免发生一些变化。最常见,同时也是对古籍的研究工作影响最大的变化有两类:其一,散佚;其二,作伪。针对这两种变化,古文献学科相应产生两项工作——辑佚和辨伪,以便实现对古籍全面、科学的整理。

第一节 辑 佚

辑佚是针对散佚文献的整理活动。辑佚工作有其独立的工作方法与工作程序,同时也需要跟古文献学科中的目录、版本、校勘、辨伪等分支学科相配合,方能达成良好的辑佚效果。

一 什么是散佚文献以及散佚文献的类型

散佚文献是辑佚工作的对象。散佚文献是指那些已知确实存在过[①],后来因失去原始存在状态而为人们不易获见的文献。《汉书·艺文志》中著录的书籍,到梁代阮孝绪编定《七录》的时候就已经亡佚了552家,仅存44家[②]。散佚文献的类型大致可以分为三类:

[①] 如书目著录过、有人征引过、同时代的人提到过等。至于近年来出土的历史上未见任何记载的古书,诸如长沙马王堆帛书中所见《经法》《十大经》《称》《道原》等文献,则不属于我们所说的辑佚工作的范围。有关出土文献的研究整理,因近年所获资料颇富,已形成专门的"简帛学"。

[②] 阮孝绪.七录序:古今书最[M]//严可均.全上古三代秦汉三国六朝文.北京:中华书局,1958:1674.

1. 散佚之书

　　散佚之书是指某书作为独立的文献在历史上曾经存在并流传过，而在后世此书作为独立的文献已经不存，只有个别篇章字句以某种形式被其他文献转引而保存下来。如，东汉王朝四次递修而成的《东观汉记》，是记述东汉史事的第一手资料，其中的许多资料不见于南朝人范晔所修的《后汉书》，故深为治东汉史者重视。魏晋时期此书与《史记》《汉书》并称为"三史"。然早在董卓之乱时此书已有散佚。尽管如此，《隋书·经籍志》仍著录有 143 卷，而到宋代的《直斋书录解题》仅记为 10 卷，《宋史·艺文志》只著录为 8 卷，可知此书在唐宋间迅速散亡。至明中叶，10 卷或 8 卷本也已不传，仅一些零篇散句见载于类书、史注等文献中。清乾隆朝修《四库全书》，馆臣据《永乐大典》各韵所载辑录为 24 卷本，颇有功于学林。

2. 散佚之篇

　　散佚之篇是指某些作品确系某作家（或某一时期）的创作，但在编辑该作家作品全集（或该时代之总集）时，由于某种客观或主观的原因，这些作品未能网罗收录在内。如，《诗经》是一部汇集上古至春秋时代诗歌谣谚的作品总集，然而先秦著述中所引之诗未见于《诗经》者亦复不少，这些诗篇通常被称为"逸诗"。对此现象，古人曾提出过两种解释：一是说这些诗是在"采诗"过程中未被采入的；一是说这些诗是由整理《诗经》的人删除的。无论是何种原因，都造成了这些诗歌成为散佚之篇。

3. 脱佚之文

　　脱佚之文是指在某些看似完整传世的文献中，实际上存在着曾被其他文献征引却不见于其传本的文句。如，司马迁所作《史记》，据其自序来看为 130 篇，今所见亦为 130 篇，似为完书。事实上，此书西汉时已有缺佚，汉元、成帝时博士褚少孙曾做过一次补撰，到班固撰《汉书》

时又有"十篇缺,有录无书"①,故今所见之"全本"可能是后来又有人补撰而成的。南宋洪迈《容斋三笔》卷一"上元张灯"条曾经提到《太平御览》所引《史记·乐书》之文为今本所无。② 清人王仁俊曾以《白氏六帖》《十一经问对》《太平御览》等书所引《史记》之文与传本相校,得《史记佚文》1卷,皆传本《史记》所无者。

上举诸例中,《诗经》《史记》都是流传有绪的重要典籍,尚且会发生散佚,由此推知,散佚文献之量绝非小数。所以说:"汉、隋、唐、宋之史,俱有《艺文志》,然《汉志》所载之书,以《隋志》考之,十已亡其六七;以《宋志》考之,隋、唐亦复如是。"③可见辑佚工作不可或缺。

二 什么是辑佚以及辑佚工作的意义

辑佚,是指将散见于现存文献中的散佚文献逐一摘录出来,按一定的方法加工后编辑成文(篇、册),使散佚文献得以复现、流传的文献整理活动。清末皮锡瑞总结清代经师有功于后学者有三事:"一曰辑佚书""一曰精校勘""一曰通小学"。④ 而辑佚之事居其首,由此可见辑佚工作之重要。

1. 恢复旧典

从辑佚工作的概念来看,其最直接的成效就是将散佚文献钩稽出来,使之重获流传。这对于发掘中华民族丰富的文化资源,无疑是有意义的。据统计,在中国3000多年的文字记述史中,见于记载的典籍约有18万部,其中散佚不传的多达7万余种。这样大量的文献失传,直接影响了准确描述我们民族的文化发展状况、科学进步水平等问题。如《太平御览》卷三六引《尚书·考灵曜》的一条佚文:"地恒动不止,人

---

① 班固.汉书:司马迁传[M].北京:中华书局,1962:2724.
② 洪迈.容斋随笔:三笔卷一[M].北京:中华书局,2005:434.
③ 马端临.文献通考[M].北京:中华书局,2011:自序15.
④ 皮锡瑞.经学历史:经学复盛时代[M].北京:中华书局,1959:330-331.

不知,譬如人在大舟中,闭牖而坐,舟行不觉也。"① 此条文字虽简,却反映了汉人对宇宙天地运动的科学认知以及运动相对性问题的了解。类似的佚文对于中国古代哲学史、科技史的研究都是非常重要的,因此有必要将其辑录汇集起来。

2. 完备资料

尽可能全面地辑录一个时代的文献,对于准确描述一个时代的政治、经济、思想、文化发展水平等都是必要的。如《续资治通鉴长编》《建炎以来系年要录》《宋会要》等重要典籍从《永乐大典》中被辑录出来,使治宋史者可资使用的资料更加完备,也可使宋史研究臻于准确。又如鲁迅写《中国小说史略》,先从唐宋类书及其他著作中搜录辑编了《古小说钩沉》一书,自先秦迄隋,共得 36 种。打好材料的基础,才能更好地再现历史。

3. 保存文献

文献代有出现,亦代有消亡。如《永乐大典》在清乾隆年间作为重要的辑佚文献资源被使用过,使大量当时已经亡佚的重要典籍再现世间。然而不幸的是《永乐大典》这部书却在官吏的监守自盗与八国联军的炮火中流散甚至损毁,倘若不是事先做过辑佚,那么文献的损失将更加惨重。

4. 存目备考

有时,散佚文献的原文已无从辑录,而文献的名目尚可考见,将这些资料汇集为佚书目录,此项工作对于了解文献流传或学术变迁的情况也是有帮助的。如北宋太宗雍熙元年,"诏:'三馆以《开元四库书目》阅馆中所阙者,具列其名,募中外有以书来上,第卷帙之数,等级优赐;

---

① 李昉.太平御览[M].上海:上海古籍出版社,2008:436.

不愿送官者,借本写毕还之。'自是四方之书往往间出矣"①。其后有《嘉祐访遗书诏并目》1卷、《求书目录》1卷,南宋有《秘书省四库阙书目》1卷、《秘书省续编到四库阙书目》2卷。这些书目在当时的作用是向民间搜访官府藏书所无者,今日再看,则可以帮助我们了解宋代官府藏书的存佚情况。

5. 合力作用

辑佚作为一种研究方法,与古籍版本、校勘、注释、辨伪等工作相配合,可以有效地加强其他工作的效果。如,与辨伪相结合,如果能够发现古人作伪时对有关佚文的依傍或增益,就容易发现作伪的痕迹,这类实践在古籍辨伪工作中屡屡出现。对于此,我们将在辨伪一节中详细介绍。

三　古书散佚的原因

造成图书文献散失、亡佚的原因很多,归结起来大体有如下几类:

1. 书厄说

"书厄说"最早由隋代牛弘提出。《隋书》卷四九《牛弘传》记载牛弘向隋文帝上书,把秦始皇下令焚书、王莽末年兵乱焚毁、董卓时吏民哄抢、五胡乱华之际文物荡然、梁灭亡时萧绎焚书等五件历史上重大的书籍毁灭事件称为"书厄"。明胡应麟《少室山房笔丛》卷一又补充了隋唐至宋末的灾厄,他说:

> 隋开皇之盛极矣,未几皆烬于广陵;唐开元之盛极矣,俄顷悉灰于安、史。肃、代二宗渐加鸠集,黄巢之乱复致荡然。宋世图史一盛于庆历,再盛于宣和,而女真之祸成矣;三盛于淳熙,四盛于嘉定,而蒙古之师至矣。然则书自六朝之后复有五厄,大业一也、天

---

① 毕沅.续资治通鉴[M].北京:中华书局,1957:290.

宝二也、广明三也、靖康四也、绍定五也,通前为十厄矣。①

当然,书籍的劫难不止在战乱水火,还有很多人为的禁绝。如王安石主政时曾将自己写定的《诗义》《书义》《周礼义》送国子监镂板,颁行天下学宫,学者争相传习,可谓盛极一时;后变法失败,新学遭禁,王著三经义及《字说》均被废弃,明代后期皆已亡佚。这是典型的"因人废言"。又如清朝修《四库全书》征书天下,凡具有反清思想的、涉及诋毁少数民族的书籍一律销毁查禁。② 孙殿起"据《禁书总目》《掌故丛编》《文献丛编》《办理四库全书档案》诸书考之,在于销毁之例者,将近三千余种,六七万部以上,种数几与四库现收书相埒"③。这则是"因言废书"。

综合来看,书厄的出现,有些与统治者的文化政策有关(如秦始皇焚书,历代文字狱等),有些与王朝更迭相关(如王莽篡汉,金军破汴),有些与管理者的管理不善有关(如水灾失火,监守自盗),有些与自然灾害有关。其中固然有天灾,但主要还是人祸,这是造成图书亡佚的重要原因,但不是唯一原因。

2. 文献传播的技术手段造成的散佚

在造纸术发明之前,文献的主要书写材料是竹简和缣帛,《墨子·兼爱》即有"书于竹帛"④之语。这两种材料,竹简笨重,每片所载字数有限,而且书写前须经过裁断、剖削、"汗青""杀青"等多道工序,费时费力;缣帛轻便,但价格昂贵,直到丝织业高度发达的汉代,一匹绢尚值六百余钱,相当于六石米的价格,绝非一般家庭所能使用得起。所以,在文献传播的早期,单位文献传抄的数量相对较少,而其经过漫长的历史年代散失的风险也就更大。根据陈国庆《汉书艺文志注释汇编》的统

---

① 胡应麟.少室山房笔丛[M].上海:上海书店出版社,2001:6.
② 由于中国自古以来就有所谓"华夷之辨"的思想,所以许多典籍里涉及少数民族政权或历史时往往有不甚公允持中的用语或记述;加上清统治者过度解读古代典籍中的民族意识问题,所以也造成此类典籍的大量禁毁。
③ 孙殿起.清代禁书知见录自序[M]//清代禁书知见录.北京:商务印书馆,1957:自序 1.
④ 孙诒让.墨子间诂[M].北京:中华书局,2001:120.

计,《汉书·艺文志》著录的先秦至西汉典籍 614 家,12990 篇,而至今存世的(包括残缺疑伪的在内)不过 90 余家,不到六分之一了。[①]

而且在书籍主要以传抄形式流传的时代,卷帙浩繁的书流传极不容易。如三国魏文帝时编的《皇览》千篇,传抄不易,至南北朝时已不见原书,只有节抄本存世,至隋朝时节抄本亦不存。又如南朝齐《四部要略》1000 卷、梁《华林通略》700 卷、北齐《修文殿御览》360 卷、唐《文思博要》1200 卷,皆因部头过大传抄不易,早已不存于世。

3. 文献自身学术水平造成的散佚

在雕版印刷术使用之前,书籍主要靠手抄流传,因此人们对抄录的书籍是有所选择的。质量好的流传日广,其他的流传日微,逐渐被淘汰而成为佚书。如根据《隋书·经籍志》的著录,总集的编纂始于挚虞的《文章流别集》,随后还有孔甯的《续文章流别》、刘义庆的《集林》、沈约的《集钞》、孔逭的《文苑》等十余家。梁代萧统的《文选》后出转精,因其选编质量、方法远胜前人,致使其前各家相继亡佚;《新唐书·艺文志》仅著录了《文章流别集》《文苑》二家,到《宋史·艺文志》时就只有《文苑》存世了。

雕版印刷术使用之后,书籍的传播手段固然先进了许多,但是书籍的质量仍然影响到书籍的流传。如北宋时先有薛居正所著《五代史》150 卷行世,后欧阳修又编《新五代史》74 卷,欧阳修死后,他编的《新五代史》由朝廷正式印行。这样一来,北宋年间薛、欧二史并行。但由于欧阳修名气大,其书体例亦严谨,文笔简洁,更适于封建统治者需要,到南宋宁宗开禧三年(1207),诏学官削去薛氏《五代史》,只存欧阳氏《新五代史》,于是薛史渐废。这种情况到今日仍然不变。

4. 由于观念落后引起的散佚

古人的文献观念较今天淡漠,所以往往不注意为某些稀有文献资

[①] 陈国庆.汉书艺文志注释汇编[M].北京:中华书局,1983:235;编例 1.

料保存副本,甚至于把图书视为奇货、古董,不肯借人浏览,更不用说允许别人录副了;有时也会因为一些政治上的考虑而限制文献的散布。官文书是了解一代社会政治现实最直接的史料,但是它们历来不向社会流通,深藏宫中或官府,世为秘籍。这样的文献遇到天灾人祸,最易亡佚。自汉至宋的历朝实录,命运莫不如此。又如明代所修《永乐大典》22877卷,征引上古至明初各类图书文献七八千种,其中有许多是今已无传本的宋元以前旧籍。此书编成后只抄录了一部,藏于南京文渊阁。永乐迁都后,又移至北京故宫文楼(即文昭阁)。嘉靖四十一年,誊写副本一部,分藏文渊阁和皇史宬。明末清初,正本下落不明;雍正年间,副本收藏在翰林院;乾隆年间修《四库全书》时,发现《永乐大典》有1000余册不知所终;光绪元年仅存5000余册;光绪二十六年八国联军入侵北京期间曾火烧翰林院,此书遭到毁灭性的破坏,至今尚存者仅为百分之三四。幸而在乾隆年间编修《四库全书》时曾从中辑录了330种已失传的古佚书[①],如《旧五代史》《续资治通鉴长编》等。即便如此,《永乐大典》一书损毁所造成的文献灾难仍是不可挽回的。

中国古代有重德轻艺的传统,孔子曾说:"上好礼,则民莫敢不敬;上好义,则民莫敢不服;上好信,则民莫敢不用情。夫如是,则四方之民襁负其子而至矣,焉用稼?"[②]此观念非常不利于科技图书的传播。如秦始皇焚书,主要是针对儒家经典、百家之书和各国史书,而兵书、农书、医书等生活、技术之书并不在焚毁之列。但由于儒家经典有利于政治教化,史书也对当代统治者有借鉴作用,因此这些被列入焚书之列的典籍后来又大量出现流传,相反不在焚书之列,而见于《汉书·艺文志》的农书、医书几乎全部失传,成为佚书。马端临说:"医药、卜筮、种树之书,当时虽未尝废锢,而并未尝有一卷流传于后世者。以此见圣经贤

---

① 此外收入"存目"的还有118种。这一部分书有无辑本,目前学界尚无统一认识。曹书杰.《四库全书》采辑《永乐大典》本数量辨[M]//张舜徽.中国历史文献研究:2.武汉:华中师范大学出版社,1988:258-260.

② 阮元.十三经注疏:论语注疏[M].北京:中华书局,2009:5446.

传,终古不朽;而小道异端,虽存必亡。"①由此可见古人的观念如此,竟至于对这些书的亡佚毫无痛惜之情。

5. 集大成性质的书籍出现造成早期文献散佚

集大成性质书籍的出现,往往伴随着大量早期文献的散佚。这是一种具有综合性质的情况:有时与早期文献质量不佳有关,有时与文献传播手段落后有关,有时与统治者的推崇有关,因此单列出来说明。

如郑玄是两汉古文献学集大成者,治学范围颇广,又兼涉今文、古文、纬学。他遍注群经,融会了今、古文的不同说法而加以折中。皮锡瑞说:"郑《易注》行而施、孟、梁丘、京之《易》不行矣;郑《书注》行而欧阳、大小夏侯之《书》不行矣;郑《诗笺》行而鲁、齐、韩之《诗》不行矣;郑《礼注》行而大小戴之《礼》不行矣;郑《论语注》行而齐、鲁《论语》不行矣。"②可见郑玄所注诸书对于汉代经学各家学说的替代作用之大。

又如元代学者戈直在《贞观政要集论》中说:"太宗兴起斯文,命颜师古考定五经,孔颖达撰定疏义,《易》主于王弼,《书》主于安国,《诗》主于毛、郑,《三礼》主于康成,杜预之《左传》,何休之《公羊》,范宁之《谷梁》,皆卓然显行于世,而其他数十百家尽废。"③就说明了唐代孔颖达所修《五经正义》的畅行,直接造成汉以来其他古注本的失传。

四 辑佚的方法

我国古代的辑佚实践活动历史很长。按照孙钦善《中国古文献学史》中的界定,东汉马融为辨伪《尚书·泰誓》利用过《春秋》《国语》《孟子》《荀子》《礼记》中的《泰誓》佚文,这已可视为一种辑佚活动。当然独立的辑佚之学应该说是从宋代开始的,其标志之一就是宋人开始注意总结辑佚工作的方法,渐渐形成一些有理论价值的认识。较早提出辑

---

① 马端临.文献通考:经籍考:总叙[M].北京:中华书局,2011:5190.
② 皮锡瑞.经学历史:经学中衰时代[M].北京:中华书局,1959:149.
③ 吴兢.贞观政要[M].长沙:岳麓书社,1991:257."范宁"当作"范甯",《谷梁》当作《穀梁》。

佚方法问题的是郑樵。

1. 郑樵的观点

郑樵的《通志·校雠略》①中，有16篇是探讨寻求古佚书的，今引录其主要者如下：

> 书有亡者，有虽亡而不亡者，有不可以不求者，有不可求者。《文言》略例虽亡，而《周易》具在。汉、魏、吴、晋鼓吹曲虽亡，而乐府具在。《三礼目录》虽亡，可取诸三《礼》。《十三代史目录》虽亡，可取诸十三代史。常鼎宝《文选著作人名目录》虽亡，可取诸《文选》。孙玉汝《唐列圣实录》虽亡，可取诸《唐实录》。《开元礼目录》虽亡，可取诸《开元礼》。《名医别录》虽亡，陶隐居已收入《本草》。李氏《本草》虽亡，唐慎微已收入《证类》。《春秋括甲子》虽亡，不过起隐公至哀公甲子耳。韦嘉《年号录》虽亡，不过起汉后元至唐中和年号耳。《续唐历》虽亡，不过起续柳芳所作至唐之末年，亦犹《续通典》续杜佑所作至宋初也。《毛诗虫鱼草木图》盖本陆玑《疏》而为图，今虽亡而陆玑《疏》在，则其图可图也。《尔雅图》盖本郭璞注而为图，今虽亡（,）有郭璞注在，则其图可图也。张频《礼粹》出于崔灵恩《三礼义宗》，有崔灵思《三礼义宗》则张频《礼粹》为不亡。《五服志》出于《开元礼》，有《开元礼》则《五服志》为不亡。有杜预《春秋公子谱》，无顾启期《大夫谱》可也。有《洪范五行传》，无《春秋灾异应录》可也。丁副《春秋三传同异字》可见于杜预《释例》、陆淳《纂例》。京相璠《春秋土地名》可见于杜预《地名谱》、桑钦《水经》。李腾《说文字源》不离《说文》，《经典分毫字样》不离《佩觿》。李舟《切韵》乃取《说文》而分声，《天宝切韵》即《开元文字》而为韵。《内外转归字图》《内外传钤指归图》《切韵枢》之类，无不见于《韵海

---

① 《通志》200卷，是一部通史。"二十略"为该书最精华的部分。《校雠略》是其中之一，由"二十一论"组成，每"论"之下有一段或数段文字，称为"篇"。《校雠略》中有关辑佚思想的论述主要分布在《书有名亡实不亡论》(1篇)、《阙书备于后世论》(1篇)、《亡书出于后世论》(1篇)、《亡书出于民间论》(1篇)、《求书之道有八论》(9篇)、《编次必记亡书论》(3篇)中。

镜源》。书评、书论、书品、书诀之类,无不见于《法书苑墨薮》;唐人小说多见于《语林》,近代小说多见于《集说》。《天文横图》、《圆图》、《分野图》、《紫微图》、《象度图》,但一图可该。《大象赋》、《小象赋》、《周髀星述》、《四七长短经》、《刘石甘巫占》,但一书可备。《开元占经》、《象应验录》之类,即《古今通占鉴》、《乾象新书》可以见矣。李氏《本草拾遗》、《删繁本草》,徐之才《药对》、《南海药谱》、《药林》、《药论》、《药忌》之书,《证类本草》收之矣。《肘后方》、《鬼遗方》、《独行方》、《一致方》及诸古方之书,《外台秘要》、《太平圣惠方》中尽收之矣。纪元之书,亡者甚多,不过《纪运图》、《历代图》可见其略。编年纪事之书,亡者甚多,不过《通历》、《帝王历数图》可见其略。凡此之类,名虽亡而实不亡者也。(《书有名亡实不亡论》)

古之书籍,有不足于前朝,而足于后世者。观《唐志》所得旧书,尽梁书卷帙而多于隋。盖梁书至隋所失已多,而卷帙不全者又多。唐人按王俭《七志》、阮孝绪《七录》搜访图书,所以卷帙多于隋,而复有多于梁者。如《陶潜集》,梁有五卷,隋有九卷,唐乃有二十卷,诸书如此者甚多。孰谓前代亡书不可备于后代乎。(《阙书备于后世论》)

凡星历之书,求之灵台郎。乐律之书,求之太常乐工。灵台所无,然后访民间之知星历者。太常所无,然后访民间之知音律者。眼目之方多,眼科家或有之。疽疡之方多,外医家或有之……《列仙传》之类,《道藏》可求。此之谓即类以求。

凡性命道德之书,可以求之道家。小学文字之书,可以求之释氏。如《素履子》、《玄真子》、《尹子》、《鹖子》之类,道家皆有。如《苍颉篇》、《龙龛手鉴》、郭迻《音诀图字母》之类,释家皆有……京房《周易飞伏例》,卜筮家有之。此之谓旁类以求。(《求书之道有八论》之一、二)[①]

---

① 郑樵.通志二十略[M].北京:中华书局,1995:1807-1808;1811;1813.

郑樵的这些论述,是他在编撰《通志》的过程中遍览当时尚存的书籍,发现其中保存着许多当时已经散佚的古书的内容,通过总结而得出的经验认识。这其中当然有言之过易的问题,下面我们会专门指出,但是概括他提到的这些例证,还是可以帮助我们:①了解辑佚书的一般方法:若前代书虽亡而晚出的征引之书尚存,则前代书实不亡。②掌握辑佚书的文献来源:同类书之间的互相援引,不同类书之间的相互借鉴。

2. 辑佚的文献资源

佚文可能散见于经、史、子、集各部类的图书文献中。但有些类型的图书由于编纂上具有征引群书的特点,其中保存的佚文较多。明人祁承㸁《澹生堂读书记·藏书训略》中说:"书有著于三代而亡于汉者,然汉人之引经多据之。书有著于汉而亡于唐者,然唐人之著述尚存之。书有著于唐而亡于宋者,然宋人之纂集多存之。每至检阅,凡正文之所引用,注解之所证据,有涉前代之书而今失其传者,即另从其书各为录出。"①这段话指明注释类的文献、纂集类的文献都可以成为辑佚古书时可资使用的文献源。这样的图书文献我们称之为主要的(或重要的)辑佚源文献。此种文献主要有:类书、史书、古注、地志、字书、杂钞、金石等。下面分别介绍。

(1) 类书

类书是指从许多图书中采辑材料,按照一定体系,分门别类编辑而成的书。类书的编纂方法决定了此类书成为最常用的辑佚文献源。明人胡应麟对于类书的辑佚作用有深刻的认识:"宋世不存而近时往往迭出者,又以钞拾类书得之。此皆余所自验,故知之最真。"②他还举例说:"宋初辑三大类书,《御览》之庞赜,《英华》之芜冗,《广记》之怪诞,皆艺林所厌薄,而不知其有功于载籍者不鲜也。非《御览》,西京以迄六代诸史乘煨烬矣。非《英华》,典午以迄三唐诸文赋烟埃矣。非《广记》,汲

---

① 祁承㸁.澹生堂读书记;澹生堂藏书目[M].上海:上海古籍出版社,2015:17.
② 胡应麟.少室山房笔丛:经籍会通四[M].上海:上海书店出版社,2001:46.

冢以迄五朝诸小说乌有矣。"①《四库全书总目》卷一三五类书类小序也说:"古籍散亡,十不存一。遗文旧事,往往托以得存。《艺文类聚》《初学记》《太平御览》诸编,残玑断璧,至捃拾不穷,要不可谓之无补也。"②从辑佚的角度来看,类书是保存佚文最多的图书类型之一,故从事辑佚者无不最先使用类书作为辑佚之源文献,所以阮元说:"存《御览》一书即存秦、汉以来佚书千余种矣。"③以类书作为源文献从事辑佚工作最有成效的,莫过于清人修《四库全书》时从《永乐大典》中辑录了大量古佚书。根据曹书杰的统计,《四库全书总目》著录和存目中的《永乐大典》本的数量是 516 种。④ 其他可资使用的类书还有《北堂书钞》《初学记》《白氏六帖》《艺文类聚》《册府元龟》《玉海》《事类赋》《山堂考索》《佩文韵府》《骈字类编》等。

(2) **史书**

中国的纪史传统源远流长。《礼记·玉藻》称"动则左史书之,言则右史书之"⑤,可知制度性的历史记载由来已久。后代的史家在著述时多注意采用前代史官记录下来的第一手资料以传实。如《汉书·司马迁传·赞》称:"司马迁据《左氏》《国语》,采《世本》《战国策》,述楚汉春秋,接其后事。"⑥《春秋左氏传》《国语》《战国策》今皆传世,而《世本》一书失传,因此后世辑佚《世本》的各家都注意利用《史记》中的资料。清人秦嘉谟《世本辑补自序》就说,"夫能述《世本》者,于汉莫如司马迁,于吴、晋莫如韦昭、杜预",于是以《史记》及《国语》韦注、《左传》杜解等书所采录者为本,补辑成编,⑦再以"正史"为参照,分帝系、纪、世家、传等

---

① 胡应麟.少室山房类稿[M]//《中华大典》工作委员会,《中华大典》编纂委员会.中华大典:文献目录典:文献学分典:文献总论、辨伪、辑佚总部.桂林:广西师范大学出版社,2015:583.
② 永瑢,等.四库全书总目[M].北京:中华书局,1965:1141.
③ 阮元.揅经室集:三集卷五:重刻宋本太平御览叙[M].北京:中华书局,1993:693.
④ 曹书杰.《四库全书》采辑《永乐大典》本数量辨[M]//张舜徽.中国历史文献研究:2.武汉:华中师范大学出版社,1988:258-260.
⑤ 阮元.十三经注疏:礼记正义[M].北京:中华书局,2009:3193.
⑥ 班固.汉书[M].北京:中华书局,1962:2737.
⑦ 秦嘉谟.世本辑补自序[M]//宋衷.世本八种.北京:中华书局,2008:秦嘉谟辑补本1.

篇目,多收诏令、奏疏、文赋、辞藻之类,因此史书也成为辑佚这些文献的重要资料。如清代严可均辑《全上古三代秦汉三国六朝文》[①],采自《史记》《汉书》《后汉书》《三国志》《晋书》及南北朝诸史的文章就很多;今人逯钦立辑《先秦汉魏南北朝诗》,附"引用书目"250余种,史书就居大半。

(3) 古注

一代人以一代之语言记事行文,后世人往往由于时代的隔膜或制度的变迁对前代史事不易理解,于是出现了注释家。最有名的是所谓"四大古注":裴松之的《三国志》注、郦道元的《水经》注、刘孝标的《世说新语》注、李善的《文选》注。此外尚有《史记》三家注——裴骃《史记集解》、司马贞《史记索隐》、张守节《史记正义》,颜师古的《汉书注》,胡三省的《资治通鉴注》,杜预的《春秋(左氏)经传集解》,韦昭的《国语注》,以及《十三经注疏》等,都是传世之名注。目前所知最早的辑佚书:北宋陈景元辑《相鹤经》就借重《文选》注。而《三国志》注引书150余种,宋以后已是十不存一;《水经》注注文是原书的20倍,引书400多种,其中有许多书已不传。因此古注尤为辑佚家看重,成为辑佚的又一宝藏。

(4) 地志

地志有专志(山志、水志、寺院志等)、地方志和一统志之分。它广泛而详细地汇集了一方(或全国)的建置、沿革、区域、山川、形势、关隘、古迹、寺观、物产、田赋、灾异、风俗、职官、人物、金石、艺文等资料,被称为"一方之全书"(章学诚语)。宋人乐史的《太平寰宇记》"征引繁富,多南宋以后所未见本"[②],其中所载亡佚地志就多达100余种,著名者有西晋《太康土地记》、梁代顾野王的《舆地记》、唐人李泰的《括地志》等。

---

① 严格说来,《全上古三代秦汉三国六朝文》并非历史上曾经存在之书,所以也不存在亡佚的问题,此类书的编成与清人普遍存在的集成思想有关。但是此类书的著作方式属于辑录,与辑佚的编辑方式有很大的相似性,而且此类书中的很多文章篇什又具有佚文的性质,所以将这类书籍也归于此做介绍。

② 洪亮吉.洪亮吉集:更生斋集:万刺史廷兰重校刊太平寰宇记序[M].北京:中华书局,2001:1008.

清代方志学派有"无一语不出于人"的主张,他们编纂的方志大致依循朱彝尊《日下旧闻》之例,搜辑旧文,排比资料,注明出处,显示"述而不作"的宗旨。这样编纂而成的方志保存的佚文肯定很丰富。来新夏在《方志学概论》中说:"旧方志中的艺文、金石、古迹等类目中,著录了大量当地人撰写或与当地有关的诗文、书目、题名、碑刻、民歌、谣谚等。这部分的内容往往种类繁多,数量惊人,其中不少具有珍贵价值,可以补正史和流行诗文集的不足……如从方志中可以找到《全唐诗》未曾收入的唐人作品,可以找到许多历史人物在本地留下的零星题咏、散失诗文、书画刻石等,为各类研究提供佐证。"①正好说出了方志在辑佚中的作用。

(5) 字书

字书在解释字的形、音、义时往往引录古文旧说为证,而字书作者著述时可见的典籍到今天可能已经散佚,这时字书中的引文就成为重要的辑佚文献源。如唐代僧人慧琳编撰的《一切经音义》100卷,是一部注释佛经字词义的典籍②,此书在注释过程中援引各类典籍700余部,其中大部分今已失传,著名的如郑玄注《尚书》《论语》,贾逵注《春秋左传》,孙炎注《尔雅》等。特别是书中引用古人字书颇多,如《苍颉篇》《字林》《文字指归》等。此书在国内长期失传,清光绪初年复得于日本,陶方琦从中辑出《苍颉篇》《字林》,顾震福辑《仓颉篇》《三仓》《劝学篇》《文字集略》等为《小学钩沉续编》,汪黎庆辑《字样》《开元文字音义》《韵诠》《韵英》4种为《小学丛残》,故丁福保称赞此书:"浩博无涯,洵足以俯视李善《文选》注、陆德明《经典释文》矣,实为辑隋唐前逸书之一大渊海。"③所以,古字书也是历代辑佚者常常采用的。

(6) 杂钞

杂钞一类的书多是摘录古书的某些资料而成,或依类编成,但分类不如类书严格细密、注明出处;或节抄某书中的精言轶事而记录原书之

---

① 来新夏.方志学概论[M].福州:福建人民出版社,1983:31.
② 该书注释了《开元释教录》入藏的全部佛经,多达1300部,5700余卷。
③ 丁福保.正续一切经音义提要[M]//释慧琳,释希麟.正续一切经音义.上海:上海古籍出版社,1986:5843.

名,类似于今天的读书摘录笔记。杂钞性质的古籍最重要的如唐人马总《意林》、魏徵等《群书治要》、林宝《元和姓纂》,宋人李昉《太平广记》、张镃《仕学规范》、曾慥《类说》等。古人于杂钞一类书中辑录佚书颇有收获。如北宋陈景元辑《相鹤经》就利用过《意林》;鲁迅辑《古小说钩沉》,于《太平广记》中采获颇多。

(7) 金石

金石类的文献既包括金文、石刻本身(或其拓本),也包括已经过转录印制成书本式的金石录之类的文献。我国古代在金石上铭刻文字的历史很久远。《墨子·兼爱下》说:"以其所书于竹帛,镂于金石,琢于槃盂,传遗后世子孙者知之。"① 由于金石载体易于保存,不像丝绸、竹简、纸张那样容易焚毁、霉烂和遭受虫蛀,所以常常被用来铭刻记录重大的历史事件等。清人辑佚时非常重视此类文献,如严可均辑《全上古三代秦汉三国六朝文》,就收录金石文字200余篇;《全唐文》也收录了一些金石文献。近代以来,考古发现的石刻文字颇多,加之有"二重证据法"② 的科学指导,学界颇重视以金石文献验证古书的记载,因此汇集各类金石文字的文献也不断面世,重要的如《唐代墓志汇编》《唐代墓志汇编续集》之类。

上面举例介绍了一些重要的辑佚源文献,同时也要提醒大家,辑佚时还要注意取资于同类型的图书。如所辑是地志类佚书,必须注意利用现存的地志书;所辑是小说类佚书,必须注意利用现存古小说书;所辑是医家类之佚书,必须注意利用现存的医书;余皆此类。清人周梦棠辑《元和郡县图志》,采录了《通鉴地理通释》(史注)、《玉海》《太平御览》(类书)中的佚文,反而忽略了《舆地纪胜》(史部地理类),等到缪荃孙补辑时就着重采录了此书,故能一举增补佚文数百条。

3. 散佚文献的认定

辑佚工作的首要任务就是搞清存、佚,也就是所辑是否真的佚文

---

① 孙诒让.墨子间诂[M].北京:中华书局,2006:178.
② "二重证据法",由王国维在《古史新证》中提出,是指以考古发现与文献记载互证。

献。如果所辑不是佚文献,而是世间尚存之书或集(别集、总集)内之文,虽然此类工作也并非全无意义,即其成果尚可供校勘使用;但因此工作已非辑佚之事,所以对于辑佚而言反而是徒劳无功的。因此,欲从事辑佚,首先要对散佚文献进行认定。根据上面对散佚文献的分类,下面分别介绍认定各种散佚文献的方法。

(1)散佚之书的认定

辑录散佚失传之书的工作是从认定散佚之书开始的。

凡见于前代文献征引、古籍标记的书名,如果未见其流传下来的传本,即可定为散佚之书。如先秦、汉初文献称记、征引的图书,而《汉书·艺文志》未著录者;汉魏文献称引的图书,而《隋书·经籍志》未著录者;六朝文献称引的图书,而《旧唐书·经籍志》《新唐书·艺文志》未著录者;隋唐文献称引的图书,而《崇文总目》《宋史·艺文志》以及《直斋书录解题》《郡斋读书志》等宋代私家书目未著录者,一般可以认定为散佚之书。或者是前代书目著录的图书,而后代书目却不见著录者,也可认定为散佚之书。如《汉书·艺文志》著录,而《隋书·经籍志》未著录;《隋书·经籍志》著录,而《旧唐书·经籍志》《新唐书·艺文志》未著录;《新唐书·艺文志》著录,而《崇文总目》《宋史·艺文志》等书目却未著录,一般可认定为散佚之书。

在认定某书确为散佚之书后,一般就可以着手进行辑佚的工作了。

(2)散佚之篇的认定

如果某作者已有别集传世,某类的总集已经存在,或者某部散佚之书已由前人辑佚成书,那么我们可做的工作就是辑拾散佚之篇。

与散佚之书的认定过程发生在实际的辑佚工作之前正相反,散佚之篇的认定发生在辑录的工作过程之后。认定某别集、总集或者辑佚之书中未收的散佚之篇,首先要确认该作者的时代、作品的文体,然后便是有见必录,无论存佚;之后再逐一辨别所辑作品是否已经存在于该作者的别集、该时代的总集或者某辑佚书的成果之中。若汇录的作品确实未见于该别集、总集或者辑佚之书,那就可以认定为散佚之篇;倘若汇录的作品已经存在,就不可作为散佚之篇来看待了,但仍有以资校勘的价值。

认定散佚之篇的工作,没有什么捷径可走,只能逐一查核比勘。当然也有一些索引性质的工具书可供查检篇名、作者、文句一类的信息,如《全上古三代秦汉三国六朝文篇名目录及作者索引》《全唐诗作者索引》之类,可以起到一定的辅助作用。电子文献和计算机检索普及之后,这部分工作可以由计算机来协助完成。但也不能过度依赖计算机的"精确检索",因为有些"散佚之篇",往往只是某现存篇章的异文形式(有时也可能是脱文),对此我们要格外小心。

(3)脱佚之文的认定

脱佚之文是在对存世、传世之书的校勘过程中发现并认定的。而校勘所用的文字依据则是辑录散佚的工作成果(而非同书的不同版本),因此脱佚之文的认定也是在辑佚过程之后。如《太平御览》卷八七六引《史记》曰:(晋庄伯)"八年,无云而雷。十年,庄伯以曲沃叛。"又卷八七九引《史记》曰:"晋庄伯元年,不雨雪。"这两条文字不见于《史记》,是不是《史记》中脱佚的文字呢?王国维考证出"庄伯以曲沃叛"见《水经注·浍水注》所引《竹书纪年》文,"足证《御览》所引《史记》实《纪年》"之误。① (或者是这两条文字原出于《史记》三家注所引《竹书纪年》,《御览》省称为出自《史记》。)此外,《太平御览》卷八七六至八七九中还有多条引自《史记》的文字,其实也是《竹书纪年》的。如果不加考察,将这些都视为《史记》的散佚之文,就会犯下大错。

4. 散佚文献的检索与搜集

(1)现有辑本的检索

辑佚工作首先要确定工作的对象。这一方面是指要确认所辑佚者是否为散佚文献,做到有的放矢;另一方面则是要充分掌握前人的辑佚成果,以避免重复劳动,同时还可以借鉴前人的成功经验,使我们的辑佚工作做得更好。

---

① 朱右曾.古本竹书纪年辑校[M].沈阳:辽宁教育出版社,1997:17.

如马国翰的《玉函山房辑佚书》多至 606 余种,王谟的《汉魏遗书钞》有 108 种,黄奭的《汉学堂丛书》也有 214 种,这些成果都应该重视。现存清人及以前的辑佚书、辑补书,大多见于《中国丛书综录》;据《永乐大典》完成的辑佚成果,可据赵万里《〈永乐大典〉内辑出之佚书目》和《〈永乐大典〉内辑出之佚书目补正》[1]查考。专门用于查找佚书辑本的工具书则有孙启治、陈建华编的《古佚书辑本目录(附考证)》。只是这部目录专收先秦至南北朝佚书辑本及 1949 年以前现存书佚文辑本,因此对于隋唐以后著作的散佚情况及辑本情况都缺少记载,且 1949 年以后的辑佚成果也未能反映,所以也还有局限。当代的一些辑佚成果常常在杂志上、文集中发表,也需要留意搜寻。这些查重、查新的工作完成之后,就可以着手开展辑佚工作了。

(2)散佚文献的搜辑

搜辑散佚文献,一要确定哪些图书文献保存或可能保存有特定的散佚文献;二要查阅图书文献,对特定的散佚文献进行确认,即查寻佚文;三要将查到的散佚文献逐一地科学地摘录下来。

第一步,辑佚源文献的确定与选择。主要的辑佚源文献上面已经做了介绍,如何从中确认哪些文献对辑佚工作可能有用呢?我们可以首先使用排除法:成书于所要辑佚的文献之前的著作可以排除,比如要辑佚汉代的纬书,就不必浏览先秦的典籍;所辑文献已经亡佚之后很久才出现的著作可以排除,如古本《竹书纪年》宋时亡佚,则明清文献中所称引的《竹书纪年》大抵都不可信,清人朱右曾辑《汲冢纪年存真》时引明代刘仲达《鸿书》3 条、明杨慎《升庵外集》1 条,王国维在《古本竹书纪年辑校》中将这 4 条删去,就是考虑到这一点;从图书的内容上判断,所辑佚的文献与源文献内容相去甚远的可以排除,比如艺术类古籍应该不必作为《东观汉记》一书的辑佚源文献。经过多方排除,就可以大体确定查检的范围了。由于辑佚工作成果的好坏往往取决于查索的图书是否全面,所以"排除法"不宜滥用,"查书宜广"的原则还是要坚持。辑

---

[1] 张昇.《永乐大典》研究资料辑刊[M].北京:北京图书馆出版社,2005:605-656.

佚源文献一经确定，就有一个选择版本的问题，所选文献一定要是足本、善本，才能保证辑佚工作的质量。如唐代张守节的《史记正义》引用古书颇多，历来受辑佚者的重视。但此书已无单行本传世，只保存在历代的《史记》三家注合刊本中，而且不同时代的合刊本还存在删节注文的情况。日本学者泷川资言曾使用日本所存古本恢复了1418条被删去的文字，收录在《史记会注考证》中，后来又经水泽利忠校补，增加了227条。[①] 这些条目一方面可视为《史记正义》自身的佚文，同时还有助于辑录其他古佚书。

第二步，查寻散佚文献。一般说来，散佚文献的查寻，也应该是对有关图书文献逐一地、仔细地翻阅，要注意避免遗漏，特别是对于那些隐蔽的佚文。古人引书常常不注出处，或只注明作者，或书名用省称，这都容易造成其中所引用的佚文隐晦不显，这种情况下就要下足考证的功夫。如《通鉴地理通释》卷一一"魏重镇"条正文引《元和郡县图志》，之下又有小注曰："合渎渠，在江都县东二里，本吴掘邗沟，以通江、淮之水路也。夫差自广陵城东南筑邗城，下掘深沟，谓之邗江，亦曰邗沟，自江东北通射阳湖。今谓之官河，亦谓之山阳渎。"[②]《太平寰宇记》卷一二三引《元和郡县图志》云："合渎渠，在县东二里。本吴所掘邗沟以通江、淮之水路也。昔吴王夫差将伐齐，北霸中国，自广陵城东南筑邗城，城下掘深沟，谓之邗江，亦曰邗沟，自江东北通射阳湖。今谓之山阳渎。"[③]两相对照，可知《通鉴地理通释》的注文也是《元和郡县图志》中的内容，与《太平寰宇记》所引各有所长。缪荃孙辑《元和郡县图志》用了这一条，显然是下过功夫考证的。当然查寻步骤还是有技巧可用的，要尽可能地利用书目、索引等工具书。如常用于辑佚的《永乐大典》就有专书索引，对其中所征引的图书、诗文、作者等都有专门的揭示，这就为散佚文献的查寻提供了方便。同样成书于明初的《诗渊》，也因收

---

① 杨海峥.《史记会注考证》辑佚《史记正义》佚文考[M]//安平秋，张玉春.古文献与岭南文化研究.北京：华文出版社，2010：100.
② 王应麟.通鉴地理通释[M].北京：中华书局，2013：317.
③ 乐史.太平寰宇记[M].北京：中华书局，2007：2447.

录了"先秦至明初二千三百七十余人的诗作,共五万余首"①,成为重要的辑佚源文献,该书也有索引以辅助查核。当然,利用工具书的问题在于各个工具书编撰的质量不一,如使用的是质量佳、搜罗广的工具书,则可达到事半功倍的效果;若选用的工具书本身质量不佳,就会影响到辑佚工作的成果。对查找到的散佚文献还需要做必要的确认,也就是上面提到的"散佚文献的认定"的问题。事实上,散佚文献的认定和搜辑工作往往是相伴进行的。

第三步,辑录散佚文献。已经过认定的散佚文献,就应该把它们汇集起来。处理方法一般有:①一次完成法,即随见随抄或随见随剪贴,这样查寻工作完成了辑录工作也就随之完成。②签注法,即每查到一条散佚文献便在书中标识出来,然后夹上纸条签注之,最后统一移录。③索引法,即查到一条便在另外的纸上记下检索到该散佚文献的书名、册、卷、页等信息,待众书都查阅完毕后统一移录。在辑录的过程中一定要注意标注出处,而且要尽量详明和准确,必要时还要注明版本。这样做,一方面可以表明所辑佚文的根据和真实性,另一方面也便于使用者按图索骥、复查原书。如果所辑录的散佚文献不止一个出处,标注出处的方法一般有两种:一是并注法,即在所辑佚文后逐一注明所见征引的诸书。二是校注法,即每条佚文无论见于多少处征引,一般只注明一个出处,其余的出处则在校注中说明。后一种方法较前一种方法节省文字,但于各处征引情况不能一目了然。

5. 辑本文献的编排与考校

(1) 辑本文献的编排

散佚文献经过查寻、辑录之后,所得成果还需要加以编排整理。

辑佚的目标是再现原书,因此编排的工作一定要从该书原有的体例出发。刘咸炘《辑佚书纠谬》中曾举例说:"诸家《后汉书》《晋书》各有体例,何纪何传,今犹大略可考;而汪氏(汪文台)、汤氏(汤球)所辑,则

---

① 刘卓英.《诗渊》索引[M].北京:书目文献出版社,1993:编者的话 1.

只以人名标条,略不考证,反有混易原书体例之嫌,亦大疏也。"[1]说的就是恢复原书体例之重要。其次则是要兼顾使用方便的原则。根据这两个原则,辑本文献可以按以下方式编排:

①对于有特殊编排要求的文献,最好按照此类文献固有的体例编排。如书目的辑佚成果,最好是采用该书目原有的分类体系编排,如辑刘歆《七略》就按"辑略"加 6 个大类("六艺略""诸子略""诗赋略""兵书略""术数略""方技略")38 个小类的分类法编排,辑荀勖的《中经新簿》就按甲(六艺和小学)、乙(诸子)、丙(史书)、丁(诗赋、图赞等)四部排。

②大部头的辑本文献,若原书体例不可考知,则可按类编排。如辑佚文献为某作家文集,则可以考虑将集中的作品按照文、诗、词、赋等文体分开;辑佚成果丰富的还可以对各文体进行细分,如诗歌还可以划分出古体、近体、七言、五言、杂言、律诗、绝句等细目。有时也可以按作品的创作年代编排,邓广铭辑校的《辛稼轩诗文钞存》就采用了这种方式。此法对于学术研究最有用,但必须经过严密的考证才能做到编年准确,所以也在无形中增加了辑佚的工作量,因此并不常用。如辑佚文献是一个时代的作品总集,则往往先按作者立目,再把作者们依时间顺序组织起来。这样做有时可能会与原书体例不相符合,但考虑到使用的需要,按类编排也不失为一种权宜的办法。

③对于那些规模较小的辑本文献,整序编排的工作则比较简单,只要将散佚文献录存下来即可。有些文献原始编排体例已不可知(或暂时不可考知),也可先将辑佚成果录存在一起,以备更进一步的研究。

④补辑性质的辑佚成果(往往规模不会太大),可按照原有辑本的体例编排整理。原有辑本体例不佳或明显失例的情况下也可以另起炉灶;但所用编例一定要科学、可靠,否则就不如采用录存的方式处理。

(2)辑本文献的考校

若能对辑本文献进行校注或考证,则此类辑佚成果的可靠性更

---

[1] 刘咸炘.推十书[M].成都:成都古籍书店,1996:1687.

强。如古本《竹书纪年》中关于周穆王见西王母事,古书征引的佚文有这样四条:

> 穆王十七年,西征昆仑丘,见西王母。(《穆天子传》郭璞注)
>
> 穆王见西王母,西王母止之,曰:"有鸟谇人。"(同上)①
>
> 周穆王十七年,西征至昆仑丘,见西王母,王母止之。(《艺文类聚》卷七)②
>
> 周穆王十七年,西征至昆仑丘,见西王母。(《太平御览》卷三八)③

王国维辑佚此书并做考证,认为这四条可以连缀成一则:

> (周穆王)十七年,西征至昆仑丘,见西王母。王母止之,曰:"有鸟谇人。"④

同时,王国维还考察了《竹书纪年》一书的体例:此书是战国时魏国的编年体史书,起自夏代,历殷、周,止于魏哀王之二十年。该书到西周末晋殇叔之前,都以历代中央王朝的王为纲;从晋殇叔四年起,按晋国君主纪年⑤;三家分晋之后,则按魏国君主纪年⑥。于是,《史记·田敬仲完世家》,《史记索隐》引《竹书纪年》"齐宣公十五年,田庄子卒"⑦一条中"齐宣公十五年"六字可能不是《竹书纪年》原文,而是《史记索隐》作者司马贞把原书纪年换算为齐国的纪年。这样一来,此条佚文就被还原为晋敬公十一年的文字,记作"(十一年,)田庄子卒",列在"晋敬公"篇下。⑧

又如,孙星衍辑佚《括地志》时很多地方就因缺乏考察而失误。如

---

① 郭璞.穆天子传汇校集释[M].北京:中华书局,2019:143;152.
② 欧阳询.艺文类聚[M].上海:上海古籍出版社,2013:219.
③ 李昉.太平御览[M].上海:上海古籍出版社,2008:455.
④ 朱右曾.古本竹书纪年辑校[M].沈阳:辽宁教育出版社,1997:13.
⑤ 同上 16.
⑥ 同上 24.
⑦ 司马迁.史记[M].北京:中华书局,1982:1886.
⑧ 朱右曾.古本竹书纪年辑校[M].沈阳:辽宁教育出版社,1997:22.

他主要根据张守节的《史记正义》来辑佚,而《史记正义》引《括地志》时往往有删节不当或过于省略的情况,甚至在引《括地志》文中加引他书;再加上今本《史记正义》由于长期的传写翻刻产生许多错讹,也需要做大量的校对工作,而孙辑本对这些问题多未做辨析,有时甚至妄自给辑文添字以足句,反而造成了严重的错误。[①]

可见,编排体例、考校水平都直接影响着辑佚成果的水平,因此要格外重视这个步骤的工作。

五　辑佚工作应当注意的问题

上面讲到,郑樵的辑佚工作具有开创意义的理论总结,指导并激励了一代代学人在此领域不懈实践,取得了相当可喜的成绩。然而,清人章学诚却在《校雠通义·补郑》中对郑樵提出诘难,他说:

> 郑樵论书有名亡实不亡,其见甚卓。然亦有发言太易者,如云:"郑玄《三礼目录》虽亡,可取诸三《礼》。"则今按以《三礼》正义,其援引郑氏《目录》多与刘向篇次不同,是当日必有说矣,而今不得见也,岂可曰取之三《礼》乎? 又曰:"《十三代史目》虽亡,可取诸《十三代史》。"考《艺文》所载《十三代史目》有唐宗谏及殷仲茂两家,宗谏之书凡十卷,仲茂之书止三卷,详略如此不同,其中亦必有说,岂可曰取之《十三代史》而已乎? 其余所论,多不出此。若求之于古而不得,无可如何,而旁求于今有之书,则可矣;如云古书虽亡而实不亡,谈何容易耶?[②]

在这里,章学诚并没有从根本上否定郑樵辑佚书的基本思想,只是批评其所谓亡书复见并非难事的思想倾向,且举例说明辑佚书是一件审慎精细的工作:如要辑佚郑玄的《三礼目录》,仅靠三《礼》还是不够的;而要辑佚《十三代史目》一书,则又有唐宗谏的《十三代史目》(十卷本)与殷仲茂的《十三代史目》(三卷本)的区别。这样看来,辑佚并不是一件

---

① 贺次君.前言[M]//李泰.括地志辑校.北京:中华书局,1980:3.
② 章学诚.校雠通义注[M].上海:华东师范大学出版社,2012:1038-1041.

容易的事。下面我们就来了解一下辑佚工作应该注意的事项,以使我们的辑佚成果经得起检验。

1. 辑佚时可能遇到的问题

(1) 同书异名、异书同名的问题

同书异名是指同一种书有不同的书名。如《括地志》一书,又名《坤元录》《贞观地记》《魏王地记》。又如刘向校书,每完成一部就撰写"书录"(相当于提要)一篇,这些"书录"后来汇集成《别录》这部书,所以"书录"或《别录》只是分合不同的称谓。而清代严可均辑录《别录》时,将现存的8篇完整的"书录":《战国策书录》《管子书录》《晏子叙录》《孙卿书录》《韩非子书录》《列子书录》《邓析书录》《说苑叙录》辑录在《全汉文》卷三七中(另有两篇《关尹子书录》《子华子书录》亦辑录于此卷中,而注曰"疑依托"),与《别录》一书相割裂,属于严重失察。

异书同名则是指书名虽然相同,却是不同作者所作,因此实际上是不同的书。如《隋书·经籍志》子部医方类载有《老子禁食经》1卷、《崔氏食经》4卷、《食经》14卷、《食经》2卷、《四时御食经》1卷、《太官食经》5卷、马琬《食经》3卷,直接命名为《食经》的书就有3种,倘若用省称来称呼它们,则7种就都叫作《食经》了。此类情况在古籍中也很多,辑佚时如不注意考察,误作同书来处理,显然是会造成错辑的。

(2) 同人异名、异人同名的问题

古人除本名外,还有别名、字、号、谥号、室名等称谓,有时官爵、郡望等也可以被用于称呼其人,这些不同的称谓往往会造成同人异名的情况。

同名异人的情况更是常常出现。同姓名录[①]、同姓名辞典[②]一类的书就是针对这种常见的现象编纂的。甚至有时人名原本不相同,因为

---

① 如梁萧绎撰、唐陆善经续,元叶森补《古今同姓名录》;明余寅《同姓名录》;清汪辉祖《九史同姓名略》、刘长华《历代同姓名录》。

② 如彭作桢.古今同姓名大辞典[M].上海:上海书店,1983.

称呼的问题而变成相同的情况也是有的。如古人常常被称为"某子",倘若两人姓氏相同,就可能产生称谓也相同的情况,于是刘歆《七略》、郑樵《通志》、《太平御览》《册府元龟》等书中著录有两个"孟子"、两个"荀子"、两个"董子"、三个"贾子"、三个"庄子"、四个"李子"、四个"邹子"、七个"公孙子"。① 如果不能一一辨析各家究竟为谁,就很可能发生辑佚错误。

(3)辑佚源文献有误

辑佚工作质量与辑佚源文献的质量密切相关。如果使用的源文献已误,辑佚者又不能明察,就很容易造成误辑。如《太平御览》卷四二〇引谢承《后汉书》七条,其中"姜肱"一条与范晔《后汉书·姜肱传》李贤注所引谢承书不同,可证《太平御览》所引有误。清代汪文台辑谢承书没有察觉,误将这条收入。又如道藏本《意林》所载《傅子》之文,实为杨泉《物理论》;所载《中论》四条仅两条半是《中论》,另外一条半实为《傅子》;所载《物理论》,仅前四条半为《物理论》,第五至九十七条实为《傅子》,第九十八条至末条又是《中论》,实在是错乱不堪。孙星衍、黄奭辑《物理论》,轻信《意林》,误将《傅子》之文辑入《物理论》,而漏辑了错注为出自《傅子》的《物理论》之文。

辑佚时可能遇到这么多问题,这就要求辑佚者有相应的知识准备,从而能够对各类问题进行必要的研究和考证,以确保辑佚成果的质量。

2. 辑佚时应该具备的知识

辑佚是综合性极强的专业工作。它一方面要求工作者有足够的耐心和细心,在成千上万的典籍中爬梳整理;另一方面也需要工作者有一定的判断考查能力,从汇集起来的文献中择取出真正的散佚文献,形成有效的辑佚成果。因此,辑佚者的学识、工作态度、精力、物质条件等诸多因素,在不同程度上都会影响到辑佚工作成果的水平。这里举要说明有关知识方面的准备。

---

① 胡应麟.少室山房笔丛:经籍会通三[M].上海:上海书店出版社,2001:33-34.

(1)古典文献知识

辑佚是一种古典文献的整理研究活动,这一活动是古典文献学知识的综合运用过程。刘咸炘曾说:"辑书非易事也,非通校雠、精目录,则讹舛百出。"①所以,辑佚者应具备一定的古典文献学知识,它包括:

①整理、研究古典文献的基础知识:文字学、音韵学、版本学、目录学、辨伪学、考据学、史源学等。如辑佚之源文献一定要选用善本、足本,那么鉴定版本就成为辑佚工作之前的基础工作了。而调查古辑本、检索源文献等步骤又与目录学知识密切相关。

②整理古典文献的基本方法:校勘学、注释学、编纂学等。如《艺文类聚》卷八二引"刘向《别传》曰:都尉有种葱书。曹公既与先生言,细人觇之,见其拔葱"。《太平御览》卷九七七引"曹公"以下数语出自《华阳国志》。"曹公"指曹操,"先主"指刘备,刘向远早于曹、刘二人,故以理度之,《太平御览》所引为正确。《艺文类聚》此条也应出自二书,后世传抄时脱去"华阳国志曰"五字。② 严可均辑《别录》时,既不辨情理,也未作校勘,将"曹公"以下几句作为《别录》佚文收入③,真是大错特错了。

③古籍图书的知识和阅读积累:中国古籍数以万计,种类繁多,辑佚者不仅应对古籍图书有整体上的宏观了解,而且应对某些具体的古籍图书有深层的研读。宏观了解的渊博、通达程度,微观研读的数量积累和精深程度,都将直接影响辑佚工作的质量。如孙诒让《墨子间诂》所附《墨子佚文》,王念孙《读书杂志·荀子补遗》,不仅要对《墨子》《荀子》精熟,而且还要有大量的文献阅读积累,不如此不足以实现此类的辑佚。

④古籍文献的检索知识,包括检索的途径和方法,此即可补充积累之不足,又可收到事半功倍的效果。

(2)特定专业知识

成功的辑佚实践证明,辑佚只有与学者的专业研究相结合,才可能

---

① 刘咸炘.推十书:辑佚书纠谬[M].成都:成都古籍书店,1996:1685.
② 此例参见刘琳,吴洪泽.古籍整理学[M].成都:四川大学出版社,2003:264.
③ 严可均.全上古三代秦汉三国六朝文:全汉文卷三十八[M].北京:中华书局,1958:339.

做出高水平的辑佚成果。如辑地理古佚书,应同时对历史地理做较为深入系统的研究,或应该具有较高的历史地理专业知识水平,只有如此,才有可能达到理想的辑佚效果,也可收到双重的成果:一是辑佚成果,二是专业研究成果,二者相辅相成,相得益彰。如周天游多年从事秦汉史研究,并从秦汉史研究的需要出发整理了《八家后汉书辑注》(上海古籍出版社,1986年),达到了较高的学术水平。

(3) 历史文化知识

成功的辑佚实践证明,辑佚工作和其他古籍整理研究活动一样,它所涉及的历史文化知识是方方面面、多种多样的,如天文星象、年代历法、政区舆地、姓氏名号、礼仪习俗、职官科举、民族宗法、宗教文化、典章制度、徭役赋税、名物器具等。从散佚文献的文字校勘、内容讹误的辨别、疑难问题的考注,到散佚文献的真伪考辨(有关此节已涉及古文献学的另一个门类"辨伪学",我们将在下一节做专门的介绍),都是历史文化知识的综合运用过程,对辑佚者的学识水平、知识积累都是一种检验。所以,历史文化知识是辑佚活动的基础知识,而且愈是高质量、高水平的辑佚成果,历史文化知识的作用愈重要。

梁启超曾总结鉴定辑佚书优劣之标准:"(一)佚文出自何书,必须注明;数书同引,则举其最先者。能确遵此例者优,否者劣。(二)既辑一书,则必求备。所辑佚文多者优,少者劣。……(三)既须求备,又须求真。若贪多而误认他书为本书佚文则劣。……(四)原书篇第有可整理者,极力整理,求还其书本来面目。杂乱排列者劣。"① 倘若能按照上面介绍的辑佚方法与步骤一一实践,相信会获得可喜的辑佚成果。

第二节 辨 伪

梁启超曾在《中国近三百年学术史》中指出:"无论做那门学问,总

---

① 梁启超.中国近三百年学术史[M].北京:东方出版社,1996:295.

须以别伪求真为基本工作。因为所凭借的资料若属虚伪,则研究出来的结果当然也随而虚伪,研究的工作便算白费了。中国旧学,十有九是书本上学问,而中国伪书又极多,所以辨伪书为整理旧学里头很重要的一件事。"[1]可见考辨古书的真伪,是从事古文献学研究的重要任务之一。

一 什么是伪书、辨伪以及辨伪工作的重要性

1. 伪书

张之洞《輶轩语·语学》中说:"一分真伪而古书去其半。"[2]这句话虽然不能被机械地解释为古书中真伪各占一半,但解释为古典文献有伪书存在则是客观的事实。

所谓伪书,就是那些作者不真、年代不实或者内容存在假造成分的古籍文献。正如张心澂《伪书通考》所说:"凡书本非伪,因误认撰人及时代,照所误认之撰人及时代论,即成伪书。"[3]所谓"作者不真",是指文献上明确标明的作者(也包括编纂者、序跋撰写者等)姓名是不真实的。所谓"年代不实",是指文献中所标记的产生年代是不真实的,或者文献中出现了某些晚于其所标识的年代的内容。所谓"内容假造",是指在具有特定作者、年代的图书文献中加入某些不是它原本具有或者应该具有的内容,也包括借助某些旧有图书文献(大都是亡佚的古籍文献)的名称而编造新的内容。

2. 辨伪

辨伪有广义、狭义之分。广义的辨伪是对一切存在真伪问题的事、物进行考察鉴别,以定其真、去其伪。它的涵盖面很大,凡是有真伪问题的古史事、古书籍、古器物、古碑刻、古字画等,均在其辨识的范围。

文献学所讲的辨伪是狭义的辨伪,主要是辨识文献的真伪,既包括

---

[1] 梁启超.中国近三百年学术史[M].北京:东方出版社,1996:274.
[2] 张之洞.增订书目答问补正[M].北京:中华书局,2011:672.
[3] 张心澂.伪书通考[M].上海:上海书店出版社,1998:例言1.

将那些伪作的图书文献从众多文献中挑出来,也包括将个体文献(一部书等)中那些本不属于它的篇章和文字(如注文混入正文、他书或他人之文混入某书或某人之文、后世增补之文被当成本书原有的内容等情况)辨识出来,使之与原文相区别,有时还包括将文献中记载失实的部分甄别出来的工作。简而言之,把古典文献中那些作者不真、年代不实或内容假造的图书文献揭示出来,或者把某部图书文献中伪作的内容、篇章揭示出来的工作,就是文献学所说的"辨伪"。同时,辨伪还有一个更高的目标,就是要确认该图书文献的真实作者、正确的创作时代,为图书文献确定归属,或者为有关史事确认真实的情况。所以"辨伪"有时也被称为"辨真"。当然这一目标可能更加不易实现,因此我们还是使用"辨伪"来称呼这项工作以及这个学科门类。

辨别古书真伪,通常会有以下几种结果:①一部被认为是"真"的古籍,经过考证可能被判定为"伪"书;②一部被认为是"伪"的古籍,经过考证可能被恢复"真"的身份;③一部被认为是"伪"的古籍,经过考证被证明为"半伪",或者说确认了书中哪些文句、段落或篇章是"真"的。

3. 辨伪的重要性

辨伪是一切研究的基础,是文献学重要的分支学科之一。郭沫若说:"无论作任何研究,材料的鉴别是最必要的基础阶段。材料不够固然大成问题,而材料的真伪或时代性如未规定清楚,那比缺乏材料还要更加危险。因为材料缺乏,顶多得不出结论而已;而材料不正确便会得出错误的结论。这样的结论比没有更要有害。"① 很显然,基于各种不实文献的研究,不可能得出科学、正确的结论。如果不能对伪书做出辨识,会使我们的研究走弯路、出问题。

前人对辨伪在学术研究中的重要意义有很多论述②,今概括起来

---

① 郭沫若.十批判书[M].北京:东方出版社,1996:2.

② 如梁启超在《古书真伪及其年代》卷一第一章中举述史迹、思想、文学三个方面的10小类例证,反复说明古籍不辨真伪所造成的研究恶果。

大致有四：

一、不辨别文献的真伪就无法确定该文献的价值。一部书，只有在确认了其作者或成书时代、书中是否有后人增益的内容等情况下，才能正确评说其价值。如《周易》这部书，如果按照传说中的说法称它是伏羲氏的著作，就无法正确地认识其价值；如果将它归位于一部卜筮书，记载了古代巫史氏常年从事占卜活动的经验成果，那就比较接近事实了。而且该书的各个部分分别记载了不同时期古人的经验认识，如《周易》经文的基本素材是西周初期或前期的产物，《易传》则是战国时期的著述①，这样我们就能正确认识《周易》，并准确使用书中的材料了。从这个意义上来说，古书辨伪同时也是在"求真"，以确定古书真实的学术价值。

二、不辨别文献的真伪，无益于文献的整理工作。随着时间的推移，语言文法代代发生变化，流传下来的古文献若不经过整理，一般的读者基本上是无法阅读的。而从事古文献整理的工作，首要任务就是要明辨该文献的真伪和年代，并使真者得其所用，伪者另有所归，否则文献整理工作的意义和价值将大打折扣。如西汉刘向等在整理《晏子》的时候，把搜集到的《晏子》定为8篇215章，这8篇又分为三类：将"皆忠谏其君，文章可观，义理可法，皆合六经之义"的6篇列为一类，将"又有复重，文辞颇异"的列为一类，将"颇不合经术，似非晏子言，疑后世辩士所为"的归为一类。② 刘向用于区分的标准我们也许并不赞同，但他校理古籍首先辨别文献真伪的做法是值得重视的。

三、不辨别文献的真伪，无法编纂史书。我国是有完备历史记述的国家，古人为我们留下了丰富的史书资料。而有关历史的记述最基本的要求是真实可信，这就要求史家具备考辨史料真伪的能力，才能写出垂示千古的"信史"。就如《史记》，之所以成为影响最为深远的历史名著，与司马迁做过大量考信辨伪的工作是分不开的。他对于自己不能

---

① 参见朱伯崑. 易学哲学史[M]. 北京：华夏出版社，1995：前言5-6.
② 刘向. 晏子叙录[M]//严可均. 全上古三代秦汉三国六朝文：全汉文卷三十七. 北京：中华书局，1958：332.

确证的事类,表现出作为史学家的审慎态度:"夫神农以前,吾不知已。"(《史记·货殖列传》)"《禹本纪》《山海经》所有怪物,余不敢言之也。"(《史记·大宛列传》)他还根据事实辨驳"周伐纣,居洛邑"的旧说,谓:"综其实不然。武王营之,成王使召公卜居,居九鼎焉,而周复都丰、镐。至犬戎败幽王,周乃东徙于洛邑。"(《史记·周本纪》)①所以梁启超说:"作史学的始祖是司马迁,辨伪学的始祖也是司马迁。"②时至今日,史料积淀可谓汗牛充栋、真伪杂陈,在运用这些史料之前更须认真考辨真伪。

四、不辨别文献的真伪,无法认识学术源流。古书真伪与学术源流的关系最为密切,如果不能辨别古典文献的成书年代、作者是否为假托、内容是否有伪造,整个学术研究就无法实现"辨章学术,考镜源流"的目的,人们也无法正确认识学术发展的历史。如《庄子》一书,普遍的认识以为,其《内篇》可用以研究庄周思想,而《外篇》和《杂篇》则是研究庄周之后、《淮南子》以前道家学派的资料。倘若将《外篇》《杂篇》也用于解说庄周思想,则不仅仅会发生与《内篇》思想相抵触的问题,也会使庄子之后道家思想的发展脉络模糊不明。考辨古书真伪及其成书年代对于学术源流的影响之大,由此可见一斑。

姚际恒《古今伪书考》云:"造伪书者,古今代出其人,故伪书滋多于世。学者于此真伪莫辨而尚可谓之读书乎!是必取而明辨之,此读书第一义也。"③可见即使仅从读书的角度来看,辨伪也是必要的。

二　古人作伪的原因

由于各种客观的或主观的、文化的或心理的原因,伪书在古籍文献中是普遍存在的。据张心澂的分析,"作伪"的原因有下列各项:①惮于自名;②耻于自名;③假重于人;④恶其人伪以祸之;⑤恶其人伪以诬之;⑥为争胜;⑦为牟利贪赏;⑧因好事而故作;⑨为求名。④梁启超在

---

① 司马迁.史记[M].北京:中华书局,1982:3253;3179;170.
② 梁启超.古书真伪及其年代[M]//梁启超全集.北京:北京出版社,1999:5024.
③ 姚际恒.古今伪书考[M].北京:中华书局,1985:1.
④ 张心澂.伪书通考:总论:作伪之原因[M].上海:上海书店出版社,1998:4.

《古书真伪及其年代》中概括作伪的动机为有意的作伪和非有意的作伪两类。有意作伪有：①托古；②邀赏；③争胜；④炫名；⑤诬善；⑥掠美。非有意作伪有：①全书误题或妄题者；②部分误编或附入。①

综合参考各家的分析，现将造成古人作伪情况分为主观原因和客观条件两方面，略做介绍。

1. 古人作伪的主观原因

概括起来分析，古人作伪的主观原因有如下几种：

(1) 托古取重而作伪

厚古薄今、迷信圣贤的风气自古有之。一些人为了宣扬自己的学说，便采用托古的方法。《淮南子·修务训》中说："世俗之人，多尊古而贱今，故为道者，必托之于神农、黄帝而后能入说。乱世闇主，高远其所从来，因而贵之；为学者蔽于论而尊其所闻，相与危坐而称之，正领而诵之：此见是非之分不明。"②儒家借重尧舜，道家追溯于黄帝，墨家取法尧舜禹，医家依托神农，都是厚古崇圣的表现。这种风气在战国秦汉间相当盛行，随之而来的就有了关于典籍造作的传说，如说伏羲氏作《易卦》、神农氏制《本草》、黄帝传《内经》、周公制《礼》作《乐》等。如果真从这些传说中的作者的角度来说，这些书就是"伪书"。西汉刘向、刘歆父子校书，已经指出了这些传说中的圣贤们创作的典籍其实大多是战国时人托古假造的。尽管如此，这种风习仍对后世的学术思想产生了很大的影响，后世借重古人的造伪行为仍然很盛，就如梁启超所说："'好古'为中国人特性之一，什么事都觉得今人不及古人，因此出口动笔，都喜欢借古人以自重。此实为伪书发达之总原因。"③

(2) 为政治目的而作伪

西汉后期到东汉初年，社会上骤然出现一系列谶纬之书，或托之孔

---

① 梁启超. 梁启超全集[M]. 北京：北京出版社, 1999: 5017-5022.
② 刘安. 淮南子集释[M]. 北京：中华书局, 1998: 1355.
③ 梁启超. 中国近三百年学术史[M]. 北京：东方出版社, 1996: 274.

府壁中所见，或托之中央秘阁所藏，或托之民间所传。传说者将这些书归为黄帝、周文王、孔子所作，以加重其书的分量。《隋书·经籍志》揭示出谶纬之学"起王莽好符命，光武以图谶兴，遂盛行于世"①，可见是王莽为了达到篡汉的目的，伪造符命，利用谶言做舆论工具，从而开启了纬学之端，东汉光武帝也利用图谶之学为自己夺取和巩固政权张本，于是谶纬在东汉大盛。到了南朝宋大明中，统治者又惧怕后来者继续利用谶纬之学颠覆自己的政权，于是禁绝图谶。隋炀帝即位后，更是"搜天下书籍与谶纬相涉者，皆焚之"②，从此之后图谶之书也渐至散亡。由此看来，某些伪书的盛行或散亡都跟统治者的政治需要密切相关。

有时不同利益的政治集团之间进行斗争，也借用伪书达到自己的政治目的。如在唐代"牛李党争"中，李德裕、牛僧孺两派斗争多年，李德裕的门人韦瓘用牛僧孺的姓名伪撰《周秦行纪》来陷害牛僧孺，实现打击政治对手的目的。此事后经明代胡应麟《四部正讹》卷下审实，已成定谳。宋代魏泰为加害梅尧臣故意假其名撰《碧云騢》一书，尽情指骂当朝官吏，以引起公愤。陈振孙《直斋书录解题》卷一一著录此书时说："题梅尧臣撰，以厩马为书名……其不逊如此，圣俞必不尔也。所记载十余条，公卿多所毁评，虽范文正亦不免。或云实魏泰所作，托之圣俞。"③已经指明其托伪之由。

(3) 为学术争胜而作伪

自古文人相轻，学派、门户之争，特别是同时代或才名相当的学者之间彼此斗争、争胜的情况时有出现。为维护学派的学说，伪造古书是其重要手段之一。此类事情，在战国百家争鸣时已现端倪，此后也不乏其例。

佛教传入中国后，道教为与佛教争胜，伪造了不少著作。道藏中署

---

① 魏徵,令狐德棻.隋书[M].北京:中华书局,1973:941.
② 同上.
③ 陈振孙.直斋书录解题[M].上海:上海古籍出版社,1987:331.

名黄帝的著作几达百种，署名老子、庄子的书也有几十种。著名者如《老子化胡经》，依托《史记》中有老子西出函谷的话，附会说老子到印度传教，释迦牟尼就是老子的弟子，以此来证明道教高于佛教，可谓荒唐之极。

(4) 为名望或经济利益而作伪

作伪也是个别学者沽名钓誉的手段。隋文帝时曾诏求天下遗书，当时的一名学者刘炫连续伪造了《连山易》《鲁史记》等书百余卷上交朝廷，获得朝廷重赏；后被发现均是其伪作，终罢官归家。

有些人则为了出名窃用他人作品，从而使该书成为伪书。如清代谷应泰的《明史纪事本末》是用五百金购买张岱的著作充为己作，邵廷采在《思复堂文集》中说："山阴张岱尝辑明一代遗事，为《石匮藏书》；应泰作《纪事本末》，以五百金购请，岱慨然予之。"①

刻版印刷术发明并普及之后，出版图书成为一项可以带来巨大利益的工作。叶德辉《书林清话》卷六记载，旧抄本宋孔平仲《续世说》12卷，书前保留着所据抄之沅州公使库本刻竣时(绍兴二十七年)的广告性牌记，其一云："今具印造《续世说》一部，计六册，合用工食等钱如后：一印造纸墨工食钱，共五百三十四文足。大纸一百六十五张，计钱三十文足；工墨钱，计二百四文足。一褾褙青纸物料工食钱，共二百八十一文足。大青白纸共九张，计钱六十六文足；面蜡工钱，计二百一十五文足。以上共用钱八百一十五文足。右具在前。"②这样我们即可以粗略算出：大纸165张，计钱30文，合每张约0.18文；大青白纸共9张，计钱66文，合每张约7.33文。以此作为参数，则淳熙三年舒州公使库所出版之《大易粹言》，用纸1300张，合钱约234文；装背饶青纸30张，约合220文；背青白纸30张，亦约合220文：三项纸钱不足700文。再加上1贯500文的工食等钱，1贯200文的赁板钱，总共约3贯400文，可

---

① 张心澂. 伪书通考[M]. 上海：上海书店出版社，1998：503.
② 叶德辉. 书林清话[M]. 北京：中华书局，1957：144.

是每部书出售定价却开到了8贯钱,利润在一倍以上。① 因此,刻书牟利就成为一些书商的生财手段,若能推出某位名家的"稀见"著作,则更是"奇货可居"了。

(5)无意的作伪

文字在长期的传写过程中很可能发生各种性质的变化:如同音字相互假借、字形相近而讹、因为避讳改换文字等。如果恰好是有关作者的记载发生了讹误,后人又缺少必要的考察而造成作者的题署失实,则属于无意的作伪。

又有,以为古书必应有作者,若未见署名则以书中所记为依据题其作者,反使该书为伪作。如《周髀算经》,不见于《汉书·艺文志》,《隋书·经籍志》始出。此书应为汉代人著作,因无作者名,后人就根据书中起首有"周公问于商高曰"的话,认为周公是该书的作者,并附会解释为"周公受之商高而以勾股为术,故曰《周髀》"②。实际上,"周"是指圆周,与周代、周公全无关系,这显然是古人误解所致(当然,也可能有托周公之名以取重的考虑)。

2. 古人作伪的客观条件

伪书是一定社会历史环境的产物,它之所以能够产生,也有客观的历史条件与之相配合。大体而言,有如下条件为古人作伪提供了便利。

(1)古文献创作的特性

上古著作之例,一般不题作者姓名。余嘉锡称:"汉无名氏《中论序》曰:'予以荀卿子、孟轲,怀亚圣之才,著一家之法,继明圣人之业,皆以姓名自书,(按荀子名况不名卿,孟子名亦只见于书中,此语不可据。——原注)犹至于今,厥字不传。原思其故。皆由战国之世,乐贤者寡,同时之人,不早记录,况徐子《中论》之书,不以姓名为目乎?恐历久远,名或不传,故不量其才,喟然感叹,先目其德以发其姓名,述其雅

---

① 叶德辉. 书林清话[M]. 北京:中华书局,1957:143.
② 陈振孙. 直斋书录解题[M]. 上海:上海古籍出版社,1987:363.

好不刊之行,属之篇首,以为之序.'(《中论》卷首。——原注)是汉末人著书,尚不自题姓名也。而谓周、秦人书,有自题某官某人撰者乎?""至于每卷自署某人撰,虽不详其所自始;要其盛行,当在魏、晋以后矣。"① 这样的典籍流传到后世,自然无人知晓作者究竟为谁,也就给作伪者提供了方便。

(2)古文献传播的特性

古代典籍文献在传播过程中大量散佚也是伪书产生的重要社会条件。朝廷禁毁、兵燹战乱、自然灾害等天灾人祸造成了古代文献典籍的大量损毁亡佚,给后世留下了无限的遗憾,故世有寻求遗书之举。陈登原道出了文献亡佚与伪书产生的某种联系:"伪书之兴,半缘世无真者。"②典籍真本既已亡佚,后人伪造起来也就无所顾忌。如秦始皇焚书之后,楚汉战争又兴,国家典藏的图书文献散亡殆尽。西汉建国,朝廷典藏不足,故武帝以来屡次诏求遗书于天下。在这样特定的历史环境下,西汉成为中国伪书发展的第一个高峰,故而明人胡应麟说:"赝书之昉,昉于西京乎?六籍既焚,众言淆乱,悬疣附赘,假托实繁。"③《尚书》是一部重要的先秦典籍,到汉初已散佚不全,武帝多方访求,仅得29篇。成帝时东莱张霸伪造了一部102篇的《尚书》进献朝廷,后来被发现其所献书乃是割裂《尚书》篇目并加以《左传》《书序》为首尾伪造而成的。这就是蹈用亡佚图书文献之名而作伪的最典型事例。此类事件后代也时有出现,如元人吾衍附会《孟子》书中"晋之《乘》、楚之《梼杌》"一语,伪造了《晋史乘》《楚史梼杌》两部伪书;明代丰坊造《子贡诗说》《申培诗说》,先用篆书写就,附以楷书音注,竟也蒙蔽了不少人。

三 辨伪的方法

上面讲到,有文献以来伪书即代有出现。与之相应,辨别文献真伪

---

① 余嘉锡.古书通例[M].北京:中华书局,1985:24-25.
② 陈登原.古今典籍聚散考[M].上海:上海书店,1983;卷首叙引 4.
③ 胡应麟.四部正讹引[M]//宋濂,胡应麟,姚际恒,等.古书辨伪四种.上海:商务印书馆,1935:28.

的实践活动也自古有之。《论语·子张》记载,子贡曾经怀疑文献所记殷纣之恶太过,未必符合历史的真实。孟子也说:"尽信《书》则不如无《书》,吾于《武成》,取二三策而已矣。仁人无敌于天下,以至仁伐至不仁,而何其血之流杵也?"[1]虽然孟子是从儒家"仁政"思想出发怀疑《武成》篇中对武王革命的记载不可信,而不是从客观事实的角度审视历史事件[2],但也由此可以看出当时的人就已不完全相信古书的记载了。

有意识地考辨伪书,始自汉代刘向、刘歆校书,如《汉书·艺文志》著录的《神农》20篇,唐代颜师古注引《别录》云"疑李悝及商君所说"[3],可见刘向怀疑此书是伪托的。而《汉书·艺文志》班固自注的文字中应该保存着向、歆父子辨伪的结论。[4] 尽管如此,对辨伪的方法做科学的总结,则是晚至宋代的事了。[5]

1. 古人对辨伪方法的总结

较早系统阐述辨伪方法的,是南宋的朱熹。他说:"熹窃谓生于今世而读古人之书,所以能别其真伪者,一则以其义理之所当否而知之,二则以其左验之异同而质之,未有舍此两途而能直以臆度悬断之者也。"[6]朱熹认为考辨伪书主要有两个方法:一是"义理之所当否",即检验作品的思想内容;一是"左验之异同",即考查作品的事实证据,如作者的生平、作品的时代、流传的情况、文章的体制、使用的词语等等。由

---

[1] 焦循.孟子正义[M].北京:中华书局,1987:959.
[2] 战争必然是会死人的,倘若参考《逸周书·克殷解》中的记载,历史的真实可能还真如《尚书·武成》记载的那样。
[3] 班固.汉书[M].北京:中华书局,1962:1743.
[4] 班固注中常见"依托""似依托""后世所加"等语,有四五十条,其中应该有班固本人的辨伪结论,也应该有班固直接袭用刘氏父子的结论,只是今天已经很难分清楚了。所以张舜徽《广校雠略》使用这些材料综合考察刘、班审定伪书之法。
[5] 张舜徽说:"审定伪书之法,至刘、班而已密。今以《汉志》所载传疑之书考之,复得六例。"(张舜徽.广校雠略[M].上海:上海古籍出版社,2013:67.)相比于朱熹直接提出的"两途",刘、班的"六例"因系今人总结而成,故暂不算作汉人的主张。不过从张先生的总结来看,刘、班的确是有科学方法为指导的,所以能够取得相当的成就。
[6] 朱熹.答袁机仲[M]//曾枣庄,刘琳.全宋文.上海:上海辞书出版社,2006:394.

于有了科学的方法为指导,朱熹的辨伪实践涉猎范围之广、辨伪成果之多,大大超过了前人和与他同时代的人。如他关于伪《书序》、伪《孔传》的考辨,称:"《尚书注》并《序》,某疑非孔安国所作。盖文字善困,不类西汉人文章,亦非后汉之文。""《尚书》孔安国传,此恐是魏晋间人所作,托安国为名。"①朱熹甚至感觉到了所谓《古文尚书》为伪书。他说:"孔壁所出《尚书》,如《禹谟》《五子之歌》《胤征》《泰誓》《武成》《冏命》《微子之命》《蔡仲之命》《君牙》等篇皆平易,伏生所传皆难读。如何伏生偏记得难底,至于易底全不记得?此不可晓。"②事实上,朱熹指出的这些篇章都是所谓《古文尚书》的部分,这些篇章根据清人阎若璩的考查,也都是魏晋间人的伪作③。朱熹之所以没能明确指出这一点,完全是为了维护六经不可动摇的地位:"《书》中可疑诸篇,若一齐不信,恐倒了《六经》。"④由此可见,即使掌握了辨伪的方法,实践者的立场也会直接影响辨伪工作的结论,关于此我们下面还将具体介绍。尽管如此,对于朱熹的贡献,白寿彝曾指出:"在当时能提出一种辨伪书的具体方案,并能应用这样多的方法的人,恐怕还是要推朱熹为第一人了。他辨伪书的话虽大半过于简单,但在简单的话里,颇有一些精彩的见解,给后来辨伪书的人不少的刺激。"⑤评价是相当高的。

明代的胡应麟把历代考辨伪书的具体方法进一步条理化、系统化,总结为"凡核伪书之道:核之《七略》以观其源,核之群志以观其绪,核之并世之言以观其称,核之异世之言以观其述,核之文以观其体,核之事以观其时,核之撰者以观其托,核之传者以观其人"⑥的辨伪八法。具体说来就是:第一,西汉以前的书,可考查《七略》(主要内容保存在《汉

---

① 黎靖德.朱子语类[M].北京:中华书局,1986:1984.
② 同上1978.
③ 阎若璩.尚书古文疏证[M].上海:上海书店出版社,2012:15.
④ 黎靖德.朱子语类[M].北京:中华书局,1986:2052.
⑤ 白寿彝.朱熹撰述丛考;中国交通史[M]//白寿彝文集.开封:河南大学出版社,2008:104.
⑥ 胡应麟.四部正讹下[M]//宋濂,胡应麟,姚际恒,等.古书辨伪四种.上海:商务印书馆,1935:75.

书·艺文志》中)有无著录;第二,西汉以后的书,可以在正史的《艺文志》或《经籍志》以及各类官修、私纂藏书志中查验有无记载;第三,考查同时代的著作中有无称引此书的地方;第四,考查后代著作中有无转述此书的地方;第五,考查此书的体裁是否与同时代的文体相符;第六,考查书中所述事实与它的时代是否符合;第七,考证书的作者,辨别是否假托;第八,考查传授此书的人以及此书的流传过程。综合运用上述方法,胡应麟作《四部正讹》3卷,对伪书的辨别遍及经、史、子、集四部,所论书达100余种,取得了丰硕的成果,如他考辨《山海经》,说:"《山海经》,古今语怪之祖。刘歆谓夏后、伯翳撰;无论其事,即其文与《典谟》《禹贡》迥不类也。余尝疑战国好奇之士,本《穆天子传》之文与事,而侈大博极之,杂傅以《汲冢》《纪年》之异闻,《周书》《王会》之诡物,《离骚》《天问》之遐旨,《南华》《郑圃》之寓言,以成此书。"①胡应麟还说:"凡《四部》书之伪者,子为盛,经次之,史又次之,集差寡。凡经之伪,《易》为盛,《纬候》次之。凡史之伪:杂传记为盛,琐说次之。凡子之伪:道为盛,兵及诸家次之。凡集全伪者寡,而单篇列什,借名窜匿甚众。"②这个估计也基本符合实际情况。所以梁启超评价此书说:"全书发明了许多原理原则,首尾完备,条理整齐,真是有辨伪学以来的第一部著作。我们也可以说,辨伪学到了此时,才成为一种学问。"③

2. 近代以来对辨伪方法的总结

学术自然是后出转精,后来居上。近代以来,有关辨伪方法的总结概括,以梁启超为最丰富与全面。1922年,他在《中国历史研究法》第五章第二节中提出了12条辨伪公例:

> (一)其书前代从未著录或绝无人征引而忽然出现者,什有九皆伪……

---

① 胡应麟.四部正讹下[M]//宋濂,胡应麟,姚际恒,等.古书辨伪四种.上海:商务印书馆,1935:62-63.
② 同上75.
③ 梁启超.古书真伪及其年代[M]//梁启超全集.北京:北京出版社,1999:5026.

（二）其书虽前代有著录，然久经散佚；乃忽有一异本突出，篇数及内容等与旧本完全不同者，什有九皆伪……

（三）其书不问有无旧本，但今本来历不明者，即不可轻信……

（四）其书流传之绪，从他方面可以考见，而因以证明今本题某人旧撰为不确者……

（五）其书原本，经前人称引，确有左证，而今本与之歧异者，则今本必伪……

（六）其书题某人撰，而书中所载事迹在本人后者，则其书或全伪或一部分伪……

（七）其书虽真，然一部分经后人窜乱之迹既确凿有据，则对于其书之全体须慎加鉴别……

（八）书中所言确与事实相反者，则其书必伪……

（九）两书同载一事绝对矛盾者，则必有一伪或两俱伪……

（十）各时代之文体，盖有天然界画，多读书者自能知之，故后人伪作之书，有不必从字句求枝叶之反证，但一望文体即能断其伪者……

（十一）各时代之社会状态，吾侪据各方面之资料，总可以推见崖略，若某书中所言其时代之状态，与情理相去悬绝者，即可断为伪……

（十二）各时代之思想，其进化阶段，自有一定（,）若某书中所表现之思想与其时代不相衔接者，即可断为伪。①

之后，他又在《古书真伪及其年代》(1927年在燕京大学教课的讲义) 中对考证伪书的方法有更为详细的概括总结：

一、从传授统绪上辨别，有8种方法：①从旧志不著录而定其伪或可疑；②从前志著录、后志已佚而定其伪或可疑；③从今本和旧志说的卷数、篇数不同而定其伪或可疑；④从旧志无著者姓名而定后人随便附

---

① 梁启超. 中国历史研究法[M]. 北京：东方出版社，1996：102-106. 此处每种方法下还列举了一些例证，今省去。

上去的姓名是伪;⑤从旧志或注家已明言是伪书而信其说;⑥后人说某书出现于某时,而那时人并未看见那书,从这上可断那书是伪;⑦书初出现时已发现许多问题或有人证明是伪造,我们当然不能相信;⑧从书的来历暧昧不明而定其伪。

二、从文义内容上辨别,有 5 个方面:①从字句罅漏处辨别(如从人的称谓上辨别,用后代人名、地名、后代朝代名,用后代的事实或法制之类);②从抄袭旧文处辨别(如古代书聚敛而成的,专心作伪的书剽窃前文的,已见晚出的书而抄袭的之类);③从佚文上辨别(如从前已说是佚文的,现在反有全部的书,可知书是假冒;在甲书未佚以前,乙书引用了些至今犹存而甲书的今本却没有或不同于乙书所引者,则今本甲书是假的);④从文章上辨别(如名词、文体、文法、音韵等);⑤从思想上辨别(如从思想系统、传授家法上辨别,从思想和时代的关系辨别,从专门术语和思想的关系辨别,从袭用后代学说辨别之类)。①

梁启超的总结可以称得上细致入微,不过在理论意义上稍显琐碎,因此我们对他所举列的方法进行合并整理,得出如下几点。

3. 辨伪方法

(1)考察目录书籍的著录情况

辨伪与目录学的关系非常密切。唐智昇《开元释教录序》明确提出:"夫目录之兴也,盖所以别真伪、明是非。"②有关的做法胡应麟、梁启超都已指出过。具体可分为如下几端:

①考察早期目录有无著录以辨别真伪。有些古书在早期的目录中不见著录,却在后世的目录中出现,则多数可能是后人伪造、托名古人的。如《子夏易传》,"刘知幾议曰,《汉志》《易》有十三家而无子夏作传者,至梁阮氏《七录》,始有《子夏易》六卷……深以为疑"③。所谓的《子

---

① 梁启超.古书真伪及其年代[M].北京:中华书局,1962:目录 3-4.
② 董诰,等.全唐文[M].北京:中华书局,1983:9526.
③ 永瑢,等.四库全书总目[M].北京:中华书局,1965:1.

夏易传》不见于汉代的目录书,却见于梁代的目录书中,那么此书为汉以后至梁代期间伪造的可能性极高。而柳宗元《辩鬼谷子》云:"汉时刘向、班固录书无《鬼谷子》。《鬼谷子》后出……而世之言纵横者,时葆其书。"《辩亢仓子》说:"刘向、班固录书无《亢仓子》,而今之为术者,乃始为之传注,以教于世,不亦惑乎!"①也都是根据早期目录著录与否来考察古书之真伪。当然,所选用的目录还要根据所考察的对象来确定,即目录书的成书时间应该晚于所考察的文献的完成时间,否则就不足为凭。

②考察历来书目著录之有无以辨其真伪。有些古书虽然早期目录中著录过,但亡佚已久,故而后世的目录久已不见著录,倘若世间突然出现该书传本,则大多可疑。如陈振孙《直斋书录解题》卷九辨《关尹子》说:"《汉志》有《关尹子》九篇,而《隋》《唐》及《国史志》皆不著录,意其书亡久矣。徐藏子礼得之于永嘉孙定……未知孙定从何传授,殆皆依托也。"②卷一〇辨《子华子》也说:"考前世史志及诸家书目,并无此书,盖假托也。"③姚际恒《古今伪书考》辨《公孙龙子》也说:"《汉志》所载而《隋志》无之,其为后人伪作奚疑。"④

③考察该书的流传统绪以辨别真伪。中国学术向来重视学者、学派之间的继承关系,而古代的目录学著作又多有"辨章学术,考镜源流"的功能,因此考察书籍的流传过程,也能辨别古书真伪。如郑樵辨别《诗序》作者非子夏时说:"设若有子夏所传之《序》,因何齐、鲁间先出,学者却不传,返出于赵也?《序》既晚出于赵,于何处而传此学?"又说:"毛公,赵人,最后出,不为当时所取信,乃诡诞其说,称其书传之子夏。"⑤崔述在《读风偶识》卷一中也说:"子夏之门人在鲁者不乏矣,齐鲁既传其诗,亦必并传其序,何以齐、鲁两家之诗均不知有此序,而独赵

---

① 柳宗元.柳宗元集[M].北京:中华书局,1979:112-113;115.
② 陈振孙.直斋书录解题[M].上海:上海古籍出版社,1987:288.
③ 同上 302.
④ 黄云眉.古今伪书考补正[M].济南:齐鲁书社,1980:146.
⑤ 周孚.非诗辨妄;契齐毛诗经筵讲义[M].北京:中华书局,1985:1.

人乃得之乎？"①他们提出的理由都是子夏为鲁人，其学术成果理应由鲁人继承，且汉代《诗经》学者中，"齐诗""鲁诗"先行于世，都不曾称引《诗序》，为何晚出的"毛诗"反而能够称引《诗序》呢？

(2) 考察文献内容与作者行实

文献中记载的历史事件、人物、官制、书名、地名等大都与特定的历史年代、生活空间相关联，如果能够证明书中所记种种史实发生的时代与所提示的作者的生活时代或空间不相合，则此书必非此人之作。

如《商君书·徕民》中记"周军之胜""华军之胜""长平之胜"等历史事件，王时润曰："周军之胜盖指秦昭王十四年白起攻韩魏于伊阙，斩首二十四万一事而言，距商君之死已二（当为四——引者）十五年。华军之胜盖指秦昭王三十四年白起击魏华阳军，斩首十五万一事而言，距商君之死已六十五年。长平之胜则指秦昭王四十七年白起杀赵长平卒四十五万一事而言，距商君之死已七十八年。"②这就是通过史事发生的时间来考察，证明这些内容绝非商鞅所能知见，因此不可能是商鞅记录下来的。

又如《斜川集》，题为宋"苏过"撰，然而书中内容与作者时代、经历不符。据苏过墓志，"过卒于宣和五年，此集中所称乃嘉泰、开禧诸年号，以及周必大、姜尧章、韩侂胄"等生活时代在苏过之后的人物，所述史事又多发生在宋南渡以后，清乾隆年间编《四库全书》时发现，此书内容与南宋人刘过《龙洲集》所载之诗相同，于是可以断定，此书"盖作伪者因二人同名为过而抄出，冒题为《斜川集》，刊以渔利耳"。③ 所以，凡作者生平事迹、在世时代与其书所记内容明显不符的著作，则可确认其书必定为伪。

(3) 考察作品的文风、语体与思想内容

每个人的著作所具有的作品风格、使用的语汇文法等也无不带有

---

① 崔述.读风偶识[M].北京：中华书局,1985:4.
② 蒋礼鸿.商君书锥指[M].北京：中华书局,1986:94.
③ 永瑢,等.四库全书总目[M].北京：中华书局,1965:1539.

明显的时代烙印和个体特征,从这些有特色的元素入手进行细致的分析比较,揭示其异同,也是考辨真伪及其年代的有效方法。

如魏王肃伪造了《孔丛子》一书,托名为秦末陈胜博士孔鲋所作。宋人洪迈怀疑其书的真实性,说:"今读其文,略无楚、汉间气骨,岂非齐、梁以来好事者所作乎!"①朱熹也说:"《孔丛子》说话,多类东汉人文,其气软弱,又全不似西汉人文。"②都是从文风上指出《孔丛子》一书不可能是汉代或更早期的作品。

杨伯峻曾说:"任何一部伪造的古籍,不管伪造者如何巧妙,都能在语言上找出他的破绽来。"③如瑞典人高本汉《左传真伪考及其他》,把《左传》和《论语》《庄子》《国语》等书的用字做了比较,发现《左传》所用方言虚字和代词与其他古书不同,与鲁国其他书籍也不一样,据此认为《左传》使用的不是鲁国的语言;进而认为《左传》不是孔子所作,不是孔门弟子所作,也不是司马迁所谓的"鲁君子"所作,当是另一人或他的同一学派中数人所作。高氏所言虽非定论,但是通过考察其语言、文法等以辨真伪及其年代的方法,是极有意义的。

作家、作者多具有思想上的传承或学术倾向,如果能够揭示作品所体现出的思想与其传说作者思想方面的异同,则是更高层次的考辨真伪及其年代的方法。如《文子》一书相传为道家传人文子所作,其中思想理应接近老庄。而据黄震考察:"文子者,云周平王时辛妍之字,即范蠡之师计然……老子所谈者清虚,而计然之所事者财利,此伪二也。"④

(4)考察文献间相互征引的情况

古人著述多征引前人或时人的文献,考察文献之间相互称引的情况对于辨别古书的时代或真伪有重要作用。如果被征引的文句与其传本大异或不见于传本,则所谓的传本就大大可疑;若某书征引的文献实为后出之书,则其书必定有伪。

---

① 洪迈.容斋随笔:三笔卷十[M].北京:中华书局,2005:548.
② 黎靖德.朱子语类[M].北京:中华书局,1986:2990.
③ 杨伯峻.列子集释:附录三[M].北京:中华书局,1979:324.
④ 黄震《黄氏日钞》,转引自黄云眉.古今伪书考证[M].济南:齐鲁书社,1980:232.

如唐人孔颖达质疑"孔子删诗"①的传统说法,"书传所引之诗,见在者多,亡逸者少,则孔子所录不容十分去九"②。也就是说,如果《诗经》一书真是由孔子从3000余篇古诗删削而来,那么先秦传下来的典籍中称引的"逸诗"(指不在传本《诗经》中的古诗)就不应该这么少。这是通过考察古书征引情况确定某种说法不可信的典型例证。又如马融发现可靠的先秦典籍《春秋》《国语》《孟子》《荀子》《礼记》等书中所称引的《尚书·泰誓》之文皆不见于传本《泰誓》,从而认定传本《泰誓》是伪作。③ 这是通过考察古书征引情况确定某书为伪作的例证。

又如宋人高似孙考察了《亢桑子》④一书的来源,说此书"往往采诸《列子》《文子》,又采《吕氏春秋》《新序》《说苑》,又时采诸《戴氏礼》,源流不一,往往论殊而辞异,可谓杂而不纯、滥而不实者矣"⑤,这是从追究文献之来源辨别其造伪的依傍,高氏认为此书既然引用了《吕氏春秋》等秦汉时期的著作,则其必然不会是先秦时的作品。宋濂指出过"有所附丽而然"⑥的造伪方法,对于辨伪有很大的指导意义。清代惠栋作《古文尚书考》2卷,将伪《古文尚书》25篇逐一找出其文句所抄袭的出处,也就使此书造伪的痕迹大白于天下。

四 辨伪工作应当注意的问题

辨伪工作是一项科学。要想取得经得起时间考验的辨伪成果,必须注意如下几点。

---

① "孔子删诗"说源自《史记·孔子世家》中的记载:"古者诗三千余篇,及至孔子,去其重,取可施于礼义……三百五篇孔子皆弦歌之。"(司马迁.史记[M].北京:中华书局,1982:1936.)似乎是说孔子将上古传世的3000多篇诗删定为只有305篇的《诗经》。
② 阮元.十三经注疏:毛诗正义[M].北京:中华书局,2009:556.
③ 孔颖达《尚书正义》卷一一引马融《书序》。参见阮元.十三经注疏:尚书正义[M].北京:中华书局,2009:381.
④ 亢桑子,即亢仓子。《直斋书录解题》卷九以为"首篇所载与《庄子·庚桑楚》同。'亢仓'者,'庚桑'声之变也"。陈振孙.直斋书录解题[M].上海:上海古籍出版社,1987:288.
⑤ 马端临.文献通考[M].北京:中华书局,2011:5953.
⑥ 宋濂.诸子辨:言子[M].北京:朴社,[1926]:18.顾颉刚主编《古籍考辨丛刊》第1集收入时作《诸子辨》。

1. 以正确的观念为指导

"实事求是"是一切科学研究必须遵守的最基本原则,辨伪也是如此。尊重事实,不可存门户之见,更不能简单地从某种固有的观念出发。前人从事辨伪工作所犯的最大错误莫过于常常以"道统"为断定真伪的标准,遇到他们认为不符合"道统"思想的文献就痛加贬斥,所以结论往往不准确。如南宋王柏(朱熹的三传弟子)曾考辨《诗》毛传、郑笺并《诗序》,认为《诗经》中有32篇是所谓"淫奔之诗"①,乃汉儒窜入经典者,因此他作《诗疑》就将这些诗篇删去了。明代宋濂辩驳、评论诸子书时也常常站在儒家立场,以至于他的"《诸子辨》所谓'辨',乃是辨其'各奋私知而或戾大道'的殊说,其目的欲使'道术咸出于一轨'"②,"他简直是董仲舒请罢百家的口气。他恨不使庄子受孟子的教诲,恨不强葛洪改学六艺,恨不把《公孙龙子》烧毁了"。③ 如此一来就难以保证其说客观、公允、正确了。

辩证地看待古书。具体说就是要分析文献中真伪部分的比例关系,主体为真、局部为伪的文献是不应轻易否定其价值的。早期的文献,大都经过后世的润色、写定、流传、增补的过程,流传愈久就可能与原貌差距愈大,甚至真伪混杂。梁启超说:"《论语》为孔门相传宝典,大致可信。虽然,其中未尝无一部分经后人附益窜乱,大抵各篇之末,时有一二章非原本者。盖古用简书,传钞收藏皆不易,故篇末空白处,往往以书外之文缀记填入,在本人不过为省事备忘起见,非必有意作伪。至后来辗转传钞,则以之误混正文。"④这里不仅指出了《论语》中混入了晚出的篇章,还推测了之所以如此的原因;但更重要的是肯定了《论语》作为孔门旧典的价值,不能因为其中羼入的个别篇章而否定全书。

---

① 以今天的观念来看,所谓"淫奔之诗"大多是描写爱情的诗篇。
② 顾颉刚.四部正讹序[M]//古籍考辨丛刊:第1集.北京:社会科学文献出版社,2010:155.
③ 顾颉刚.序[M]//宋濂.诸子辨.北京:朴社,[1926]:4.
④ 新会梁任公.要籍解题及其读法[M].北京:清华周刊丛书社,1925:3.

像《论语》这样在中国古代社会长期被奉为圭臬的典籍都可能混入晚出的内容,其他典籍中掺杂了非其原有的内容就更不足为怪了。只要我们能辨别出非真的部分,文献就是可靠可用的。

2. 综合运用多种方法

正如上面所列举的,辨伪方法是多种多样的。但是任何一种方法都不是绝对的,单凭一种方法就断定书籍的真伪,其实是非常危险的。如上面所举"考察目录书籍的著录情况"是辨别伪书最常用的方法,但是《汉书·艺文志》《隋书·经籍志》等早期的书目文献都是根据国家的藏书目录改编而成,许多在民间流传的图书并没有反映在其中。如《汉书·艺文志》著录了大量的先秦典籍,但是1973年长沙马王堆汉墓出土的《经法》《十大经》等就没有著录;又如裴松之注《三国志》、郦道元注《水经》、刘孝标注《世说新语》、李善注《文选》所引之书,不见于《隋书·经籍志》的也很多。所以必须综合运用多种考辨方法,通过各种途径均能证明某书为伪的话,则得出的结论才是平实可靠的。上面介绍各种辨伪方法时所举的例子其实也是运用了多种方法的,出于解说的需要,我们只将其中特具代表性的方面举出。下面再举出一些综合运用多种辨伪方法的实例,以见其功。

①北齐的颜之推考察《通俗文》的时代时说:"世间题云'河南服虔字子慎造'。虔既是汉人,其《叙》乃引苏林、张揖;苏、张皆是魏人。且郑玄以前,全不解反语,《通俗》反音,甚会近俗。"①这段辨正就是综合运用了书中称引人物(或文献)的时代以及书中使用的反切注音法出现的时代两种证据证明《通俗文》的创作时代晚于汉代。

②朱熹考察《书序》说:"小序决非孔门之旧,安国序亦决非西汉文章……孔氏《书序》与《孔丛子》《文中子》大略相似,所书孔臧不为宰相而礼赐如三公等事,皆无其实。"②这里是综合运用了文体特色、称引文

---

① 颜之推.颜氏家训集解:书证[M].北京:中华书局,1993:481.
② 朱熹.答孙季和[M]//曾枣庄,刘琳.全宋文.上海:上海辞书出版社,2006:52.

献的时代以及所记与具体史实不相符等证据来说明《书序》的作者不是孔安国。

③崔述考察今本《竹书纪年》的真伪时列举了十条证据①,就包括前人称引此书与今传本不合、今本可能依傍的古书资料等。

④龚自珍辨《司马法》时提出"六疑"②,分别从历代著录、书的分合、文风、前人称引不在今本、时代相近之人所见此书出入甚大等方面立论。

⑤梁启超分析《韩非子》一书中不是韩非本人著述的篇章时,综合使用了文体、思想倾向、史实晚出、征引他书等方法。③

3. 关注考古发现

前人在古典文献的辨伪方面取得了很大的成绩,但是当代考古出土的大量简帛图书证明他们也犯了不少错误。如吴孙武所著《孙子兵法》一书,自《计》至《用间》凡 13 篇,但《汉书·艺文志》著录则有 82 篇。唐代杜牧据以为"武所著书凡数十万言。曹魏武帝削其繁剩,笔其精切,凡十三篇,成为一编"④。宋代叶适以为此书不见载于《左传》,疑是"春秋末战国初山林处士之所为"⑤。明人宋濂说:"《史记》阖闾谓武曰,'子之十三篇,吾尽观之',其数与此正合。《汉志》出《史记》后,牧之言要非是。""春秋时,列国之事赴告者则书于策,不然则否。二百四十二年之间,大国若秦楚,小国若越燕,其行事不见于经传者有矣,何独武哉!"⑥认为杜牧和叶适对《孙子》的怀疑都是不成立的。这个论述已被 1972 年山东临沂银雀山汉墓⑦出土的《孙子兵法》证实,此书逸文两处

---

① 崔述.考古续说:卷上:竹书纪年辨伪[M].北京:中华书局,1985:21-25.
② 龚自珍.龚自珍全集:第 3 辑:最录司马法[M].上海:上海人民出版社,1975:249.
③ 新会梁任公.要籍解题及其读法[M].北京:清华周刊丛书社,1925:95-104.
④ 杜牧.注孙子序[M]//董诰,等.全唐文.北京:中华书局,1983:7808.
⑤ 叶适.习学记言[M].上海:上海古籍出版社,1992:422.
⑥ 宋濂.诸子辩[M].北京:朴社,[1926]:24-25.
⑦ 银雀山汉墓为汉武帝初期的墓葬,则墓中出土的书籍应早于此时。而抄书所用字体是富有小篆意味的隶书,且对于汉初几个皇帝的名字"邦""盈""恒""启""彻"等字都不避讳,可见这批竹简抄写的时间应在汉统一天下之前。

提到"十三篇",可见 13 篇的《孙子》早已单独流传于世。① 又如《尉缭子》一书,《汉书·艺文志》著录为 29 篇,作者是六国时人,《隋书·经籍志》注为梁惠王时人尉缭作,可是清人姚际恒、姚鼐、谭献都怀疑其为伪书②。1972 年山东临沂银雀山汉墓出土了《尉缭子》残简,何法周作《〈尉缭子〉初探》③,恢复了今本《尉缭子》的真实身份。由于考古学有一套科学的方法来确定出土物的年代,而出土的铭文、简策、帛书、碑刻等都较好地保存了当时的原始形态,因此是证明古籍真伪及其年代的最可靠的资料。我们在从事辨伪工作时一定要关注考古发现,而这一点也是我们优越于古人之处。

五　正确认识伪书的价值

伪书的价值问题也要辩证地看待。一部伪书相对于其不真实的作者、创作时代而言似乎是没有价值的;可经过考证确定了该书真实的作者、准确的创作时代的话,此书也就恢复了价值。进一步而言,某些伪书即使一时无法确认作者和创作年代,它也还保存了相当数量的资料,可以留待日后发现与其相关的史实史料以确认其真实的价值。从这个意义上来说,没有绝对无价值的文献,关键是我们如何认识它。参考梁启超在《古书真伪及其年代》卷一第五章中的分析④,可以将伪书的价值概括为如下几个方面。

1. 保存古代的佚书

梁启超说:"自唐以前或自汉以前的伪书却很可宝贵……其故因为书断不能凭空造出,必须参考无数书籍,假中常有真宝贝,我们可把它

---

① 此外,孙武所著《孙子兵法》的有无也在很长时间里是一个悬疑,近人黄元眉、钱穆等大家甚至认为孙武其人其书皆出于后人伪托。而银雀山汉墓同时出土了《孙子兵法》和《孙膑兵法》,伪托之说也就不攻自破了。
② 诸说分别见《古今伪书考》《姚姬传全集》《复堂日记》。
③ 何法周.《尉缭子》初探[J].文物,1977(2):28-34.
④ 梁启超.古书真伪及其年代[M].北京:中华书局,1962:66-68.

当做类书看待。战国人伪造的书一定保存了秦始皇焚书以前的资料，汉人伪造的书一定保存了董卓焚书以前的资料，晋人伪造的书一定保存了八王之乱以前的资料。因为那些造伪的人生在焚书之前，比后人看的书多些。……像这类伪书，可以当做类书用，其功用全在存古书。"古人作伪为求其"逼真"，常常有所依傍，而不是凭空捏造。倘若他们所凭借之书后来亡佚了，则这些伪书就可以用以钩辑佚书。如张湛伪造《列子》，却题作"列御寇"撰，这样看来《列子》是伪书，但书中因袭了记载杨朱学说的书籍，而杨朱之书已亡，故杨朱之说现在只有《列子·杨朱》篇中的记载最为详细。

2. 保存古代的神话

梁启超认为："拿神话当做历史看，固然不可。但神话可以表现古代民众的心理，我们决不可看轻。而且有许多古代文化，别无可考。我们从神话研究，可以得着许多暗示，因而增加了解，所以今日学者有专门研究古民族的神话的。伪书中如谶纬一类，保存古神话不少，我们拿来当小说读，也许可以知道些古代的文化和古民族的心理。"《山海经》旧题"禹益作"，因而归入伪书之列，但其内容是记述地理和神话，特别是记载了许多神话传说，是一部研究先秦神话的重要文献，很有价值。

3. 保存古代的制度

《周礼》本名《周官》，托古者以其为周公所作，专记周代官制。自汉末的林孝存、何休到清代的万斯大、姚际恒及《四库全书总目》，都认为书中记载的并非周代真正行用的官制，更与周公无关。关于《周礼》的成书年代，至今仍无定论。但它不是周代的著作则是确定无疑的。不过梁启超说："可知必曾参考战国时多数的政制，取长去短而后成书，而战国政制赖以保存的一定不少。造伪的人虽不知名，但必是战国末至汉初的人，那个人的理想安排到书里的自然很多。那种理想的政制，总不免受有时代的影响。我们既佩服那种理想，又可以跟着探知当时的政制。我们拿《周礼》当做周公时代的政制看，自然错了，《周礼》也就毫无用处。若跟着《周礼》去研究战国至汉初的政制,那末,《周礼》再可宝贵没有了。这类保存古代制度的伪书很多,只看我们善用不善用。"

4. 保存古代的思想

很多学者考证认为,今本《列子》不是先秦的著作,而是出于晋人张湛之手,只要不把它当作列御寇的思想来看,而是作为研究张湛及魏晋思想的重要资料,则是非常有价值的文献。正如梁启超所说:"像这类,造伪的人虽然假托别时别人,我们却不和他这样说,单要给他脱下假面具,还他的真面目。一面指出他伪造的证据,宣布他的罪状;一面还他那些卖出的家私,给他一个确定的批评。这么一来,许多伪书都有用处了,造伪的人隐晦的思想也宣显了。"又如王肃伪造的《孔子家语》及其自注,在驳斥郑玄有关谶纬的怪诞说法这一点上,王肃提出了很多可取的见解,用作研究王肃及汉代思想史的资料则大有价值。

5. 保存古代的科技

中国古代的科技书亡佚得非常严重,因此现存的科技书籍,不论其真伪,都是可贵的。如《神农本草》《黄帝内经》《周髀算经》等书,是我国古代医药学、数学的重要文献。这些书托名神农、黄帝、周公,实属虚妄,但并不损伤它们自身的价值,《神农本草》《黄帝内经》千百年来始终是中医学最基本的经典,《周髀算经》也在古今人们的日用和生活中发挥着实用价值。尤其是当我们认清了这些书真实的成书年代是汉代之后,它们又可以作为中国医药学史、数学史上的宝贵史料来使用。这类伪书非但不可舍弃,而且应当整理利用,倍加爱护。

6. 保存古代的语言

伪托周公之作的《尔雅》虽是伪书,但其中记录了丰富的语言资料。它的著作时代一经确认,就可以作为此前时代语言文字的重要参考书籍来使用了。《周礼》虽不是周代行用的官制,但作者在用语、名物上不可能不用当时通行的语句、名词,而独出心裁另搞一套,因此,我们在考察周代名物训诂方面,在研究周秦语言文字的发展方面,都可以利用它提供的资料。

所以,顾颉刚提出了著名的"伪史移置利用法":"许多伪材料,置之于作伪的时代固不合,但置之于伪作的时代则仍是绝好的史料:我们得了这些史料,便可了解那个时代的思想和学术。例如《易传》,放在孔子时代自然错误,我们自然称它为伪材料;但放在汉初就可以见出那时人对于《周易》的见解及其对于古史的观念了……所以伪史的出现,即是真史的反映。我们破坏它,并不是要把它销毁,只是把它的时代移后,使它脱离了所托的时代而与出现的时代相应而已。实在,这与其说是破坏,不如称为'移置'的适宜。一般人以为伪的材料便可不要,这未免缺乏了历史的观念。"[1]由此看来,不是伪书没有价值,只怕我们不能准确把握其价值。

参考文献

曹书杰.中国古籍辑佚学论稿[M].长春:东北师范大学出版社,1998.
迟铎,党怀兴.中国古典文献学[M].西安:西北大学出版社,2007.
刘琳,吴洪泽.古籍整理学[M].成都:四川大学出版社,2003.
孙钦善.中国古文献学[M].北京:北京大学出版社,2006.
王俊杰.中国古典文献学概论[M].济南:齐鲁书社,2006.
杨绪敏.中国辨伪学史[M].天津:天津人民出版社,1999.
张三夕.中国古典文献学[M].武汉:华中师范大学出版社,2003.
张舜徽.中国文献学[M].上海:上海古籍出版社,2005.

(张燕婴执笔)

---

[1] 顾颉刚.古史辨:第3册[M].上海:上海古籍出版社,1982:自序8.

后 记

《古典文献学基础》是为普通院校中文系本科生学习古典文献学提供的教材。最初接受这个选题的时候，丛书主编温儒敏教授明确告知，这本教材一定要选最基础的内容讲，一定要讲得深入浅出。我们经过反复斟酌，决定选取传统古典文献学中最常见、最基本的内容来编写教材，即以版本、目录、校勘、训诂、辑佚、辨伪为主，其他诸如文献的载体、形制、刊印、典藏、编纂、整理等方面内容，限于篇幅，姑且从略。

至于何以把版本、目录、校勘、训诂、辑佚、辨伪等作为古典文献学最基础的内容，本书第一章"总论"已有详细论述，这里也不再赘言。

参加本书撰写者多为学力深厚、有多年教学经验的北京大学古典文献专业教员，具体分工如下：第一章"总论"，刘玉才；第二章"古籍版本学"，王岚；第三章"古籍目录学"，许红霞；第四章"校勘学"，李更；第五章"训诂学"，董洪利；第六章"辑佚与辨伪"，张燕婴执笔（本章经曹书杰先生授权，使用了其相关研究成果的内容与表述。执笔者提出联合署名，曹书杰先生坚拒，在此深致谢忱）。

我们在编写之初，制定了大致统一的编写原则，但由于编写者的写作习惯、知识结构有所不同，各章的内容特点也有所不同，所以成书之后肯定会有些不统一之处，也肯定会有这样或那样的错误，恳请读者诸君有以正之。

编者
2008 年 5 月

修订后记

《古典文献学基础》问世十余年,已印刷多次,成为深受欢迎的古典文献专业基础教材以及考研主要参考书籍。2017年初,"第二版"被列入"2016年度北京大学教材建设"的"立项教材",令人伤心的是4月11日董洪利老师不幸病逝,我们痛失主编。今各章节基本由原编写者负责修订,除核查、订误外,还注意吸收新资讯,补充新成果;董老师所撰"训诂学"部分,则由马昕和吴沂沄代为修订。

修订者

2019年7月4日